KB091366

스프링 5 마스터 2/e

스프링 5 마스터 2/e

스프링 부트, 스프링 클라우드,
마이크로서비스, 리액티브, 코틀린까지

송주경 옮김   랑가 라오 카라남 지음

i!i
에이콘

에이콘출판의 기틀을 마련하신 故 정완재 선생님 (1935-2004)

| 옮긴이 소개 |

송주경(sjeunibooks@gmail.com)

삼성전자와 LG전자 연구소에서 연구원으로 소프트웨어를 개발했다. 현재 기업과 대학에서 예술과 기술 융합을 비롯해 생활 속 과학, 창의적 사고와 코딩, 아트워크 실습 등 다양한 강의를 하고 있으며 관련 컨설팅도 진행 중이다.

| 옮긴이의 말 |

스프링 프레임워크는 자바 플랫폼을 위한 오픈소스 애플리케이션 프레임워크다. 자바 개발자에게 친숙한 풀스택 애플리케이션으로 현재까지 많은 사랑을 받고 있다. 웹 애플리케이션을 개발하는 데 공기와 같은 존재라고 할 정도로 스프링 프레임워크는 널리 알려져 있고 많이 사용된다.

스프링 프레임워크에 의존도가 높아질수록 다른 기술을 접목시키고 융합할 수 있는 기회는 적어질 수도 있다. 물론 다양한 언어, 프레임워크와 기술을 융합해 사용한다는 것이 반드시 좋다고는 말할 수 없다. '개발 환경 및 프로세스의 통일'이라는 기준에서 보면 단일 프레임워크가 좀더 효율적일 수도 있다. 이러한 측면에서 자바와 같은 오픈소스에서 파생된 기술을 찾아보고 새로운 프로젝트에 기술을 적용해 보면 또 하나의 즐거움을 느낄 수 있다.

스프링 프로젝트에서 나온 여러 가지 기술은 현재 많은 곳에서 다양한 프로젝트에 적용되고 있다. 단순히 스프링 프레임워크만 알고 있다면 초급 개발자거나 새로운 기술에 열정이 부족한 시니어 개발자일 것이다. 이러한 개발자들에게 어쩌면 단비와도 같은 책일지도 모른다. 단순히 스프링 프레임워크에 길들여져 새로운 기술이나 프레임워크를 배우기 귀찮아하는 개발자들에게 스프링 프로젝트에 있는 여러가지 프로젝트, 즉 스프링 클라우드, 스프링 부트, 리액티브 프로그래밍, 코틀린, 마이크로서비스에 관련된 지식을 익히는 데 도움을 줄 것이다.

이 책은 스프링 5의 기본을 잘 쌓을 수 있고 스프링 부트를 활용하거나 고급 기능들을 익히는 데 많은 도움이 될 것이다. 잘 따라 하다 보면 마이크로서비스를 구축하고 클라우드에 필요한 기술들도 쉽게 습득할 수 있다. 스프링을 기반으로 전반적인 트렌드 기술을 익히기에 적합하며 코틀린에 관련된 지식도 얻을 수 있다.

스프링은 동적인 웹 사이트를 개발하기 위한 여러 가지 서비스를 제공하며 표준 프레임워크의 기반 기술로 가장 대중적이고 직관적인 프레임워크 중 하나다. 스프링 기본 개념을 익혀두면 예제를 이해할 때 많은 도움이 될 것이다.

스프링을 활용한 기술들은 계속 발전할 텐데, 그중에서도 풀스택 애플리케이션 개발 분야에서 더욱 성장할 전망이다. 아무쪼록 많은 개발자들에게 도움이 되는 책이길 소망한다.

미흡하지만 좀더 매끄럽고 정확한 의미전달이 되도록 하기 위해 최선을 다했으나 미비한 점은 계속해서 수정판을 출간함으로써 보완하고자 한다.

2020년 6월 옮긴이 **송주경**

| 지은이 소개 |

랑가 라오 카라남 Ranga Rao Karanam

클라우드, 마이크로서비스, 스프링, 스프링 부트 및 컨테이너와 관련해 전세계 30만 명의 개발자를 교육하는 in28Minutes의 설립자다. 프로그래밍을 즐기며 확장 가능한 클라우드 애플리케이션을 개발하는 스타트업 컨설팅을 좋아한다. 특히 BDD, 지속적 배포, 데브옵스와 같은 현대적인 개발 관행을 따르는 스타트업을 선호한다.

하이킹과 크리켓, 테니스를 즐기며 1년 동안 히말라야를 하이킹하는 것이 꿈이다.

| 기술 감수자 소개 |

셔윈 존 칼레야 트라구라^{Sherwin John Calleja Tragura}

현재 파이썬 3, 앵귤러^{Angular} 7, 로닉^{Ionic} 3, 알프레스코^{Alfresco}, CMS, DMS와 웹 스크립트
의 주제 전문가로 자바 자카르타 EE C#^{Java Jakarta EE C#} 기업 트레이너다. 리액티브 프로그
래밍과 웹 프레임워크 분야에서 진행 중인 여러 프로젝트에 웹과 모바일 프로젝트의 비
즈니스 분석 및 테크니컬 디자인을 담당하고 있다. 필리핀 로스 바노스^{Philippines Los Baños}
대학을 졸업하고 대학 강사로 활동을 시작했다. 팩트출판사의『Spring 5.0 Cookbook』
(2017),『Spring MVC Blueprints』(2016)와『Jakarta EE 8 Recipes』를 저술했다. 향후 프
로젝트와 교육에 유용한 마이크로서비스, 자바, C# .NET와 자바스크립트 프레임워크
영역에서 새로운 기술을 계속 탐색하고 공유하고 있다.

사머 압둘카피^{Samer Abdelkafi}

오픈소스 기술에 중점을 둔 소프트웨어 아키텍처이자 엔지니어로서 14년 이상의 경력
을 쌓았다. 은행, 보험, 교육, 공공 서비스와 공공요금 청구를 포함한 다양한 분야의 수
많은 프로젝트에 참여했다. 2016년 말에 정보 기술 컨설팅 전문 회사인 DEVACT를 설
립했다.

팩트출판사의『Mastering Spring Cloud』(2018),『Mastering Spring Boot 2.0』(2018),
『Spring MVC Blueprinst』(2016)를 포함해 스프링 프로젝트와 관련된 많은 책을 검토
했다.

모하메드 사나울라^{Mohamed Sanaulla}

전자상거래 애플리케이션용 자바 기반 백엔드 솔루션 및 엔터프라이즈 애플리케이션을

개발한 지 8년이 넘은 풀스택 개발자다. 엔터프라이즈 소프트웨어 개발, 애플리케이션 리팩토링과 리디자인, RESTful 웹 서비스 설계와 구현, 성능 문제에 관한 자바 애플리케이션 문제점 해결 및 TDD에 관심이 있다.

자바 기반 애플리케이션 개발, ADF(JSF 기반 자바 EE 웹 프레임워크), SQL, PL/SQL, JUnit, RESTful 서비스 설계, 스프링, 스프링 부트, 스트럿Struts, 일래스틱서치Elasticsearch와 MongoDB에 상당한 지식이 있는 전문가다. 자바 6 플랫폼의 썬Sun 인증 자바 프로그래머이기도 하다. 자바란치JavaRanch의 중재자로 블로그에서 연구 결과를 공유한다.

차례

1부 스프링과 스프링 부트 시작하기

2부　스프링으로 REST API와 풀스택 애플리케이션 구축하기

6장　스프링 부트로 REST API 구축하기　　285

| 들어가며 |

스프링 프레임워크는 자바 세계의 엔터프라이즈 애플리케이션 개발에 혁명을 일으켰는데 거의 15년 동안 선택된 프레임워크다. 이 책은 테스트 가능한 느슨하게 연결된 애플리케이션의 문제 해결부터 웹 애플리케이션 및 REST API 구축에 이르기까지 모든 발전 과정을 이해하는 데 도움이 되도록 구성했다. 오늘날 풀스택 애플리케이션을 위한 클라우드 네이티브 마이크로서비스 및 API 백엔드를 구축할 때 도움이 되는 다양한 스프링 프로젝트를 사용할 수 있다. 스프링 프레임워크, 스프링 부트, 스프링 클라우드, 스프링 데이터, 스프링 리액티브, 스프링 시큐리티, 스프링 테스트와 같은 중요한 스프링 프로젝트를 심도 있게 살펴볼 것이다. 웹 애플리케이션, Todo REST API, 여러 클라우드 네이티브 마이크로서비스와 기본 풀스택 애플리케이션을 구축해 다양한 스프링 프로젝트를 이해한다. 스프링 부트의 고급 기능은 다양한 예제를 통해 살펴본다.

책에서 다루는 내용을 제대로 이해하면 스프링, 스프링 부트 및 스프링 클라우드로 애플리케이션을 개발하는 데 필요한 지식과 모범 사례를 습득할 수 있게 될 것이다.

▮ 대상 독자

스프링 프레임워크에 기본 지식이 있는 숙련된 자바 개발자를 대상으로 한다. 스프링 프레임워크, 스프링 부트, 스프링 클라우드, 스프링 데이터, 스프링 리액티브, 스프링 시큐리티 및 스프링 테스트와 같은 다양한 스프링 프로젝트를 자세히 설명한다. 스프링 프레임워크를 사용해 훌륭한 REST API, 마이크로서비스, 풀스택 애플리케이션과 클라우드 네이티브 애플리케이션을 개발하고 단위 테스트한다.

▌ 이 책의 구성

1장, 스프링 환경 – 프레임워크, 모듈 및 프로젝트 초기 버전에서 스프링 5.1에 이르는 스프링 프레임워크의 발전 과정을 알려준다. 스프링은 초창기에 의존 관계 주입^{dependency injection}과 핵심 모듈을 사용해 테스트 가능한 애플리케이션을 개발하는 데 사용됐다. 스프링 부트, 스프링 클라우드 및 스프링 클라우드 데이터 플로우와 같은 최신 스프링 프로젝트는 애플리케이션 인프라를 다루고 애플리케이션을 클라우드로 이동시킨다. 다양한 스프링 모듈과 프로젝트의 개요를 살펴보자.

2장, 의존 관계 주입 및 단위 테스트하기 의존 관계 주입을 자세히 살펴본다. 스프링에서 사용할 수 있는 다양한 종류의 의존 관계 주입 방법과 오토와이어링이 삶에 미친 영향을 알아본다. 단위 테스트도 간략히 살펴본다.

3장, 스프링 MVC로 웹 애플리케이션 구축하기 가장 인기 있는 자바 웹 프레임워크인 스프링 MVC를 사용해 웹 애플리케이션을 구축하는 방법을 설명한다. 스프링 MVC는 깔끔하며 느슨하게 결합된 아키텍처로 컨트롤러, 핸들러 매핑, 뷰 리졸버 및 POJO 커멘드 빈의 기능을 명확하게 정의한다. 스프링 MVC는 의존 관계 주입 및 오토와이어링과 같은 모든 핵심 스프링 기능을 이용해 간단하게 만들 수 있고, 서블릿 기반 웹 애플리케이션을 생성한다.

4장, 스프링 부트 시작하기 스프링 부트를 소개하고 프로덕션 수준의 스프링 기반 애플리케이션을 쉽게 개발하는 방법을 설명한다. 스프링 부트의 기본 사항인 스프링 이니셜라이저, 자동 구성 및 스타터 프로젝트를 배운다. 스프링 부트 액추에이터로 애플리케이션을 모니터링하고 생산적인 개발자가 되기 위해 스프링 부트 DevTools를 사용한다.

5장, 스프링 프레임워크 심화 스프링 AOP로 크로스 컷팅 문제를 구현하는 방법을 배운다. 그루비^{Groovy}와 자바스크립트(JSR 223 API)를 사용해 작업을 스케줄링하고 동적 스크립트를 작성하는 방법을 학습한다.

6장, 스프링 부트로 REST API 구축하기 스프링 부트로 훌륭한 REST API를 구축하는 데 집중한다. 기본 REST API를 구현한 다음, 스프링 및 스프링 부트 프레임워크와 다른 기능을 사용하면서 캐싱, 예외 처리, HATEOAS 및 국제화 기능을 추가해본다.

7장, 스프링 부트로 REST API 단위 테스트하기 스프링 부트로 개발된 REST API에 훌륭한 단위 테스트와 통합 테스트 작성을 살펴본다. 스프링 MockMVC 및 스프링 부트 테스트를 사용해 전체 스프링 컨텍스트를 시작하는 모의 테스트 및 통합 테스트로 단위 테스트를 작성하는 방법을 배운다.

8장, 스프링 시큐리티를 활용한 시큐리티 REST API 인증 및 권한 부여와 같은 가장 중요한 REST API 기능을 살펴본다. 스프링 시큐리티는 자바 세계에서 REST API를 보호하기 위해 선택하는 프레임워크다. 특히 스프링 및 스프링 부트로 빌드된 애플리케이션에 적합하다. 이어서 스프링 시큐리티를 스프링 부트 REST API 프로젝트에 통합하는 방법을 이해한다. 스프링 시큐리티의 핵심 구성요소인 필터, 인증 관리자, 공급자 및 액세스 의사 결정 관리자도 배운다. 또한 기본 인증, OAuth 및 스프링 시큐리티 OAuth와 함께 JWT 사용법을 설명한다.

9장, 리액트 및 스프링 부트가 포함된 풀스택 앱 풀스택 애플리케이션을 설명한다. 널리 사용되는 프론트 엔드 프레임워크 중 하나인 리액트와 함께 간단한 프론트 엔드 애플리케이션을 생성하고 스프링 부트 백엔드와 통합한다. 시큐리티를 포함한 풀스택 개발을 수행할 때 발생할 수 있는 다양한 문제를 설명한다.

10장, 스프링 데이터로 데이터 관리하기 스프링 데이터 모듈을 설명한다. 스프링 데이터의 목표는 다양한 데이터 리포지토리와 관계형 또는 기타 방식으로 대화하는 일반적인 접근 방식을 도입하는 것이다. 스프링과 JPA와 빅데이터 기술을 통합하는 간단한 애플리케이션을 개발해본다.

11장, 마이크로서비스 시작하기 지난 10년 간의 애플리케이션 아키텍처의 진화를 설명한다. 마이크로서비스와 클라우드 네이티브 애플리케이션이 필요한 이유를 생각해보고 클라우드 네이티브 애플리케이션을 구축하는 데 도움이 되는 다양한 스프링 프로젝트를 살펴본다.

12장, 스프링 부트와 스프링 클라우드로 마이크로서비스 구축하기　스프링 클라우드 내 프로젝트를 사용해 마이크로서비스를 구현하는 방법을 살펴본다. 구성 관리, 서비스 검색, 서킷 브레이커circuit breakers와 지능형 라우팅을 알아본다. 스프링 클라우드 컨피그, 스프링 클라우드 버스, 립본Ribbon, 유레카Eureka, 주울Zuul, 스프링 클라우드 슬루스Sleuth, 집킨Zipkin과 히스트릭스Hystrix를 사용해 마이크로서비스를 구현한다.

13장, 리액티브 프로그래밍　비동기 데이터 스트림을 사용한 프로그래밍을 설명한다. 리액티브 프로그래밍을 이해하고, 스프링 프레임워크에서 제공하는 기능을 간단히 살펴본다.

14장, 스프링 모범 사례　스프링을 사용해 엔터프라이즈 애플리케이션을 개발하고, 단위 테스트, 통합 테스트, 스프링 구성 유지 보수 등과 관련된 모범 사례를 소개한다.

15장, 스프링에서 코틀린 개발하기　빠르게 인기를 얻고 있는 JVM 언어인 코틀린을 소개한다. 15장에서는 이클립스에서 코틀린 프로젝트를 설정하는 방법의 지침을 제공한다. 코틀린을 사용해 새로운 스프링 부트 프로젝트를 만들고 단위 및 통합 테스트를 통해 몇 가지 기본 서비스를 구현한다.

▌ 준비사항

예제를 실행하려면 다음 도구가 필요하다.

- 자바 8/9/10/11/12
- 이클립스 IDE
- 포스트맨Postman

이클립스 IDE에 임베디드된 메이븐을 사용해 필요한 모든 의존 관계를 다운로드한다.

❚ 예제 코드 파일 다운로드

예제 코드는 에이콘출판사의 도서정보 페이지인 http://www.acornpub.co.kr/book/mastering-spring5-2e에서 다운로드할 수 있다.

또한 http://www.packtpub.com/support를 방문해 이메일을 등록하면 파일을 직접 받을 수 있으며, 이 링크를 통해 원서의 Errata도 확인할 수 있다. GitHub(https://github.com/PacktPublishing/Mastering-Spring-5.1)에서도 동일한 파일을 다운로드할 수 있다.

❚ 컬러 이미지 다운로드

이 책에서 사용된 스크린샷/다이어그램의 컬러 이미지가 포함된 PDF 파일은 에이콘출판사의 도서정보 페이지인 http://www.acornpub.co.kr/book/mastering-spring5-2e에서 다운로드할 수 있다.

❚ 편집 규약

본문은 다음과 같은 규칙을 사용했다.

1. 코드 글꼴은 다음에서 사용한다.
   본문에 삽입된 코드 단어들, 인터페이스, 모듈 이름, 클래스 이름에는 코드 글꼴을 사용한다.
   예: `BusinessServiceImpl`은 `DataServiceImpl` 인스턴스를 생성해 데이터베이스에서 데이터를 가져온다. `DataServiceImpl`은 `BusinessServiceImpl`의 의존 관계다.

2. 코드 블록은 다음과 같이 설정된다.

```
<beans > <!-Schema Definition removed -->

    <context:component-scan  base-
package="com.mastering.spring.springmvc"  />

    <mvc:annotation-driven />

  </beans>
```

3. 코드 블록 중 강조하기 위한 특정 부분은 '굵게' 표시했다.

```
public class User {
    private String guid;
    private String name;
    private String userId;
    private String password;
    private String password2;
    //Constructor
    //Getters and Setters
    //toString    }
```

4. 모든 명령줄의 입력이나 출력은 다음과 같이 작성된다.

```
mvn cf:push
```

5. 본문의 굵은 글씨

새로운 용어나 중요한 단어, 화면에 보이는 단어는 굵게 표시한다.

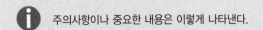

주의사항이나 중요한 내용은 이렇게 나타낸다.

❚ 정오표

한국어판 정오표는 http://www.acornpub.co.kr/book/mastering-spring5-2e에서 확인할 수 있다.

❚ 저작권 및 저술 관련

인터넷상에서 어떤 형태로든 불법 복제물을 발견하면 주소나 웹사이트 이름을 링크와 함께 copyright@packtpub.com로 알려주기 바란다.

❚ 질문

독자의 의견은 언제나 환영한다. 메일 제목에 책 제목을 명시해 feedback@packtpub.com으로 의견을 보낼 수 있다. 책과 관련해 질문이 있다면 questions@packtpub.com으로 메일을 보내주기 바란다.

한국어판에 관한 질문은 이 책의 옮긴이(sjeunibooks@gmail.com)나 에이콘출판사 편집팀(editor@acornpub.co.kr)으로 문의하면 된다.

스프링과 스프링 부트 시작하기

스프링은 거의 15년 동안 자바 세계에서 엔터프라이즈 애플리케이션 개발에 혁명을 일으킨 프레임워크다. 1부에서는 스프링 프로젝트에서 가장 중요한 두 가지, 스프링 프레임워크와 스프링 부트를 살펴볼 것이다. 스프링 프레임워크의 모듈성을 이해하고 여러 스프링 모듈을 알아보자.

1부에서 다루는 주제는 다음과 같다.

- 1장, 스프링 환경 – 프레임워크, 모듈 및 프로젝트
- 2장, 의존 관계 주입 및 단위 테스트하기
- 3장, 스프링 MVC로 웹 애플리케이션 구축하기
- 4장, 스프링 부트 시작하기
- 5장, 스프링 프레임워크 심화

스프링 환경 – 프레임워크, 모듈 및 프로젝트

스프링 1.0의 첫 번째 버전은 2004년 3월에 배포됐다. 스프링 프레임워크는 지난 10년 동안 엔터프라이즈 애플리케이션을 개발하기 위한 자바 세계의 최고의 프레임워크다.

1장에서는 스프링 프레임워크를 전반적으로 살펴본다.

스프링 프레임워크는 20개 이상의 서로 다른 모듈로 구성된다. 스프링 모듈은 스프링 프레임워크의 핵심 기능(의존 관계 주입DI: Dependency Injection, 웹 MVC 프레임워크, AOP 등)을 제 공해 스프링 모듈에서 필요한 모듈을 선택할 수 있다.

아키텍처는 지난 10년 동안 지속적으로 발전했고 거의 모든 기업이 단일 아키텍처에서 마이크로서비스 아키텍처로 이동 중이다. 스프링 프레임워크는 엔터프라이즈 애플리케 이션의 요구에 맞게 지속적으로 발전했다.

스프링 프로젝트는 기업 혁신 과제의 솔루션을 모색한다. 스프링 프로젝트에서 중요한 부분은 스프링 부트, 스프링 클라우드, 스프링 데이터, 스프링 배치 및 스프링 시큐리티다.

1장에서는 중요한 스프링 모듈과 스프링 프로젝트의 진화를 살펴본다. 전체 스프링 환경의 큰 그림을 그려보고 스프링 프레임워크 5.0과 5.1의 새로운 기능을 소개한다.

1장에서 다룰 내용은 다음과 같다

- 스프링 프레임워크가 인기 있는 이유는 무엇일까?
- 스프링 프레임워크는 애플리케이션 아키텍처의 진화에 어떻게 적응했을까?
- 스프링 프레임워크에서 중요한 모듈은 무엇일까?
- 스프링 프레임워크는 스프링 프로젝트 중 어디에 적당할까?
- 스프링 프레임워크 5.0과 5.1의 새로운 기능은 무엇일까?

▌ 스프링 탐색과 진화

스프링은 자바 세계에서 엔터프라이즈 애플리케이션을 개발하기 위한 최고의 프레임워크로 10년 넘게 1등의 자리를 유지하고 있다. 젊고 역동적인 자바 프레임워크 세계에서 10년은 긴 시간이다.

엔터프라이즈 애플리케이션은 빠르게 발전한다. 스프링 프레임워크의 첫 번째 버전이 처음 배포된 2004년에는 '테스트 가능한 코드 작성'과 '느슨하게 연결된 웹 애플리케이션 개발'에서 겪는 어려움을 해결하는 것이 주요 과제였다. 시간이 흘러 SOAP^{Simple Object Access Protocol}에서 REST까지 훌륭한 웹 서비스를 개발하는 것으로 과제가 바뀌었다. 지난 몇 년 동안 엔터프라이즈 애플리케이션 아키텍처는 마이크로서비스로 발전했다.

스프링 프레임워크(스프링 프로젝트와 스프링 모듈 포함)에는 스프링 코어, 스프링 MVC, 스프링 웹 서비스, 스프링 부트와 스프링 클라우드를 포함해 스프링 모듈과 스프링 프로젝트가 다양하다. 스프링 모듈과 스프링 프로젝트로 오늘날의 요구를 충족시키는 솔루션을 지속적으로 제공했다.

프레임워크가 몇 년 이상 유지되기 어려운 역동적인 세상에서 스프링은 어떻게 인기를 유지했는지, 계속 변하는 엔터프라이즈 애플리케이션 요구를 스프링 프레임워크는 어떻게 충족시켰는지 간략히 살펴본다.

▌ 스프링 프레임워크의 첫 번째 버전

2000년대 초의 자바 EE 애플리케이션은 작성하고 테스트하는 일 모두가 번거로웠다. 느슨하게 연결된 애플리케이션을 개발하는 일도 어려웠다. 데이터베이스와 같은 외부 연결이 있는 엔터프라이즈 애플리케이션에서는 단위 테스트가 거의 불가능했다. 컨테이너에 전체 애플리케이션을 배포하는 것과 관련된 간단한 기능도 테스트했다.

스프링 프레임워크는 2004년에 자바 EE 애플리케이션 개발을 보다 단순하게 하기 위한 경량 프레임워크로 도입됐다.

스프링 웹사이트(https://projects.spring.io/spring-framework/)에서는 스프링 프레임워크를 다음과 같이 정의한다.

> 스프링 프레임워크는 최신 자바 기반 엔터프라이즈 애플리케이션을 위한 포괄적인 프로그래밍과 구성 모델을 제공한다.

스프링 프레임워크는 엔터프라이즈 자바 애플리케이션을 연결하는 데 사용된다. 스프링 프레임워크는 애플리케이션의 여러 부분을 연결하는 데 필요한 모든 기술을 제공하고 관리하는 것을 목표로 삼고 있다. 이를 통해 프로그래머는 비즈니스 로직 개발 업무에 집중할 수 있다.

프레임워크의 핵심은 의존 관계 주입 또는 IoC[Inversion of Control]라는 개념이다.

자바 클래스는 다른 클래스에 의존하는데 클래스의 의존 관계라고 한다. 클래스가 종속 인스턴스를 직접 작성하면 클래스 간에 밀접한 결합이 형성된다. 스프링에서는 객체를 만들고 연결하는 책임이 IoC 컨테이너라는 새로운 구성요소로 넘어간다. 클래스는 의존 관계를 정의하고, 스프링 IoC 컨테이너는 객체를 만들고 의존 관계를 연결한다. 컨테이너에 의해 생성되고 연결된 의존 관계를 제어하는 혁신적인 개념을 IoC 또는 DI (의존 관계 주입)라고 한다. 의존 관계 주입은 2장, '의존 관계 주입 및 단위 테스트하기'에서 자세히 알아본다.

스프링의 초기 버전은 웹 애플리케이션 개발에 매우 훌륭한 프레임워크인 스프링 MVC를 제공했다.

스프링 프레임워크가 초반부터 인기 있던 이유는 크게 다음과 같은데 항목별로 자세히 살펴본다.

- 느슨한 결합 및 테스트 가능성
- 아키텍처의 유연성
- 복잡한 코드 감소

느슨한 결합 및 테스트 가능성

스프링에는 의존 관계 주입을 통해 클래스 간 결합을 느슨하게 하는 기능이 있다. 클래스 사이의 결합이 느슨하면 장기적으로 애플리케이션을 유지하고 관리하는 데 도움이 된다. 무엇보다 테스트가 가능하다는 이점이 있다.

이전 버전의 자바 EE 애플리케이션은 단위 테스트가 매우 어려웠다. 실제로 컨테이너 외부에서 코드를 테스트하기가 매우 힘들었다. 컨테이너에 코드를 배포하는 것이 코드를 테스트하는 유일한 방법이었다.

의존 관계 주입은 의존 관계를 모크로 쉽게 대체해 단위 테스트를 할 수 있게 한다. 단위 테스트를 위해 전체 애플리케이션을 배포할 필요가 없다.

단위 테스트를 단순화하면 다음과 같은 여러 가지 이점이 있다.

- 프로그래머의 생산성이 향상된다.
- 결함이 조기에 발견돼 수정 비용이 적게 든다.
- 애플리케이션에는 CI^{Continuous Integration} 빌드에서 실행할 수 있는 자동화된 단위 테스트가 있어 향후 결함을 방지할 수 있다.

 CI는 코드가 버전 제어에 전념하자마자 모든 자동화된 테스트와 배포를 실행한다. 이렇게 하면 깨진 테스트나 기능을 발견하는 즉시 보고된다.

아키텍처의 유연성

스프링 프레임워크는 20개 이상의 서로 다른 모듈(경계가 명확하게 정의된)을 갖고 있는 고도화된 모듈이다. 애플리케이션은 스프링 프레임워크를 통해 사용하려는 프레임워크의 기능(또는 모듈)을 고르고 선택할 수 있는데, 이 모듈이 스프링 모듈^{Spring Modules}이다. 1장 뒷부분에서 스프링 모듈을 자세히 살펴본다.

스프링 프레임워크는 팔방미인을 목표로 삼지 않는다. 스프링은 애플리케이션의 서로 다른 부분들 간의 결합을 줄이고, 테스트할 수 있게 만드는 핵심 작업에 중점을 두면서 사용자가 선택한 프레임워크와 훌륭한 통합 기능을 제공한다. 또한 아키텍처에 유연성이 있다. 특정 프레임워크를 사용하고 싶지 않다면 다른 프레임워크로 쉽게 대체할 수 있다.

몇 가지 예를 살펴보자.

- 스프링은 멋진 웹 애플리케이션을 만들고 싶은 개발자를 위해 자체 프레임워크
  인 스프링 MVC를 제공한다. 스프링은 Struts, Vaadin, JSF나 선택한 모든 웹
  프레임워크를 모두 지원한다.
- 스프링 빈Bean은 비즈니스 로직의 간단한 구현을 제공한다. 스프링은 EJB(엔터
  프라이즈 자바 빈)와도 통합될 수 있다.
- 데이터베이스와 대화하기 위해 스프링은 자체 모듈인 스프링 JDBC 모듈을
  제공한다. 스프링은 JPAJava Persistence API, 하이버네이트(JPA의 유무와 관계없이)나
  iBatis 등 선호하는 데이터 레이어 프레임워크를 완벽하게 지원한다.
- 스프링은 스프링 AOP라는 기본 AOPAspect Oriented programming를 제공해 크로스
  컷팅(로깅, 트랜잭션 관리, 시큐리티 등)을 구현할 수 있다. AspectJ와 같이 완벽하
  게 구현된 AOP와 통합할 수도 있다.

복잡한 코드 감소

스프링 프레임워크 이전의 일반적인 J2EE(또는 현재 자카르타 EE) 애플리케이션에는 복잡
한 코드가 많이 포함됐다. 데이터베이스 연결, 예외 처리 코드, 트랜잭션 관리 코드, 로
깅 코드 등을 예로 들 수 있다.

준비된 명령문을 사용해 쿼리를 실행하는 간단한 예를 살펴보자.

```
PreparedStatement st = null;
try {
st = conn.prepareStatement(INSERT_TODO_QUERY);
// 비즈니스 로직은 여기에..
} catch (SQLException e) {
    logger.error("Failed : " + INSERT_TODO_QUERY, e);
 } finally {
```

```
    if (st != null) {
        try {
            st.close();
        } catch (SQLException e) {
            // 무시 - 할 것 없음..
        }
    }
}
```

앞의 예에는 4줄의 비즈니스 로직과 10줄 이상의 복잡한 코드가 있다.

스프링 프레임워크를 사용하면 같은 로직을 2줄로 정리할 수 있다.

```
jdbcTemplate.update(INSERT_TODO_QUERY,
bean.getDescription(), bean.isDone());
```

 스프링 프레임워크는 어떻게 마법을 부릴까?

스프링(및 스프링 모듈)은 대부분 확인된 예외를 확인되지 않은 예외로 변환한다. 확인되지 않은 예외는 처리할 필요가 없다!

쿼리를 실행할 때 예외가 있으면 무엇을 할 수 있을까? 실제로 할 수 있는 일은 많지 않다. 보통 최종 사용자에게 오류 페이지를 표시한다. 데이터 레이어의 모든 메소드에서 예외 처리를 구현하는 이유가 무엇일까? 스프링은 예외 처리 로직을 중앙 집중화하고 한 곳에서 처리하는 방법을 제공한다. 또한 커넥션을 가져오고 준비된 명령문을 작성하는 등 관련된 모든 복잡한 코드는 래퍼 클래스(스프링 JDBC라는 스프링 모듈 중 하나의 JdbcTemplate)에서 구현되므로 쿼리를 실행할 때마다 로직을 반복할 필요가 없다. 2000년대 개발자들은 이점을 다른 무엇보다도 좋아했다!

복잡한 코드를 피하면 코드 중복을 줄일 수 있다. 트랜잭션 관리, 예외 처리 등과 같은 모든 코드(일반적으로 모든 크로스 컷팅)가 한 곳에서 구현되므로 유지 관리가 더 쉽다.

스프링 프레임워크의 초기 – 스프링 프로젝트

스프링의 첫 번째 버전이 어떻게 자바 EE 세계에 신선한 바람을 일으켰는지 알아봤다. 스프링이 스프링 프레임워크의 다음 버전에서 어떻게 진화했는지 살펴본다.

스프링은 스프링 프로젝트 안에서 더 중요하다. 스프링 프레임워크는 엔터프라이즈 애플리케이션의 핵심 기능(의존 관계 주입, 웹, 데이터)을 위한 기반을 제공한다. 다른 스프링 프로젝트는 엔터프라이즈 공간의 다른 문제에 관한 통합 및 솔루션을 모색한다. 스프링 프로젝트는 스프링이 핵심 스프링 프레임워크 외부에서의 혁신을 허용함으로써 게임에서 앞서 나가는 데 도움이 됐다. 1장에서는 중요한 스프링 프로젝트를 별도의 절에서 논의한다.

지난 몇 년 동안 엔터프라이즈 애플리케이션은 웹 서비스(처음에는 SOAP 웹 서비스, 2010년 말에는 RESTful 웹 서비스)로 이동하기 시작했다.

스프링은 다음과 같이 계속 진화했다.

- 계약이 우선인 SOAP 웹 서비스 개발을 돕기 위해 스프링 웹 서비스라는 스프링 프로젝트 도입
- REST 웹 서비스에 탁월한 지원으로 스프링 MVC 모듈 향상

자바 EE보다 앞서간 스프링 웹 서비스

스프링은 웹 서비스에 탁월한 지원을 제공할 뿐만 아니라 다음과 같은 새로운 기능을 제공함으로써 자바 EE보다 한발 앞서 있었다.

- 어노테이션은 자바 5에서 소개됐다. 스프링 프레임워크(버전 2.5 – 2007년 11월)는 자바 EE보다 먼저 스프링 MVC용 어노테이션 기반 컨트롤러 모델을 선보였다. 자바 EE를 사용하는 개발자는 유사한 기능을 갖기까지 자바 EE 6(2009년 12월~2년)을 기다려야 했다.

- 스프링 프레임워크는 애플리케이션을 특정 구현과 분리하기 위해 자바 EE보다 먼저 많은 추상화를 도입했다. 캐싱 AP는 중요한 부분을 제공한다. 스프링은 스프링 3.1에서 투명한 캐싱 지원을 제공했다. 자바 EE는 JCache용 JSR-107(2014년)을 스프링 4.1에서 제공한다.
- 스프링 프로젝트 중 하나인 스프링 배치는 자바 배치 애플리케이션을 빌드하는 새로운 접근법을 정의한다. 자바 EE는 자바 EE 7(2013년 6월)에서야 비슷한 배치 애플리케이션 스펙이 생겼다.

▌ 마이크로서비스로의 진화 – 스프링 부트 및 스프링 클라우드

앞 절에서 스프링이 2000년대 후반의 엔터프라이즈 애플리케이션 요구(RESTful 및 SOAP 웹 서비스)를 충족하고 자바 EE보다 앞서기 위해 어떻게 진화했는지 살펴봤다.

사회가 계속 발전하면서 오늘날 기업의 요구는 10년 전과 매우 다르다. 일정 기간 동안 애플리케이션은 모놀리스로 성장해 관리하기가 어려워졌다. 조직에서는 모놀리식 애플리케이션의 문제점을 해결할 방법을 찾고 있다.

지난 몇 년 동안 모놀리식 애플리케이션을 성공적으로 관리한 모든 조직에서 공통점이 나타났는데, 마이크로서비스 아키텍처라는 아키텍처 스타일이 등장했다. 11장, '마이크로서비스 시작하기'에서 마이크로서비스를 설명한다.

마이크로서비스 아키텍처에는 독립적으로 배포할 수 있는 여러 개의 소규모 마이크로서비스를 구축하는 것이 포함된다. 다음과 같은 몇 가지 새로운 과제가 발생한다.

- 마이크로서비스를 어떻게 신속하게 구축할 수 있을까?
- 마이크로서비스를 클라우드에 어떻게 연결할 수 있을까?

스프링이 각 과제에 어떤 솔루션을 제공하는지 살펴보자.

스프링 부트로 마이크로서비스를 빠르게 구축하기

모놀리스 시대에는 애플리케이션을 위한 프레임워크를 설정하는 데 시간이 걸렸다. 마이크로서비스 시대에는 개별 구성요소를 더 빨리 만들어야 한다. 스프링 부트 프로젝트는 이 문제를 해결하는 것이 목표다.

스프링 MVC와 JPA(하이버네이트)를 사용해 RESTful API 마이크로서비스를 만들고 싶다면 무엇을 해야 할까? 할 일을 간단히 살펴보면 다음과 같다.

1. 사용할 스프링 MVC, JPA, 하이버네이트의 호환 가능한 버전을 결정한다.
2. (웹 레이어, 비즈니스 레이어, 데이터 레이어와 같은) 다른 모든 레이어가 통합된 스프링 컨텍스트를 설정한다.
3. 구성 관리, 단위 테스트, 트랜잭션 관리, 로깅 및 시큐리티 수행 방법을 결정한다.

세 가지를 하는 데만 최소 몇 주는 걸릴 것이다. 마이크로서비스 세계에서는 몇 주의 시간도 없다. 스프링 부트가 해결해야 할 문제다.

공식 웹 사이트에서는 다음과 같이 강조한다.

> 스프링 부트를 사용하면 바로 실행할 수 있는 독립형 프로덕션급 스프링 기반 애플리케이션을 쉽게 만들 수 있다. 스프링 플랫폼과 써드 파티 라이브러리에 관한 의견을 가지고 있으므로 최소한 소란스럽게 시작할 수 있다.

스프링 부트는 스프링 기반 프로젝트를 개발할 때 −기본적으로 우리를 위해 많은 결정을 내리는− 의견을 제시하는 것을 목표로 한다. 5장, '스프링 프레임워크 심화'에서 스프링 부트를 자세히 알아본다.

스프링 클라우드로 마이크로서비스와 클라우드 연결하기

클라우드에는 해결해야 할 고유의 과제가 있다. 스프링 클라우드는 클라우드에서 시스템을 구축할 때 일반적으로 발생하는 몇 가지 패턴에 솔루션을 제공하는 것을 목표로 한다.

- **구성 관리**: 모든 애플리케이션에는 환경마다 구성이 다르다. 구성은 보통 여러 위치에서 확인할 수 있다. 애플리케이션 코드, 등록 정보 파일, 데이터베이스, 환경 변수, JNDI^{Java Naming and Directory Interface}, 시스템 변수를 예로 들 수 있다. 마이크로서비스 아키텍처를 사용하면 구성 관리 문제가 복잡해진다. 스프링 클라우드는 스프링 클라우드 컨피그^{Spring Cloud Config}라는 마이크로서비스를 위한 중앙 집중식 구성 관리 솔루션을 제공한다.
- **서비스 검색**: 서비스 검색은 서비스 간의 느슨한 결합을 촉진한다. 스프링 클라우드는 유레카, 주키퍼, 콘솔과 같은 인기 있는 서비스 디스커버리 옵션과의 통합을 제공한다.
- **서킷 브레이커**: 마이크로서비스는 내결함성이 있어야 한다. 또한 백업 서비스의 실패를 정상적으로 처리할 수 있어야 한다. 서킷 브레이커는 장애가 생겼을 때 최소한의 기본 서비스를 제공하는 데 중요한 역할을 한다. 스프링 클라우드는 넷플릭스 히스트릭스의 내결함성 라이브러리와의 통합을 제공한다.
- **API 게이트웨이**: API 게이트웨이는 중앙 집중식 집계, 라우팅 및 캐싱 서비스를 제공한다. 스프링 클라우드는 API 게이트웨이 라이브러리인 넷플릭스 주울^{Zuul}과의 통합을 제공한다.

11장, '마이크로서비스 시작하기'에서 스프링 클라우드를 좀더 자세히 살펴본다.

잠시 배운 것을 복습해보면

지난 15년 동안 스프링이 엔터프라이즈 애플리케이션 요구를 충족시키기 위해 어떻게 진화했는지 살펴봤다. 느슨하게 결합된 코드로 테스트 가능성을 보여준 간단한 프레임워크로 시작한 것은 프로젝트와 모듈의 전체 환경으로 발전해 기업이 RESTful 및 SOAP와 같은 웹 서비스와 마이크로서비스를 개발할 수 있게 했다.

다음 절에서는 중요한 스프링 모듈과 스프링 프로젝트를 자세히 살펴본다.

▌스프링 모듈

스프링 프레임워크의 모듈성은 스프링이 널리 사용되는 가장 중요한 이유 중 하나다. 스프링 프레임워크는 20개 이상의 서로 다른 모듈(경계가 명확하게 정의된)로 구성된다.

일반적으로 사용되는 애플리케이션 레이어로 구성된 다양한 스프링 모듈을 그림으로 소개한다.

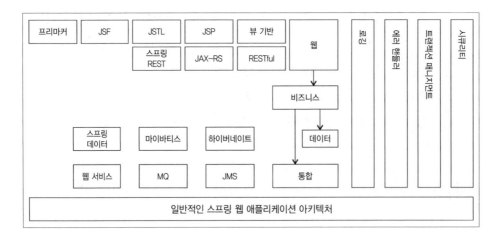

일반적으로 사용되는 애플리케이션 레이어의 그룹화된 다른 모듈을 살펴보기 전에 스프링 코어 컨테이너를 알아본다.

▎ 스프링 코어 컨테이너

스프링 코어 컨테이너는 스프링 프레임워크 의존 관계 주입, IoC 컨테이너, 애플리케이션 컨텍스트의 핵심 기능을 제공한다. 의존 관계 주입 및 IoC 컨테이너의 자세한 내용은 2장, '의존 관계 주입 및 단위 테스트하기'를 참고하라.

중요한 핵심 스프링 모듈은 다음과 같다.

- spring-core: 다른 스프링 모듈이 사용하는 유틸리티다.
- spring-beans: 스프링 빈 지원. spring-core와 함께 스프링 프레임워크의 핵심 기능인 의존 관계 주입을 제공한다. BeanFactory의 구현을 포함한다.
- spring-context: BeanFactory를 확장한 ApplicationContext를 구현하고 리소스 로딩과 국제화 지원을 제공한다.
- spring-expression: EL(JSP의 표현 언어)을 확장하고 빈 속성(배열 및 컬렉션 포함) 액세스와 처리를 위한 언어를 제공한다.

▎ 크로스 컷팅

크로스 컷팅Cross-cutting은 로깅과 시큐리티를 포함한 모든 애플리케이션 레이어에 적용할 수 있다. AOP는 일반적으로 크로스 컷팅을 구현하는 데 사용된다.

단위 테스트와 통합 테스트는 모든 레이어에 적용할 수 있으므로 크로스 컷팅 카테고리에 적합하다.

크로스 컷팅과 관련된 중요한 스프링 모듈은 다음과 같다.

- **spring-aop**: 메소드 인터셉터와 포인트 컷으로 AOP^Aspect Oriented Programming(관점 지향 프로그래밍)에 기본적인 지원을 제공한다.
- **spring-aspects**: 가장 인기 있고 완벽한 기능을 갖춘 AOP 프레임워크인 AspectJ 와의 통합을 제공한다.
- **spring-instrument**: 기본적인 인스트루멘테이션^instrumentation 지원을 제공한다.
- **spring-test**: 단위 테스트와 통합 테스트의 기본적인 지원을 제공한다.

▌웹 – 스프링 MVC

스프링은 스트럿츠^Struts와 같은 대중적인 웹 프레임워크와 훌륭한 통합을 제공하는 것 외에도 자체 MVC 프레임워크인 스프링 MVC를 제공한다.

중요한 아티팩트 / 모듈은 다음과 같다.

- **spring-web**: 멀티 파트 파일 업로드와 같은 기본 웹 기능을 제공한다. 스트럿츠 와 같은 다른 웹 프레임워크와의 통합을 지원한다.
- **spring-webmvc**: 완전한 기능을 갖춘 웹 MVC 프레임워크인 스프링 MVC를 제 공하며 여기에는 RESTful 서비스를 구현하는 기능도 포함된다.
- **spring-webflux**: 스프링 프레임워크 5에 도입된 기능으로 웹 애플리케이션에 리액티브 기능을 제공한다.

3장, '스프링 MVC로 웹 애플리케이션 구축하기'와 6장, '스프링 부트로 REST API 구축 하기'에서 스프링 MVC를 다루고 웹 애플리케이션과 REST 서비스를 개발해본다.

13장, '리액티브 프로그래밍'에서 스프링 웹 플럭스로 리액티브 애플리케이션을 빌드 해본다.

비즈니스 레이어

비즈니스 레이어는 애플리케이션의 비즈니스 로직을 실행하는 데 초점을 맞춘다. 스프링에서는 비즈니스 로직이 POJO$^{Plain\ Old\ Java\ Object}$로 구현된다.

스프링 트랜잭션$^{spring-tx}$은 POJO 및 다른 클래스에 대한 선언적 트랜잭션 관리를 제공한다.

데이터 레이어

애플리케이션의 데이터 레이어는 일반적으로 데이터베이스나 외부 인터페이스와 통신한다. 데이터 레이어와 관련된 중요한 스프링 모듈 중 일부는 다음과 같다.

- `spring-jdbc`: 상용구 코드를 방지하기 위해 JDBC를 추상화한다.
- `spring-orm`: ORM$^{Object-Relational\ Mapping}$ 프레임워크와 스펙(JPA 및 하이버네이트 등)과의 통합을 제공한다.
- `spring-oxm`: XML 매핑 통합 객체를 제공한다. JAXB, Castor 등과 같은 프레임워크를 지원한다.
- `spring-jms`: 상용구 코드를 방지하기 위해 JMS를 추상화한다.

▌ 스프링 프로젝트

스프링 프레임워크는 엔터프라이즈 애플리케이션의 핵심 기능(의존 관계 주입, 웹, 데이터)을 위한 기반을 제공한다. 다른 스프링 프로젝트는 배포, 클라우드, 빅데이터, 배치 및 시큐리티 등 엔터프라이즈 영역의 다른 문제들의 통합 및 솔루션을 탐색하기도 한다.

중요한 스프링 프로젝트 중 일부는 다음과 같다.

- 스프링 부트
- 스프링 클라우드
- 스프링 데이터
- 스프링 배치
- 스프링 시큐리티
- 스프링 HATEOAS

스프링 부트

마이크로서비스 및 웹 애플리케이션을 개발하는 동안 해결해야 할 과제는 다음과 같다.

- 프레임워크 선택 및 호환 가능한 프레임워크 버전 결정
- 외부화 구성을 위한 메커니즘 제공 – 특정 환경에서 다른 환경으로 변경할 수 있는 속성
- 상태 점검 및 모니터링 – 애플리케이션의 특정 부분이 다운된 경우에 알림 제공
- 배포 환경 결정 및 애플리케이션 구성

스프링 부트는 이러한 모든 문제를 즉시 해결한다.

5장, '스프링 프레임워크 심화' 및 7장, '스프링 부트로 REST API 단위 테스트하기'에서 스프링 부트를 자세히 살펴본다.

스프링 클라우드

세상이 클라우드로 움직이고 있다고 해도 과언이 아닌 요즘이다. 요즘 최대 관심사는 클라우드 네이티브 마이크로서비스 및 애플리케이션인데, 11장, '마이크로서비스 시작하기'에서 자세히 설명한다. 스프링은 스프링 클라우드로 클라우드용 애플리케이션 단순하게 개발할 수 있도록 빠르게 발전하는 중이다.

스프링 클라우드는 분산 시스템의 일반적인 패턴을 위한 솔루션을 제공한다. 스프링 클라우드로 공통 패턴을 구현하는 애플리케이션을 신속하게 생성할 수 있다. 스프링 클라우드에서 구현된 일반적인 패턴 중 일부는 다음과 같다.

- 구성 관리
- 서비스 디스커버리
- 서킷 브레이커
- 지능형 라우팅

11장, '마이크로서비스 시작하기'에서 스프링 클라우드와 다양한 기능을 좀더 자세히 설명한다.

스프링 데이터

오늘날에는 SQL(관계형) 데이터베이스 및 다양한 NoSQL 데이터베이스와 같은 여러 데이터 소스가 있다. 스프링 데이터는 모든 종류의 데이터베이스에 일관된 데이터 액세스 방식을 제공한다.

스프링 데이터는 다양한 스펙 또는 데이터 저장소와의 통합을 제공한다.

- JPA
- 몽고DB^{MongoDB}
- 레디스^{Redis}

- 솔라^{Solr}
- 젬파이어^{Gemfire}
- 아파치 카산드라^{Apache Cassandra}
- Neo4J

중요한 기능 중 일부는 다음과 같다.

- 메소드 이름에서 쿼리를 결정해 레파지토리와 객체 매핑에 추상화 제공
- 간단한 스프링 통합
- 스프링 MVC 컨트롤러와의 통합
- 고급 자동 검사 기능 – 작성자, 작성일, 마지막 수정자, 마지막 수정일

스프링 데이터는 8장, '스프링 시큐리티를 활용한 시큐리티 REST API'에서 좀더 자세히 설명한다.

스프링 배치

현재 엔터프라이즈 애플리케이션은 배치 프로그램을 사용해 대량의 데이터를 처리한다. 애플리케이션들의 요구사항은 매우 유사한데, 스프링 배치는 고성능 요구사항이 있는 대용량 배치 프로그램을 위한 솔루션을 제공한다. 스프링 배치의 중요한 기능은 다음과 같다.

- 작업을 시작, 중지, 다시 시작하는 기능(실패한 작업을 실패한 지점부터 다시 시작할 수 있는 기능 포함)
- 데이터를 청크^{chunks}로 처리하는 능력
- 단계를 재시도하거나 실패한 단계를 건너뛸 수 있는 기능
- 웹 기반 관리 인터페이스

스프링 시큐리티

인증 및 권한 부여는 웹 애플리케이션 및 웹 서비스와 같은 엔터프라이즈 애플리케이션의 중요한 부분이다. 인증은 사용자를 식별하는 프로세스다. 권한 부여는 사용자가 리소스에서 식별한 작업을 수행할 수 있는 액세스 권한을 갖는 프로세스다. 스프링 시큐리티는 자바 기반 애플리케이션에 관한 선언적 인증 및 권한 부여 기능을 제공한다.

스프링 시큐리티의 중요한 기능은 다음과 같다.

- 간소화된 인증 및 권한 부여
- 스프링 MVC와 서블릿 API와의 통합
- 일반적인 시큐리티 공격을 방지하기 위한 지원 − CSRF^{Cross-Site Request Forgery}, CORS^{Cross-Origin Resource Sharing} 및 세션 고정
- SAML 및 LDAP와 통합할 수 있는 모듈

9장, '리액트 및 스프링 부트가 포함된 풀스택 앱'에서 스프링 시큐리티로 웹 애플리케이션과 RESTful API를 보호하는 방법을 설명한다.

스프링 HATEOAS

HATEOAS^{Hypermedia as the Engine of Application State}는 애플리케이션 상태 엔진인 하이퍼 미디어를 나타낸다. 복잡해 보이지만 매우 간단한 개념이다. 클라이언트(서비스 소비자)로부터 서버(서비스 공급자)를 분리하는 것이 HATEOAS의 주요 목표다.

서비스 공급자는 서비스 소비자에게 리소스를 수행할 수 있는 다른 작업의 정보를 제공한다.

스프링 HATEOAS는 HATEOAS 구현체를 제공하는데, 특히 스프링 MVC로 구현된 RESTful 서비스에 적합하다.

스프링 HATEOAS의 주요 기능은 다음과 같다.

- 링크가 깨지는 것을 줄이기 위해 서비스 메소드를 가리키는 링크의 정의 단순화
- JAXB(XML 기반) 및 JSON 통합 지원
- 서비스 소비자 지원(클라이언트 측)

7장, '스프링 부트로 REST API 단위 테스트하기'에서 HATEOAS를 사용하는 방법을 알아본다.

▌ 스프링 프레임워크 5.0과 5.1의 새로운 기능

스프링 프레임워크 5.0은 거의 4년 만에 처음으로 스프링 프레임워크 4.0에서 업그레이드됐다. 주요 발전 사항 중 하나는 스프링 부트 프로젝트의 진화다.

스프링 프레임워크 5.0의 가장 큰 특징 중 하나는 리액티브 프로그래밍이다. 핵심 리액티브 프로그래밍 기능과 리액티브 엔드포인트의 지원은 스프링 프레임워크 5.0에서 바로 사용할 수 있다. 중요한 변경사항 목록을 소개한다.

- 기준선 업그레이드
- 자바 11, 12 지원
- 스프링 프레임워크 코드에서 JDK8 기능 사용
- 리액티브 프로그래밍 지원
- 함수형 웹 프레임워크
- 직소를 사용한 자바 모듈성
- 코틀린 지원
- 삭제된 기능

기준선 업그레이드

스프링 프레임워크 5.0은 JDK 8과 자바 EE 7 기준선을 갖고 있다. 이전 JDK와 자바 EE 버전은 더 이상 지원되지 않는다. 자바 EE 7 스펙의 중요한 기준선 중 일부는 다음과 같다.

- 서블릿 3.1
- JMS 2.0
- JPA 2.1
- JAX-RS 2.0
- 빈 밸리데이션^{Bean Validation} 1.1

몇 가지 자바 프레임워크의 지원되는 최소 버전에 많은 변화가 있다. 다음 목록에는 유명한 프레임워크가 지원하는 최소 버전 중 일부가 포함돼 있다.

- 하이버네이트 5
- Jackson 2.6
- EhCache 2.10
- JUnit 5
- 타일즈 3

다음은 지원되는 서버 버전의 목록이다.

- 톰캣^{Tomcat} 8.5+
- 제티^{Jetty} 9.4+
- 와이드플라이 10+
- 네티 4.1+(스프링 웹 플럭스로 웹 리액티브 프로그래밍 지원)
- 언더토우^{Undertow} 1.4+(스프링 웹 플럭스로 웹 리액티브 프로그래밍 지원)

이전 버전의 모든 스펙/프레임워크를 사용하는 애플리케이션은 스프링 프레임워크 5.0을 사용하기 전에 앞에 나열한 버전으로 업그레이드해야 한다.

자바 11 지원

스프링 프레임워크 5.1은 JDK 12, JDK 11을 지원하며 자바 8과 호환된다.

스프링 프레임워크 코드에서 JDK8 기능 사용

스프링 프레임워크 4.x 기본 버전은 자바 SE 6로 자바 6, 7, 8을 지원한다. 자바 SE 6, 7을 지원하면 스프링 프레임워크 코드에 제약이 따른다. 프레임워크 코드는 자바 8의 새로운 기능을 사용할 수 없다. 따라서 스프링 프레임워크의 코드(최소한 주요 부분)는 자바 8로 업그레이드되는 동안 이전 버전의 자바를 사용하도록 제한됐다.

스프링 프레임워크 5.0의 기본 버전은 자바 8이다. 스프링 프레임워크 코드가 자바 8의 새로운 기능을 사용하도록 업그레이드돼, 읽기 쉽고 성능이 뛰어난 프레임워크 코드가 생성된다. 사용된 자바 8 기능 중 일부는 다음과 같다.

- 코어 스프링 인터페이스의 자바 8 기본 메소드
- 자바 8 리플렉션 향상을 기반으로 한 내부 코드 개선
- 프레임워크 코드에서 함수형 프로그래밍 사용(람다와 스트림)

리액티브 프로그래밍 지원

리액티브 프로그래밍은 스프링 프레임워크 5.0의 가장 중요한 기능 중 하나다. 마이크로서비스 아키텍처는 일반적으로 이벤트 기반 통신을 중심으로 구축된다. 애플리케이션은 이벤트(또는 메시지)에 반응하도록 만들어졌다. 리액티브 프로그래밍은 이벤트에

반응하는 애플리케이션을 구현하는 데 초점을 맞춘 프로그래밍 스타일을 제공한다. 자바 8에는 리액티브 프로그래밍을 위한 기능은 없지만, 리액티브 프로그래밍을 지원하는 여러 프레임워크가 있다.

- **리액티브 스트림**: 리액티브 API를 정의하려는 언어 중립적 시도
- **리액터**: 스프링 피보탈 팀이 제공하는 리액티브 스트림의 자바 구현
- **스프링 웹 플럭스**: 리액티브 프로그래밍을 기반으로 웹 애플리케이션을 개발할 수 있으며 스프링 MVC와 유사한 프로그래밍 모델을 제공한다.

스프링 웹 플럭스로 리액티브 프로그래밍을 구현하는 방법은 13장, '리액티브 프로그래밍'에서 설명한다.

함수형 웹 프레임워크

스프링 5는 리액티브 기능을 바탕으로 함수형 웹 프레임워크를 제공한다. 함수형 웹 프레임워크는 함수형 프로그래밍 스타일로 엔드포인트를 정의하는 기능을 제공한다. 다음은 간단한 hello world 예제다.

```
RouterFunction < String > route = route(
    GET("/hello-world"),
    request - > Response.ok().body(fromObject("Hello World"))
);
```

함수형 웹 프레임워크를 사용해 더 복잡한 경로를 정의할 수도 있는데, 다음 예시를 보자.

```
RouterFunction << ? > route =
    route(GET("/todos/{id}"),
        request - > {
            Mono < Todo > todo =
Mono.justOrEmpty(request.pathVariable("id"))
```

```
        .map(Integer::valueOf)
        .then(repository::getTodo);
    return Response.ok().body(
        fromPublisher(todo, Todo.class));
    })
.and(route(GET("/todos"),
    request -> {
        Flux < Todo > people = repository.allTodos();
        return Response.ok().body(
            fromPublisher(people, Todo.class));
    }))
.and(route(POST("/todos"),
    request -> {
        Mono < Todo > todo = request.body(toMono(Todo.class));
        return Response.ok().build(repository.saveTodo(todo));
    }));
```

유의해야 할 몇 가지 중요한 사항을 적어본다.

- RouterFunction은 일치하는 조건을 평가해 요청을 적절한 핸들러 함수로 라우팅한다.
- 3개의 엔드포인트, 2개의 GET과 1개의 POST를 정의하고 서로 다른 핸들러 함수에 매핑한다.

모노와 플럭스는 11장, '마이크로서비스 시작하기'에서 좀더 자세히 설명한다.

직소를 사용한 자바 모듈성

자바 플랫폼은 자바 8이 나오기 전까지 모듈식이 아니어서 몇 가지 중요한 문제가 발생했다.

- **무거운 플랫폼**: 자바 모듈성은 지난 수십 년 동안 우려할 사항은 아니었는데, 사물인터넷[IOT], Node.js와 같은 새로운 경량 플랫폼을 사용하면서 자바 플랫폼이

무거워지는 문제를 해결해야 할 필요가 생겼다(JDK의 초기 버전은 크기가 10MB 미만이었다. 최신 버전의 JDK는 200MB 이상이 필요하다).

- **JAR 헬**hell: 또 다른 중요한 관심사는 JAR 헬의 문제다. 자바 ClassLoader가 클래스를 찾으면 사용 가능한 클래스에 관한 다른 정의가 있는지 확인할 수 없고 발견된 첫 번째 클래스가 바로 로드된다. 애플리케이션에서 필요한 특정 클래스가 여러 JAR에 모두 있다면 특정 JAR에 있는 해당 클래스를 로드하도록 지정할 수 있는 방법은 없다.

OSGi Open System Gateway Initiative(개방형 시스템 게이트웨이 발의)는 1999년에 시작된 자바 애플리케이션에 모듈성을 도입하려는 발의 중 하나다. 각 모듈(번들)은 다음과 같이 정의할 수 있다.

- **Imports**: 모듈이 사용하는 다른 번들
- **Emports**: 번들이 내보내는 패키지

각 모듈은 자체 수명주기를 가진다. 자체적으로 설치하거나 시작 및 중지할 수 있다. 직소는 자바에 모듈성을 제공하기 위해 자바 7로 시작한 Java Community Process JCP에서 발의했는데, 두 가지 주요 목적이 있다.

- JDK용 모듈식 구조 정의 및 구현
- 자바 플랫폼에 구축된 애플리케이션용 모듈 시스템 정의

스프링 프레임워크 5.0은 직소 모듈을 지원한다.

코틀린 지원

코틀린은 표현력이 뛰어나며 짧고 읽기 쉬운 코드를 가능하게 하는 정적으로 형식화된 JVM 언어다. 스프링 프레임워크 5.0은 코틀린을 지원한다.

다음과 같이 데이터 클래스를 보여주는 간단한 코틀린 프로그램을 생각해보자.

```kotlin
import java.util.*
data class Todo(var description: String, var name: String, var targetDate : Date)
fun main(args: Array<String>) {
    var todo = Todo("Learn Spring Boot", "Jack", Date())
    println(todo)
        //Todo(description=Learn Spring Boot, name=Jack,
        //targetDate=Mon May 22 04:26:22 UTC 2017)
    var todo2 = todo.copy(name = "Jill") println(todo2)
        //Todo(description=Learn Spring Boot, name=Jill,
        //targetDate=Mon May 22 04:26:22 UTC 2017)
    var todo3 = todo.copy() println(todo3.equals(todo)) //true
}
```

10줄 미만의 코드에서 세 가지 특성과 다음 함수를 사용해 데이터 빈을 작성하고 테스트했다.

- equals()
- hashCode()
- toString()
- copy()

코틀린은 강력한 형식 언어다. 그러나 각 변수의 타입을 명시적으로 지정할 필요는 없다.

```kotlin
val arrayList = arrayListOf("Item1", "Item2", "Item3") // 타입은 ArrayList
```

명명된 인수를 사용하면 메소드를 호출할 때 인수의 이름을 지정할 수 있으므로 더 읽기 쉬운 코드가 생성된다.

```kotlin
var todo = Todo(description = "Learn Spring Boot", name = "Jack",
targetDate = Date())
```

코틀린은 기본 변수^{it}와 테이크^{take}, 드롭^{drop} 등과 같은 메소드로 함수형 프로그래밍을 좀더 간단하게 만든다.

```
var first3TodosOfJack = students.filter { it.name == "Jack" }.take(3)
```

코틀린에서 인수의 기본값을 지정할 수도 있다.

```
import java.util.*
 data class Todo(var description: String,
     var name: String,
     var targetDate : Date = Date())
fun main(args: Array<String>) {
     var todo = Todo(description = "Learn Spring Boot",
                        name = "Jack")
 }
```

코틀린은 13장, '리액티브 프로그래밍'에서 자세히 논의한다.

삭제된 기능

스프링 프레임워크 5는 기준이 크게 증가한 주요 스프링 릴리스다. 스프링 프레임워크 5는 자바, 자바 EE와 기타 다른 프레임워크의 기준 버전이 늘어나면서 몇 가지 프레임워크의 지원을 종료했다.

- 포틀릿
- 벨로시티
- 제스퍼리포트^{JasperReports}
- XML빈^{XMLBeans}
- JDO
- 구아바^{Guava}

앞의 프레임워크 중 하나를 사용하고 있다면 2019년까지 지원되는 스프링 프레임워크 4.3을 사용해 마이그레이션을 유지하는 것이 좋다.

▌ 스프링 부트 2.0과 2.1의 새로운 기능

스프링 부트의 첫 번째 버전은 2014년에 출시됐다. 다음은 스프링 부트 2.1의 중요한 업데이트 중 일부다.

- 기본 JDK 버전은 자바 8이다.
- 기본 스프링 버전은 스프링 프레임워크 5.1이다.
- 웹 플럭스로 리액티브 웹 프로그래밍을 지원한다.
- 롬복^{Lombok}, Oath2, Jersey 2 지원 및 타임리프^{Thymeleaf} 시큐리티 확장 기능이 있다.
- 스프링 테스트 5.1에서는 WebMvcTest/WebFluxTest를 지원한다.

일부 중요한 프레임워크의 최소 지원 버전은 다음과 같다.

- 제티 9.4
- 톰캣 8.5
- 하이버네이트 5.2
- 그래들 3.4

5장, '스프링 프레임워크 심화' 및 7장, '스프링 부트로 REST API 단위 테스트하기'에서 스프링 부트를 상세히 알아본다.

▌ 요약

스프링 프레임워크는 지난 10년 반 동안 자바 엔터프라이즈 애플리케이션 개발 경험을 획기적으로 향상시켰다. 스프링 프레임워크 5.1을 사용하면 많은 기능을 사용할 수 있을 뿐 아니라 기준선을 크게 늘릴 수도 있다. 2장에서는 의존 관계 주입과 스프링 MVC로 웹 애플리케이션을 개발하는 방법을 알아본다. 마이크로서비스의 세계로 이동해 11장, '마이크로서비스 시작하기'에서 스프링 부트로 마이크로서비스를 더 단순하게 만드는 방법을 살펴본다. 스프링 클라우드와 스프링 클라우드 데이터 플로우를 사용해 클라우드에서 애플리케이션을 구축하는 방법도 익힌다.

의존 관계 주입 및 단위 테스트하기

2장은 의존 관계가 무엇인지 이해하고 의존 관계 주입(DI)의 필요성을 탐구한다. 의존 관계 주입이 제공하는 유연성을 이해해 스프링 프레임워크에서 의존 관계 주입이 어떻게 구현되는지 살펴본다.

의존 관계 주입은 스프링 프레임워크의 가장 중요한 기능으로 느슨하게 연결된 애플리케이션을 쉽게 개발할 수 있다. 느슨하게 연결된 애플리케이션은 단위 테스트가 쉬우므로 유지 관리가 훨씬 쉽다. 스프링 프레임워크에서 의존 관계 주입은 스프링 IoC^{Inversion of Control} 컨테이너에서 구현된다.

스프링 프레임워크와 의존 관계 주입이 보편화된 후 자카르타 EE(이전 자바 EE)는 자바 CDI(컨텍스트 및 의존 관계 주입)라고 하는 표준 DI 스펙을 소개했다. 스프링 프레임워크에서 CDI를 어떻게 지원하는지 살펴본다.

스프링 프레임워크는 쉽게 단위 테스트를 한다. 스프링 프레임워크로 훌륭한 단위 테스트를 작성하는 방법을 이해하는 것을 목표로 2장을 마친다.

2장에서 다루는 주제는 다음과 같다.

- 의존 관계란 무엇일까?
- 의존 관계 주입^{DI}이란 무엇일까?
- 의존 관계 주입을 올바르게 사용하면 애플리케이션을 테스트할 수 있을까?
- 스프링은 빈 팩토리와 `ApplicationContext`로 의존 관계 주입을 어떻게 구현할까?
- 컴포넌트 스캔이란 무엇일까?
- 자바와 XML 애플리케이션 컨텍스트의 차이점은 무엇일까?
- 스프링 컨텍스트의 단위 테스트는 어떻게 작성할까?
- 모킹은 단위 테스트를 어떻게 쉽게 처리할까?
- 다른 빈 스코프는 무엇일까?
- CDI란 무엇이며, 스프링은 CDI를 어떻게 지원할까?

▌기술적 요구사항

2장에서 필요한 소프트웨어는 다음과 같다.

- 가장 좋아하는 IDE, 이클립스^{Eclipse}
- 자바 8+
- 메이븐 3.x
- 인터넷 연결

깃허브^{GitHub}의 코드는 https://github.com/PacktPublishing/MasteringSpring-5.1/tree/master/Chapter02에 있다.

▌ 의존 관계

기본적으로 스프링은 의존 관계 주입^{Dependency Injection} 프레임워크다. 스프링을 이해하기 전에 의존 관계와 의존 관계 주입의 개념을 이해해야 한다.

객체지향 애플리케이션은 객체와 다른 객체와의 상호 작용을 중심으로 구축된다. 일반적인 애플리케이션은 서로 상호 작용하는 수천 개의 개체를 포함한다.

예제 클래스인 BusinessServiceImpl를 살펴보자.

```
public class BusinessServiceImpl {
 public long calculateSum(User user) {
   DataServiceImpl dataService = new DataServiceImpl();
   long sum = 0;
   for (Data data : dataService.retrieveData(user)) {
     sum += data.getValue();
   }
   return sum;
 }
}
```

BusinessServiceImpl은 DataServiceImpl 인스턴스를 생성해 데이터베이스에서 데이터를 가져온다. DataServiceImpl은 BusinessServiceImpl의 의존 관계다.

클래스의 의존 관계는 역할을 수행하기 위해 의존하는 다른 클래스다.

▌ 의존 관계를 갖는 이유

엔터프라이즈 애플리케이션에는 다양한 기능과 특성이 있다. 애플리케이션의 일부는 데이터베이스와 통신하고 다른 일부는 사용자에게 정보를 표시한다[ii]. 애플리케이션의 일부에 비즈니스 로직이 있거나 웹 서비스로 다른 애플리케이션과 통신할 수도 있다.

중요한 설계 목표 중 하나는 SRP^{Single Responsibility Principle}다. 애플리케이션의 각 클래스와 컴포넌트는 명확하게 정의된 특정 책임을 갖는 것이 좋다. 같은 클래스가 여러 기능을 책임져서는 안 된다.

클래스 A가 있다고 가정해보자. 클래스 A는 데이터베이스와 통신하고 UI 로직을 수행하지만 잘 설계되지 않았다. 클래스 A는 여러 기능을 책임지게 되고 SRP를 충족시키지 못한다.

SRP는 애플리케이션 레이어에도 적용할 수 있다. 기능이 명확하게 나눠지도록 잘 설계된 모든 애플리케이션에는 여러 레이어가 있다. 모든 레이어는 다음과 같이 명확한 기능을 책임진다.

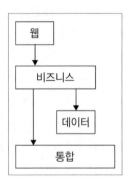

다음은 특정 기능을 책임지는 개별 레이어 중 일부다.

- **UI 레이어**: View 로직(최종 사용자에게 데이터를 표시하는 방법)을 담당한다.
- **비즈니스 레이어**: 비즈니스 로직을 담당한다.

- **데이터 레이어**: 데이터베이스와의 상호 작용을 담당한다.
- **통합 레이어**: 웹 서비스나 다른 연결 메커니즘으로 다른 애플리케이션과 통신한다.

비즈니스 레이어의 클래스를 한번 생각해보자. 데이터베이스에서 데이터를 가져와야 한다면 어떻게 해야할까?

비즈니스 레이어의 클래스는 데이터 레이어의 클래스와 소통할 것이다. 곧 비즈니스 레이어의 클래스는 데이터 레이어의 클래스에 종속된다. 데이터 레이어의 클래스는 비즈니스 레이어의 클래스에 의존 관계다.

앞의 예에서 DataServiceImpl 클래스는 데이터베이스에서 사용자와 관련된 데이터를 가져온다. BusinessServiceImpl 클래스는 데이터에 데이터 서비스 DataServiceImpl과 통신하고 그 위에 비즈니스 로직을 추가하는 일반적인 비즈니스 서비스다(예에서 비즈니스 로직은 매우 간단하다. 데이터 서비스에서 리턴한 데이터의 합계를 계산한다).

엔터프라이즈 애플리케이션은 복잡하다. 애플리케이션을 쉽게 유지 관리하려면 SRP를 준수해야 한다. SRP를 잘 구현하면 많은 의존 관계를 가진 여러 개의 작은 클래스가 생긴다.

▌ 의존 관계 주입의 개념

의존 관계[이]가 무엇인지, 의존 관계의 필요성을 이해했다면 이제 의존 관계 주입을 알아본다.

먼저 느슨한 결합의 중요성을 살펴본다. 의존 관계 주입을 올바르게 사용하는 것이 느슨하게 연결된 애플리케이션을 개발하는 데 어떻게 도움이 되는지 이해해보자.

느슨하고 단단한 결합

설계 목표의 핵심은 느슨한 결합loose coupling이다. 각 구성요소와 클래스는 서로 느슨하게 연결돼야 한다. 다른 클래스와 구성요소에 영향을 주지 않고 클래스 및 구성요소를 변경할 수 있게 한다.

앞의 BusinessServiceImpl 예제를 생각해보자.

```
DataServiceImpl dataService = new DataServiceImpl();
```

BusinessServiceImpl이 DataServiceImpl 인스턴스를 직접 생성하는데 두 클래스 사이에 단단한 결합을 만든다.

다른 DataService(예: DataServiceImpl2)를 구현할 수 있게 BusinessServiceImpl을 변경하려면 BusinessServiceImpl 코드를 바꿔야 한다.

```
DataServiceImpl dataService = new DataServiceImpl2();
```

위의 예에서 BusinessServiceImpl은 DataServiceImpl과 밀접하게 연결돼 있다.

단단하게 결합된 코드는 유지 관리가 어렵고 단위 테스트도 어렵다. 다음 절에서는 앞의 예제를 느슨하게 결합하는 방법을 설명한다.

단단한 결합을 제거하고 코드를 느슨하게 결합하기

BusinessServiceImpl과 DataServiceImpl 사이의 단단한 결합을 어떻게 줄일 수 있을까? 한번 생각해보자.

DataServiceImpl의 인터페이스 작성

첫 번째 방법은 DataServiceImpl의 인터페이스를 만드는 것이다. 직접 클래스를 사용하는 대신 BusinessServiceImpl에서 새로 생성된 DataServiceImpl 인터페이스를 사용한다. 다음 코드는 인터페이스를 만드는 방법을 보여준다.

```
public interface DataService {
  List<Data> retrieveData(User user);
}
```

인터페이스를 사용하도록 BusinessServiceImpl의 코드를 업데이트한다.

```
DataService dataService = new DataServiceImpl();
```

현재 DataService 인터페이스를 사용하고 있지만 BusinessServiceImpl은 DataServiceImpl 인스턴스를 생성함으로써 여전히 밀접하게 결합돼 있다.

```
DataService dataService = new DataServiceImpl();
```

문제를 어떻게 해결해야 할까?

로직을 이동해서 다른 곳에 DataServiceImpl을 생성하고 BusinessServiceImpl에서 사용 가능하게 만들면 어떨까? 다음을 살펴보자.

BusinessServiceImpl 외부로 의존 관계 생성 이동하기

의존 관계 생성은 클래스와 해당 의존관계에 긴밀한 연결을 만든다. BusinessServiceImpl가 인터페이스를 생성한 후에도 DataService, BusinessServiceImpl이 DataServiceImpl과 밀접하게 연결돼 있음을 알 수 있다.

```
DataService dataService = new DataServiceImpl();
```

DataServiceImpl 의존 관계를 생성해 BusinessServiceImpl이 사용할 수 있게 해서 문제를 해결해야 한다.

DataService를 인수로 허용하는 BusinessServiceImpl에 새 생성자를 추가하자. 참조를 사용할 수 있게 calculateSum 메소드가 업데이트된다. 업데이트된 코드는 다음과 같다.

```java
public class BusinessServiceImpl {
  private DataService dataService;
  public BusinessServiceImpl(DataService dataService) {
      this.dataService = dataService;
  }
  public long calculateSum(User user) {
    long sum = 0;
    for (Data data : dataService.retrieveData(user)) {
      sum += data.getValue();
     }
    return sum;
  }
}
```

BusinessServiceImpl은 더 이상 DataServiceImpl과 단단하게 연결돼 있지 않다. DataService를 구현한 후 생성자 인수로 전달해 BusinessServiceImpl을 작성할 수 있게 됐다.

```
DataService dataService = new DataServiceImpl();
BusinessServiceImpl businessService = new BusinessServiceImpl(dataService);
```

BusinessServiceImpl의 인터페이스 작성

(테스트 작성을 시작할 때) 코드를 더 느슨하게 결합하려면 BusinessService의 인터페이스를 만들고 BusinessServiceImpl을 업데이트해 인터페이스를 구현해야 한다.

```
public interface BusinessService {
    long calculateSum(User user);
}
public class BusinessServiceImpl implements BusinessService {
    // 코드의 나머지 부분
}
```

 인터페이스를 사용하면 느슨하게 연결된 코드를 만드는 데 도움이 된다. Business
ServiceImpl의 코드를 바꾸지 않고 사용할 DataService의 정확한 인터페이스 구현을 변경
할 수 있다.

용어 이해 - 빈, 와이어링, 의존 관계 주입

결합을 줄였지만 한 가지 질문이 남았다. 누가 DataServiceImpl 클래스의 인스턴스를 생
성해 BusinessServiceImpl 클래스의 인스턴스를 만들까? 많은 의존 관계를 가진 수천 개
의 클래스가 있을 때 다음 코드를 수동으로 작성하기는 어렵다.

```
DataService dataService = new DataServiceImpl(); //생성하기

BusinessService businessService
 = new BusinessServiceImpl(dataService);//생성하고 연결하기
```

이때 스프링 프레임워크가 등장한다. 스프링 프레임워크의 핵심 기능은 이전 코드의 기
능을 정확하게 수행하는 것이다.

스프링 프레임워크에 들어가기 전에 주요 용어를 살펴보자.

- **빈**: 이전 예제에서 dataService와 businessService라는 두 개의 오브젝트를 생
  성했다. 두 인스턴스를 빈이라고 한다.

- **와이어링**: dataService에는 의존 관계가 없고 businessService에는 dataService라는 하나의 의존 관계가 있다. dataService를 생성해 BusinessServiceImpl 생성자의 인수로 제공했는데 이를 와이어링이라고 한다.
- **의존 관계 주입**: 빈 식별, 생성 및 와이어링 의존 관계 프로세스를 의존 관계 주입이라고 한다. 의존 관계 주입이 바로 앞의 코드가 하는 일이다.
- **IoC**: 예제를 시작했을 때 BusinessServiceImpl은 DataServiceImpl 인스턴스 생성을 담당했다. 결국 코드를 느슨하게 결합시켰으며 BusinessServiceImpl은 이제 DataServiceImpl을 생성할 책임이 없어졌다. 이것을 IoC라고 한다. 의존 관계를 만드는 책임을 프레임워크로 옮기는 것이다.

▌ 스프링 프레임워크의 역할

앞의 예에서는 적절한 인터페이스를 생성하고 사용해 BusinessServiceImpl과 DataServiceImpl 간의 긴밀한 연결을 제거했다. 그러나 인스턴스를 생성하고 서로 연결하려면 코드를 수동으로 작성해야 한다. 스프링 프레임워크가 해결해야 하는 문제다.

스프링 IoC 컨테이너라고 하는 스프링 프레임워크는 의존 관계를 식별하고 함께 인스턴스화하고 연결하는 역할을 해야 한다.

스프링 IoC 컨테이너가 마법을 발휘하기 전에 몇 가지 질문의 답을 찾아야 한다.

1. 스프링 IoC 컨테이너가 어떤 빈을 생성해야 하는지 어떻게 알까? 스프링 IoC 컨테이너는 BusinessServiceImpl과 DataServiceImpl 클래스에 빈을 생성하는 방법을 알고 있을까?
2. 스프링 IoC 컨테이너는 빈을 서로 연결하는 방법을 어떻게 알까? 스프링 IoC 컨테이너는 DataServiceImpl 클래스의 인스턴스를 BusinessServiceImpl 클래스의 인스턴스에 주입하는 방법을 어떻게 알 수 있을까?

질문 1 – 스프링 IoC 컨테이너는 어떤 빈을 생성해야 하는지 어떻게 알까?

스프링 IoC 컨테이너에 어떤 빈을 생성해야 하는지 알려줘야 하는데 @Component 어노테이션을 사용하면 된다. 몇 가지 예를 소개한다.

```
@Component
public class DataServiceImpl implements DataService

@Component
public class BusinessServiceImpl implements BusinessService
```

스프링 IoC 컨테이너는 클래스에서 어노테이션을 보고 클래스의 인스턴스를 만든다. 앞에서 설명한 것처럼 이러한 인스턴스를 빈이라고 한다.

@Component 어노테이션은 스프링 빈을 정의하는 가장 일반적인 방법이다.

보다 구체적인 컨텍스트와 관련된 다른 어노테이션도 있다.

@Service 어노테이션은 비즈니스 서비스 구성요소에 사용된다. @Repository 어노테이션은 DAO^{Data Access Object} 구성요소에서 사용된다.

@Repository 어노테이션은 데이터베이스에서 데이터를 가져 오는 것과 관련이 있어서 DataServiceImpl에서 사용한다. BusinessServiceImpl 클래스는 비즈니스 서비스이므로 다음과 같이 @Service 어노테이션을 사용한다.

```
@Repository
public class DataServiceImpl implements DataService

@Service
public class BusinessServiceImpl implements BusinessService
```

질문 2 – 스프링 IoC 컨테이너는 빈의 의존 관계를 어떻게 알 수 있을까?

DataServiceImpl 클래스의 빈은 BusinessServiceImpl 클래스의 빈에 주입해야 한다. BusinessServiceImpl 클래스에서 DataService 인터페이스의 인스턴스 변수에 @Autowired 어노테이션을 지정해 주입할 수 있다.

```
@Service
public class BusinessServiceImpl {
    @Autowired
    private DataService dataService;
```

빈과 해당 와이어링을 정의했는데 테스트하려면 DataService 구현이 필요하다. 하드 코딩된 간단한 구현을 만들어보자.

DataServiceImpl은 몇 가지 데이터를 리턴한다.

```
@Repository
public class DataServiceImpl implements DataService {
    public List<Data> retrieveData(User user) {
      return Arrays.asList(new Data(10), new Data(20));
    }
}
```

빈과 의존 관계를 정의했다. 스프링 IoC 컨테이너를 생성하고 실행하는 방법에 초점을 맞춰보자.

스프링 IoC 컨테이너 생성

스프링 IoC 컨테이너를 생성하는 데는 두 가지 방법이 있다.

- 빈 팩토리^{BeanFactory}
- 애플리케이션 컨텍스트^{ApplicationContext}

 빈 팩토리는 모든 스프링 IoC 기능(빈 수명주기 및 와이어링)의 기초다. 기본적으로 애플리케이션 컨텍스트는 엔터프라이즈 컨텍스트에서 일반적으로 필요한 추가 기능을 사용하는 빈 팩토리의 상위 집합이다. 스프링에서는 애플리케이션 컨텍스트가 소비하는 추가 몇 KB의 메모리가 중요한 경우를 제외하고는 모든 시나리오에서 애플리케이션 컨텍스트를 사용하도록 권장한다.

애플리케이션 컨텍스트를 사용해 스프링 IoC 컨테이너를 생성해보자.

메이븐으로 프로젝트를 빌드한다. 핵심 스프링 JAR 파일은 다음과 같다.

```xml
<dependency>
 <groupId>org.springframework</groupId>
 <artifactId>spring-core</artifactId>
</dependency>

<dependency>
 <groupId>org.springframework</groupId>
 <artifactId>spring-context</artifactId>
</dependency>

<dependency>
 <groupId>org.springframework</groupId>
 <artifactId>spring-beans</artifactId>
</dependency>
```

스프링 BOM을 사용해 의존 관계 버전을 관리한다. 14장, '스프링 모범 사례'에서 스프링 BOM을 자세히 설명한다. pom.xml에 추가하는 코드는 다음과 같다.

```
<properties>
    <spring.version>5.1.3.RELEASE</spring.version>
</properties>

<dependencyManagement>
    <dependencies>
        <dependency>
            <groupId>org.springframework</groupId>
            <artifactId>spring-framework-bom</artifactId>
            <version>${spring.version}</version>
            <type>pom</type>
            <scope>import</scope>
        </dependency>
    </dependencies>
</dependencyManagement>
```

dependencyManagement에서 spring-framework-bom을 가져오면 관리할 스프링 버전을 지정할 필요가 없다.

애플리케이션 컨텍스트의 자바 구성

스프링 프레임워크 초기에는 애플리케이션 컨텍스트의 모든 구성이 XML 파일로 지정됐다. 자바 5의 어노테이션이 발전하면서 현재의 애플리케이션은 자바 어노테이션 기반 구성을 사용한다. 이 책의 대부분 예제는 자바 어노테이션 기반 구성을 사용한다.

자바 어노테이션 기반 구성의 예부터 시작해보자. 이후 XML 기반 구성의 예를 살펴볼 것이다.

다음 예제는 간단한 자바 컨텍스트 구성을 만드는 방법이다.

```
@Configuration
class SpringContext {

}
```

핵심은 @Configuration 어노테이션인데 스프링 구성으로 정의했다.

자바 구성

애플리케이션 컨텍스트를 시작하려면 기본 메소드로 자바 클래스를 생성해야 한다. 다음 프로그램은 자바 컨텍스트를 시작하는 방법을 보여준다. AnnotationConfigApplicationContext으로 애플리케이션 컨텍스트를 시작하기 위해 메인 메소드를 사용한다.

```
public class LaunchJavaContext {

    private static final User DUMMY_USER = new User("dummy");

    public static Logger logger = Logger.getLogger(LaunchJavaContext.class);

    public static void main(String[] args) {
      ApplicationContext context = new
AnnotationConfigApplicationContext(SpringContext.class);

      BusinessService service = context.getBean(BusinessService.class);

      logger.debug(service.calculateSum(DUMMY_USER));

    }
}
```

애플리케이션 컨텍스트를 만드는 코드는 다음과 같다. 자바 구성을 기반으로 애플리케이션 컨텍스트를 작성하려면 AnnotationConfigApplicationContext를 사용한다.

```
ApplicationContext context = new AnnotationConfigApplicationContext(SpringContext.
class);
```

컨텍스트가 시작되면 비즈니스 서비스 빈을 가져와야 한다. 이때 빈의 유형(BusinessService.class)을 전달하는 getBean 메소드를 인수로 사용한다.

```
BusinessService service = context.getBean(BusinessService.class );
```

컴포넌트 스캔 정의

스프링 IoC 컨테이너는 빈을 검색하는 위치를 어떻게 알 수 있을까?

컴포넌트 스캔을 정의해 검색할 패키지를 스프링 IoC 컨테이너에 알린다.

이전 자바 구성 정의에 구성요소 검색을 추가해보자.

```
@Configuration
@ComponentScan(basePackages = { "com.mastering.spring" })
class SpringContext {
}
```

com.mastering.spring 패키지의 컴포넌트 스캔을 정의했다. 지금까지 논의한 모든 클래스가 어떻게 구성돼 있는지를 보여준다. 지금까지 정의한 모든 클래스는 다음 패키지에 있다.

```
▼ mastering-spring-example-1
  ▼ src/main/java
    ▼ com.mastering.spring.beans
      ▶ Data.java
      ▶ User.java
    ▼ com.mastering.spring.business
      ▶ BusinessService.java
      ▶ BusinessServiceImpl.java
      ▶ BusinessServiceImplBeforeRefactoring.java
    ▼ com.mastering.spring.context
      ▶ LaunchJavaContext.java
      ▶ LaunchXmlContext.java
    ▼ com.mastering.spring.data
      ▶ DataService.java
      ▶ DataServiceImpl.java
  ▼ src/main/resources
      BusinessApplicationContext.xml
      log4j.xml
  ▼ src/test/java
    ▼ com.mastering.spring.context
      ▶ BusinessServiceJavaContextTest.java
      ▶ BusinessServiceMockitoTest.java
```

예제를 제대로 작동시키기 위해 지금까지 수행한 모든 작업을 잠시 검토해보자.

- com.mastering.spring 패키지의 컴포넌트 스캔으로 @Configuration 어노테이션을 사용해 스프링 구성 클래스 SpringContext를 정의했다.
- 앞의 패키지에는 몇 개의 파일이 있다.
    - @Service 어노테이션이 있는 BusinessServiceImpl
    - @Repository 어노테이션이 있는 DataServiceImpl
- BusinessServiceImpl에는 DataService 인스턴스에 @Autowired 어노테이션이 있다.

스프링 컨텍스트를 시작하면 다음과 같은 일이 발생한다.

- com.mastering.spring 패키지를 스캔하고 BusinessServiceImpl와 DataServiceImpl 빈을 찾는다.
- DataServiceImpl에는 의존 관계가 없다. 따라서 DataServiceImpl을 위한 빈이 생성된다.
- BusinessServiceImpl은 DataService에 의존한다. DataServiceImpl은 DataService 인터페이스의 구현체다. 따라서 오토와이어링 기준과 일치한다. BusinessServiceImpl 빈이 생성되고 DataServiceImpl로 생성된 빈이 setter(setter)를 통해 자동으로 연결된다.

애플리케이션 컨텍스트 실행

애플리케이션 컨텍스트를 시작하기 위한 설정은 모두 마쳤다. 이제 LaunchJavaContext 프로그램을 실행하기만 하면 된다.

프로그램을 실행하면 다음 명령문이 콘솔에 출력된다.

```
[2019-01-03 19:06:05,770] DEBUG
com.mastering.spring.context.LaunchJavaContext 30
```

축하한다! 스프링 애플리케이션을 성공적으로 실행했다.

백그라운드에서는 무슨 일이 일어나고 있을까?

백그라운드에서 어떤 일이 발생하는지 이해하면 문제가 발생할 때 더 빨리 디버깅할 수 있다. 앞에서 스프링 애플리케이션을 성공적으로 시작할 수 있었다. 여기에서는 백그라운드에서 발생하는 상황을 이해하는 데 중점을 둔다.

좀더 깊이 이해하기 위해 디버그 로그 중 일부를 살펴보자.

다음은 LaunchJavaContext로 시작한 컨텍스트 로그에서 중요한 명령문의 일부다. 처음 몇 줄은 작동 중인 컴포넌트 스캔을 보여준다.

```
Looking for matching resources in directory tree
[/target/classes/com/mastering/spring]

Identified candidate component class: file
[/in28Minutes/Workspaces/SpringTutorial/mastering-spring-
example-1/target/classes/com/mastering/spring/business/BusinessServiceImpl. class]

Identified candidate component class: file
[/in28Minutes/Workspaces/SpringTutorial/mastering-spring-
example-1/target/classes/com/mastering/spring/data/DataServiceImpl.class]

defining beans [******OTHERS*****,businessServiceImpl,dataServiceImpl];
```

스프링은 이제 빈을 생성하기 시작한다. businessServiceImpl로 시작하지만 오토와이어링 의존 관계가 있다.

```
Creating instance of bean 'businessServiceImpl'Registered injected element
on class [com.mastering.spring.business.BusinessServiceImpl]:
AutowiredFieldElement for private com.mastering.spring.data.DataService
com.mastering.spring.business.BusinessServiceImpl.dataService

Processing injected element of bean 'businessServiceImpl':
AutowiredFieldElement for private com.mastering.spring.data.DataService
com.mastering.spring.business.BusinessServiceImpl.dataService
```

스프링은 dataServiceImpl로 이동해 인스턴스를 생성한다.

```
Creating instance of bean 'dataServiceImpl'
Finished creating instance of bean 'dataServiceImpl'
```

스프링은 dataServiceImpl을 businessServiceImpl에 자동 연결한다.

```
Autowiring by type from bean name 'businessServiceImpl' to bean named
'dataServiceImpl'
Finished creating instance of bean 'businessServiceImpl'
```

요약하면 스프링 애플리케이션을 시작할 때 다음 단계가 수행된다.

- 빈과 의존 관계를 식별하기 위해 컴포넌트 스캔이 수행된다.
- 빈이 생성되고 필요에 따라 의존 관계가 연결된다.

 의존 관계 주입을 사용해 자신만의 예제를 만드는 것이 좋다. 정렬 알고리즘이 필요한 비즈니스 로직 같이 다른 클래스에 종속된 클래스를 생각해보면 알 수 있다.

▍ 스프링 프레임워크

스프링 프레임워크의 기능을 이해하기 위해 간단한 애플리케이션을 만들었다. 지금까지 스프링워크의 개요에 집중했다. 핵심 기능 중 일부를 자세히 살펴본다.

컨테이너 관리 빈

앞 예제에서 자체 의존 관계를 만드는 클래스 대신, 스프링 IoC 컨테이너가 빈과 의존 관계를 관리하는 책임을 어떻게 처리할 수 있는지 살펴봤다. 컨테이너가 관리하는 빈을 컨테이너 관리 빈Container Managed Beans이라고 한다.

빈을 생성하고 관리하는 기능을 컨테이너에 위임하면 이로운 점이 많다. 몇 가지를 소개한다.

- 클래스는 의존 관계 생성에 책임이 없기 때문에 느슨하게 결합돼 테스트할 수 있다. 디자인은 좋아지고 결함은 적어진다.
- 컨테이너가 빈을 관리하므로 빈 주위에 몇 개의 기능을 더 일반적인 방식으로 도입할 수 있다. 로깅, 캐싱, 트랜잭션 관리 및 예외 처리와 같은 크로스 컷팅을 AOPAspect-Oriented Programming를 사용해 빈 중심으로 구성할 수 있다. 이렇게 하면 유지 보수가 쉬운 코드가 된다.

자바 대 XML 구성

자바 5에서 어노테이션이 등장하면서 스프링 기반 애플리케이션에 자바 구성이 광범위하게 사용된다. XML 기반 구성과 자바 기반 구성 중 올바른 선택은 무엇일까?

스프링은 자바와 XML 기반 구성을 동일하게 지원한다. 다음은 구성을 선택할 때 고려해야 할 사항이다.

- 어노테이션은 빈을 더 짧고 간단하게 정의할 수 있다.
- 어노테이션은 XML 기반 구성보다 적용할 수 있는 코드에 더 가깝다.
- 어노테이션을 사용하는 클래스는 더 이상 간단한 POJO가 아니다. 프레임워크별 어노테이션을 사용하기 때문이다.
- 어노테이션을 사용하면 오토와이어링 문제를 해결하기 어려울 수 있다. 와이어링이 더 이상 중앙 집중화되지 않고 명시적으로 선언되지도 않기 때문이다.
- 애플리케이션 패키지(WAR 또는 EAR) 외부에 스프링 컨텍스트 XML을 사용하면 와이어링이 좀더 유연해져 통합 테스트에 다른 설정도 할 수 있다.

모든 스프링 애플리케이션에 자바 기반 구성을 사용하는 것이 좋다. 어떤 선택을 하든지 팀과 프로젝트 간에 일관성을 유지해야 한다.

애플리케이션 컨텍스트에 XML 구성 사용

앞의 예제에서는 애플리케이션 컨텍스트를 시작할 때 자바 구성을 사용했다. 스프링은 XML 구성도 지원한다.

다음 예제는 XML 구성으로 애플리케이션 컨텍스트를 시작하는 방법을 보여준다. 여기에는 두 단계가 있다.

- XML 스프링 구성 정의
- XML 구성으로 애플리케이션 컨텍스트 시작

XML 스프링 구성 정의

다음 예제는 일반적인 XML 스프링 구성을 보여준다. 구성 파일은 src/main/resources 디렉토리에 'BusinessApplicationContext.xml'이라는 이름으로 생성된다.

```
<?xml version="1.0" encoding="UTF-8" standalone="no"?>
<beans> <!-Namespace definitions removed-->
<context:component-scan base-package ="com.mastering.spring"/>
</beans>
```

구성요소 스캔은 context : component-scan을 사용해 정의된다.

XML 구성으로 애플리케이션 컨텍스트 시작

다음 프로그램은 XML 구성으로 애플리케이션 컨텍스트를 시작하는 방법을 보여준다.
메인 메소드에서 ClassPathXmlApplicationContext를 사용해 애플리케이션 컨텍스트를
시작한다.

```java
public class LaunchXmlContext {
    private static final User DUMMY_USER = new User("dummy");
    public static Logger logger =
    Logger.getLogger(LaunchJavaContext.class);
    public static void main(String[] args) {
        ApplicationContext context = new
        ClassPathXmlApplicationContext(
        "BusinessApplicationContext.xml");
        BusinessService service =
        context.getBean(BusinessService.class);
        logger.debug(service.calculateSum(DUMMY_USER));
        }
}
```

다음은 애플리케이션 컨텍스트를 만드는 코드 라인이다. XML 구성을 기반으로 애플리
케이션 컨텍스트를 생성한다. 따라서 애플리케이션 컨텍스트 AnnotationConfigApplicat
ionContext를 만들기 위해 ClassPathXmlApplicationContext를 사용한다.

```
ApplicationContext context = new
ClassPathXmlApplicationContext (SpringContext.class);
```

컨텍스트가 시작되면 비즈니스 서비스 빈의 참조를 가져와야 하는데 자바 구성으로 한 것과 매우 유사하다. getBean 메소드로 빈의 유형(BusinessService.class)을 인수로 전달한다.

계속해서 LaunchXmlContext 클래스를 실행할 수 있다. 자바 구성으로 컨텍스트를 실행할 때 얻는 결과와 매우 비슷한 결과가 나타난다.

@Autowired 어노테이션

@Autowired를 의존 관계에 사용하면 애플리케이션 컨텍스트는 일치하는 의존 관계를 검색한다. 기본적으로 오토와이어링된 모든 의존 관계가 필요하다.

가능한 결과는 다음과 같다.

- **일치 항목이 1개 있다**: 찾고 있는 의존 관계
- **일치 항목이 2개 이상 발견됐다**: 오토와이어링 실패
- **일치하는 항목이 없다**: 오토와이어링 실패

둘 이상의 후보가 발견되면 두 가지 방법으로 해결할 수 있다.

- 후보 중 하나만 사용하려면 @Primary 어노테이션을 사용한다.
- 오토와이어링을 더욱 강화하려면 @Qualifier를 사용한다.

@Primary 어노테이션

특정 의존 관계를 오토와이어링 할 수 있는 후보가 둘 이상 있을 때 @Primary 어노테이션을 사용한 빈이 호출된다. 다음 예제를 보자.

```
interface SortingAlgorithm {
}
@Component
class MergeSort implements SortingAlgorithm {
    // 여기는 클래스 코드
}
@Component
@Primary
class QuickSort implements SortingAlgorithm {
    // 여기는 클래스 코드
}
```

두 가지 정렬 알고리즘(QuickSort와 MergeSort)을 사용할 수 있다. 구성요소 스캔에서 두 요소를 모두 찾으면 QuickSort는 @Primary 어노테이션 때문에 SortingAlgorithm의 의존 관계를 연결하는 데 사용된다.

@Qualifier 어노테이션

@Qualifier 어노테이션은 스프링 빈에 참조를 주기 위해 사용된다. 참조는 오토와이어링할 필요가 있는 의존 관계를 규정하는 데 사용된다.

다음 예제를 살펴보자.

```
@Component
@Qualifier("mergesort")
class MergeSort implements SortingAlgorithm {
  // 여기는 클래스 코드
}
```

```
@Component
class QuickSort implements SortingAlgorithm {
  // 여기는 클래스 코드
}
@Component
class SomeService {
  @Autowired
  @Qualifier("mergesort")
 SortingAlgorithm algorithm;
}
```

앞의 예에서는 QuickSort와 MergeSort라는 두 가지 정렬 알고리즘을 사용할 수 있다. 그러나 SomeService 클래스에서 @Qualifier("mergesort")가 사용됐기 때문에 mergesort 한정자qualifier가 정의돼 있는 MergeSort도 오토와이어링을 위해 선택된 후보 의존 관계가 된다.

의존 관계 주입 옵션

예제에서 setter 메소드로 의존 관계를 연결했다. 의존 관계 주입에는 자주 사용되는 두 가지 유형이 있다.

- setter 주입
- 생성자 주입

setter 주입

setter 주입은 setter 메소드를 통해 의존 관계를 주입하는 데 사용된다. 다음 예제에서 DataService 인스턴스는 setter 주입을 사용한다.

```
public class BusinessServiceImpl {
    private DataService dataService;
```

```
    @Autowired
    public void setDataService(DataService dataService) {
        this.dataService = dataService;
    }
}
```

실제로 setter 주입을 사용하기 위해 setter 메소드를 선언할 필요는 없다. 변수에 @Auto wired를 지정하면 스프링은 자동으로 setter 주입을 사용한다. DataService의 setter 주입에 필요한 코드는 다음과 같다.

```
public class BusinessServiceImpl {
    @Autowired
    private DataService dataService;
}
```

생성자 주입

생성자 주입은 의존 관계 주입을 위해 생성자를 이용한다. 다음 코드는 DataService에 주입하기 위해 생성자를 사용하는 방법을 보여준다.

```
public class BusinessServiceImpl {
    private DataService dataService;
    @Autowired
    public BusinessServiceImpl(DataService dataService) {
        super();
        this.dataService = dataService;
    }
}
```

앞의 BusinessServiceImpl 코드를 실행하면 생성자로 오토와이어링이 수행됐다는 것이 로그에 표시된다.

```
Autowiring by type from bean name 'businessServiceImpl' via
constructor to bean named 'dataServiceImpl'
```

생성자 대 setter 주입

원래 XML 기반 애플리케이션 컨텍스트에서는 필수 의존 관계가 있는 생성자 주입과 필수가 아닌 의존 관계가 있는 setter 주입을 사용했다. 필드나 메소드에서 @Autowired를 사용할 때 기본적으로 의존 관계가 필요하다. @Autowired 필드에 사용할 수 있는 후보가 없으면 오토와이어링이 실패하고 예외가 발생한다. 따라서 자바 기반 애플리케이션 컨텍스트에서는 선택 사항이 더 이상 명확하지 않다.

setter 주입을 사용하면 생성 중에 오브젝트 상태가 변경된다. 불변 객체에는 생성자 주입이 필요하다. setter 주입을 사용하면 클래스에 많은 의존 관계가 있다는 사실을 숨길 수 있다. 생성자 주입을 사용하면 생성자의 크기가 증가하므로 이를 명확히 알 수 있다.

스프링 빈 스코프 사용자 정의

스프링 빈은 여러 스코프로 만들 수 있다. 기본 스코프는 싱글톤^{singleton}이다.

 일반적으로 싱글톤은 JVM당 하나의 인스턴스만 있는 자바 클래스다. 스프링 프레임워크 컨텍스트의 싱글톤은 스프링 애플리케이션 컨텍스트당 하나의 인스턴스를 가진 클래스다.

싱글톤 빈의 인스턴스는 하나뿐이므로 요청^{request}과 관련된 데이터를 포함할 수 없다.

스코프는 모든 스프링 빈에서 @Scope 어노테이션과 함께 제공될 수 있다.

```
@Service
@Scope("singleton")
public class BusinessServiceImpl implements BusinessService
```

다음 표는 빈에 사용할 수 있는 다양한 유형의 스코프를 보여준다.

스코프	사용
싱글톤	기본적으로 모든 빈의 스코프는 싱글톤이다. 빈의 인스턴스는 스프링 IoC 컨테이너의 인스턴스당 하나만 사용된다. 빈에 여러 참조가 있어도 컨테이너당 한 번만 생성된다. 싱글톤 인스턴스는 캐싱돼 빈을 사용하는 모든 후속 요청에 사용된다. 스프링 싱글톤 스코프가 하나의 스프링 컨테이너당 하나의 객체라는 것을 지정하는 것은 중요하다. 단일 JVM에 여러 개의 스프링 컨테이너가 있다면, 같은 빈의 인스턴스는 여러 개 있을 수 있다. 따라서 스프링 싱글톤 스코프는 일반적인 정의와 약간 다르다.
프로토타입	스프링 컨테이너에서 빈을 요청할 때마다 새 인스턴스가 생성된다. 빈에 상태가 포함돼 있는 경우, 프로토타입(prototype) 스코프를 사용하는 것이 좋다.
리퀘스트	스프링 웹 컨텍스트에서만 사용할 수 있다. 모든 HTTP 요청마다 빈의 새 인스턴스가 생성된다. 빈은 요청 처리가 완료되는 즉시 폐기된다. 단일 요청과 관련된 데이터를 보유하고 있는 빈에 이상적이다.
세션	스프링 웹 컨텍스트에서만 사용할 수 있다. 모든 HTTP 세션(session)마다 빈의 새로운 인스턴스가 생성된다. 웹 애플리케이션의 사용자 권한과 같이 단일 사용자 고유의 데이터에 적합하다.
애플리케이션	스프링 웹 컨텍스트에서만 사용할 수 있다. 웹 애플리케이션당 하나의 빈 인스턴스로 특정 환경의 애플리케이션 구성에 적합하다.

기타 중요한 스프링 어노테이션

스프링은 빈을 정의하고 빈의 생명 주기를 관리하는 데 상당한 유연성을 제공한다. 중요한 스프링 어노테이션을 표로 정리했다.

어노테이션	사용
@ScopedProxy	요청이나 세션 스코프의 빈을 싱글톤-스코프의 빈에 주입해야 할 때가 있다. @ScopedProxy 어노테이션은 싱글톤-스코프 빈에 주입되는 스마트 프록시를 제공한다.
@Component, @Service, @Controller, @Repository	@Component는 스프링 빈을 정의하는 가장 일반적인 방법이다. 다른 어노테이션은 이와 관련된 특정 컨텍스트를 갖고 있다. • @Service는 비즈니스 서비스 레이어에서 사용된다. • @Repository는 데이터 액세스 객체(DAO)에서 사용된다. • @Controller는 프레젠테이션 구성요소에 사용된다.

어노테이션	사용
@PostConstruct	모든 스프링 빈에서 @PostConstruct 어노테이션을 사용해 post construct 메소드를 제공한다. post construct 메소드는 빈이 의존 관계로 완전히 초기화된 후에 호출된다. 이것은 빈 생명 주기 동안 한 번만 호출된다.
@PreDestroy	모든 스프링 빈에서 @PreDestroy 어노테이션으로 predestroy 메소드를 제공할 수 있다. predestroy 메소드는 컨테이너에서 빈이 제거되기 전에 호출된다. 빈이 보유한 모든 리소스를 해제하는 데 사용되는데 리소스 누수가 방지된다.

▌ CDI 탐색

CDI(컨택스트 및 의존 관계 주입)는 의존 관계 주입을 자바 EE로 가져오려는 자바 EE의 시도다. CDI의 목표는 의존 관계 주입 수행 방법의 기본을 표준화하는 것이다. 스프링은 JSR−330에 정의된 표준 어노테이션을 지원한다. 대부분 표준 어노테이션은 스프링 어노테이션과 같은 방식으로 처리된다.

 'Dependency Injection for java'라는 제목의 JSR 330은 자바용 의존 관계 주입의 표준 어노테이션을 정의한다.

CDI를 사용하기 전에 CDI JAR 파일에 대한 의존 관계를 확인해야 한다. 코드는 다음과 같다.

```
<dependency>
    <groupId>javax.inject</groupId>
    <artifactId>javax.inject</artifactId>
    <version>1</version>
</dependency>
```

CDI 어노테이션과 스프링 프레임워크에서 제공하는 어노테이션을 비교한 내용을 표로 담았다. @Value, @Required와 @Lazy 스프링 어노테이션에는 동등한 CDI 어노테이션이 없다.

CDI 어노테이션	스프링 어노테이션과 비교
@Inject	−. @Autowired와 비슷하다. −. 한 가지 중요한 차이점은 @Inject에 필요한 속성이 없다는 것이다.
@Named	−. @Component와 유사하게 명명된 구성요소를 식별한다. −. @Qualifier 스프링 어노테이션과 비슷한 이름으로 빈을 규정할 수 있다. 하나의 의존 관계를 오토와이어링하기 위해 여러 후보가 사용 가능할 때 유용하다.
@Singleton	스프링 어노테이션 @Scope("singleton")와 유사하다.
@Qualifier	스프링의 어노테이션 @Qualifier와 유사하다.

CDI의 예

CDI는 다른 클래스의 어노테이션이 어떻게 생겼는지를 나타낸다. 스프링 애플리케이션 컨텍스트를 생성하고 실행하는 방법에는 변화가 없다. CDI는 @Repository, @Controller, @Service과 @Component를 구분하지 않는다. 앞의 모든 어노테이션 대신 @Named를 사용한다. 예에서는 DataServiceImpl 및 BusinessServiceImpl에 @Named를 사용한다. (@Autowired 대신) @Inject를 사용해 dataService를 BusinessServiceImpl에 주입한다.

```
@Named // @Repository 대신
public class DataServiceImpl implements DataService

@Named // @Service 대신
public class BusinessServiceImpl {

    @Inject // @Autowired 대신
    private DataService dataService;
```

스프링 애플리케이션 컨텍스트의 단위 테스트

 책의 초반에 단위 테스트를 소개하는 이유가 무엇일까? 어쩌면 이미 늦었을지도 모른다고 생각한다. 사실 TDD(Test-Driven Development)를 사용해 코드 이전에 테스트를 작성하는 것이 좋다. TDD를 사용하면 간단하고 유지 관리가 가능하며 테스트할 수 있는 코드가 된다.

단위 테스트를 작성하기 전에 단위 테스트가 무엇인지 이해해야 한다.

단위 테스트의 개념

일반적으로 애플리케이션은 규모가 크며 수천 개의 클래스와 메소드가 있다. 단위 테스트에는 개별 클래스와 메소드에 독립적인 자동 테스트 작성이 포함된다. 단위 테스트는 배포된 전체 애플리케이션을 테스트하는 대신 각 클래스와 각 메소드의 책임에 자동화된 테스트를 작성하는 데 중점을 둔다.

훌륭한 개발자가 훌륭한 단위 테스트를 작성한다. 단위 테스트를 사용하면 여러 시나리오에서 코드를 지속적으로 테스트할 수 있다.

단위 테스트에는 다음과 같은 여러 가지 장점이 있다.

- 미래 결함에 대비한 안전망safety net이다.
- 결함의 조기 발견이 가능하다
- TDD가 더 나은 디자인을 만든다.
- 잘 작성된 테스트는 코드와 기능의 문서화 역할을 한다(특히 BDD Given-When-Then 스타일을 사용해 작성된 테스트).

스프링 프레임워크는 훌륭한 단위 테스트 작성을 위해 아낌없이 지원한다. 스프링 프레임워크 이전에는 느슨하게 결합된 코드를 자바로 작성하기가 쉽지 않았다. 그러나 스프링 프레임워크를 사용하면서 느슨하게 결합된 코드 작성이 쉬워졌다. 느슨하게 결합된 코드는 단위 테스트를 쉽게 할 수 있다. 스텁[stub]이나 모킹 의존 관계를 사용할 수 있으며 스프링 프레임워크에 의존해 와이어링할 수도 있다.

2장의 앞부분에서 설명한 `BusinessServiceImpl` 예제의 간단한 단위 테스트를 작성해본다.

스프링 컨텍스트를 사용해 JUnit 작성

앞절에서는 main 메소드에서 스프링 컨텍스트를 시작하는 방법을 살펴봤다. 이제 단위 테스트에서 스프링 컨텍스트를 시작해보자. 단위 테스트 프레임워크로 JUnit 프레임워크를 사용한다.

스프링 프레임워크로 단위 테스트를 작성할 때 애플리케이션 컨텍스트를 시작해야 한다. 애플리케이션 컨텍스트는 모든 빈과 의존 관계를 초기화한다. 애플리케이션 컨텍스트에서 빈을 가져와 예상 값을 리턴하는지 확인할 수 있다.

단위 테스트에서 애플리케이션 컨텍스트를 시작하기 위해 `SpringJUnit4ClassRunner.class`를 러너로 사용할 수 있다.

```
@RunWith(SpringJUnit4ClassRunner.class)
```

XML 구성으로 애플리케이션 컨텍스트를 시작하자. 선언하는 방법은 다음과 같다.

```
@ContextConfiguration(
        locations = {  "/BusinessApplicationContext.xml" }
)
```

애플리케이션 컨텍스트가 시작되면 애플리케이션 컨텍스트에서 빈을 가져와 단위 테스트에 사용한다. 스프링 테스트 프레임워크는 테스트의 애플리케이션 컨텍스트에서 빈을 사용하기 위해 간단한 어노테이션을 제공한다. @Autowired 어노테이션을 사용해 테스트에서 멤버 변수를 정의하기만 하면 된다. 다음 코드는 단위 테스트에 자동으로 연결된 BusinessService를 구현하는 방법을 보여준다.

```
@Autowired
private BusinessService service;
```

2장의 앞부분에서 DataServiceImpl 더미를 구현했다.

retrieveData 메소드는 다음과 같이 리스트를 리턴한다.

```
Arrays.asList(new Data(10), new Data(20))
```

BusinessServiceImpl의 calculateSum 메소드는 '10+20'을 계산해서 '30'을 리턴한다.

assertEquals를 사용해 테스트 메소드에서 '30'을 검증한다.

```
long sum = service.calculateSum(DUMMY_USER);
assertEquals(30, sum);
```

테스트의 전체 코드는 하나의 테스트 메소드로 다음과 같다.

```
@RunWith(SpringJUnit4ClassRunner.class)
@ContextConfiguration(locations = {"/BusinessApplicationContext.xml" })
public class BusinessServiceJavaContextTest {
    private static final User DUMMY_USER = new User("dummy");
    @Autowired
    private BusinessService service;
```

```
  @Test
  public void testCalculateSum() {
    long sum = service.calculateSum(DUMMY_USER);
    assertEquals(30, sum);
    }
}
```

기억해야 할 중요한 사항 중 하나는 이전 테스트가 실제 단위 테스트가 아니라는 것
이다. BusinessServiceImpl의 테스트는 DataServiceImpl를 실제로 구현해야 한다.
DataServiceImpl이 데이터베이스에서 데이터를 검색한다면 테스트는 데이터베이스에
있는 데이터에 따라 달라진다.

DataService를 실제로 구현하지 않고 어떻게 BusinessServiceImpl 단위 테스트를 할까?
두 가지 옵션이 있다.

- src\test\java 폴더에 데이터 서비스의 스텁을 구현해 더미 데이터를 제공한다.
  실제 DataServiceImpl 클래스 대신 스텁 구현을 오토와이어링하려면 별도의 테
  스트 컨텍스트 구성을 사용해야 한다.
- DataService의 모크를 생성하고 모크를 BusinessServiceImpl에 오토와이어링
  한다.

스텁을 구현하면 추가 클래스와 추가 컨텍스트가 생성된다. 단위 테스트를 위해 더 많
은 데이터 변형이 필요하므로 스텁을 유지하기는 더 어려워진다.

다음 절에서는 단위 테스트에 모크를 사용하는 두 번째 옵션을 살펴본다. 지난 몇 년 간
모킹 프레임워크(특히 모키토)가 발전하면서 단위 테스트를 실행하기 위해 스프링 컨텍스
트를 시작할 필요조차 없어졌다.

모크를 사용한 단위 테스트

모킹이 무엇인지 알아보자. 모킹^{mocking}은 실제 객체의 동작을 시뮬레이션하는 객체를 만든다. 앞의 예제, 단위 테스트에서는 DataService의 동작을 시뮬레이션하려고 했다.

스텁과 달리 모크는 런타임에 동적으로 생성될 수 있다. 가장 인기있는 모크 프레임워크로 모키토를 사용한다. 모키토는 https://github.com/mockmock/mockito/wiki/FAQ의 Mockito FAQ를 참고하자.

DataService의 모크를 생성해보자. 모키토로 모크를 만드는 방법은 여러 가지인데 어노테이션을 사용하면 가장 간단하다. DataService의 모크를 생성하기 위해 @Mock 어노테이션을 사용하자.

```
@Mock
private DataService dataServiceMock;
```

BusinessServiceImpl로 모크를 만들고 싶다면 @InjectMocks 어노테이션을 사용하면 된다. @InjectMocks는 서비스의 모든 의존 관계를 오토와이어링한다.

```
@InjectMocks
private BusinessService service = new BusinessServiceImpl();
```

BusinessServiceImpl은 dataService의 retrieveData 메소드를 호출한다. 메소드가 호출될 때 테스트 데이터를 리턴하는 모크를 만들어야 한다. retrieveData 메소드를 모킹하기 위해 모키토가 제공하는 BDD 스타일 메소드를 사용할 것이다.

```
BDDMockito.given(
        dataServiceMock.retrieveData(Matchers.any(User.class)))
    .willReturn(
        Arrays.asList(new Data(10),  new Data(15), new Data(25)));
```

dataService 모크에서 User 유형의 오브젝트를 사용해 retrieveData 메소드를 호출하면 값이 지정된 세 개의 항목 리스트를 리턴한다.

모키토 어노테이션을 사용할 때는 특정 JUnit 러너^{MockitoJunitRunner}를 사용해야 한다. MockitoJunitRunner는 테스트 코드를 깨끗하게 유지하고 테스트 실패 시 명확한 디버깅 정보를 제공한다. MockitoJunitRunner는 @Mock 어노테이션으로 어노테이션이 달린 빈을 초기화하고 각 테스트 메소드를 실행한 후 프레임워크의 사용법을 검증한다.

```
@RunWith(MockitoJUnitRunner.class)
```

테스트의 전체 리스트는 하나의 메소드로 다음과 같다.

```
@RunWith(MockitoJUnitRunner.class)
public class BusinessServiceMockitoTest {

    private static final User DUMMY_USER = new User("dummy");

    @Mock
    private DataService dataServiceMock;
    @InjectMocks
    private BusinessService service =  new BusinessServiceImpl();

    @Test
    public void testCalculateSum() {
        BDDMockito
           .given(dataServiceMock.retrieveData(Matchers.any(User.class)))
           .willReturn(Arrays.asList(new Data(10),  new Data(15), new Data(25)));

        long sum = service.calculateSum(DUMMY_USER);
        assertEquals(10 + 15 + 25, sum);
    }
}
```

모크를 이용한 단위 테스트는 @Mock와 @InjectMocks 어노테이션으로 간단히 만들수
있다.

▌ 요약

의존 관계 주입과 IoC는 스프링의 핵심 기능으로 코드를 느슨하게 결합하고 테스트할
수 있다. 스프링 프레임워크를 최대한 활용하려면 의존 관계 주입을 제대로 이해해야
한다.

2장에서는 의존 관계가 무엇인지 이해하기 위해 몇 가지 예를 살펴봤다. 의존 관계 주입
의 필요성과 스프링 프레임워크로 의존 관계 주입을 구현하는 방법을 알아봤다. 애플리
케이션 컨텍스트ApplicationContext, 빈 팩토리, 구성요소 스캔 및 빈 스코프의 기본사항을 살
펴봤다. 또한 자바와 XML 구성으로 애플리케이션 컨텍스트를 생성하는 것을 논의했다.

스프링 프레임워크가 제공하는 느슨한 결합을 확인하기 위해 몇 가지 훌륭한 단위 테
스트를 작성했다.

자바 컨텍스트 및 의존 관계 주입CDI:Java Contexts and Dependency Injection의 스프링 프레임워크
지원을 알아봤다.

3장에서는 스프링 프레임워크를 사용해 웹 애플리케이션을 구축해본다. 스프링 MVC
모듈을 사용해 고퀄의 웹 애플리케이션을 쉽게 개발할 수 있다.

참고 자료
- Spring official website, available at: https://spring.io/
- Spring Getting Started Guides, available at: https://spring.io/guides

스프링 MVC로
웹 애플리케이션 구축하기

스프링 MVC는 자바 서블릿 기반 웹 애플리케이션을 개발할 때 가장 많이 사용하는 웹 프레임워크다. 스프링 MVC는 깔끔하고 느슨하게 결합된 아키텍처라는 장점이 있다. 스프링 MVC가 컨트롤러, 핸들러 매핑, 뷰 리졸버와 POJO^{Plain Old Java Object} 명령 빈의 역할을 명확하게 정의하면, 의존 관계 주입 및 오토와이어링과 같은 모든 핵심 스프링 기능으로 서블릿 기반 웹 애플리케이션을 간단하게 만들 수 있다. 멀티 뷰 기술을 지원하므로 확장할 수도 있다.

스프링 MVC로 REST 서비스를 생성할 수 있는데 6장, '스프링 부트로 REST API 구축하기'에서 알아본다. 간단한 예제를 통해 스프링 MVC의 기본사항을 살펴보자.

3장에서는 다음과 같은 내용을 다룬다.

- 스프링 MVC 아키텍처
- DispatcherServlet, 뷰 리졸버, 핸들러 매핑, 컨트롤러가 수행하는 역할
- 모델 속성, 세션 속성
- 폼 바인딩, 유효성 검사
- 부트 스트랩과의 통합
- 스프링 시큐리티의 기초
- 컨트롤러에 간단한 단위 테스트 작성하기

▌ 기술적 요구사항

3장의 요구사항은 다음과 같다.

- 가장 좋아하는 IDE, 이클립스
- 자바 8+
- 메이븐 3.x
- 인터넷 연결

3장의 깃허브 링크는 https://github.com/PacktPublishing/Mastering-Spring-5.1/tree/master/Chapter03에서 찾아볼 수 있다.

▌ 자바 서블릿 웹 애플리케이션 아키텍처

수십 년 동안 웹 애플리케이션을 개발하는 방식은 계속 발전했다. 오늘날 널리 사용되는 방법은 REST API를 앵귤러JS, 리액트, Vue.js와 같은 프론트엔드 프레임워크와 결합하는 것이다.

9장, '리액트 및 스프링 부트가 포함된 풀스택 앱'의 프론트엔드 프레임워크와 REST API를 사용하는 아키텍처를 살펴볼 것이다.

3장에서는 순수한 자바 서블릿 기반 아키텍처에 중점을 둔다. 자바 웹 애플리케이션 개발을 위한 다양한 아키텍처 접근 방식을 논의하고 스프링 MVC가 어디에 적합한지 살펴본다.

- 모델1 아키텍처
- 모델2 또는 MVC 아키텍처
- 프론트 컨트롤러FrontController가 있는 모델2

모델1 아키텍처

모델1 아키텍처는 자바 기반 웹 애플리케이션을 개발할 때 사용되는 초기 아키텍처 스타일 중 하나다. 몇 가지 중요한 세부사항은 다음과 같다.

- JSPJava Server Pages 페이지는 브라우저의 요청을 직접 처리한다.
- JSP 페이지는 간단한 자바 빈을 포함하는 모델을 사용한다.
- 아키텍처 스타일의 일부 애플리케이션에서는 JSP가 데이터베이스의 쿼리를 수행한다.
- JSP는 다음에 표시할 페이지인 플로우 로직을 처리한다.

다음 그림은 전형적인 모델1 아키텍처를 나타낸다.

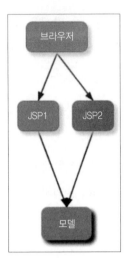

접근법에 단점이 많아서 다른 아키텍처로의 진화가 시작됐다. 주요 단점은 다음과 같다.

- **어려운 관점 분리**: JSP는 데이터를 검색하고 데이터를 표시한다. 다음에 표시할 페이지(플로우)를 결정하고 때로는 비즈니스 로직까지 책임졌다.
- **복잡한 JSP**: JSP가 많은 로직을 처리했기 때문에 거대해지고 유지 관리하기가 어려웠다.

모델2 아키텍처

모델2 아키텍처는 여러 책임이 있는 복잡한 JSP와 관련된 복잡성을 해결하기 위해 도입됐다. 이것은 MVC 아키텍처 스타일의 기반을 형성한다. 다음 그림은 일반적인 모델2 아키텍처를 나타낸다.

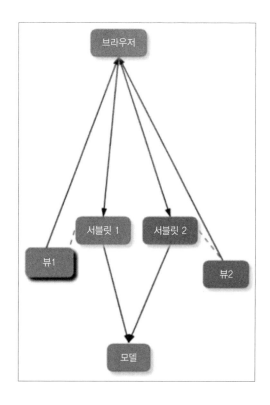

모델2 아키텍처는 모델, 뷰와 컨트롤러 간의 역할을 명확하게 구분해 유지 관리가 좀더 쉬운 애플리케이션이 만들어진다. 중요한 세부사항 몇 가지를 소개한다.

- **모델**: 뷰를 생성하는 데 사용할 데이터를 나타낸다.
- **뷰**: 모델을 사용해 화면을 렌더링한다.
- **컨트롤러**: 플로우를 제어한다. 브라우저에서 요청을 가져와 모델을 채우고 뷰로 전환한다. 위 그림의 예제는 서블릿1과 서블릿2다.

모델2 프론트 컨트롤러 아키텍처

모델2 아키텍처의 기본 버전에서 브라우저의 요청은 다른 서블릿(또는 컨트롤러)에 의해 직접 처리된다. 여러 비즈니스 시나리오에서 요청을 처리하기 전에 서블릿에서 몇 가지 일반적인 작업을 수행하려고 한다. 예를 들면 로그인한 사용자가 요청을 실행할 수 있는 올바른 권한이 있는지 확인하는 것인데, 모든 서블릿에서 구현하길 원치 않는 공통적인 기능이다. 모델2 프론트 컨트롤러 아키텍처에서는 모든 요청이 프론트 컨트롤러라는 단일 컨트롤러로 전달된다.

다음 그림은 전형적인 모델2 프론트 컨트롤러 아키텍처를 나타낸다.

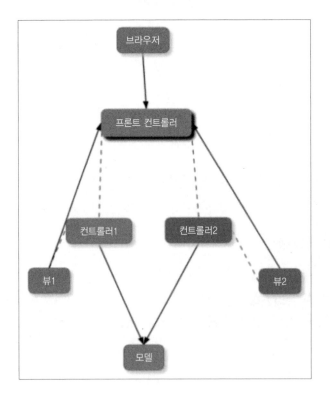

일반적인 프론트 컨트롤러의 책임은 다음과 같다.

- 어떤 컨트롤러가 요청을 실행할지 결정한다.
- 렌더링할 뷰를 결정한다.
- 좀더 일반적인 기능을 추가하는 조항을 제공한다.
- 스프링 MVC는 프론트 컨트롤러에서 MVC 패턴을 사용한다. 프론트 컨트롤러를 DispatcherServlet이라고 한다. DispatcherServlet은 잠시 후에 논의한다.

 보다시피 프론트 컨트롤러는 많은 일을 하므로 프론트 컨트롤러에 필요한 것 이상을 넣지 않도록 주의해야 한다. 적절한 경우 필터 사용을 고려해야 한다.

▌ 여섯 가지 기본 플로우 예제가 있는 스프링 MVC 학습

스프링 MVC는 모델2 프론트 컨트롤러 아키텍처의 수정된 버전을 사용한다. 스프링 MVC의 작동 방식을 자세히 설명하기 전에 스프링 MVC로 몇 가지 간단한 웹 플로우를 만드는 방법을 중점적으로 다룬다. 스프링 MVC를 사용해 일반적인 웹 애플리케이션 플로우 6개를 만든다. 플로우는 다음과 같다.

- 플로우1: 뷰가 없는 컨트롤러, 자체 콘텐츠 제공
- 플로우2: 뷰가 있는 컨트롤러(JSP)
- 플로우3: 뷰가 있고 `ModelMap`을 사용하는 컨트롤러
- 플로우4: 뷰가 있고 `ModelAndView`를 사용하는 컨트롤러
- 플로우5: 간단한 형태의 컨트롤러
- 플로우6: 유효성 검사가 포함된 간단한 형태의 컨트롤러

3장 후반의 별도의 절에서 플로우를 단위 테스트하는 방법을 설명한다.

스프링 MVC 애플리케이션 설정

첫 번째 플로우를 시작하기 전에 스프링 MVC를 사용하도록 애플리케이션을 설정해야 한다.

의존 관계를 관리하기 위해 메이븐을 사용한다. 간단한 웹 애플리케이션을 설정하는 단계는 다음과 같다.

1. 스프링 MVC의 의존 관계를 추가한다.
2. DispatcherServlet을 web.xml에 추가한다.
3. 스프링 애플리케이션 컨텍스트를 생성한다.

스프링 MVC에 의존 관계 추가

스프링 MVC 의존 관계를 pom.xml 파일에 추가하는 것부터 시작한다. 다음 코드는 추가할 의존 관계를 보여준다. 스프링 BOM을 사용하기 때문에 아티팩트 버전을 지정할 필요는 없다.

```
<dependency>
        <groupId>org.springframework</groupId>
        <artifactId>spring-webmvc</artifactId>
</dependency>
```

DispatcherServlet은 프론트 컨트롤러 패턴의 구현이다. 스프링 MVC의 모든 요청은 프론트 컨트롤러, 즉 DispatcherServlet가 처리할 것이다.

web.xml에 DispatcherServlet 추가

기능을 사용하려면 web.xml에 DispatcherServlet을 추가해야 한다. 추가하는 방법은 다음과 같다.

```xml
<servlet>
    <servlet-name>spring-mvc-dispatcher-servlet</servlet-name>
    <servlet-class>
      org.springframework.web.servlet.DispatcherServlet
    </servlet-class>
    <init-param>
      <param-name>contextConfigLocation</param-name>
      <param-value>/WEB-INF/user-web-context.xml</param-value>
    </init-param>
    <load-on-startup>1</load-on-startup>
</servlet>

<servlet-mapping>
    <servlet-name>spring-mvc-dispatcher-servlet</servlet-name>
    <url-pattern>/</url-pattern>
</servlet-mapping>
```

첫 번째 부분에서는 서블릿을 정의한다. 컨텍스트 구성 위치인 /WEB-INF/user-web-context.xml도 정의한다. 스프링 컨텍스트는 다음 단계에서 정의할 것이다. 두 번째 부분에서는 서블릿 매핑을 정의한다. 여기서는 /URL을 DispatcherServlet에 매핑한다. 따라서 모든 요청은 DispatcherServlet이 처리한다.

스프링 컨텍스트 생성

web.xml에 DispatcherServlet이 정의됐으므로 스프링 컨텍스트를 생성할 수 있다. 처음에는 구체적인 내용을 실제로 정의하지 않고 매우 간단한 컨텍스트를 만든다.

```xml
<beans > <!-Schema Definition removed -->
   <context:component-scan  base-package="com.mastering.spring.springmvc"/>
   <mvc:annotation-driven />
</beans>
```

com.mastering.spring.springmvc 패키지의 컴포넌트 스캔을 정의하면, 패키지에 모든 빈과 컨트롤러가 생성되고 오토와이어링된다.

<mvc:annotation-driven/>을 사용하면 다음과 같이 스프링 MVC가 지원하는 여러 기능에 대한 지원이 초기화된다.

- 요청 매핑
- 예외 처리
- 데이터 바인딩 및 검증
- @RequestBody 어노테이션을 사용하는 경우 자동 변환(예 : JSON)

스프링 MVC 애플리케이션을 구성하는 데 필요한 설정 전부다. 첫 번째 플로우를 시작할 준비가 됐다.

플로우1 – 뷰 없는 간단한 컨트롤러 플로우

스프링 MVC 컨트롤러 화면에 출력되는 간단한 텍스트를 보여줌으로써 간단한 플로우를 시작해보자.

스프링 MVC 컨트롤러 생성

다음과 같이 간단한 스프링 MVC 컨트롤러를 만들어보자.

```
@Controller
public class BasicController {
    @RequestMapping(value = "/welcome")
    @ResponseBody
    public String welcome() {
        return "Welcome to Spring MVC";
    }
}
```

중요한 사항은 다음과 같다.

- @Controller: 요청 매핑을 포함할 수 있는 스프링 MVC 컨트롤러를 정의한다. URL을 컨트롤러 메소드에 매핑한다.
- @RequestMapping(value ="/welcome"): URL /welcome을 welcome 메소드에 매핑하는 것을 정의한다. 브라우저가 /welcome에 요청을 보내면 스프링 MVC는 welcome 메소드를 실행한다.
- @ResponseBody: 특정 컨텍스트에서 welcome 메소드가 리턴한 텍스트는 응답 콘텐츠로 브라우저에 전송된다. @ResponseBody는 특히 REST 서비스의 컨텍스트와 관련된 많은 일을 한다. 6장, '스프링 부트로 REST API 구축하기'에서 자세히 설명할 것이다.

웹 애플리케이션 실행

웹 애플리케이션을 실행하기 위해 메이븐과 톰캣7을 사용한다. 톰캣7 서버는 기본적으로 포트 8080에서 시작된다.

mvn tomcat7:run 명령을 호출하면 서버를 실행할 수 있다.

다음은 브라우저에서 http://localhost:8080/welcome URL을 클릭하면 나타나는 화면이다.

플로우2 – 뷰(JSP)로 간단한 컨트롤러 플로우 만들기

이전 플로우에서는 브라우저에 표시할 텍스트가 컨트롤러에 하드 코딩됐는데 좋은 습관은 아니다. 브라우저에 표시할 콘텐츠는 일반적으로 뷰에서 생성된다. 가장 많이 사용되는 옵션은 JSP다.

여기서는 컨트롤러에서 뷰로 전환해본다.

스프링 MVC 컨트롤러 생성

앞의 예제와 비슷하게 간단한 @Controller 객체를 생성해보자. 다음 컨트롤러의 예제를 보자.

```
@Controller
public class BasicViewController {
    @RequestMapping(value = "/welcome-view")
    public String welcome() {
      return "welcome";
     }

}
```

중요한 사항은 다음과 같다.

- @RequestMapping(value = "/welcome-view"): URL /welcome-view를 매핑한다.
- public String welcome(): 메소드에는 @RequestBody 어노테이션이 없다. 따라서 스프링 MVC는 반환된 문자열인 welcome을 뷰와 일치시키려고 시도한다.

뷰 생성 – JSP

다음 내용으로 src/main/webapp/WEB-INF/views/welcome.jsp 폴더에 welcome.jsp를 생성해보자.

```
<html>
    <head>
      <title>Welcome</title>
    </head>
    <body>
        <p>Welcome! This is coming from a view - a JSP</p>
    </body>
</html>
```

head와 body에 일부 텍스트가 있는 간단한 HTML이다. 스프링 MVC는 welcome 메소드에서 리턴된 문자열을 /WEB-INF/views/welcome.jsp의 실제 JSP로 매핑한다. 어떻게 가능할까?

뷰 리졸버 구성

뷰 리졸버는 뷰 이름을 실제 JSP 페이지로 해석한다. 예제에서 뷰 이름은 welcome이며 /WEB-INF/views/welcome.jsp로 해석되길 원한다.

뷰 리졸버는 스프링 컨텍스트 /WEB-INF/user-webcontext.xml에서 구성할 수 있다. 코드는 다음과 같다.

```
<bean class="org.springframework.web.servlet.view.InternalResourceViewResolver">

    <property name="prefix">
      <value>/WEB-INF/views/</value>
    </property>

    <property name="suffix">
      <value>.jsp</value>
    </property>

</bean>
```

중요한 사항은 다음과 같다.

- org.springframework.web.servlet.view.InternalResourceViewResolver: JSP를 지원하는 뷰 리졸버로 보통 JstlView가 사용된다. 또한 타일즈tiles를 TilesView로 지원한다.
- <property name = "prefix"> <value> /WEB-INF/views/</value></property><property name = "suffix"> <value>.jsp </value> </property>: 맵 뷰 리졸버에서 사용할 접두사와 접미사로 뷰 리졸버는 컨트롤러 메소드에서 문자열을 받아 뷰를(접두사 + 뷰 이름 + 접미사)로 변환한다. 따라서 뷰 이름인 welcome은 /WEB-INF/views/welcome.jsp로 해석된다.

다음은 URL에 도달했을 때 나타나는 화면이다.

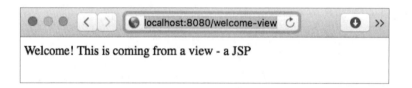

플로우3 – 모델이 있는 뷰로 전환하는 컨트롤러

일반적으로 뷰를 생성하려면 일부 데이터를 뷰에 전달해야 한다. 스프링 MVC에서는 모델을 사용해 데이터를 뷰에 전달할 수 있다. 플로우에서는 간단한 속성으로 모델을 설정하고 속성을 뷰에서 사용한다.

스프링 MVC 컨트롤러

간단한 @Controller를 만들어보자. 다음 예제 컨트롤러를 고려해보자.

```
@Controller
public class BasicModelMapController {

    @RequestMapping(value = "/welcome-model-map")
    public String welcome(ModelMap model) {
        model.put("name", "XYZ");
        return "welcome-model-map";
    }

}
```

중요한 사항은 다음과 같다.

- @RequestMapping(value = "/welcome-model-map"): 매핑된 URI는 /welcome-model -map이다.
- public String welcome (ModelMap model): 새로 추가된 매개변수는 ModelMap 모델이다. 스프링 MVC는 모델을 인스턴스화해 메소드에서 사용할 수 있도록 한다. 모델에 통합된 속성은 뷰에서 사용할 수 있다.
- model.put("name", "XYZ"): 모델에 name이라는 속성 이름과 XYZ 값을 추가 한다.

뷰 생성

컨트롤러의 모델에서 설정된 모델 속성인 name을 사용해 뷰를 생성해보자. WEB-INF/ views/welcome-model-map.jsp 경로에 간단한 JSP를 만들어본다.

```
Welcome ${name}! This is coming from a model-map - a JSP
```

${name}은 EL^Expression Language 구문을 사용해 모델의 속성에 액세스한다.

다음은 URL에 도달했을 때 나타나는 화면이다.

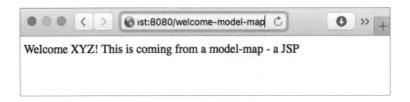

플로우4 – ModelAndView를 사용해 뷰로 전환하는 컨트롤러

이전 플로우에서는 뷰 이름을 반환하고 뷰에서 사용할 속성으로 모델을 채웠다. 스프링 MVC는 모델과 뷰 세부 정보가 모두 포함된 단일 객체를 반환하는 대체 접근법을 제공한다. 플로우에서 대체 접근법을 알아본다.

스프링 MVC 컨트롤러

예제에서는 ModelAndView로 단일 객체에서 모델 및 뷰 세부사항을 모두 리턴하는 스프링 MVC 컨트롤러 메소드를 살펴본다. welcome 메소드는 뷰 이름과 모델의 적절한 속성을 가진 ModelAndView 객체를 반환한다. 다음 컨트롤러를 살펴보자.

```
@Controller
public class BasicModelViewController {
    @RequestMapping(value = "/welcome-model-view")
     public ModelAndView welcome(ModelMap model) {
       model.put("name", "XYZ");
       return new ModelAndView("welcome-model-view", model);
     }
}
```

중요한 사항은 다음과 같다.

- @RequestMapping(value = "/welcome-model-view"): 매핑된 URI는 /welcome-model-view다.
- public ModelAndView welcome(ModelMap model): 반환 값은 더 이상 문자열이 아니라 ModelAndView 오브젝트다.
- return new ModelAndView("welcome-model-view", model): 적절한 뷰 이름과 모델을 가진 ModelAndView 객체를 만든다.

뷰 생성

컨트롤러의 모델에서 설정된 모델 속성인 name을 사용해 뷰를 생성해보자. /WEB-INF/views/welcome-model-view.jsp 경로에 간단한 JSP를 작성해보자.

```
Welcome ${name}! This is coming from a model-view - a JSP
```

다음은 URL에 도달했을 때 나타나는 화면이다.

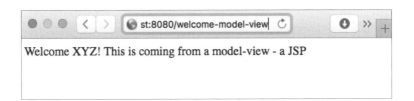

플로우5 – 폼이 있는 뷰로 전환하는 컨트롤러

사용자의 입력을 캡처하기 위한 간단한 폼을 만드는 방법을 살펴보자.

다음과 같은 단계가 필요하다.

1. 간단한 POJO를 만든다. 여기서는 사용자를 만들 것이므로 POJO를 생성한다.
2. 2개의 컨트롤러 메소드를 생성한다. 하나는 폼을 표시하고 다른 하나는 폼에 입력된 세부사항을 캡처한다.
3. 폼으로 간단한 뷰를 생성한다.

명령 또는 폼 백업 객체 생성

POJO는 'Plain Old Java Object'의 약자로, 보통 일반적인 자바 빈 규칙에 따라 빈을 나타낼 때 사용된다. 보통 getter, setter와 인수가 없는 생성자를 포함한 프라이빗 멤버 변수를 포함한다.

 폼 백업 객체는 폼에서 사용자가 입력하거나 표시한 값을 나타내는 데 사용된다. 모델은 뷰를 렌더링하는 데 사용되는 데이터(선택 상자, 옵션 버튼 등)를 채울 때 사용된다.

여기서는 커맨드 객체로 동작할 간단한 POJO를 생성한다. 클래스의 중요한 부분은 다음과 같다.

```
    public class User {
private String guid;
private String name;
private String userId;
private String password;
private String password2;
//생성자
//Getters와 Setters
//toString
}
```

폼에 이름^{name}, 사용자 ID^{user ID}와 암호^{password}를 캡처할 것이다. 앞의 클래스에는 암호 확인 필드인 password2와 고유 식별자 필드인 guid가 있다.

 생성자(Constructor), getters, setters, toString 메소드는 간결하게 표시되지 않는다. 클래스에는 어노테이션이나 스프링 관련 매핑이 없다. 모든 빈은 폼 백업 오브젝트 역할을 할 수 있다.

폼을 표시하는 컨트롤러 메소드

로거^{logger}로 간단한 컨트롤러를 만들어보자.

```
@Controller
public class UserController {
    private Log logger = LogFactory.getLog(UserController.class);
}
```

이제 컨트롤러에 다음 메소드를 추가한다.

```
@RequestMapping(value = "/create-user",
method = RequestMethod.GET)
public String showCreateUserPage(ModelMap model) {
    model.addAttribute("user", new User());
    return "user";
}
```

중요한 사항은 다음과 같다.

- @RequestMapping(value = "/create-user", method = RequestMethod.GET): /create-user URI를 매핑한다. 먼저 메소드 속성을 사용해 Request 메소드를 지정한다. 메소드는 HTTP Get 요청에 대해서만 호출된다. HTTP Get 요청은 일반적

으로 폼을 표시하는 데 사용된다. Post와 같은 다른 유형의 HTTP 요청에는 호출되지 않는다.

- public String showCreateUserPage(ModelMap model): 일반적인 컨트롤 메소드다.
- model.addAttribute("user", new User()): 빈 폼 백업 객체로 모델을 설정할 때 사용된다.

폼으로 뷰 만들기

자바 서버 페이지는 스프링 프레임워크에서 지원하는 뷰 기술 중 하나다. 스프링 프레임워크를 사용하면 태그 라이브러리를 제공해 JSP로 뷰를 쉽게 만들 수 있다. 여기에는 다양한 폼 요소, 바인딩, 유효성 검사, 테마 설정, 메시지 국제화 태그가 포함된다. 예제에서는 스프링 MVC 태그 라이브러리와 표준 jstl 태그 라이브러리를 사용해 뷰를 생성한다.

/WEB-INF/views/user.jsp 파일을 만들어 시작해보자.

그런 다음 사용할 태그 라이브러리에 대한 참조를 추가한다.

```
<%@ taglib uri="http://java.sun.com/jsp/jstl/core" prefix="c"%>
<%@ taglib uri="http://java.sun.com/jsp/jstl/fmt" prefix="fmt"%>
<%@ taglib uri="http://www.springframework.org/tags/form" prefix="form"%>
<%@ taglib uri="http://www.springframework.org/tags" prefix="spring"%>
```

처음 두 항목은 JSTL 코어와 서식 태그 라이브러리용이다. 스프링 폼 태그를 광범위하게 사용할 것이다. 태그를 참조하는 단축키 역할을 하는 접두사를 제공한다.

먼저 하나의 필드로 폼을 만들어보자.

```
<form:form method="post" modelAttribute="user">
    <fieldset>
      <form:label path="name">Name</form:label>
```

```
        <form:input path="name" type="text" required="required" />
    </fieldset>
</form:form>
```

다음 정의는 이전 코드의 작동을 설명한다.

- `<form:form method="post" modelAttribute="user">`: 스프링 폼 태그 라이브러리의 폼 태그로 두 가지 속성이 지정된다. 폼의 데이터는 post 메소드를 사용해 전송된다. 두 번째 속성인 `modelAttribute`는 폼 백업 객체로 동작하는 모델의 속성을 지정한다. 모델에서 이름이 `user`인 속성을 추가했다. 속성을 `modelAttribute`로 사용한다.
- `<fieldset>`: 레이블, 폼 필드, 유효성 검사 메시지와 같은 일련의 관련 컨트롤을 그룹화하는 HTML 요소다.
- `<form:label path="name">Name</form:label>`: 레이블을 표시하는 스프링 폼 태그다. path 속성은 레이블에 적용된 필드 이름(빈에서)을 지정한다.
- `<form:input path="name" type="text" required="required"/>`: 텍스트 입력 필드를 생성하는 스프링 폼 태그다. path 속성은 입력 필드가 매핑돼야 하는 빈의 필드 이름을 지정한다. required 속성은 이것이 required 필드라는 것을 나타낸다.

스프링 폼 태그를 사용하면 폼 백업 객체(`modelAttribute="user"`)의 값이 폼에 자동으로 바인딩되고, 폼을 제출할 때 폼의 값이 자동으로 폼 백업 객체에 바인딩된다. 이름과 사용자 ID 필드를 포함한 폼 태그의 전체 리스트는 다음과 같다.

```
<form:form method="post" modelAttribute="user">
<form:hidden path="guid" />
<fieldset>
    <form:label path="name">Name</form:label>
    <form:input path="name" type="text" required="required" />
</fieldset>
```

```
<fieldset>
    <form:label path="userId">User Id</form:label>
    <form:input path="userId" type="text" required="required" />
</fieldset>
<!-password and password2 fields not shown for brewity-->
<input class="btn btn-success" type="submit" value="Submit" />
</form:form>
```

컨트롤러가 폼 제출을 처리하는 메소드 가져오기

사용자가 폼을 제출하면 브라우저는 HTTP POST 요청을 보낸다. 이제 요청을 처리하는 메소드를 만들어보자. 일을 단순하게 유지하기 위해 폼 객체의 내용을 기록할 것이다. 전체 리스트는 다음과 같다.

```
@RequestMapping(value = "/create-user", method = RequestMethod.POST)
public String addTodo(User user) {
    logger.info("user details " + user);
    return "redirect:list-users";
}
```

중요한 세부사항은 다음과 같다.

- @RequestMapping(value = "/create-user", method = RequestMethod.POST): 폼 제출을 처리하기 위해 RequestMethod.POST 메소드를 사용한다.
- public String addTodo(User user): 폼 백업 객체를 매개변수로 사용한다. 스프링 MVC는 폼의 값을 폼 백업 객체에 자동으로 바인딩한다.
- logger.info("user details " + user): 사용자의 세부 정보를 기록한다.
- return redirect:list-users: 일반적으로 폼을 제출할 때 데이터베이스의 세부 정보를 저장하고 사용자를 다른 페이지로 보낸다. 여기서는 사용자를 /list-users로 전환한다. 전환을 사용할 때 스프링 MVC는 상태 302(즉 REDIRECT)와 함께 HTTP 응답을 새 URL로 보낸다. 302 응답을 처리하면 브라우저가 사용자

를 새 URL로 보낸다. POST/REDIRECT/GET 패턴은 중복 폼 제출 문제에 완벽한 해결 방법은 아니지만 뷰가 렌더링 된 후에 발생하는 경우의 수를 줄인다.

사용자 리스트를 위한 코드는 매우 간단하다.

```java
@RequestMapping(value = "/list-users",  method = RequestMethod.GET)
public String showAllUsers() {
      return "list-users";
}
```

플로우6 – 이전 플로우에 유효성 검사 추가

이전 플로우에서는 폼을 추가했지만 폼의 값을 확인하지는 않았다. 폼 내용의 유효성을 검사하기 위해 자바스크립트를 작성할 수는 있지만, 서버에서 유효성 검사를 실행해야 더 안전하다. 플로우6에서는 스프링 MVC를 사용해 서버 측에서 이전에 생성한 폼에 유효성 검사를 추가한다.

스프링 MVC는 빈 밸리데이션 API와의 통합을 제공한다. JSR 303과 JSR 349는 빈 밸리데이션 API(각각 버전 1.0 및 1.1)의 스펙을 정의하며 하이버네이트 밸리데이터가 참조 구현이다.

하이버네이트 밸리데이터 의존 관계 추가

pom.xml 프로젝트에 하이버네이트 밸리데이터를 추가한다.

```xml
<dependency>
      <groupId>org.hibernate</groupId>
      <artifactId>hibernate-validator</artifactId>
      <version>5.0.2.Final</version>
</dependency>
```

빈에서 간단한 유효성 검사 정의

빈 밸리데이션 API는 빈의 속성에 지정할 수 있는 여러 가지 유효성 검사를 지정한다. 다음 리스트를 살펴보자.

```
@Size(min = 6, message = "Enter at least 6 characters")
private String name;

@Size(min = 6, message = "Enter at least 6 characters")
private String userId;

@Size(min = 8, message = "Enter at least 8 characters")
private String password;

@Size(min = 8, message = "Enter at least 8 characters")
private String password2;
```

주목해야 할 중요한 사항은 다음과 같다.

- @Size(min = 6, message = "Enter at least 6 characters"): 필드는 최소한 6자 이상이어야 한다. 유효성 검사가 통과되지 않으면 메시지 속성의 텍스트가 유효성 검사 오류 메시지로 사용된다.

빈 유효성 검사를 사용해 수행할 수 있는 다른 유효성 검사는 다음과 같다.

- @NotNull: null이 아니어야 한다.
- @Size(min = 5, max = 50): 최대 50자, 최소 5자다.
- @Past: 과거의 날짜여야 한다.
- @Future: 미래 날짜여야 한다.
- @Pattern: 제공된 정규식과 일치해야 한다.
- @Max: 필드의 최댓값
- @Min: 필드의 최솟값

컨트롤러 메소드를 가져와 폼의 유효성을 검증하는 데 집중하자. 전체 메소드 리스트는 다음과 같다.

```
@RequestMapping(value = "/create-user-with-validation", method = RequestMethod.POST)
public String addTodo(@Valid User user, BindingResult result) {

    if (result.hasErrors()) {
      return "user";
     }

    logger.info("user details " + user);

    return "redirect:list-users";

}
```

중요한 사항은 다음과 같다.

- `public String addTodo(@Valid User user, BindingResult result)`: @Valid 어노테이션이 사용되면 스프링 MVC는 빈의 유효성을 검증한다. 유효성 검사 결과는 BindingResult 인스턴스 결과에서 사용할 수 있다.
- `if (result.hasErrors ())`: 유효성 검사 오류가 있는지 확인한다.
- `return "user"`: 유효성 검사에 오류가 있으면 사용자를 사용자 페이지로 다시 보낸다.

유효성 검사 후 오류가 발생해 유효성 검사 메시지를 표시하려면 user.jsp를 수정해야 한다. 필드 중 하나의 전체 리스트는 다음과 같다. 다른 필드도 비슷하게 업데이트해야 한다.

```
<fieldset>
    <form:label path="name">Name</form:label>
    <form:input path="name" type="text" required="required" />
```

```
        <form:errors path="name" cssClass="text-warning"/>
</fieldset>
```

`<form : errors path = "name" cssClass = "text-warning"/>`: 경로에 지정된 필드 이름과 관련된 오류를 표시하는 스프링 폼 태그다. 유효성 검사 오류를 표시하는 데 사용되는 CSS 클래스를 할당할 수도 있다.

사용자 지정 유효성 검사 구현

@AssertTrue 어노테이션을 사용해 좀더 복잡한 사용자 지정 유효성 검사를 구현할 수 있다. 다음은 User 클래스에 추가된 예제 메소드 리스트다.

```
@AssertTrue(message = "Password fields don't match")
private boolean isValid() {
        return this.password.equals(this.password2);
}
```

`@AssertTrue(message = "Password fields don't match")`는 유효성 검사에 실패한 경우 표시되는 메시지다.

이러한 방법으로 여러 필드를 가진 복잡한 유효성 검사 로직을 구현할 수 있다.

▌ 스프링 MVC

스프링 MVC를 사용해 몇 가지 기본 플로우의 구현을 살펴봤다. 플로우의 작동 방식을 이해하기 위해 좀더 알아보자. 스프링 MVC에서는 또 어떤 마법이 일어날까?

중요한 기능

스프링 MVC 프레임워크의 중요한 기능 중 일부를 살펴봤다. 여기에는 다음과 같은 내용이 포함된다.

- 각 객체에 잘 정의된 독립적인 역할을 가진 느슨하게 결합된 아키텍처다.
- 매우 유연한 컨트롤러 메소드 정의다. 컨트롤러 메소드는 다양한 범위의 매개변수와 리턴값을 가질 수 있다. 프로그래머는 필요에 맞는 정의를 유연하게 선택할 수 있게 된다.
- 도메인 객체를 폼 백업 객체로 재사용할 수 있으며 별도의 폼 객체가 필요하지 않다.
- 현지화를 지원하는 내장 태그 라이브러리(spring, spring-form)가 있다.
- 모델은 키−값 쌍이 있는 HashMap을 사용하며 여러 뷰 기술과 통합할 수 있다.
- 유연한 바인딩이다. 바인딩하는 동안 불일치되는 타입은 런타임 에러 대신 유효성 검사 에러로 처리할 수 있다.
- 단위 테스트 컨트롤러를 위한 MockMVC 프레임워크가 있다.

스프링 MVC로 작업하기

스프링 MVC 아키텍처의 주요 컴포넌트는 그림과 같다.

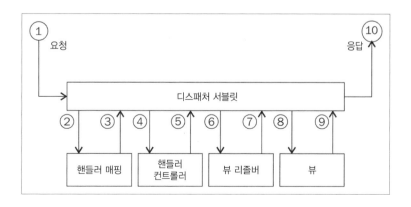

예제 플로우를 살펴보고 플로우 실행과 관련된 여러 단계를 이해해보자. 여기서는 플로우4를 통해 `ModelAndView`를 반환할 것이다. 플로우4의 URL은 http://localhost:8080/welcome-model-view다. 다른 단계는 다음과 같다.

1. 브라우저는 특정 URL에 요청을 보낸다. `DispatcherServlet`은 모든 요청을 처리하는 프론트 컨트롤러다. 그래서 `DispatcherServlet`은 요청을 받는다.

2. DISPATCHER SERVLET은 URI(예 : /welcome-model.view)를 보고 이를 처리할 올바른 컨트롤러를 식별해야 한다. 올바른 컨트롤러를 찾기 위해 핸들러 매핑과 통신한다.

3. 핸들러 매핑은 요청을 처리하는 특정 핸들러 메소드(예: `BasicModelViewController`의 `welcome` 메소드)를 반환한다.

4. `DispatcherServlet`은 특정 핸들러 메소드(`public ModelAndView welcome(ModelMap model)`)를 호출한다.

5. 핸들러 메소드는 모델과 뷰를 반환한다. 예제에서는 `ModelAndView` 객체가 반환된다.

6. `DispatcherServlet`은 논리적 뷰 이름(`ModelAndView`에서 가져왔다. 예제에서는 `welcome-model-view`)이 있다. 따라서 물리적 뷰 이름을 결정하는 방법을 알아내야 한다. 사용 가능한 뷰 리졸버가 있는지 확인하고 설정된 뷰 리졸버(`org.springframework.web.servlet.view.InternalResourceViewResolver`)를 찾는다. 뷰 리졸버를 호출해 논리적 뷰 이름(예제에서는 `welcome-model-view`)을 입력받아 지정한다.

7. 뷰 리졸버는 논리적 뷰 이름을 물리적 뷰 이름에 매핑하는 로직을 실행한다. 예에서 `welcome-model-view`는 `/WEB-INF/views/welcome-model-view.jsp`로 변환된다.

8. `DispatcherServlet`은 뷰를 실행한다. 또한 뷰에서 모델을 사용할 수 있게 한다.

9. 뷰는 `DispatcherServlet`으로 보내질 내용을 반환한다.

10. DispatcherServlet은 응답을 브라우저로 다시 보낸다.

▌ 스프링 MVC의 핵심 개념

스프링 MVC 예제를 완성했으므로 스프링 MVC의 중요한 개념을 이해할 준비가 됐다.

RequestMapping

이전 예제에서 설명한 것처럼 RequestMapping은 URI를 컨트롤러 또는 컨트롤러 메소드에 매핑하는 데 사용된다. 클래스나 메소드 레벨에서 수행할 수 있다. 선택적 메소드 매개변수를 사용하면 메소드를 특정 요청 메소드(GET, POST 등)에 매핑할 수 있다.

요청 매핑 예제

다양한 형태의 매핑을 보여주는 예를 소개한다.

예제1

다음 예제에는 showPage 메소드에 하나의 RequestMapping 메소드만 있다. showPage 메소드는 GET, POST와 /show-page URI에 대한 다른 요청 유형에 매핑된다.

```
@Controller
public class UserController {
    @RequestMapping(value = "/show-page")
    public String showPage() {
      /* 코드 */
      }
}
```

예제2

다음 예제에는 RequestMapping, RequestMethod.GET에 정의된 메소드가 있다. showPage 메소드는 /show-page URI의 GET 요청에만 매핑된다. 다른 모든 요청 메소드 유형은 '지원되지 않는 메소드'를 예외로 처리한다.

```
@Controller
public class UserController {
    @RequestMapping(value = "/show-page" , method = RequestMethod.GET)
    public String showPage() {
      /* 코드 */
      }
}
```

예제3

다음 예제에는 2개의 RequestMapping 메소드가 있다. 하나는 클래스에, 다른 하나는 메소드에 있다. URI를 결정하기 위해 두 RequestMapping 메소드의 조합이 사용된다. showPage 메소드는 /user/show-page URI의 GET 요청에만 매핑된다.

```
@Controller
@RequestMapping("/user")
public class UserController {
    @RequestMapping(value = "/show-page" , method = RequestMethod.GET)
     public String showPage() {
       /* 코드 */
       }
}
```

RequestMapping 메소드 – 지원되는 메소드 인수

다음은 RequestMapping을 사용해 컨트롤러 메소드에서 지원되는 인수 타입 중 일부다.

인수 타입/어노테이션	사용
java.util.Map/org.springframework.ui.Model/org.springframework.ui.ModelMap	뷰에 노출되는 값의 컨테이너가 될 모델(MVC) 역할을 한다.
Command or form objects	요청 매개변수를 빈에 바인딩할 때 사용되며 유효성 검사도 지원한다.
org.springframework.validation.Errors/org.springframework.validation.BindingResult	명령 또는 폼 객체의 유효성을 검사한 결과다. 폼 객체는 바로 앞에 있는 메소드 인수여야 한다.
@PreDestroy	모든 스프링 빈에서 @PreDestroy 어노테이션을 사용해 predestroy 메소드를 제공할 수 있다. 메소드는 컨테이너에서 빈을 제거하기 직전에 호출된다. 빈에 의해 유지되는 모든 리소스를 해제할 수 있다.
@RequestParam	특정 HTTP 요청 매개변수에 액세스하려는 어노테이션이다.
@RequestHeader	특정 HTTP 요청 헤더에 액세스하려는 어노테이션이다.
@SessionAttribute	HTTP 세션 속성에 액세스하기 위한 어노테이션이다.
@RequestAttribute	특정 HTTP 요청 속성에 액세스하려는 어노테이션이다.
@PathVariable	URI 템플릿, /owner/{ownerId}에서 변수에 액세스할 수 있는 어노테이션이다. (마이크로서비스를 공부할 때 자세히 살펴본다)

RequestMapping 메소드 – 지원되는 리턴 타입

RequestMapping 메소드는 다양한 리턴 타입을 지원한다. 개념적으로 생각하면 요청 매핑 메소드는 다음 두 가지 질문에 대답해야 한다.

- 뷰는 무엇일까?
- 뷰에 필요한 모델은 무엇일까?

스프링 MVC를 사용하면 뷰와 모델을 항상 명시적으로 선언할 필요는 없다.

- 뷰가 리턴 타입의 일부로 명시적으로 정의되지 않은 경우 암묵적으로 정의된다.
- 마찬가지로 모든 모델 객체는 다음 규칙에서 자세히 설명한다.

스프링 MVC는 간단한 규칙을 사용해 정확한 뷰와 모델을 결정한다. 몇 가지 중요한 규칙은 다음과 같다.

- **모델의 암묵적 강화**: 모델이 리턴 타입의 일부라면 명령 오브젝트(명령 오브젝트의 유효성 검사 결과 포함)가 풍부해진다. 또한 @ModelAttribute 어노테이션이 있는 메소드의 결과도 모델에 추가된다.
- **뷰의 암묵적 결정**: 뷰 이름이 리턴 타입에 없을 때는 DefaultRequestToViewNameTranslator를 사용해 결정한다. 기본적으로 DefaultRequestToViewNameTranslator는 URI에서 파일 확장자 뿐 아니라 선행 및 후행 슬래시를 제거한다. 예로써 display.html이 display가 된다.

RequestMapping을 사용해 컨트롤러 메소드에서 지원되는 일부 리턴 타입을 표로 담았다.

리턴 타입	무엇이 일어났는가?
ModelAndView	객체에는 모델 및 뷰 이름의 참조가 포함된다.
Model	모델만 반환된다. 뷰 이름은 DefaultRequestToViewNameTranslator를 사용해 결정한다.
Map	모델을 노출하는 간단한 맵
View	암묵적으로 정의된 모델이 있는 뷰
String	뷰 이름에 대한 참조

뷰 리솔루션

스프링 MVC는 매우 유연한 뷰 리솔루션, 다중 뷰 옵션을 제공한다.

- JSP, 프리마커Freemarker와의 통합
- 다중 뷰 리솔루션 전략으로 일부는 다음과 같다.
  - XmlViewResolver: 외부 XML 구성을 기반으로 한 뷰 리솔루션

- ResourceBundleViewResolver: 속성 파일을 기반으로 한 뷰 리솔루션
- UrlBasedViewResolver: 논리적 뷰 이름을 URL에 직접 매핑한다.
- ContentNegotiatingViewResolver: 수락 요청 헤더를 기반으로 다른 뷰 리졸버에게 위임한다.
- InternalResourceViewResolver: UrlBasedViewResolver의 서브 클래스. JstlView, TilesView와 함께 서블릿, JSP를 지원한다.
- 명시적으로 정의된 선호도 순서로 뷰 리졸버 체인을 지원한다.
- 콘텐츠 협상을 사용해 XML, JSON 및 Atom을 직접 생성한다.

JSP 뷰 리졸버 구성

다음 예제는 InternalResourceViewResolver로 JSP 뷰 리졸버를 구성하기 위해 일반적으로 사용되는 접근 방식을 보여준다. 물리적 뷰 이름은 JstlView에서 사용된 논리적 뷰 이름의 접두사나 접미사로 결정한다.

```
<bean id="jspViewResolver" class=
"org.springframework.web.servlet.view.InternalResourceViewResolver">
    <property name="viewClass"
      value="org.springframework.web.servlet.view.JstlView"/>
    <property name="prefix" value="/WEB-INF/jsp/"/>
    <property name="suffix" value=".jsp"/>
</bean>
```

매핑을 위해 속성 및 XML 파일을 사용하는 다른 방법이 있다.

프리마커 구성

프리마커는 널리 사용되는 자바 템플릿 엔진 중 하나다. 스프링 애플리케이션에서 프리마커를 사용해 뷰를 생성할 수 있다.

다음 예는 프리마커 뷰 리졸버를 구성할 때 사용되는 일반적인 접근 방식을 보여준다.

먼저 freemarkerConfig 빈을 사용해 프리마커 템플릿을 로드한다.

```
<bean id="freemarkerConfig"
  class="org.springframework.web.servlet.view.freemarker.FreeMarkerConfigurer">
  <property name="templateLoaderPath" value="/WEB-INF/freemarker/"/>
</bean>
```

다음 빈 정의는 프리마커 뷰 리졸버를 구성하는 방법을 보여준다.

```
<bean id="freemarkerViewResolver"
class="org.springframework.web.servlet.view.freemarker.FreeMarkerViewResolver">
      <property name="cache" value="true"/>
      <property name="prefix" value=""/>
      <property name="suffix" value=".ftl"/>
</bean>
```

JSP와 마찬가지로 뷰 리솔루션은 속성이나 XML 파일을 사용해 정의할 수 있다.

핸들러 매핑 및 인터셉터 탐색

스프링 2.5 이전 버전(어노테이션이 지원되기 전)에서는 URL과 컨트롤러(핸들러) 간의 매핑은 핸들러 매핑이라는 것을 이용해 표현됐다. 사실 어노테이션을 사용하면 명시적인 핸들러 매핑이 필요하지 않다.

HandlerInterceptors는 핸들러(또는 컨트롤러)의 요청을 인터셉트할 때 사용된다. 때로는 요청 전후에 일부 처리를 원할 수 있다. 요청이나 응답의 내용을 기록하거나 특정 요청에 걸린 시간을 확인해야 할 수도 있다.

HandlerInterceptor를 만드는 데는 두 가지 단계가 있다.

1. HandlerInterceptor를 정의한다.
2. HandlerInterceptor를 인터셉트할 특정 핸들러에 매핑한다.

HandlerInterceptor 정의

다음은 HandlerInterceptorAdapter에서 재정의할 수 있는 메소드다.

- public boolean preHandle(HttpServletRequest request, HttpServletResponse response, Object handler): 핸들러 메소드가 호출되기 전에 호출된다.
- public void postHandle(HttpServletRequest request, HttpServletResponse response, Object handler, ModelAndView modelAndView): 핸들러 메소드가 호출된 후 호출된다.
- public void afterCompletion (HttpServletRequest request, HttpServletResponse response, Object handler, Exception ex): 요청 처리가 완료된 후 호출된다.

다음 구현은 HandlerInterceptor를 생성하는 방법을 보여준다. HandlerInterceptorAdapter를 상속하는 새 클래스를 만드는 것부터 시작해보자.

```
public class HandlerTimeLoggingInterceptor extends
HandlerInterceptorAdapter {
```

preHandle 메소드는 핸들러가 호출되기 전에 호출된다. 핸들러 호출의 시작 시간을 나타내는 속성을 요청에 추가한다.

```
@Override
    public boolean preHandle(HttpServletRequest request, HttpServletResponse
response, Object handler) throws Exception {
```

```
        request.setAttribute("startTime", System.currentTimeMillis());
        return true;
}
```

postHandle 메소드는 핸들러가 호출된 후 호출된다. 요청에 속성을 지정해 핸들러 호출의 종료 시간을 나타낸다.

```
@Override
public void postHandle(HttpServletRequest request, HttpServletResponse response, Object
handler,
ModelAndView modelAndView) throws Exception {
        request.setAttribute("endTime", System.currentTimeMillis());
}
```

요청 처리가 완료되면 afterCompletion 메소드가 호출된다. 앞서 요청에 설정한 속성을 사용해 핸들러에서 소요된 시간을 확인한다.

```
@Override
public void afterCompletion(HttpServletRequest request, HttpServletResponse response,
    Object handler, Exception ex)
    throws Exception {
    long startTime = (Long) request.getAttribute("startTime");
    long endTime = (Long) request.getAttribute("endTime");
    logger.info("Time Spent in Handler in ms : " + (endTime - startTime));
}
```

HandlerInterceptor를 핸들러에 매핑

HandlerInterceptors는 인터셉트하려는 특정 URL에 매핑될 수 있다. 다음은 XML 컨텍스트 구성 예를 보여준다. 인터셉터는 기본적으로 모든 핸들러(컨트롤러)를 인터셉트한다.

```
<mvc:interceptors>
    <bean class="com.mastering.spring.springmvc.
    controller.interceptor.HandlerTimeLoggingInterceptor" />
</mvc:interceptors>
```

정확한 URI를 인터셉트하도록 구성할 수 있다. 다음 예제에서 /secure/로 시작하는
URI 매핑을 가진 핸들러를 제외한 모든 핸들러가 인터셉트된다.

```
<mvc:interceptors>
    <mapping path="/**"/>
    <exclude-mapping path="/secure/**"/>
    <bean class="com.mastering.spring.springmvc.
     controller.interceptor.HandlerTimeLoggingInterceptor" />
</mvc:interceptors>
```

모델 속성

일반적인 웹 폼에는 참조 데이터(주 목록, 국가 목록 등)가 포함된 여러 선택 박스나 단일
선택 버튼이 있다. 뷰가 목록을 표시할 수 있도록 모델에서 값 목록을 사용할 수 있어야
한다. 이러한 공통 사항은 일반적으로 @ModelAttribute 어노테이션으로 표시된 메소드
를 사용해 모델에 채워진다.

가능한 두 가지 변형이 있다. 다음 예제에서 메소드는 모델에 넣어야 하는 오브젝트를
리턴한다.

```
@ModelAttribute
public List<State> populateStateList() {
    return stateService.findStates();
}
```

예제의 접근 방식은 모델에 여러 속성을 추가할 때 사용된다.

```
@ModelAttribute
public void populateStateAndCountryList() {
    model.addAttribute(stateService.findStates());
    model.addAttribute(countryService.findCountries());
}
```

중요한 것은 @ModelAttribute 어노테이션으로 표시할 수 있는 메소드 수에 제한이 없다는 점이다.

컨트롤러 어드바이스를 사용하면 여러 컨트롤러에서 모델 속성을 공통으로 지정할 수 있다. 컨트롤러 어드바이스는 절의 뒷부분에서 설명한다.

세션 속성 사용

지금까지 논의한 모든 속성과 값은 단일 요청 안에서 사용된다. 특정 웹 사용자 구성과 같은 요청 간에 변경되지 않는 값이 있을 수 있다. 이러한 종류의 값은 일반적으로 HTTP 세션에 저장된다. 스프링 MVC는 세션에 저장되는 속성을 지정하는 단순 타입 레벨(클래스 레벨) 어노테이션인 @SessionAttributes를 제공한다.

 요청 범위나 세션 범위 속성을 모델에 설정해야 한다. 세션 범위 속성은 @SessionAttributes 어노테이션으로 표시된다.

다음 예를 살펴보자.

```
@Controller
@SessionAttributes("exampleSessionAttribute")
public class LoginController {
```

세션에 속성 추가

@SessionAttributes 어노테이션에서 속성을 정의하면 같은 속성이 모델에 추가될 때 자동으로 세션에 추가된다.

앞의 예제에서 exampleSessionAttribute라는 이름의 속성을 모델에 넣으면 세션 대화 상태로 자동 저장된다.

```
model.put ( "exampleSessionAttribute", sessionValue);
```

다른 옵션은 @ModelAttribute 어노테이션이 있는 메소드를 생성하는 것이다.

```
@ModelAttribute("exampleSessionAttribute")
public User populateUser() {
    // sessionValue 생성 논리
    return sessionValue;
}
```

exampleSessionAttribute는 세션에서 채워진다.

세션에서 속성 읽기

세션의 속성 값은 먼저 @SessionAttributes 어노테이션을 타입 레벨에서 지정해 다른 컨트롤러에서 액세스할 수 있다.

```
@Controller
@SessionAttributes("exampleSessionAttribute")
public class SomeOtherController {
```

세션 속성 값은 모든 모델 객체에서 직접 사용할 수 있다. 따라서 모델에서 액세스할 수 있다.

```
Value sessionValue =(Value)model.get("exampleSessionAttribute");
```

세션에서 속성 제거

더 이상 필요 없는 세션에서 값을 제거하는 것은 중요하다. 세션 대화 상태에서 값을 제거할 수 있는 방법은 두 가지다. 첫 번째는 다음 코드와 같이 WebRequest 클래스에서 사용 가능한 removeAttribute 메소드를 사용하는 방법이다.

```
@RequestMapping(value="/some-method",method = RequestMethod.GET)
public String someMethod(/*Other Parameters*/
WebRequest request, SessionStatus status) {
    status.setComplete();
    request.removeAttribute("exampleSessionAttribute", WebRequest.SCOPE_SESSION);
    // 다른 로직
}
```

다음 예제는 SessionAttributeStore에서 cleanUpAttribute 메소드를 사용하는 두 번째 방법을 보여준다.

```
@RequestMapping(value = "/some-other-method",
method = RequestMethod.GET)
public String someOtherMethod(/*Other Parameters*/
SessionAttributeStore store, SessionStatus status) {
    status.setComplete();
    store.cleanupAttribute(request, "exampleSessionAttribute");
    // 다른 로직
}
```

InitBinder의 필요성

일반적인 웹 폼에는 날짜, 통화, 금액이 있다. 폼의 값은 폼 백업 오브젝트에 바인딩돼야 한다. @InitBinder 어노테이션을 사용하면 바인딩이 어떻게 발생하는지 사용자 정의를 할 수 있다.

핸들러 어드바이스를 사용하면 특정 컨트롤러나 컨트롤러 세트에서 사용자 정의를 수행할 수 있다. 다음 예제는 폼 바인딩에 사용할 기본 날짜 형식을 설정하는 방법을 보여준다.

```
@InitBinder
protected void initBinder(WebDataBinder binder) {
    SimpleDateFormat dateFormat = new SimpleDateFormat("dd/MM/yyyy");
    binder.registerCustomEditor(Date.class, new CustomDateEditor(dateFormat, false));
}
```

@ControllerAdvice 어노테이션을 사용해 공통 기능 구현하기

컨트롤러 레벨에서 정의한 일부 기능은 애플리케이션에서 공통적으로 나타날 수 있다. 예를 들어 애플리케이션에서 동일한 날짜 형식을 사용할 수 있어서 앞에서 정의한 @InitBinder를 애플리케이션 전체에 적용할 수 있다. @ControllerAdvice는 기본적으로 모든 RequestMapping에서 공통적인 기능을 만들도록 도와준다.

나열된 컨트롤러 어드바이스 예제를 생각해보자. 클래스에서 @ControllerAdvice 어노테이션을 사용하고 클래스에서 @InitBinder로 메소드를 정의한다. 기본적으로 메소드에 정의된 바인딩은 모든 요청 매핑에 적용 가능하다.

```
@ControllerAdvice
public class DateBindingControllerAdvice {
    @InitBinder
```

```
    protected void initBinder(WebDataBinder binder) {
        SimpleDateFormat dateFormat = new SimpleDateFormat("dd/MM/yyyy");
        binder.registerCustomEditor(Date.class,
        new CustomDateEditor(dateFormat, false));
        }
}
```

컨트롤러 어드바이스는 공통 모델 속성(@ModelAttribute)과 일반적인 예외 처리(@Exception
tionHandler)를 정의하는 데 사용할 수도 있다. 적절한 어노테이션으로 표시된 메소드를
생성하면 된다. 다음 절에서 예외 처리를 알아본다.

▌ 스프링 MVC 고급 기능 살펴보기

스프링 MVC와 관련된 다음과 같은 고급 기능을 살펴본다.

- 웹 애플리케이션의 일반적인 예외 처리는 어떻게 구현할까?
- 메시지는 어떻게 국제화할까?
- 정적 콘텐츠를 어떻게 노출하고 부트 스트랩과 같은 프론트엔드 프레임워크
  와 어떻게 통합할까?
- 스프링 시큐리티로 웹 애플리케이션을 보호하려면 어떻게 해야 할까?

예외 처리 구현하기

예외 처리는 모든 애플리케이션에서 중요한 부분으로 애플리케이션 전체에서 일관된
예외 처리 전략을 세우는 것은 상당히 중요하다. 잘못된 애플리케이션에만 예외 처리가
필요하다는 것이 널리 알려진 오해 중 하나다. 잘 설계되고 잘 작성된 애플리케이션의
경우에도 예외 처리는 제대로 수행해야 한다.

스프링 프레임워크가 등장하기 전에 체크된 예외를 광범위하게 사용하기 위해 애플리케이션 코드에서 예외 처리 코드가 필요했다. 가령 JDBC 메소드 대부분 체크된 예외를 발생시켰으며(메소드가 JDBC 예외를 발생시키는 것으로 선언하지 않는 한) 모든 메소드에서 예외를 처리하기 위한 try catch가 필요했다.

스프링 프레임워크에서 대부분 예외는 확인되지 않은 예외로 렌더링됐다. 특정 예외 처리가 필요 없으면 일반적으로 애플리케이션 전체에서 예외를 처리할 수 있다.

살펴볼 몇 가지 예외 처리 구현 예제는 다음과 같다.

- 모든 컨트롤러에서 발생하는 일반적인 예외 처리
- 컨트롤러의 특정 예외 처리

컨트롤러 전반의 일반적인 예외 처리

컨트롤러 어드바이스는 컨트롤러 전반에서 일반적인 예외 처리를 구현하는 데도 사용할 수 있다. 코드를 살펴보자

```
@ControllerAdvice
public class ExceptionController {
    private Log logger = LogFactory.getLog(ExceptionController.class);
    @ExceptionHandler(value = Exception.class)
    public ModelAndView handleException
    (HttpServletRequest request, Exception ex) {
        logger.error("Request " + request.getRequestURL()
        + " Threw an Exception", ex);
        ModelAndView mav = new ModelAndView();
        mav.addObject("exception", ex);
        mav.addObject("url", request.getRequestURL());
        mav.setViewName("common/spring-mvc-error");
        return mav;
        }
}
```

주의해야 할 사항은 다음과 같다.

- @ControllerAdvice: 컨트롤러 어드바이스는 기본적으로 모든 컨트롤러에 적용된다.

- @ExceptionHandler(value = Exception.class): 컨트롤러에서 지정된 클래스 (Exception.class)의 유형이나 하위 유형의 예외가 발생하면 어노테이션이 있는 메소드가 호출된다.

- public ModelAndView handleException(HttpServletRequest request, Exception ex): 발생된 예외는 Exception 변수에 삽입된다. 예외 세부사항이나 예외 뷰가 있는 모델을 반환할 수 있도록 메소드가 ModelAndView 리턴 유형으로 선언된다.

- mav.addObject("exception", ex): 예외 세부사항이 뷰에 표시될 수 있도록 모델에 예외가 추가된다.

- mav.setViewName("common/spring-mvc-error"): 예외 뷰

에러 뷰 정의

예외가 발생할 때마다 ExceptionController는 예외 세부 정보로 모델을 채운 후 사용자를 ExceptionController spring-mvc-error 뷰로 전환한다. 다음 코드는 완전한 /WEBINF/views/common/spring-mvc-error.jsp JSP를 보여준다.

```
<%@ taglib prefix="c" uri="http://java.sun.com/jsp/jstl/core"%>
<%@page isErrorPage="true"%>
<h1>Error Page</h1>
 URL: ${url}
<BR />
Exception: ${exception.message}
<c:forEach items="${exception.stackTrace}"
     var="exceptionStackTrace">
     ${exceptionStackTrace}
</c:forEach>
```

참고해야 할 중요한 요소는 다음과 같다.

- URL: ${url}: 모델의 URL을 보여준다.
- Exception: ${exception.message}: 예외 메시지를 표시한다. 예외는 Exception Controller에서 모델에 채워진다.
- forEach around ${exceptionStackTrace}: ExceptionController의 특정한 예외 처리에서 스택 추적을 표시한다.

컨트롤러에서 특정 예외 처리 생성

경우에 따라 컨트롤러의 특정한 예외 처리가 필요하다. @ExceptionHandler (value = Exception.class)로 어노테이션된 메소드를 구현해 쉽게 처리할 수 있다.

특정 예외 처리가 필요할 때는 특정 Exception 클래스를 어노테이션의 value 속성 값으로 제공할 수 있다.

애플리케이션 국제화

애플리케이션을 개발할 때는 여러 지역에서 사용할 수 있길 원한다. 사용자에게 표시되는 텍스트는 사용자의 위치나 언어에 따라 지정할 수 있는데 이를 국제화(18n) 또는 현지화라고 한다.

두 가지 접근 방식을 사용해 구현할 수 있다.

- SessionLocaleResolver
- CookieLocaleResolver

SessionLocaleResolver는 사용자가 선택한 지역이 사용자 세션에 저장되므로 사용자 세션에만 유효하다. 그러나 CookieLocaleResolver는 선택한 지역이 쿠키로 저장된다.

메시지 번들 설정

먼저 메시지 번들러를 설정하자. 스프링 컨텍스트 코드는 다음과 같다.

```
<bean id="messageSource"  class=
"org.springframework.context.support. ReloadableResourceBundleMessageSource">

    <property name="basename" value="classpath:messages" />
    <property name="defaultEncoding" value="UTF-8" />

</bean>
```

참고해야 할 중요한 요소들이다.

- class = "org.springframework.context.support.ReloadableResourceBundleMess ageSource": 리로드할 수 있는 리소스 번들을 구성한다. cacheSeconds 설정을 통해 속성 리로드를 지원한다.
- <property name = "basename"value = "classpath : messages"/>: messages. properties나 messages_ {locale} .properties 파일에서 속성 파일 로딩을 구성한다. 지역에 관해서는 곧 논의할 것이다.

몇 가지 속성 파일을 구성하고 src/main/resources 폴더에서 사용할 수 있게 한다.

각 파일의 파일 이름과 내용을 보여주는 코드다. message_en.properties 파일의 내용은 다음 코드에 표시된다.

```
welcome.caption=Welcome in English
```

message_fr.properties 파일의 내용은 다음 코드에 표시된다.

```
welcome.caption=Bienvenue - Welcome in French
```

spring:message 태그를 사용해 메시지 번들의 메시지를 뷰에 표시할 수 있다.

```
<spring : message code = "welcome.caption"/>
```

SessionLocaleResolver 구성

SessionLocaleResolver를 구성할 때 두 가지 방법이 있다. 첫 번째는 localeResolver 빈을 구성하는 것, 두 번째는 지역 변경을 처리하도록 인터셉터를 구성하는 것이다.

```
<bean id="springMVCLocaleResolver"
class="org.springframework.web.servlet.i18n.SessionLocaleResolver">
        <property name="defaultLocale" value="en" />
</bean>

<mvc:interceptors>
      <bean id="springMVCLocaleChangeInterceptor"
class="org.springframework.web.servlet.i18n.LocaleChangeInterceptor">
        <property name="paramName" value="language" />
      </bean>
</mvc:interceptors>
```

다음 정의는 코드의 작동을 설명한다.

- `<property name="defaultLocale" value="en" />`: 기본적으로 영어 지역이 사용된다.
- `<mvc:interceptors>`:LocaleChangeInterceptor는 HandlerInterceptor로 설정된다. 모든 핸들러 요청을 인터셉트하고 지역을 확인한다.
- `<property name="paramName" value="language"/>`: LocaleChangeInterceptor는 지역을 나타내는 language라는 요청 매개변수 이름을 사용하도록 구성된다. 즉, http://server/uri?language={locale} 형식의 모든 URL은 지역 변경을 트리거한다.

- URL에 `language=en`을 추가하면 세션 기간 동안 영어 지역을 사용할 수 있다. `language=fr`을 URL에 추가하면, 프랑스어 지역을 사용할 수 있다.

CookieLocaleResolver 구성

다음 예제는 `CookieLocaleResolver`를 사용한다.

```xml
<bean id="localeResolver" class="org.springframework.web.servlet.i18n.
CookieLocaleResolver">

    <property name="defaultLocale" value="en" />
    <property name="cookieName" value="userLocaleCookie"/>
    <property name="cookieMaxAge" value="7200"/>

</bean>
```

다음 정의는 이전 코드 블록의 작동을 설명한다.

- `<property name="cookieName" value="userLocaleCookie"/>`: 브라우저에 저장된 쿠키 이름은 `userLocaleCookie`다.
- `<property name="cookieMaxAge" value="7200"/>`: 쿠키의 수명은 2시간(7200초)이다.
- 이전 예제에서 `LocaleChangeInterceptor`를 사용하기 때문에 `language=en`을 URL에 추가하면 2시간 동안(또는 지역이 변경될 때까지) 영어 지역을 사용할 수 있게 된다. `language=fr`을 URL에 추가하면 프랑스어 지역을 2시간 동안(또는 지역이 변경될 때까지) 사용할 수 있게 된다.

정적 리소스 제공

오늘날 팀 대부분 프론트엔드나 백엔드 콘텐츠를 제공한다. 프론트엔드는 앵귤러 JS^{AngularJS}, 백본^{Backbone} 등과 같은 최신 자바 스크립트 프레임워크로 개발한다. 백엔드는 스프링 MVC와 같은 프레임워크를 기반으로 하는 웹 애플리케이션이나 REST 서비스를 통해 빌드된다.

프론트엔드 프레임워크의 발전으로 프론트엔드 정적 콘텐츠를 버전화하고 제공할 때 적합한 솔루션을 찾는 것이 매우 중요해졌다.

다음은 스프링 MVC 프레임워크에서 제공하는 중요한 기능 중 일부다.

- 웹 애플리케이션 루트 폴더에서 정적 콘텐츠를 노출한다.
- 캐싱을 가능하게 한다.
- 정적 콘텐츠의 gzip 압축을 가능하게 한다.

정적 콘텐츠 노출

웹 애플리케이션에는 보통 정적 콘텐츠가 많다. 스프링 MVC는 클래스 패스의 위치뿐 아니라 웹 애플리케이션 루트 폴더에서 정적 콘텐츠를 노출하는 옵션을 제공한다. 다음 코드는 war 파일 안의 콘텐츠가 정적 콘텐츠로 노출될 수 있음을 보여준다.

```
<mvc:resources
    mapping="/resources/**"
    location="/static-resources/"/>
```

주의사항은 다음과 같다.

- location="/static-resources/": 위치는 정적 콘텐츠로 표시하려는 war 파일이나 클래스 패스 내부의 폴더를 지정한다. 예제에서는 war 파일 루트 내부에 있는 static-resources 폴더의 모든 콘텐츠를 정적 콘텐츠로 표시하려고 한다. 같은 외부 연결 URI 아래에 여러 폴더를 노출시키기 위해 여러 개의 쉼표로 구분된 값을 지정할 수 있다.
- mapping="/resources/**": 매핑은 외부 연결 URI 경로를 지정한다. 따라서 /resources/app.css URI로 정적 리소스 폴더 안의 app.css라는 CSS 파일에 액세스할 수 있다.

같은 구성일 때 전체 자바 구성은 다음과 같다.

```java
@Configuration
@EnableWebMvc
public class WebConfig extends WebMvcConfigurerAdapter {

    @Override
    public void addResourceHandlers (ResourceHandlerRegistry registry) {
        registry
            .addResourceHandler("/static-resources/**")
            .addResourceLocations("/static-resources/");
    }
}
```

정적 콘텐츠 캐싱

정적 리소스의 캐싱은 성능을 향상시킬 수 있다. 브라우저는 지정된 기간 동안 제공된 리소스를 캐싱한다. cache-period 속성이나 setCachePeriod 메소드는 사용된 구성 유형에 따라 캐싱 간격(초)을 지정할 수 있다. 다음 코드로 세부 정보를 알 수 있다.

다음은 자바 구성이다.

```
Registry
        .addResourceHandler("/resources/**")
        .addResourceLocations("/static-resources/"
)       .setCachePeriod(365 * 24 * 60 * 60);
```

다음은 XML 구성이다.

```
<mvc:resources
        mapping="/resources/**"
        location="/static-resources/"
        cache-period="365 * 24 * 60 * 60"/>
```

Cache-Control: max-age={specified-max-age} 응답 헤더가 브라우저로 전송된다.

정적 콘텐츠의 gzip 압축 사용하기

응답 압축은 웹 애플리케이션을 더 빠르게 만드는 간단한 방법이다. 모든 최신 브라우 저는 gzip 압축을 지원한다. 정적 콘텐츠 파일 전체를 보내는 대신, 압축된 파일을 응답 으로 보낼 수 있다. 브라우저는 압축을 풀고 정적 콘텐츠를 사용한다.

브라우저는 요청 헤더를 사용해 압축된 콘텐츠를 승인할 수 있도록 한다. 서버에서 지 원하면 (응답 헤더가 표시된)압축된 콘텐츠를 다시 제공할 수 있다.

브라우저에서 전송된 요청 헤더는 다음과 같다.

```
Accept-Encoding: gzip, deflate
```

웹 애플리케이션에서 전송된 응답 헤더는 다음과 같다.

```
Content-Encoding: gzip
```

다음 코드는 gzip 리졸버를 추가해 압축된 정적 콘텐츠를 제공하는 방법을 보여준다.

```
Registry
    .addResourceHandler("/resources/**")
    .addResourceLocations("/static-resources/")
    .setCachePeriod(365 * 24 * 60 * 60)
    .resourceChain(true)
    .addResolver(new GzipResourceResolver())
    .addResolver(new PathResourceResolver());
```

예제 코드의 작동을 설명한다.

- resourceChain(true): gzip 압축을 활성화하려고 하지만 전체 파일이 요청된 경우 전체 파일을 다시 전달하려고 한다. 따라서 리소스 체인(리소스 리졸버 체인)을 사용한다.
- addResolver(new PathResourceResolver()):PathResourceResolver: 기본 리졸버다. 구성된 리소스 핸들러와 위치를 기반으로 처리한다.
- addResolver(new GzipResourceResolver()):GzipResourceResolver: 요청 시 gzip 압축을 활성화한다.

스프링 MVC와 부트 스트랩 통합하기

웹 애플리케이션에서 부트 스트랩을 사용하는 방법 중 하나는 자바 스크립트와 CSS 파일을 다운로드해 해당 폴더에서 사용할 수 있도록 하는 것이다. 그러나 새로운 버전의 부트 스트랩이 있을 때마다 다운로드해 소스코드의 일부로 사용할 수 있어야 한다는 것을 의미한다. 문제는 '메이븐과 같은 의존 관계 관리를 이용해 부트 스트랩이나 다른 정적(JS 또는 CSS) 라이브러리를 소개할 수 있는 방법이 있을까?'다.

대답은 WebJars다. WebJar는 JAR 파일로 패키지 된 클라이언트 사이드 JS나 CSS 라이브러리다. 자바 빌드 도구(메이븐 또는 그래들Gradle)로 다운로드해 애플리케이션에서 사용할 수 있다.

부트 스트랩 WebJar를 사용해 웹 애플리케이션에 포함시켜 보자. 관련된 단계는 다음과 같다.

- 메이븐 의존 관계로서 부트 스트랩 WebJars를 추가한다.
- WebJar에서 정적 콘텐츠를 전달하도록 스프링 MVC 리소스 핸들러를 구성한다.
- JSP에서 부트 스트랩 리소스(CSS 및 JS)를 사용한다.

메이븐 의존 관계로서의 부트 스트랩 WebJar 정의하기

pom.xml 파일에 다음을 추가하자.

```
<dependency>
    <groupId>org.webjars</groupId>
    <artifactId>bootstrap</artifactId>
    <version>3.3.6</version>
</dependency>
```

WebJar 정적 콘텐츠를 제공하도록 스프링 MVC 리소스 핸들러 구성하기

매우 간단하다. 스프링 컨텍스트에 다음 매핑을 추가하면 된다.

```
<mvc : resources mapping = "/ webjars / **" location = "/ webjars /"/>
```

위의 구성으로 ResourceHttpRequestHandler는 WebJars의 콘텐츠를 정적 콘텐츠로 사용할 수 있게 한다. 콘텐츠를 캐싱할 때 정적 콘텐츠 절에서 설명한 대로 특정 기간을 캐싱할 수 있다.

JSP에서 부트 스트랩 리소스 사용하기

JSP의 다른 정적 리소스와 마찬가지로 부트 스트랩 리소스를 추가할 수 있다.

```
<script src= "webjars/bootstrap/3.3.6/js/bootstrap.min.js">
</script>
```

```
<link
    href="webjars/bootstrap/3.3.6/css/bootstrap.min.css"
    rel="stylesheet">
```

▌ 스프링 MVC 애플리케이션의 단위 테스트 – 기본 플로우

3장 앞부분에서 스프링 MVC를 이해하기 위해 6가지 간단한 플로우를 만들었다. 6가지
플로우의 간단한 단위 테스트를 작성해본다. 플로우는 다음과 같다.

- 플로우1: 뷰가 없는 컨트롤러 – 자체 콘텐츠 제공
- 플로우2: 뷰가 있는 컨트롤러(JSP)
- 플로우3: 뷰가 있고 ModelMap을 사용하는 컨트롤러
- 플로우4: 뷰가 있고 ModelAndView를 사용하는 컨트롤러
- 플로우5: 간단한 폼의 컨트롤러
- 플로우6: 유효성 검사가 포함된 간단한 폼의 컨트롤러

단위 테스트는 유지 관리 가능한 애플리케이션의 개발에서 매우 중요한 부분이다. 단위
테스트를 시작하기 전에는 약간의 설정이 필요하다.

3장에서 작성할 컨트롤러를 단위 테스트하기 위해 스프링 MVC 모크 프레임워크를 사
용할 것이다. 스프링 MVC 모크 프레임워크를 사용하려면 스프링 테스트 프레임워크에
의존 관계를 추가해야 한다.

```
<dependency>
    <groupId>org.springframework</groupId>
    <artifactId>spring-test</artifactId>
    <scope>test</scope>
</dependency>
```

플로우1 – 뷰 없는 간단한 컨트롤러 플로우

스프링 MVC 컨트롤러의 텍스트 출력을 화면에 표시해 가장 간단한 플로우를 단위 테스트한다.

브라우저에서 http://localhost:8080/welcome URL을 클릭하면, 화면에 다음과 같이 표시된다.

단위 테스트에서도 비슷하다. /welcome URI를 호출하고 올바른 응답을 요구한다.

여기서 사용할 접근법은 다음과 같다.

1. 테스트할 컨트롤러 설정하기
2. 테스트 메소드 작성하기

테스트할 컨트롤러 설정하기

테스트하려는 컨트롤러는 BasicController다. 단위 테스트를 생성하는 규칙은 클래스 이름에 Test 접미사를 붙이는 것이다. BasicControllerTest라는 테스트 클래스를 만들어보자.

기본 설정은 다음과 같다.

```java
public class BasicControllerTest {

    private MockMvc mockMvc;

    @Before
    public void setup() {
        this.mockMvc = MockMvcBuilders.standaloneSetup(new BasicController()).build();
    }
}
```

코드를 설명하면 다음과 같다.

- mockMvc: 여러 테스트에서 사용될 수 있는 변수다. MockMvc 클래스의 인스턴스 변수를 정의한다.
- @Before setup: 모든 테스트 전에 실행돼 MockMvc를 초기화한다.
- MockMvcBuilders.standaloneSetup(new BasicController()).build(): MockMvc 인스턴스를 빌드한다. 인스턴스에서는 설정된 컨트롤러(BasicController)로 요청을 처리하기 위해 DispatcherServlet을 초기화한다.

테스트 메소드 작성하기

전체 Test 메소드는 다음 코드와 같다.

```java
@Test
public void basicTest() throws Exception {
    this.mockMvc
        .perform(
                get("/welcome")
        .accept(MediaType.parseMediaType("application/html;charset=UTF-8")))
        .andExpect(status().isOk())
        .andExpect(content().contentType("application/html;charset=UTF-8"))
```

```
        .andExpect(content().string("Welcome to Spring MVC"));
}
```

코드를 설명하면 다음과 같다.

- MockMvc mockMvc.perform: 요청을 실행하고 연결된 호출을 허용하는 ResultActi
  ons 인스턴스를 반환하는 메소드다. 예에서는 andExpect 호출을 연결해 예상
  한 값을 확인한다.
- get ("/ welcome"). accept (MediaType.parseMediaType ("application / html;
  charset = UTF-8")): 미디어 유형 application/html의 응답을 수락하는 HTTP
  get 요청을 작성한다.
- andExpect: 예상한 값을 확인할 때 사용된다. 예상한 값이 맞지 않으면 테스트
  에 실패한다.
- status().isOk(): ResultMatcher를 사용해 응답 상태가 성공적인 요청(200)인
  지 확인한다.
- content().contentType("application/html;charset = UTF-8")): ResultMatcher
  를 사용해 응답 콘텐츠 유형이 지정됐는지 확인한다.
- content().string("Welcome to Spring MVC"): ResultMatcher를 사용해 응답 내
  용에 지정된 문자열이 포함돼 있는지 확인한다.

플로우2 – 뷰가 있는 간단한 컨트롤러 플로우

JSP 뷰를 사용하는 단위 테스트를 살펴보자. 다음은 URL에 도달했을 때 나타나는 화
면이다.

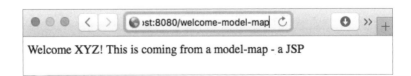

단위 테스트에서는 BasicViewController를 설정하고 /welcome-view의 get 요청을 실행한 후 리턴된 뷰 이름이 welcome인지 확인한다.

 MockMvc 프레임워크의 독립실행형 설정은 DispatcherServlet에 필요한 최소한의 인프라를 생성한다. 뷰 리졸버가 제공되면 뷰 리솔루션을 실행할 수 있지만, 뷰는 실행되지 않는다. 따라서 독립실행형 설정으로 단위 테스트하는 동안에는 뷰의 내용을 확인할 수 없다. 그러나 올바른 뷰가 전달되는지는 확인할 수 있다.

 다음 절에서는 뷰 렌더링을 포함해 통합 테스트를 실행하는 방법을 설명한다.

테스트할 때는 뷰 이름을 검증하기 위해 범위를 제한한다.

테스트할 컨트롤러 설정

이전 플로우와 매우 비슷한 단계다. 여기서는 BasicViewController를 테스트한다. BasicViewController를 사용해 MockMvc를 인스턴스화하고 간단한 뷰 리졸버도 구성한다.

```
public class BasicViewControllerTest {
    private MockMvc mockMvc;
    @Before
    public void setup() {
      this.mockMvc = MockMvcBuilders
                    .standaloneSetup(new BasicViewController())
                    .setViewResolvers(viewResolver())
                    .build();
    }
    private ViewResolver viewResolver() {
      InternalResourceViewResolver viewResolver = new InternalResourceViewResolver();
      viewResolver.setViewClass(JstlView.class);
      viewResolver.setPrefix("/WEB-INF/jsp/");
      viewResolver.setSuffix(".jsp");
```

```
        return viewResolver;
    }
}
```

viewResolver 메소드에서 ViewResolver 메소드를 설정하고 MockMvc 객체로 빌드한다.

테스트 메소드 작성

전체 테스트 메소드는 다음과 같다.

```
@Test
public void testWelcomeView() throws Exception {
    this.mockMvc
        .perform(get("/welcome-view")
 .accept(MediaType.parseMediaType("application/html;charset=UTF-8")))
        .andExpect(view().name("welcome"));
}
```

참고해야 할 중요한 요소는 다음과 같다.

- get("/welcome-model-view"): 지정된 URL의 get 요청을 실행한다.
- view().name("welcome"): ResultMatcher를 사용해 리턴된 뷰 이름이 지정된 대로 있는지 확인한다.

플로우3 – 모델이 있는 뷰로 전환하는 컨트롤러

다음은 브라우저에서 플로우3이 어떻게 보이는지를 표시한 그림이다.

단위 테스트에서는 BasicModelMapController를 설정하고 /welcome-model-map의 get 요청을 실행한다. 또한 모델에 예상 속성이 있는지, 예상되는 뷰 이름이 리턴되는지 여부도 확인한다.

테스트할 컨트롤러 설정

이전 플로우와 매우 비슷한 단계다. BasicModelMapController로 MockMVC를 인스턴스화한다.

```
this.mockMvc = MockMvcBuilders.standaloneSetup
    (new BasicModelMapController())
    .setViewResolvers(viewResolver()).build();
```

테스트 메소드 작성

전체 테스트 메소드는 다음과 같다.

```
@Test
public void basicTest() throws Exception {
    this.mockMvc
    .perform(
    get("/welcome-model-map")
    .accept(MediaType.parseMediaType
    ("application/html;charset=UTF-8")))
    .andExpect(model().attribute("name", "XYZ"))
    .andExpect(view().name("welcome-model-map"));
}
```

참고해야 할 중요한 요소는 다음과 같다.

- get("/welcome-model-map"): 지정된 URL의 GET 요청을 실행한다.

- `model().attribute("name", "XYZ")`: ResultMatcher는 모델에 지정된 값(XYZ)의 지정된 속성(name)이 포함돼 있는지 확인한다.
- `view().name("welcome-model-map")`: ResultMatcher는 리턴된 뷰 이름이 지정돼 있는지 확인한다.

플로우4 – ModelAndView를 사용해 뷰로 전환하는 컨트롤러

'플로우3 – 모델이 있는 뷰로 전환하는 컨트롤러'와 비슷해서 플로우4의 단위 테스트에서는 따로 설명하지 않는다. 예상된 뷰 이름이 반환되는지는 꼭 확인해야 한다.

플로우5 – 폼이 있는 뷰로 전환하는 컨트롤러

다음 절에서 플로우6과 플로우5의 단위 테스트를 알아본다.

플로우6 – 이전 플로우에 유효성 검사 추가

플로우5와 플로우6에서는 필드와 유효성 검사가 포함된 간단한 폼을 만들었다. 이제 유효성 검사 오류를 확인하는 단위 테스트에 중점을 둔다. 4개의 유효성 검사 오류를 확인하는 빈 폼의 테스트를 작성할 것이다.

컨트롤러 설정

컨트롤러 설정은 매우 간단하다.

```
this.mockMvc = MockMvcBuilders.standaloneSetup(new UserValidationController()).build();
```

테스트 메소드

전체 테스트 메소드는 다음과 같다.

```
@Test
public void basicTest_WithAllValidationErrors() throws Exception {
    this.mockMvc
        .perform(
            post("/create-user-with-validation")
 .accept(MediaType.parseMediaType("application/html;charset=UTF-8")))
        .andExpect(status().isOk())
        .andExpect(model().errorCount(4))
        .andExpect(model().attributeHasFieldErrorCode("user", "name", "Size"));
}
```

중요한 사항은 다음과 같다.

- post("/create-user-with-validation"): 지정된 URI의 HTTP POST 요청을 만든다. 요청 매개변수를 전달하지 않으므로 모든 속성은 null이다. 이때 유효성 검사 오류가 발생한다.
- model().errorCount(4): 모델에 4개의 유효성 검사 오류가 있는지 확인한다.
- model().attributeHasFieldErrorCode("user", "name", "Size"): user 속성에 Size라는 유효성 검사 오류가 있는 name 필드가 있는지 확인한다.

▍ 스프링 MVC 컨트롤러의 통합 테스트 작성

앞에서 테스트 중인 특정 컨트롤러만 로드하는 컨트롤러의 단위 테스트를 작성했다.

작성할 수 있는 다른 종류의 테스트는 전체 애플리케이션을 시작하는 기본 통합 테스트, 즉 전체 스프링 컨텍스트다.

플로우1 테스트를 떠올려보자. 다음 예제에서는 전체 스프링 컨텍스트를 시작한 후 모든 컨트롤러를 시작한다.

```
@RunWith(SpringRunner.class)
@WebAppConfiguration
@ContextConfiguration("file:src/main/webapp/WEB-INF/user-web-context.xml")
public class BasicControllerSpringConfigurationIT {

    private MockMvc mockMvc;

    @Autowired
    private WebApplicationContext wac;

    @Before
    public void setup() {
      this.mockMvc = MockMvcBuilders.webAppContextSetup
                              (this.wac).build();
    }
}
```

이전 코드 블록의 작동을 설명한다.

- @RunWith(SpringRunner.class): SpringRunner는 스프링 컨텍스트를 시작하는 데 도움이 된다.
- @WebAppConfiguration: 스프링 MVC로 웹 애플리케이션 컨텍스트를 시작하는 데 사용된다.
- @ContextConfiguration("file:src/main/webapp/WEB-INF/user-webcontext.xml"): 스프링 컨텍스트 XML의 위치를 지정한다.
- this.mockMvc = MockMvcBuilders.webAppContextSetup(this.wac).build(): 이전 예제에서는 독립실행형 설정을 사용했다. 그러나 예에서는 전체 웹 앱을 시작하려고 한다. 그래서 webAppContextSetup을 사용한다.

테스트 실행은 이전 테스트에서 수행한 방법과 매우 유사하다. 코드는 다음과 같다.

```
@Test
public void basicTest() throws Exception {
        this.mockMvc
            .perform(get("/welcome")
 .accept(MediaType.parseMediaType("application/html;charset=UTF-8")))
            .andExpect(status().isOk())
            .andExpect(content().string("Welcome to Spring MVC"));
}
```

/welcome을 통해 내용을 체크한다.

▌ 스프링 시큐리티

시큐리티는 모든 애플리케이션의 중요한 구성요소다. 인증은 사용자의 신원을 확인하고 사용자가 자신이라고 주장하는 사람인지를 확인하는 프로세스다. 일반적으로 인증에는 사용자 ID/암호 조합이 사용된다.

권한 부여는 사용자가 특정 작업을 수행할 수 있는 권한이 있는지 확인하는 작업이다.

- 사용자가 페이지를 볼 수 있을까?
- 사용자가 페이지를 편집할 수 있을까?
- 사용자가 페이지를 삭제할 수 있을까?

애플리케이션의 모든 페이지에서 인증 및 권한 부여를 적용하는 방법이 가장 좋다. 웹 애플리케이션에서 요청을 실행하기 전에 사용자 자격 증명 및 권한을 확인해야 한다.

스프링 시큐리티는 자바 EE 엔터프라이즈 애플리케이션을 위한 포괄적인 시큐리티 솔루션을 제공한다. 스프링 기반(및 스프링 MVC 기반) 애플리케이션에 강력한 지원을 제공하는 동시에 다른 프레임워크와 통합할 수 있다.

다음 리스트는 스프링 시큐리티가 지원하는 광범위한 인증 메커니즘 중 일부다.

- **폼 기반 인증**: 기본 애플리케이션을 위한 간단한 통합
- LDAP: 일반적으로 대부분 엔터프라이즈 애플리케이션에서 사용
- JAAS^{Java Authentication and Authorization Service}: 인증 및 권한 표준, 자바 EE 표준 스펙의 일부
- 컨테이너−관리 인증
- 커스텀 인증 시스템

3장에서는 웹 애플리케이션의 관점에서 스프링 시큐리티를 살펴본다.

간단한 웹 애플리케이션에서 스프링 시큐리티를 활성화하는 간단한 예제를 생각해보자. 여기서는 메모리 안의 구성을 사용한다.

관련 단계는 다음과 같다.

1. 스프링 시큐리티 의존 관계 추가
2. 모든 요청에 인터셉트 설정
3. 스프링 시큐리티 설정
4. 로그아웃 기능 추가

스프링 시큐리티 의존 관계 추가

스프링 시큐리티 의존 관계를 pom.xml에 추가하는 것으로 시작한다.

```xml
<dependency>
    <groupId>org.springframework.security</groupId>
    <artifactId>spring-security-web</artifactId>
</dependency>
```

```xml
<dependency>
    <groupId>org.springframework.security</groupId>
    <artifactId>spring-security-config</artifactId>
</dependency>
```

추가된 의존 관계는 spring-security-web과 spring-securityconfig다.

모든 요청을 인터셉트하도록 필터 설정

시큐리티를 구현할 때 가장 좋은 방법은 들어오는 모든 요청의 유효성을 검사하는 것이다. 시큐리티 프레임워크가 들어오는 요청을 보고 사용자를 인증하고, 사용자가 작업을 수행할 수 있는 액세스 권한이 있는 경우에만 작업을 수행할 수 있도록 한다. 필터를 사용해 요청을 인터셉트해 유효성을 검사한다. 다음 예제는 자세한 내용을 보여준다.

웹 애플리케이션에 오는 모든 요청을 인터셉트하도록 스프링 시큐리티를 설정할 것이다. 스프링 관리 빈 FilterChainProxy에 위임하는 DelegatingFilterProxy 필터를 사용한다.

```xml
<filter>
    <filter-name>springSecurityFilterChain</filter-name>
    <filter-class>
      org.springframework.web.filter.DelegatingFilterProxy
    </filter-class>
</filter>

<filter-mapping>
    <filter-name>springSecurityFilterChain</filter-name>
    <url-pattern>/*</url-pattern>
</filter-mapping>
```

이제 웹 애플리케이션에 관련된 모든 요청이 필터를 통과한다. 시큐리티와 관련된 사항은 아직 구성되지 않았다. 간단한 자바 구성 예제를 살펴보자.

```
@Configuration
@EnableWebSecurity
public class SecurityConfiguration extends
        WebSecurityConfigurerAdapter {

    @Autowired
    public void configureGlobalSecurity (AuthenticationManagerBuilder auth)
        throws Exception {
      auth
       .inMemoryAuthentication()
       .withUser("firstuser").password("password1")
       .roles("USER", "ADMIN");
    }
    @Override
    protected void configure(HttpSecurity http)throws Exception {
      http
        .authorizeRequests()
        .antMatchers("/login").permitAll()
        .antMatchers("/*secure*/**")
        .access("hasRole('USER')")
        .and().formLogin();
    }
}
```

코드 작동을 설명한다.

- @EnableWebSecurity: 모든 Configuration 클래스가 스프링 구성의 정의를 포함할 수 있게 한 어노테이션이다. 특정 인스턴스에서는 특정 스프링 MVC 구성을 제공하기 위해 몇 가지 메소드를 대체한다.
- WebSecurityConfigurerAdapter: 스프링 구성^{WebSecurityConfigurer}을 작성하기 위한 기본 클래스를 제공하는 클래스다.
- protected void configure(HttpSecurity http): 다른 URL의 시큐리티 요구사항을 제공한 메소드다.

- antMatchers("/*secure*/**").access("hasRole('USER')"): secure 하위 문자열 sub-string이 포함된 URL에 액세스하려면 USER의 역할이 필요하다.
- antMatchers("/login").permitAll(): 로그인 페이지에 모든 사용자의 액세스를 허용한다.
- public void configureGlobalSecurity(AuthenticationManagerBuilder auth): 예에서는 메모리 내 인증을 사용하고 있다. 데이터베이스(auth.jdbcAuthentication()), LDAP(auth.ldapAuthentication()), 커스텀 인증 공급자(AuthenticationProvider를 상속해 생성)와 연결하는 데 사용할 수 있다.
- withUser("firstuser").password("password1"): 메모리에 유효한 사용자 ID와 암호 조합을 구성한다.
- .roles("USER", "ADMIN"): 사용자에게 역할을 할당한다.

시큐리티 URL에 액세스하려고 하면 로그인 페이지로 전환된다. 스프링 시큐리티는 로그인 페이지를 커스텀하는 방법을 제공한다. 올바른 자격을 가진 인증된 사용자만 시큐리티 애플리케이션 페이지에 액세스할 수 있다.

로그아웃

스프링 시큐리티는 사용자가 로그아웃하고 지정된 페이지로 전환할 수 있는 기능을 제공한다. LogoutController의 URI는 일반적으로 UI의 로그아웃 링크에 매핑된다. LogoutController의 전체 리스트는 다음과 같다.

```
@Controller
public class LogoutController {

    @RequestMapping(value = "/secure/logout", method = RequestMethod.GET)
    public String logout(HttpServletRequest request, HttpServletResponse response) {
    Authentication auth = SecurityContextHolder.getContext().getAuthentication();
```

```
        if (auth != null) {
            new SecurityContextLogoutHandler()
                    .logout(request, response, auth);
            request.getSession().invalidate();
        }
        return "redirect:/secure/welcome";
    }
}
```

코드 블록의 작동을 설명해본다.

- if (auth != null): 유효한 인증이 있으면 세션을 종료한다.
- new SecurityContextLogoutHandler().logout(request, response, auth): Security ContextLogoutHandler는 SecurityContextHolder에서 인증 정보를 제거해 로그 아웃을 수행한다.
- return "redirect:/secure/welcome": 안전한 시작 페이지로 전환한다.

▌ 요약

3장에서는 스프링 MVC를 이용한 웹 애플리케이션 개발의 기본사항을 논의했다.

웹 애플리케이션 개발과 관련된 중요한 개념을 학습하기 위해 스프링 MVC와 6가지 예제 플로우를 사용했다.

스프링 MVC 아키텍처의 핵심 구성요소인 DispatcherServlet, 컨트롤러, 뷰와 뷰 리졸버를 배웠다. DispatcherServlet은 FrontController 역할을 한다(요청이 도착하면 적절한 컨트롤러나 뷰로 라우팅한다).

세션을 사용해 사용자 상태를 관리하는 방법과 웹 애플리케이션의 예외 처리와 국제화를 구현하는 방법을 알아봤다. 또한 스프링 시큐리티로 애플리케이션을 보호하는 방법도 익혔다.

스프링 MVC는 REST 서비스를 구축하는 데도 사용할 수 있다. REST 서비스와 관련해서는 앞으로 더 자세히 논의할 것이다.

4장, '스프링 부트 시작하기'에서는 스프링 부트의 필요성을 알아본다. 스프링 애플리케이션 개발을 5분 안에 시작하는 데 스프링 부트가 도움이 되는 방법도 배워본다.

스프링 부트 시작하기

3장에서는 스프링 MVC를 사용해 웹 애플리케이션을 생성했다. 스프링 프레임워크로 새 애플리케이션을 생성하려면 여러 단계가 필요하다. 사용할 프레임워크를 결정한 다음 프레임워크를 구성하고 통합해야 한다. 본격적으로 살펴보기 전에 여러 가지 기술적 요구사항(예외 처리, 애플리케이션 구성 등)을 설정해야 한다.

새로운 애플리케이션을 생성할 때 모든 것을 무료로 사용할 수 있다면 어떨까?

스프링 부트는 새로운 애플리케이션을 좀더 빠르게 시작할 수 있도록 하는 것이 목표다. 4장에서는 스프링 부트가 테이블에 제공하는 기능을 설명할 텐데 제대로 이해한다면 다음 질문에 답할 수 있을 것이다.

- 왜 스프링 부트인가?
- 스프링 부트가 제공하는 기능은 무엇인가?
- 자동 설정이란?
- 스프링 부트란?
- 스프링 부트를 사용할 때 백그라운드에서는 어떤 일이 발생할까?
- 스프링 이니셜라이저를 사용해 새로운 스프링 부트 프로젝트를 어떻게 만들까?
- 스프링 부트로 어떻게 애플리케이션을 모니터링할까?
- 스프링 부트 액추에이터Actuator는 무엇일까?
- 스프링 부트로 어떻게 생산성을 높일 수 있을까?

▍ 기술적 요구사항

4장의 기본적인 요구사항은 다음과 같다.

- 가장 인기있는 IDE, 이클립스Eclipse
- 자바 8+
- 메이븐 3.x
- 인터넷 연결

깃허브 링크는 다음과 같다.

https://github.com/PacktPublishing/Mastering-Spring-5.1/tree/master/Chapter04

▌ 스프링 부트의 개념

우선 스프링 부트에 관한 몇 가지 오해를 정리해보자.

- 스프링 부트는 코드 생성 프레임워크가 아니다. 즉 코드를 생성하지 않는다.
- 스프링 부트는 애플리케이션 서버나 웹 서버가 아니다. 다양한 범위의 애플리케이션, 웹 서버와 잘 통합된다.
- 스프링 부트는 특정 프레임워크 또는 스펙을 구현하지 않는다.

질문도 있다.

- 스프링 부트란?
- 스프링 부트가 오늘날 자바 애플리케이션을 구축할 때 최상의 옵션 중 하나인 이유는 무엇일까?

질문에 대답하기 위해 몇 가지 예제를 살펴보자. 빠른 프로토타입을 원하는 예제 애플리케이션을 생각해보자.

애플리케이션의 빠른 프로토타입 구축 단계

스프링 MVC로 애플리케이션을 구축하고 JPA(하이버네이트로 구현)를 사용해 데이터베이스에 연결한다고 가정해보자.

애플리케이션을 설정하는 단계는 다음과 같다.

1. 사용할 스프링 MVC, JPA 및 하이버네이트 버전을 결정한다.
2. 모든 다른 레이어를 연결하는 스프링 컨텍스트를 설정한다.
3. 스프링 MVC를 사용해 웹 레이어를 설정한다(스프링 MVC 설정 포함).
   - DispatcherServlet, handler, resolvers, 뷰 리졸버 등의 빈 설정

4. 데이터 레이어에서 하이버네이트를 설정한다.
   ○ SessionFactory, 데이터 소스 등의 빈 설정
5. 다양한 환경에 따라 애플리케이션 설정을 저장하는 방법을 정하고 구현한다.
6. 단위 테스트를 어떻게 할 것인지 결정한다.
7. 트랜잭션 관리 전략을 결정하고 구현한다.
8. 시큐리티를 구축하는 방법을 정하고 구현한다.
9. 로깅 프레임워크를 설정한다.
10. 프로덕션 환경에서 애플리케이션을 모니터링 할 방법을 결정하고 구현한다.
11. 애플리케이션의 통계를 제공하기 위해 매트릭스 관리 시스템을 정하고 구현한다.
12. 웹 또는 애플리케이션 서버에 애플리케이션을 배포하는 방법을 결정하고 구현한다.

> ⓘ 비즈니스 로직 구축을 시작하려면 위에 언급된 단계 중 최소 몇 가지는 완료해야 한다(적어도 몇 주는 걸릴 수 있다).

애플리케이션을 구축할 때는 빠른 시작을 원하는데 앞의 단계를 모두 거치면 애플리케이션을 쉽게 개발할 수 없다. 이것이 스프링 부트가 해결해야 할 문제다.

스프링 부트를 통해 개발자는 마이크로서비스의 비즈니스 논리에 집중할 수 있다. 스프링 부트의 목표는 마이크로서비스 개발에 관련된 모든 기술적 세부사항을 관리하는 것이기 때문이다.

스프링 부트의 기본 목표

스프링 부트의 기본 목표는 다음과 같다.

- 스프링 기반 프로젝트로 빠르게 구축할 수 있다.
- 의견을 가져라. 아니면 일반적인 사용법을 기본으로 한다. 기본값과의 차이를 처리하는 설정 옵션은 제공한다.
- 다양한 비기능적 특징을 제공한다.
- 코드 생성과 많은 XML 설정의 사용을 피해라.

스프링 부트의 비기능적 특징

스프링 부트에서 제공하는 비기능적 특징 중 일부는 다음과 같다.

- 광범위한 프레임워크, 서버와 스펙의 버전 관리 및 설정에 관한 기본 처리
- 애플리케이션 시큐리티를 위한 기본 옵션
- 확장 옵션이 있는 기본 애플리케이션 매트릭스
- 상태 체크로 기본 애플리케이션 모니터링
- 외부 설정의 여러 옵션

▌ 스프링 부트로 Hello World 애플리케이션 구축하기

스프링 부트 애플리케이션을 구축하는 것부터 시작해보자.

먼저 메이븐을 사용해 의존 관계를 관리한다.

다음은 스프링 부트 애플리케이션으로 시작하는 과정이다.

1. pom.xml 파일에 spring-boot-starter-parent 구성
2. 요구되는 스타터 프로젝트로 pom.xml 파일 구성
3. 애플리케이션을 실행할 수 있도록 spring-boot-maven-plugin 구성
4. 첫 번째 스프링 부트 launch 클래스 생성

spring-boot-starter-parent로 pom.xml 생성하기

spring-boot-starter-parent를 가진 간단한 pom.xml 파일부터 만들어보자.

```
<project xmlns="http://maven.apache.org/POM/4.0.0"
xmlns:xsi="http://www.w3.org/2001/XMLSchema-instance"
xsi:schemaLocation="http://maven.apache.org/POM/4.0.0
http://maven.apache.org/xsd/maven-4.0.0.xsd">
<modelVersion>4.0.0</modelVersion>
<groupId>com.mastering.spring</groupId>
<artifactId>springboot-example</artifactId>
<version>0.0.1-SNAPSHOT</version>
<name>First Spring Boot Example</name>
<packaging>war</packaging>
<parent>
      <groupId>org.springframework.boot</groupId>
      <artifactId>spring-boot-starter-parent</artifactId>
      <version>2.1.1.RELEASE</version>
</parent>

<properties>
      <java.version>1.8</java.version>
</properties>

<repositories>
    <repository>
      <id>spring-milestones</id>
      <name>Spring Milestones</name>
```

```
            <url>https://repo.spring.io/milestone</url>
            <snapshots>
                <enabled>false</enabled>
            </snapshots>
        </repository>
    </repositories>

    <pluginRepositories>
        <pluginRepository>
            <id>spring-milestones</id>
            <name>Spring Milestones</name>
            <url>https://repo.spring.io/milestone</url>
                <snapshots>
                    <enabled>false</enabled>
                </snapshots>
        </pluginRepository>
    </pluginRepositories>
</project>
```

첫 번째 질문, spring-boot-starter-parent가 왜 필요할까?

spring-boot-starter-parent 의존 관계에는 사용할 자바 기본 버전, 스프링 부트가 사용하는 의존 관계 기본 버전, 메이븐 플러그인의 기본 설정이 포함된다.

 spring-boot-starter-parent 의존 관계는 스프링 부트 기반 애플리케이션의 의존 관계 및 플러그인 관리를 제공하는 상위 POM이다.

spring-boot-starter-parent를 좀더 자세히 알기 위해 spring-boot-starter-parent 내부 코드 중 일부를 살펴보자.

spring-boot-starter-parent

spring-boot-starter-parent 의존 관계는 POM의 맨 위에 정의된 spring-boot-dependencies에서 상속된다. 다음 코드는 spring-boot-starter-parent에서 추출한 것이다.

```xml
<parent>
    <groupId>org.springframework.boot</groupId>
    <artifactId>spring-boot-dependencies</artifactId>
    <relativePath>../../spring-boot-dependencies</relativePath>
</parent>
```

spring-boot-dependencies는 스프링 부트가 사용하는 모든 의존 관계에서 기본적인 의존 관계 관리를 제공한다. 다음 코드는 spring-boot-dependencies에 설정된 다양한 의존 관계의 서로 다른 버전이다.

```xml
<activemq.version>5.15.8</activemq.version>
<aspectj.version>1.9.2</aspectj.version>
<ehcache.version>2.10.6</ehcache.version>
<elasticsearch.version>6.4.3</elasticsearch.version>
<gson.version>2.8.5</gson.version>
<h2.version>1.4.197</h2.version>
<hazelcast.version>3.11</hazelcast.version>
<hibernate.version>5.3.7.Final</hibernate.version>
<hibernate-validator.version>6.0.13.Final</hibernate-validator.version>
<hsqldb.version>2.4.1</hsqldb.version>
<htmlunit.version>2.33</htmlunit.version>
<jackson.version>2.9.7</jackson.version>
<jersey.version>2.27</jersey.version>
<jetty.version>9.4.12.v20180830</jetty.version>
<junit.version>4.12</junit.version>
<junit-jupiter.version>5.3.2</junit-jupiter.version>
<mockito.version>2.23.4</mockito.version>
<selenium.version>3.14.0</selenium.version>
<servlet-api.version>4.0.1</servlet-api.version>
<spring.version>5.1.3.RELEASE</spring.version>
<spring-amqp.version>2.1.2.RELEASE</spring-amqp.version>
<spring-batch.version>4.1.0.RELEASE</spring-batch.version>
<spring-hateoas.version>0.25.0.RELEASE</spring-hateoas.version>
<spring-restdocs.version>2.0.2.RELEASE</spring-restdocs.version>
<spring-security.version>5.1.2.RELEASE</spring-security.version>
<spring-ws.version>3.0.4.RELEASE</spring-ws.version>
```

```
<tomcat.version>9.0.13</tomcat.version>
<xml-apis.version>1.4.01</xml-apis.version>
```

의존 관계의 특정 버전을 덮어 쓰려면 애플리케이션의 pom.xml 파일에 적절한 이름의 등록 정보를 제공해야 한다. 다음 코드 단락은 모키토^{Mockito}의 특정 버전을 구성하는 예다.

```
<properties>
    <mockito.version>1.10.20</mockito.version>
</properties>
```

다음은 spring-boot-starter-parent에 정의된 몇 가지 예다.

- 기본 자바 버전 `<java.version>1.8</java.version>`
- 메이븐 플러그인의 기본 구성:
    - `maven-failsafe-plugin`
    - `maven-surefire-plugin`
    - `git-commit-id-plugin`

서로 다른 버전의 프레임워크 간 호환성은 개발자가 직면한 주요 문제 중 하나다.

특정 버전의 스프링과 호환되는 최신 스프링 세션 버전을 어떻게 찾을 수 있을까? 일반적인 대답은 설명서를 읽는 것이다.

그러나 스프링 부트를 사용하면 spring-boot-starter-parent로 쉽게 만들 수 있다. 최신 스프링 버전으로 업그레이드하려면 해당 스프링 버전의 spring-boot-starter-parent 의존 관계를 찾으면 된다.

> 특정 버전의 spring-boot-starter-parent를 사용하도록 애플리케이션을 업그레이드하면
> 다른 모든 의존 관계가 새 스프링 버전과 호환되는 버전으로 업그레이드된다. 개발자가 처
> 리해야 할 문제가 하나 더 줄어든다.

스타터 프로젝트로 pom.xml 구성

스프링 부트에서 애플리케이션을 구축하려고 할 때마다 스타터 프로젝트를 사용해야
할 필요가 있다. 스타터 프로젝트를 이해하는 데 집중해보자.

스타터 프로젝트

스타터는 여러 목적으로 사용자 정의가 단순화된 의존 관계 설명자다. 다소 기술적으로
보이지만 괜찮다. 하나씩 살펴보자.

스프링 부트 스타터 웹spring-boot starter web은 가장 인기있는 스타터 프로젝트 중 하나로,
스프링 및 스프링 MVC 프레임워크를 사용해 RESTful API를 포함한 웹 애플리케이션
을 구축하는 데 사용된다. 스프링 부트 스타터 웹spring boot starter web은 일반적으로 웹 애
플리케이션을 구축하는 데 사용되는 모든 프레임워크와 함께 제공된다.

- 스프링 MVC
- jackson-databind(바인딩용), hibernate-validator(폼 유효성 검사용)의 호환 가능
  버전
- spring-boot-starter-tomcat(톰캣을 위한 스타터 프로젝트)

다음 코드는 spring-boot-starter-web에 구성된 일부 의존 관계를 보여준다.

```
<dependencies>
    <dependency>
      <groupId>org.springframework.boot</groupId>
```

```
      <artifactId>spring-boot-starter</artifactId>
   </dependency>
   <dependency>
     <groupId>org.springframework.boot</groupId>
     <artifactId>spring-boot-starter-tomcat</artifactId>
   </dependency>
   <dependency>
     <groupId>org.hibernate</groupId>
     <artifactId>hibernate-validator</artifactId>
   </dependency>
   <dependency>

     <groupId>com.fasterxml.jackson.core</groupId>
     <artifactId>jackson-databind</artifactId>
   </dependency>

   <dependency>
     <groupId>org.springframework</groupId>
     <artifactId>spring-web</artifactId>
   </dependency>

   <dependency>
     <groupId>org.springframework</groupId>
     <artifactId>spring-webmvc</artifactId>
   </dependency>

</dependencies>
```

만들려는 웹 애플리케이션의 단위 테스트를 하고 톰캣에 배포하려고 한다. 다음 코드는
필요한 다양한 스타터 의존 관계를 보여준다. 코드를 pom.xml 파일에 추가해야 한다.

```
<dependencies>

   <dependency>
     <groupId>org.springframework.boot</groupId>
     <artifactId>spring-boot-starter-web</artifactId>
   </dependency>
```

```xml
<dependency>
  <groupId>org.springframework.boot</groupId>
  <artifactId>spring-boot-starter-test</artifactId>
  <scope>test</scope>
</dependency>

<dependency>
  <groupId>org.springframework.boot</groupId>
  <artifactId>spring-boot-starter-tomcat</artifactId>
  <scope>provided</scope>
</dependency>

</dependencies>
```

세 가지 스타터 프로젝트를 추가한다.

- spring-boot-starter-web을 알아봤는데 스프링 MVC로 웹 애플리케이션을 구축하는 데 필요한 프레임워크를 제공한다.
- spring-boot-starter-test 의존 관계는 단위 테스트에 필요한, 다음과 같은 테스트 프레임워크를 제공한다.
  - JUnit: 기본 단위 테스트 프레임워크
  - 모키토^{Mockito}: 모킹용
  - Hamcrest, AssertJ: 읽기 가능한 검증^{asserts}용
  - 스프링 테스트: 스프링 컨텍스트 기반 애플리케이션을 위한 단위 테스트 프레임워크
- spring-boot-starter-tomcat은 톰캣을 임베디드 서블릿 컨테이너로 사용하기 위한 스타터다. 웹 애플리케이션을 실행하기 위해 기본적으로 포함돼 있다. 설정을 명확하게 하기 위해 명시적으로 포함한다.

스타터 부모와 필요한 스타터 프로젝트로 pom.xml 파일을 구성했다. spring-boot-maven-plugin을 추가하면 스프링 부트 애플리케이션을 실행할 수 있다.

spring-boot-maven-plugin 설정

스프링 부트로 애플리케이션을 구축할 때 발생 가능한 몇 가지 상황이 있다.

- JAR 또는 WAR을 작성하지 않고 애플리케이션을 실행하려고 한다.
- 나중에 배포할 수 있도록 JAR과 WAR을 빌드하려고 한다.

spring-boot-maven-plugin 의존 관계는 위의 두 상황 모두를 위한 기능을 제공한다. 애플리케이션에서 spring-boot-maven-plugin을 설정하는 방법을 보여주는 코드를 보자.

```
<build>
    <plugins>
     <plugin>
        <groupId>org.springframework.boot</groupId>
        <artifactId>spring-boot-maven-plugin</artifactId>
     </plugin>
    </plugins>
</build>
```

spring-boot-maven-plugin 의존 관계는 스프링 부트 애플리케이션에 몇 가지 목표를 제공한다. 가장 인기있는 목표는 실행^{run}이다(프로젝트의 루트 폴더의 명령 프롬프트에서 mvn spring-boot:run으로 실행될 수 있음).

첫 번째 스프링 부트 launch 클래스 생성

다음 클래스는 간단한 스프링 부트 launch 클래스를 만드는 방법을 설명한다. 코드에 표시된 것처럼 SpringApplication 클래스의 정적 run 메소드를 사용한다.

```
package com.mastering.spring.springboot;

import org.springframework.boot.SpringApplication;
```

```
import org.springframework.boot.autoconfigure.SpringBootApplication;
import org.springframework.context.ApplicationContext;
@SpringBootApplication
public class Application {

    public static void main(String[] args){
      ApplicationContext ctx = SpringApplication.run(Application.class,args);
    }

}
```

앞의 코드는 SpringApplication 클래스에서 정적 run 메소드를 실행하는 간단한 자바 main 메소드다.

SpringApplication 클래스

SpringApplication 클래스로 자바 main 메소드에서 스프링 애플리케이션을 부트 스트랩하고 실행할 수 있다.

다음은 스프링 부트 애플리케이션이 부트 스트랩될 때 일반적으로 수행되는 단계다.

1. 스프링의 ApplicationContext 인스턴스를 생성한다.
2. 명령행 인수를 허용하고 스프링 속성으로 표시하는 기능을 활성화한다.
3. 설정에 따라 모든 스프링 빈을 로드한다.

@SpringBootApplication 어노테이션의 요구사항

@SpringBootApplication 어노테이션은 세 가지 어노테이션의 바로가기다.

- @Configuration: 스프링 애플리케이션 컨텍스트 구성 파일이라는 것을 나타낸다.
- @EnableAutoConfiguration: 스프링 부트의 중요한 기능인 자동 설정을 활성화한다. 자동 설정에 관해서는 따로 설명한다.

- **@ComponentScan**: 클래스의 패키지와 모든 하위 패키지에서 스프링 빈을 스캔할 수 있다.

Hello World 애플리케이션 실행

Hello World 애플리케이션을 여러 가지 방법으로 실행할 수 있다. 가장 간단한 옵션인 자바 애플리케이션으로 실행해 시작해보자. IDE에서 애플리케이션 클래스를 마우스 오른쪽 버튼으로 클릭하고 자바 애플리케이션으로 실행한다. Hello World 애플리케이션을 실행한 로그 일부를 보여주는 모습이다.

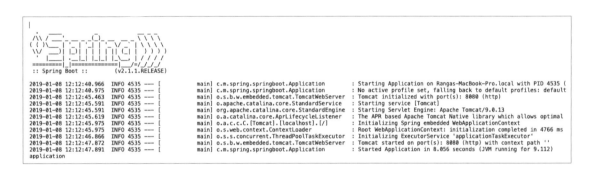

다음은 주의사항이다.

- 톰캣 서버는 포트 8080에서 시작된다. Tomcat started on port(s): 8080 (http).
- DispatcherServlet이 구성됐다. 스프링 MVC 프레임워크가 요청을 수락할 준비가 됐음을 의미한다. Mapping servlet: 'dispatcherServlet' to [/].
- characterEncodingFilter, hiddenHttpMethodFilter, httpPutFormContentFilter 및 requestContextFilter의 네 가지 필터가 기본적으로 사용된다.

- 오류 페이지가 기본으로 설정된다. Mapped "{[/error]}" onto public org.spring framework.http.ResponseEntity<java.util.Map<java.lang.String, java.lang. Object>> org.springframework.boot.autoconfigure.web.BasicErrorController. error(javax.servlet.http.HttpServletRequest).

- WebJar는 자동 설정된다. 3장, '스프링 MVC로 웹 애플리케이션 구축하기'에 서 논의한 것처럼 WebJars는 부트 스트랩, 쿼리와 같은 정적 의존 관계의 의 존 관계 관리를 가능하게 한다. Mapped URL path [/webjars/**] onto handler of type [class org.springframework.web.servlet.resource.ResourceHttpRe questHan dler].

현재 애플리케이션 레이아웃을 보여주는 그림이다. pom.xml과 Application.java라는 2개의 파일을 갖고 있다.

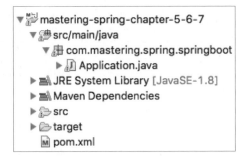

간단한 pom.xml 파일과 하나의 자바 클래스를 사용해 앞에서 설명한 모든 기능이 포함된 스프링 MVC 애플리케이션을 시작할 수 있다. 백그라운드에서 발생하는 일을 이해하는 것이 스프링 부트 이해의 핵심이다. 먼저 앞의 시작 로그를 이해한 후 메이븐 의존 관계를 좀더 자세히 살펴보자.

작성한 pom.xml 파일의 기본 설정으로 구성된 일부 의존 관계를 그림으로 표시했다.

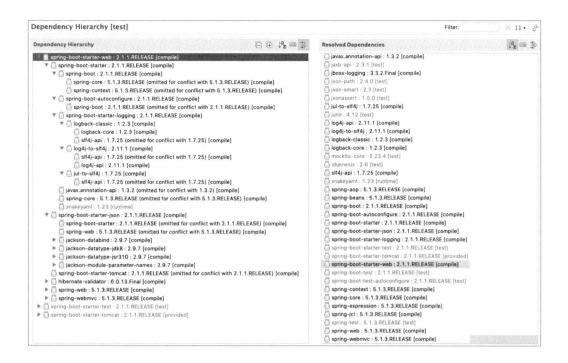

 스프링 부트는 서로 다른 버전의 다양한 의존 관계를 제공한다. 특정 버전의 스프링 부트에 포함된 의존 관계와 버전을 이해하려면 spring-boot-dependencies의 pom.xml 파일을 확인한다(https://github.com/spring-projects/spring-boot/blob/master/spring-boot-project/spring-boot-dependencies/pom.xml).

스프링 부트는 많은 마법을 만든다. 일단 애플리케이션을 설정하고 실행한 다음 디버깅할 때는 문제를 더 깊이 이해하는 것이 좋다.

 스파이더맨이 말했듯이 큰 힘에는 커다란 책임이 따른다. 스프링 부트에서 절대적으로 적용되는 말이다. 앞으로 스프링 부트를 잘 사용하는 최고의 개발자는 백그라운드에서 발생하는 상황(의존 관계, 자동 설정 등)을 이해하는 사람이 될 것이다.

자동 설정

자동 설정을 더 잘 이해하기 위해 애플리케이션 클래스를 확장하고 몇 줄의 코드를 추가한다.

```
ApplicationContext ctx = SpringApplication.run(Application.class, args);
String[] beanNames = ctx.getBeanDefinitionNames();
Arrays.sort(beanNames);

for (String beanName : beanNames) {
    System.out.println(beanName);
}
```

스프링 애플리케이션 컨텍스트에 정의된 모든 빈의 이름을 출력한다. Application.java 가 자바 프로그램으로 실행되면 다음과 같이 빈 리스트를 출력한다.

```
application
basicErrorController
//생략
characterEncodingFilter
conventionErrorViewResolver
defaultServletHandlerMapping
defaultViewResolver
//생략
jacksonObjectMapper
jacksonObjectMapperBuilder
//생략
mvcValidator
mvcViewResolver
propertySourcesPlaceholderConfigurer
//생략
stringHttpMessageConverter
viewResolver
```

고려해야 할 중요한 요소는 다음과 같다.

- 빈들은 어디에 정의돼 있을까?
- 빈들은 어떻게 만들어질까?

다음은 스프링 자동 설정의 마술이다. 스프링 부트 자동 설정은 스프링 부트 프로젝트에 새로운 의존 관계를 추가할 때마다 의존 관계에 맞게 빈을 자동으로 설정하려고 한다. 예를 들어 spring-boot-starter-web에 의존 관계를 추가하면 다음 빈이 자동 설정된다.

- basicErrorController 및 handlerExceptionResolver: 기본 예외 처리로 예외가 발생하면 기본 오류 페이지가 표시된다.
- beanNameHandlerMapping: 핸들러(컨트롤러)의 경로를 분석하는 데 사용된다.
- characterEncodingFilter: 기본 문자 인코딩 UTF-8을 제공한다.
- dispatcherServlet: DispatcherServlet은 스프링 MVC 애플리케이션의 프론트 컨트롤러다.
- jacksonObjectMapper: 오브젝트를 JSON으로, JSON을 REST 서비스의 오브젝트로 변환한다.
- messageConverters: 객체에서 XML나 JSON으로 또는 반대로 변환하는 기본 메시지 컨버터다.
- multipartResolver: 웹 애플리케이션에서 파일을 업로드할 수 있도록 지원한다.
- mvcValidator: HTTP 요청의 유효성 검사를 지원한다.
- viewResolver: 논리적 뷰 이름을 물리적 뷰로 확인한다.
- propertySourcesPlaceholderConfigurer: 애플리케이션 구성의 외부화를 지원한다.
- requestContextFilter: 요청에 대한 필터를 기본값으로 설정한다.
- restTemplateBuilder: REST 서비스를 호출하는 데 사용된다.

- `tomcatEmbeddedServletContainerFactory`: 톰캣은 스프링 부트 기반 웹 애플리케이션을 위한 기본 임베디드 서블릿 컨테이너다.

몇 가지 스타터 프로젝트와 함께 제공되는 자동 설정을 다음 절에서 살펴본다.

스프링 부트 스타터 프로젝트

스프링 부트에서 제공하는 핵심 스타터 프로젝트 중 일부를 표로 나타냈다.

스타터	설명
spring-boot-starter-web-services	XML 기반 웹 서비스를 개발하는 스타터 프로젝트다.
spring-boot-starter-web	스프링 MVC 기반 웹 애플리케이션이나 RESTful 애플리케이션을 구축하기 위한 스타터 프로젝트다. 기본 임베디드 서블릿 컨테이너로 톰캣을 사용한다
spring-boot-starter-activemq	ActiveMQ에서 JMS를 사용해 메시지 기반 통신을 지원한다.
spring-boot-starter-integration	엔터프라이즈 인티그레이션 패턴 구현을 제공하는 스프링 인티그레이션 프레임워크를 지원한다.
spring-boot-starter-test	JUnit, 모키토나 Hamcrest matchers와 같은 다양한 단위 테스트 프레임워크를 지원한다.
spring-boot-starter-jdbc	스프링 JDBC 사용을 지원한다. 기본적으로 톰캣 JDBC 연결 풀을 구성한다.
spring-boot-starter-validation	자바 빈 밸리데이션 API를 지원한다. 기본 구현은 hibernate-validator다.
spring-boot-starter-hateoas	HATEOAS는 Hypermedia의 애플리케이션 엔진 상태를 나타낸다. HATEOAS를 사용하는 RESTful 서비스는 데이터 외에 현재 컨텍스트와 관련된 추가 리소스의 링크를 리턴한다.
spring-boot-starter-jersey	JAX-RS는 REST API를 개발하기 위한 자바 EE 표준으로, Jersey가 기본 구현이다. JAX-RS-based REST API를 빌드하기 위한 기능을 제공한다.
spring-boot-starter-websocket	HTTP는 무상태다. 웹 소켓을 사용하면 서버와 브라우저 사이의 연결을 유지할 수 있다. 스프링 웹 소켓을 지원한다.
spring-boot-starter-aop	관점-지향 프로그래밍을 지원한다. 고급 관점-지향 프로그래밍을 위한 AspectJ를 지원한다.

스타터	설명
spring-boot-starter-amqp	기본으로 제공하는 RabbitMQ를 사용해 AMQP로 메시지를 전달한다.
spring-boot-starter-security	스프링 시큐리티의 자동 설정을 가능하게 한다.
spring-boot-starter-data-jpa	스프링 데이터 JPA를 지원한다. 기본 구현은 하이버네이트다.
spring-boot-starter	스프링 부트 애플리케이션의 기본 스타터로, 자동 설정 및 로깅을 지원한다.
spring-boot-starter-batch	스프링 배치를 사용해 배치 애플리케이션을 개발할 수 있도록 지원한다.
spring-boot-starter-cache	스프링 프레임워크를 사용한 캐싱에 대한 기본적인 지원이다.
spring-boot-starter-data-rest	스프링 데이터 REST를 사용해 REST 서비스 노출을 지원한다.

지금까지 기본 웹 애플리케이션을 설정하고 스프링 부트와 관련된 몇 가지 중요한 개념을 학습했다.

- 자동 설정(AutoConfiguration)
- 스타터 프로젝트
- spring-boot-maven-plugin
- spring-boot-starter-parent
- 어노테이션 @SpringBootApplication

스프링 부트를 사용해 웹 애플리케이션을 수동으로 생성하는 방식을 살펴봤다.

 몇 가지 간단한 단계만으로 애플리케이션을 자동 생성할 수 있는데 다음 절에서 알아본다.

▌ 스프링 이니셜라이저 시작하기

스프링 부트 프로젝트를 자동으로 생성하길 원하는가? 애플리케이션 개발을 빠르게 시작하길 원하는가? 그렇다면 **스프링 이니셜라이저**SPRING INITIALIZR가 답이다. 스프링 이니셜라이저는 http:/start/spring.io에서 호스팅된다. 웹 사이트의 내용을 캡처한 그림이다.

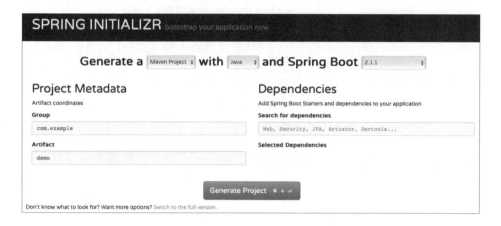

스프링 이니셜라이저는 프로젝트 생성에 많은 유연성을 제공한다. 사용할 수 있는 옵션을 소개한다.

- 빌드 도구(메이븐 또는 그래들)를 선택한다.
- 사용할 스프링 부트 버전을 선택한다.
- 컴포넌트의 그룹 ID 및 아티팩트 ID를 구성한다.
- 프로젝트에 원하는 스타터(의존 관계)를 선택한다. 화면 하단의 링크를 클릭하고 정식 버전으로 전환하면 선택할 수 있는 모든 스타터 프로젝트를 볼 수 있다.
- 컴포넌트 패키지 방법을 선택한다(JAR 또는 WAR).
- 사용하려는 자바 버전을 선택한다.
- 사용하려는 JVM 언어를 선택한다.

스프링 이니셜라이저를 풀 버전으로 확장(링크 클릭)할 때 제공하는 옵션 중 일부를 표시한 그림이다.

Package Name

`com.example`

Packaging

`Jar`

Java Version

`1.8`

Language

`Java`

Too many options? Switch back to the simple version.

Generate Project ⌘ + ↵

Core

☐ **Security**
Secure your application via spring-security

☐ **AOP**
Aspect-oriented programming including spring-aop and AspectJ

☐ **Atomikos (JTA)**
JTA distributed transactions via Atomikos

☐ **Bitronix (JTA)**
JTA distributed transactions via Bitronix

☐ **Narayana (JTA)**
JTA distributed transactions via Narayana

☐ **Cache**
Spring's Cache abstraction

Web

☐ **Web**
Full-stack web development with Tomcat and Spring MVC

☐ **Websocket**
Websocket development with SockJS and STOMP

☐ **Web Services**
Contract-first SOAP service development with Spring Web Services

☐ **Jersey (JAX-RS)**
RESTful Web Services framework

☐ **Ratpack**
Spring Boot integration for the Ratpack framework

☐ **Vaadin**
Vaadin java web application framework

첫 스프링 이니셜라이저 프로젝트 생성하기

풀 버전을 사용하고 다음과 같이 값을 입력한다.

다음 사항에 유의한다.

- **빌드 도구**: 메이븐
- **스프링 부트 버전**: 사용할 수 있는 최신 버전 선택
- **그룹**: com.mastering.spring
- **아티팩트**: first-spring-initializr
- **선택된 의존 관계**: Web, JPA, Actuator, Dev Tools를 선택한다. 텍스트 상자에 이들 각각을 입력하고 Enter를 눌러 선택한다. 다음 절에서 액추에이터와 개발 도구를 자세히 다룬다.
- **자바 버전**: 1.8

Generate Project 버튼을 누르면 .zip 파일이 만들어지고 컴퓨터에 다운로드할 수 있다.

다음 그림은 생성된 프로젝트의 구조다.

```
|____pom.xml
|____src
|  |____main
|  |  |____java
|  |  |  |____com
|  |  |  |  |____mastering
|  |  |  |  |  |____spring
|  |  |  |  |  |  |____FirstSpringInitializrApplication.java
|  |  |____resources
|  |  |  |____application.properties
|  |  |  |____static
|  |  |  |____templates
|  |____test
|  |  |____java
|  |  |  |____com
|  |  |  |  |____mastering
|  |  |  |  |  |____spring
|  |  |  |  |  |  |____FirstSpringInitializrApplicationTests.java
```

이제 프로젝트를 IDE로 가져온다. 이클립스에서 다음 단계를 수행할 수 있다.

1. 이클립스를 시작한다.

2. File ➤ Import

3. 기존 메이븐 프로젝트를 선택한다.

4. 메이븐 프로젝트의 루트 폴더(pom.xml 파일이 들어있는 폴더)를 찾아 선택한다.

5. 기본값으로 진행하고 Finish를 클릭한다.

프로젝트를 이클립스로 가져온다. 다음 그림은 이클립스에 있는 프로젝트 구조다.

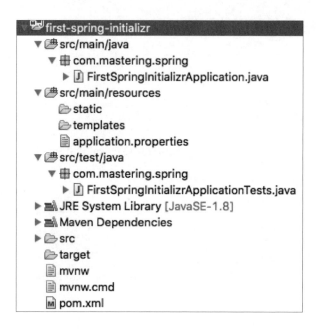

생성된 프로젝트의 중요한 파일 중 일부를 살펴보자.

pom.xml

다음 코드는 선언된 의존 관계를 보여준다.

```xml
<dependencies>

  <dependency>
    <groupId>org.springframework.boot</groupId>
    <artifactId>spring-boot-starter-web</artifactId>
  </dependency>

  <dependency>
    <groupId>org.springframework.boot</groupId>
    <artifactId>spring-boot-starter-data-jpa</artifactId>
  </dependency>
```

```
<dependency>
    <groupId>org.springframework.boot</groupId>
    <artifactId>spring-boot-starter-actuator</artifactId>

</dependency>

<!-- Test dependency and DEV Tools removed for brevity-->
</dependencies>
```

몇 가지 중요한 사항은 다음과 같다.

- 구성요소의 패키지는 .jar이다.
- org.springframework.boot:spring-boot-starter-parent는 부모 POM으로 선언
  된다.
- `<java.version>1.8</java.version>`: 자바 버전은 1.8이다.
- Spring Boot Maven Plugin(org.springframework.boot:spring-bootmaven-plugin)
  은 플러그인으로 설정된다.

FirstSpringInitializrApplication.java 클래스

FirstSpringInitializrApplication.java는 스프링 부트의 구동 클래스다.

```
package com.mastering.spring;

import org.springframework.boot.SpringApplication;
import org.springframework.boot.autoconfigure.SpringBootApplication;

@SpringBootApplication
public class FirstSpringInitializrApplication {
    public static void main(String[] args) {
      SpringApplication.run(FirstSpringInitializrApplication.class, args);
    }

}
```

테스트 살펴보기 – FirstSpringInitializrApplicationTests 클래스

FirstSpringInitializrApplicationTests에는 애플리케이션 개발을 시작할 때 테스트 작성을 시작하는 데 사용할 수 있는 기본 컨텍스트가 포함돼 있다.

```
package com.mastering.spring;
import org.junit.Test;
import org.junit.runner.RunWith;
import org.springframework.boot.test.context.SpringBootTest;
import org.springframework.test.context.junit4.SpringRunner;

@RunWith(SpringRunner.class)
@SpringBootTest
public class FirstSpringInitializrApplicationTests {
    @Test
    public void contextLoads() {
    }
}
```

테스트는 @SpringBootTest를 사용하는데 스프링 부트 프레임워크로 단위 테스트를 시작할 때 사용된다. 컨텍스트가 올바르게 시작되는지 확인하기 위해 하나의 단위 테스트를 포함한다.

▎ 자동 설정

자동 설정은 스프링 부트의 가장 중요한 기능 중 하나다. 스프링 부트 자동 설정이 어떻게 작동되는지 이해하기 위해 백그라운드를 간단히 살펴본다.

스프링 부트 자동 설정 대부분은 spring-bootautoconfigure-{version}.jar에서 제공된다. 스프링 부트 애플리케이션을 시작하면 많은 빈이 자동으로 설정된다. 어떻게 이런 현상이 나타나는 것일까?

spring-bootautoconfigure-{version}.jar의 spring.factories에서 발췌한 내용이다. 여기서는 화면 부족으로 일부 구성만 필터링했다.

```
spring.factories
31 org.springframework.boot.autoconfigure.data.jpa.JpaRepositoriesAutoConfiguration,\
32 org.springframework.boot.autoconfigure.data.mongo.MongoDataAutoConfiguration,\
33 org.springframework.boot.autoconfigure.data.mongo.MongoRepositoriesAutoConfiguration,\
34 org.springframework.boot.autoconfigure.data.neo4j.Neo4jDataAutoConfiguration,\
35 org.springframework.boot.autoconfigure.data.neo4j.Neo4jRepositoriesAutoConfiguration,\
36 org.springframework.boot.autoconfigure.data.solr.SolrRepositoriesAutoConfiguration,\
37 org.springframework.boot.autoconfigure.data.redis.RedisAutoConfiguration,\
38 org.springframework.boot.autoconfigure.data.redis.RedisRepositoriesAutoConfiguration,\
39 org.springframework.boot.autoconfigure.data.rest.RepositoryRestMvcAutoConfiguration,\
40 org.springframework.boot.autoconfigure.data.web.SpringDataWebAutoConfiguration,\
41 org.springframework.boot.autoconfigure.elasticsearch.jest.JestAutoConfiguration,\
42 org.springframework.boot.autoconfigure.freemarker.FreeMarkerAutoConfiguration,\
43 org.springframework.boot.autoconfigure.gson.GsonAutoConfiguration,\
44 org.springframework.boot.autoconfigure.h2.H2ConsoleAutoConfiguration,\
45 org.springframework.boot.autoconfigure.hateoas.HypermediaAutoConfiguration,\
46 org.springframework.boot.autoconfigure.hazelcast.HazelcastAutoConfiguration,\
47 org.springframework.boot.autoconfigure.hazelcast.HazelcastJpaDependencyAutoConfiguration,\
48 org.springframework.boot.autoconfigure.info.ProjectInfoAutoConfiguration,\
49 org.springframework.boot.autoconfigure.integration.IntegrationAutoConfiguration,\
50 org.springframework.boot.autoconfigure.jackson.JacksonAutoConfiguration,\
51 org.springframework.boot.autoconfigure.jdbc.DataSourceAutoConfiguration,\
52 org.springframework.boot.autoconfigure.jdbc.JdbcTemplateAutoConfiguration,\
53 org.springframework.boot.autoconfigure.jdbc.JndiDataSourceAutoConfiguration,\
54 org.springframework.boot.autoconfigure.jdbc.XADataSourceAutoConfiguration,\
55 org.springframework.boot.autoconfigure.jdbc.DataSourceTransactionManagerAutoConfiguration,\
56 org.springframework.boot.autoconfigure.jms.JmsAutoConfiguration,\
57 org.springframework.boot.autoconfigure.jmx.JmxAutoConfiguration,\
58 org.springframework.boot.autoconfigure.jms.JndiConnectionFactoryAutoConfiguration,\
59 org.springframework.boot.autoconfigure.jms.activemq.ActiveMQAutoConfiguration,\
60 org.springframework.boot.autoconfigure.jms.artemis.ArtemisAutoConfiguration,\
61 org.springframework.boot.autoconfigure.jms.hornetq.HornetQAutoConfiguration,\
62 org.springframework.boot.autoconfigure.flyway.FlywayAutoConfiguration,\
```

앞의 자동 설정 클래스 목록은 스프링 부트 애플리케이션이 시작될 때마다 실행된다. 하나만 간단히 살펴보자.

---

org.springframework.boot.autoconfigure.web.WebMvcAutoConfiguration.

다음은 작은 코드 단락이다.

```
@Configuration

@ConditionalOnWebApplication

@ConditionalOnClass(
{ Servlet.class, DispatcherServlet.class, WebMvcConfigurerAdapter.class })

@ConditionalOnMissingBean(WebMvcConfigurationSupport.class)

@AutoConfigureOrder(Ordered.HIGHEST_PRECEDENCE + 10)

@AutoConfigureAfter(DispatcherServletAutoConfiguration.class)

public class WebMvcAutoConfiguration {
```

참고할 중요 사항이다.

- @ConditionalOnClass ({ Servlet.class, DispatcherServlet.class, WebMvcConfigurerAdapter.class }): 언급된 클래스 중 하나라도 클래스 패스에 있으면 자동 설정이 사용된다. 웹 스타터 프로젝트를 추가할 때 언급된 모든 클래스의 의존 관계를 가져온다. 그러면 자동 설정이 활성화된다.
- @ConditionalOnMissingBean(WebMvcConfigurationSupport.class): 자동 설정은 애플리케이션이 WebMvcConfigurationSupport.class 클래스의 빈을 명시적으로 선언하지 않은 경우에만 활성화된다.
- @AutoConfigureOrder(Ordered.HIGHEST_PRECEDENCE + 10): 특정 자동 설정의 우선순위를 지정한다.

같은 클래스의 메소드 중 다른 작은 코드를 살펴보자.

```
@Bean
@ConditionalOnBean(ViewResolver.class)
@ConditionalOnMissingBean
```

```
        (name = "viewResolver", value = ContentNegotiatingViewResolver.class)
public ContentNegotiatingViewResolver viewResolver(BeanFactory beanFactory) {

    ContentNegotiatingViewResolver resolver = new ContentNegotiatingViewResolver();

    resolver.setContentNegotiationManager(beanFactory.getBean
(ContentNegotiationManager.class));
    resolver.setOrder(Ordered.HIGHEST_PRECEDENCE);

    return resolver;

}
```

뷰 리졸버는 WebMvcAutoConfiguration 클래스가 구성한 빈 중 하나다. 앞의 코드는 애플리케이션이 뷰 리졸버를 제공하지 않으면 스프링 부트가 기본 뷰 리졸버를 자동으로 구성하도록 한다.

- @ConditionalOnBean(ViewResolver.class): ViewResolver.class가 클래스 패스에 있으면 빈을 생성한다.
- @ConditionalOnMissingBean(name = "viewResolver", value = ContentNegotiating ViewResolver.class): viewResolver 이름과 ContentNegotiatingViewResolver. class 유형의 명시적으로 선언된 빈이 없으면 이 빈을 생성한다.
- 나머지 메소드는 뷰 리졸버에서 구성된다.

요약하면 모든 자동 설정 로직은 스프링 부트 애플리케이션이 시작될 때 실행된다. 특정 의존 관계나 스타터 프로젝트의 특정 클래스를 클래스 패스에서 사용할 수 있는 경우, 자동 설정 클래스가 실행된다. 자동 설정 클래스는 이미 빈이 구성돼 있는지 확인한다. 기존 빈에 기초해 기본 빈을 작성할 수 있다.

▌ 애플리케이션 구성 외부화

애플리케이션은 일반적으로 JAR나 WAR로 한 번 빌드된 후 여러 환경에 배포된다. 다음 그림은 애플리케이션을 배포할 수 있는 다양한 환경을 보여준다.

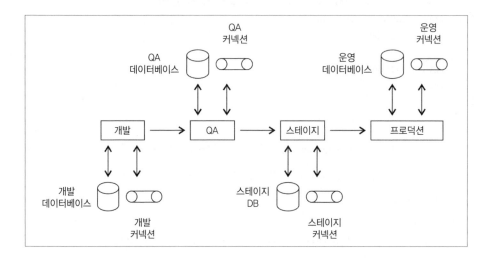

위의 각 환경에서 애플리케이션은 보통 다음 속성을 갖는다.

- 데이터베이스 연결
- 여러 서비스에 연결
- 특정 환경 설정

서로 다른 환경 간에 변경되는 설정들은 구성 파일 또는 데이터베이스로 외부화하는 것이 좋다.

스프링 부트는 외부화된 구성을 위한 유연하고 표준화된 접근 방식을 제공한다.

다음을 살펴본다.

- application.properties의 속성을 서비스에서 어떻게 사용할 수 있을까?

- 타입세이프^{type-safe} 구성 속성은 어떻게 애플리케이션을 쉽게 구성할 수 있을 까?
- 스프링 부트는 스프링 프로파일에 어떤 종류의 지원을 제공할까?
- application.properties에서 속성을 구성하는 방법은 무엇일까?

application.properties 시작하기

스프링 부트에서 application.properties는 구성 값이 선택되는 기본 파일이다. 스프링 부트는 클래스 패스의 어디서나 application.properties 파일을 선택할 수 있다. 일반적으로 application.properties는 다음 그림과 같이 src\main\resources에 있다.

application.properties의 구성을 사용해 스프링 시큐리티를 커스터마이징하는 방법을 보여준다.

```
security.basic.enabled=false
management.security.enabled=false
security.user.name=user-name
security.user.password=user-password
security.oauth2.client.clientId: clientId
security.oauth2.client.clientSecret: clientSecret
security.oauth2.client.authorized-grant-types:
authorization_code,refresh_token,password
security.oauth2.client.scope: openid
```

이와 유사하게 다른 스프링 부트 스타터, 모듈과 프레임워크는 application.properties
의 구성을 통해 사용자 정의를 할 수 있다. 다음 절에서 스프링 부트가 이러한 프레임워
크에 제공하는 구성 옵션 중 일부를 살펴볼 것이다.

application.properties를 통한 프레임워크 사용자 정의

application.properties를 통해 구성할 수 있는 중요한 사항을 설명한다.

 전체 목록은 https://docs.spring.io/spring-boot/docs/current-SNAPSHOT/reference/
htmlsingle/#common-applicationproperties를 참조하자.

로깅 구성

구성할 수 있는 몇 가지 사항은 다음과 같다.

- 로깅 구성 파일의 위치
- 로그 파일의 위치
- 로깅 레벨

다음 코드는 몇 가지 예를 보여준다.

```
# 로깅 구성 파일의 위치
  logging.config=
# 로그 파일 이름
  logging.file=
# 로깅 레벨 구성
# 예 `logging.level.org.springframework=TRACE`
  logging.level.*=
```

임베디드 서버 구성 사용자 정의

임베디드 서버는 스프링 부트의 가장 중요한 기능 중 하나다. 애플리케이션 속성을 통해 구성할 수 있는 일부 임베디드 서버 기능은 다음과 같다.

- 서버 포트
- SSL 지원과 구성
- 접속 로그 구성

다음 코드는 애플리케이션 특성을 통해 구성할 수 있는 일부 임베디드 서버 기능을 보여준다.

```
# 에러 컨트롤러의 경로
server.error.path=/error
# 서버 HTTP 포트
server.port=8080
# SSL 지원 가능 여부
server.ssl.enabled=
# SSL 인증서 key store 경로
server.ssl.key-store=
# Key Store 암호
server.ssl.key-store-password=
# Key Store 프로바이더
server.ssl.key-store-provider=
# Key Store 타입
server.ssl.key-store-type=
# 톰캣의 access log 활성화 여부
server.tomcat.accesslog.enabled=false
# 서버가 허용할 수 있는 최대 연결 수
server.tomcat.max-connections=
```

스프링 MVC 설정

스프링 MVC는 application.properties를 통해 광범위하게 구성된다. 중요한 구성 일부를 적었다.

```
# 사용할 날짜 형식. 예를 들어 `dd/MM/yyyy`.
spring.mvc.date-format=
# 사용할 지역
spring.mvc.locale=
# 지역을 해결할 방법을 정의
spring.mvc.locale-resolver=accept-header
# 핸들러를 찾을 수 없을 때 "NoHandlerFoundException"을 발행할지 여부
spring.mvc.throw-exception-if-no-handler-found=false
# 스프링 MVC 뷰 접두사. 뷰 리졸버에서 사용됨
spring.mvc.view.prefix=
# 스프링 MVC 뷰 접미사. 뷰 리졸버에서 사용됨
spring.mvc.view.suffix=
```

스프링 스타터 시큐리티 구성

스프링 시큐리티는 application.properties를 통해 광범위하게 구성된다. 다음 예제는 스프링 시큐리티와 관련된 중요한 구성 옵션 중 일부를 보여준다.

```
# 기본 인증 사용으로 true 설정
security.basic.enabled=true
# 보호하려는 쉼표로 구분된 url 리스트 제공
security.basic.path=/**
# 보호하지 않을 쉼표로 구분된 경로 리스트 제공
security.ignored=
# 스프링 시큐리티를 통해 구성된 기본 사용자의 이름
security.user.name=user
# 스프링 시큐리티를 통해 구성된 기본 사용자의 암호
security.user.password=
# 기본 사용자에게 부여된 역할
security.user.role=USER
```

데이터 소스, JDBC와 JPA 사용자 정의

데이터 소스, JDBC와 JPA도 application.properties를 통해 광범위하게 구성된다. 다음은 몇 가지 중요한 옵션이다.

```
# JDBC 드라이버의 정규화된 이름
spring.datasource.driver-class-name=
#  'data.sql'을 사용해 데이터베이스 채우기
spring.datasource.initialize=true
# 데이터 소스의 이름
spring.datasource.name=testdb
# 데이터 베이스의 로그인 암호
spring.datasource.password=
# 데이터베이스의 JDBC url
spring.datasource.url=
# JPA ? 시작할 때 스키마를 초기화함
spring.jpa.generate-ddl=false
# SQL문의 로깅을 활성화
spring.jpa.show-sql=false
```

기타 구성 옵션

application.properties를 통해 구성할 수 있는 다른 몇 가지 요소는 다음과 같다.

- 프로파일
- HTTP 메시지 변환기(Jackson / JSON)
- 트랜잭션 관리
- 국제화

다음 예제는 일부 구성 옵션을 보여준다.

```
# 액티브 프로파일의 쉼표로 구분된 목록(또는 YAML을 사용하는 경우의 목록)
spring.profiles.active=
```

```
# HTTP 메시지 변환. jackson 또는 gson
spring.http.converters.preferred-json-mapper=jackson
# JACKSON 날짜 형식 문자열. 예 `yyyy-MM-dd HH:mm:ss`
spring.jackson.date-format=
# 기본 트랜잭션 시간 초과(초)
spring.transaction.default-timeout=
# 커밋 실패 시 롤백을 수행
spring.transaction.rollback-on-commit-failure=
# 국제화 : 쉼표로 구분된 베이스 이름 리스트
spring.messages.basename=messages
# 리소스 번들의 캐시 만료(초). -1은 영원히 캐시함
spring.messages.cache-seconds=-1
```

여기에 나열된 각 구성 옵션 앞의 행에는 구성 옵션을 설명하는 어노테이션이 포함돼 있다.

애플리케이션별로 사용자 정의 속성 정의하기

다양한 프레임워크를 위해 스프링 부트가 제공하는 미리 만들어진 속성을 사용하는 방법을 살펴봤다. application.properties을 이용해 애플리케이션별로 구성하는 방법을 살펴본다.

예를 들어 외부 서비스와 상호 작용하거나 서비스의 URL 구성을 외부화하려면 다음 예제를 보자.

application.properties에 외부 서비스를 구성하는 방법을 소개한다.

```
somedataservice.url=http://abc.service.com/something
```

데이터 서비스에서 somedataservice.url 속성 값을 사용하려고 한다. 다음 코드는 데이터 서비스에서 사용되는 예제다.

```
@Component
public class SomeDataService {

    @Value("${somedataservice.url}")
    private String url;

    public String retrieveSomeData() {
      // URL을 사용하고 데이터를 얻는 로직
     return "data from service";
    }

}
```

주의해야 할 몇 가지 중요한 사항이다.

- @Component public class SomeDataService: 데이터 서비스 빈은 @Component 어노테이션으로 인해 스프링에서 관리한다.
- @Value("${somedataservice.url}"): somedataservice.url의 값이 url 변수에 자동으로 연결된다. url 값은 빈 메소드에서 사용할 수 있다.

구성 속성을 통한 타입세이프 구성 관리

@Value 어노테이션은 동적 구성을 제공하지만 몇 가지 단점이 있다.

- 한 서비스에서 3개의 속성 값을 사용하려면 @Value를 사용해 세 가지 속성 값을 오토와이어링해야 한다.
- @Value 어노테이션과 메시지 키는 애플리케이션에 분산된다. 애플리케이션에서 구성 가능한 값 리스트를 찾으려면 애플리케이션에서 @Value 어노테이션을 검색해야 한다.

스프링 부트는 강력한 형식의 ConfigurationProperties 기능을 통해 애플리케이션 구성에 더 나은 접근 방식을 제공한다. 수행할 수 있는 기능은 다음과 같다.

- 사전 정의된 빈 구조에 모든 특성을 보유한다.
- 빈은 모든 애플리케이션 속성의 중앙 저장소 역할을 한다.
- 구성 빈은 애플리케이션 구성이 필요한 모든 곳에 자동 연결될 수 있다.

구성 빈의 예는 다음과 같다.

```
@Component
@ConfigurationProperties("application")
public class ApplicationConfiguration {
    private boolean enableSwitchForService1;
    private String service1Url;
    private int service1Timeout;
    public boolean isEnableSwitchForService1() {
      return enableSwitchForService1;
    }
    public void setEnableSwitchForService1 (boolean enableSwitchForService1) {
      this.enableSwitchForService1 = enableSwitchForService1;
    }
    public String getService1Url() {
     return service1Url;
    }
    public void setService1Url(String service1Url) {
     this.service1Url = service1Url;
    }
    public int getService1Timeout() {
      return service1Timeout;
    }
    public void setService1Timeout(int service1Timeout) {
      this.service1Timeout = service1Timeout;
    }
}
```

주목해야 할 몇 가지 중요한 사항은 다음과 같다.

- @ConfigurationProperties("application"): 외부화된 구성의 어노테이션이다. 어노테이션을 모든 클래스에 추가해 외부 속성에 바인딩할 수 있다. application 은 빈에 외부 구성을 바인딩하는 동안 접두사로 사용된다.
- 빈에서 여러 구성 가능한 값을 정의한다.
- 바인딩은 자바 빈 속성 설명자를 통해 발생하므로 getter와 setter가 필요하다.

다음 코드는 이러한 속성 값을 application.properties에서 정의하는 방법을 보여준다.

```
application.enableSwitchForService1=true

application.service1Url=http://abc-dev.service.com/somethingelse

application.service1Timeout=250
```

주목해야 할 몇 가지 중요한 사항이다.

- application: 접두사는 구성 빈을 정의하는 동안 @ConfigurationProperties("application")의 일부로 정의된다.
- 값은 속성 이름에 접두사를 추가해 정의한다.

ApplicationConfiguration을 빈에 자동 연결해 다른 빈에서 구성 등록 정보를 사용할 수 있다.

```
@Component
    public class SomeOtherDataService {

    @Autowired
    private ApplicationConfiguration configuration;
```

```java
    public String retrieveSomeData() {

        // URL을 사용하고 데이터를 얻는 로직
        System.out.println(configuration.getService1Timeout());

        System.out.println(configuration.getService1Url());

        System.out.println(configuration.isEnableSwitchForService1());

        return "data from service";
    }
}
```

주목할 사항이다.

- @Autowired private ApplicationConfiguration configuration:ApplicationConf
  iguration이 SomeOtherDataService에 자동으로 추가된다.
- configuration.getService1Timeout(), configuration.getService1Url(), configu
  ration.isEnableSwitchForService1(): 이 값은 구성 빈의 getter 메소드를 사용
  해 빈 메소드에서 액세스할 수 있다.

기본적으로 외부에서 구성된 값을 구성 등록 정보 빈에 바인딩할 때 에러가 발생하면
서버가 시작되지 않는다. 따라서 프로덕션 환경에서 실행 중인 애플리케이션이 잘못 구
성돼 발생하는 문제를 방지할 수 있다.

잘못된 구성 서비스 타임아웃을 사용해 어떤 일이 발생하는지 확인해보자.

```
application.service1Timeout = SOME_MISCONFIGURATION
```

다음과 같이 애플리케이션 오류가 발생하며 시작되지 않는다.

```
**************************
APPLICATION FAILED TO START
**************************
Description:
Binding to target
com.mastering.spring.springboot.configuration.ApplicationConfiguration@79d3
473e failed:

Property: application.service1Timeout
Value: SOME_MISCONFIGURATION
Reason: Failed to convert property value of type 'java.lang.String' to
required type 'int' for property 'service1Timeout'; nested exception is
org.springframework.core.convert.ConverterNotFoundException: No converter
found capable of converting from type [java.lang.String] to type [int]

Action:
Update your application's configuration
```

다른 환경에 프로파일 생성하기

애플리케이션 구성을 application.properties라는 속성 파일로 외부화하는 방법을 살펴봤다. 다른 환경에서 같은 속성에 다른 값을 갖게 하고자 한다.

프로파일을 사용하면 환경마다 다른 구성을 제공할 수 있다.

다음 코드는 application.properties에 액티브 프로파일을 구성하는 방법이다.

```
spring.profiles.active = dev
```

액티브 프로파일이 구성되면 application-{profile-name}.properties에서 해당 프로파일에 고유한 특성을 정의할 수 있다. dev 프로파일의 경우, 등록 정보 파일의 이름은 application-dev.properties다. 다음 예제는 application-dev.properties의 구성을 보여준다.

```
application.enableSwitchForService1 = true
application.service1Url = http : //abc-dev.service.com/somethingelse
application.service1Timeout = 250
```

액티브 프로파일이 dev이면 application-dev.properties의 값이 application.proper ties의 기본 구성을 대체한다.

다음과 같이 여러 환경에 맞게 구성할 수 있다.

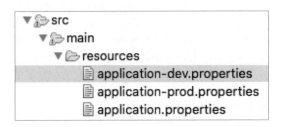

액티브 프로파일을 기반으로 동적 빈 구성하기

프로파일은 다른 환경에서 다른 빈 또는 다른 빈 구성을 정의하는 데 사용될 수 있다. @Component나 @Configuration으로 표시된 모든 클래스는 추가로 @Profile 어노테이션을 표시해 빈이나 구성이 사용 가능한 프로파일을 지정할 수 있다.

예를 들어 애플리케이션마다 다른 환경에서 사용할 수 있는 다른 캐시가 필요하다. dev 환경에서는 매우 간단한 캐시를 사용하며 프로덕션 환경에서는 분산 캐시를 사용하고자 한다. 프로파일을 사용해 구현할 수 있다.

다음 빈은 dev 환경에서 사용 가능한 구성을 보여준다.

```
@Profile("dev")
@Configuration
public class DevSpecificConfiguration {
```

```
    @Bean
    public String cache() {
        return "Dev Cache Configuration";
    }

}
```

아래의 빈은 프로덕션 환경에서 사용 가능한 구성을 보여준다.

```
@Profile("prod")
@Configuration
public class ProdSpecificConfiguration {

    @Bean
    public String cache() {
        return "Production Cache Configuration - Distributed Cache";
    }

}
```

구성된 액티브 프로파일에 따라 각 구성이 선택된다. 예제에서는 실제로 분산 캐시를 구성하지 않는다. 프로파일을 사용해 이러한 종류의 변형을 구현할 수 있음을 설명하기 위해 간단한 문자열을 반환한다.

애플리케이션 구성을 제공하기 위한 기타 옵션

application.properties나 application-{profilename}.properties의 키 값 쌍을 사용해 관련된 애플리케이션 속성을 구성하는 다양한 접근 방식을 살펴봤다.

스프링 부트는 애플리케이션 속성을 구성하는 여러 가지 다른 방법을 제공한다.

애플리케이션 구성을 제공하는 몇 가지 중요한 방법을 소개한다.

- Command-line 인수
- 이름이 SPRING_APPLICATION_JSON이고 JSON 구성을 포함하는 시스템 속성 생성
- ServletConfig 초기화 매개변수
- ServletContext 초기화 매개변수
- 자바 시스템 속성(System.getProperties())
- 운영체제 환경 변수
- 애플리케이션의 클래스 패스에 어딘가에 있는 .jar의 외부 프로파일 관련 애플리케이션 속성(application-{profile}.properties)
- .jar(application-{profile}.properties 및 YAML 변형) 내부에 패키지된 프로파일별 애플리케이션 속성
- .jar 외부의 애플리케이션 속성
- .jar에 패키지된 애플리케이션 속성

 자세한 내용은 (http://docs.spring.io/spring-boot/docs/current-SNAPSHOT/reference/htmlsingle/#boot-features-external-config)의 스프링 부트 문서에서 찾을 수 있다.

리스트의 상단에 있는 방법은 하단에 있는 방법보다 우선순위가 높다. 애플리케이션을 시작할 때 spring.profiles.active라는 이름의 명령줄 인수가 제공되면, 명령줄 인수의 우선순위가 더 높기 때문에 application.properties를 통해 제공되는 모든 구성보다 우선한다.

다양한 환경에서 애플리케이션을 구성할 방법을 결정하는 데 큰 유연성을 제공한다.

YAML 구성

스프링 부트는 속성을 구성할 때 YAML을 지원한다.

YAML은 'YAML Ain't Markup Language'의 줄임말로 사람이 읽을 수 있는 구조화된 형식이다. YAML은 보통 설정 파일에 사용된다.

YAML의 기본 구문을 이해하려면 다음 예제(application.yaml)를 참조하자. 다음은 YAML에서 애플리케이션 구성을 지정하는 방법을 보여준다.

```yaml
spring:
  profiles:
    active: prod
security:
  basic:
    enabled: false
  user:
    name=user-name
    password=user-password
oauth2:
  client:
    clientId: clientId
    clientSecret: clientSecret
    authorized-grant-types: authorization_code,refresh_token,password
    scope: openid
application:
  enableSwitchForService1: true
  service1Url: http://abc-dev.service.com/somethingelse
  service1Timeout: 250
```

보다시피 YAML 구성은 더 나은 속성 그룹화를 허용하므로 application.properties보다 훨씬 더 읽기 쉽다.

YAML는 단일 구성 파일에서 여러 프로필의 구성을 지정할 수 있다는 장점이 있다. 코드로 장점을 설명한다.

```
application:
  service1Url: http://service.default.com
--
spring:
  profiles: dev
  application:
    service1Url: http://service.dev.com
--
spring:
  profiles: prod
  application:
    service1Url: http://service.prod.com
```

예에서는 http://service.dev.com이 dev 프로필에 사용되고 http://service.prod.
com이 prod 프로필에 사용된다. 다른 모든 프로필에서는 http://service.default.com
이 서비스 URL로 사용된다.

▌ 임베디드 서버

스프링 부트와 관련된 중요한 개념 중 하나는 임베디드 서버다.

기존 자바 웹 애플리케이션 배포와 임베디드 서버라고 하는 새로운 개념의 차이점을 이
해해보자.

전통적인 자바 애플리케이션 배포

일반적으로 자바 웹 애플리케이션을 사용해 WAR^{Web Application Archive}나 EAR^{Enterprise}
^{Application Archive}를 빌드해 서버에 배포한다. 서버에 WAR를 배포하려면 서버에 웹 서버나
애플리케이션 서버가 설치돼 있어야 한다. 애플리케이션 서버는 서버에 설치된 자바 인

스턴스의 맨 위에 있다. 따라서 애플리케이션을 배포하려면 자바 및 애플리케이션(또는 웹 서버)이 시스템에 설치돼 있어야 한다.

다음 그림은 리눅스에서의 설치 예를 보여준다.

임베디드 서버

스프링 부트는 웹 서버가 애플리케이션 배포 가능한 JAR의 일부인 임베디드 서버 개념을 도입한다. 임베디드 서버를 사용해 애플리케이션을 배포하려면 자바가 서버에 설치돼 있어야 한다. 다음 그림은 설치 예를 보여준다.

스프링 부트로 모든 애플리케이션을 빌드할 때의 기본값은 JAR를 빌드하는 것이다. spring-boot-starter-web에서 기본 임베디드 서버는 톰캣이다. spring-boot-starter-web을 사용할 때 메이븐 의존 관계 절에서 몇 가지 톰캣 관련 의존 관계를 볼 수 있다. 의존 관계는 애플리케이션 배포 패키지의 일부로 포함된다.

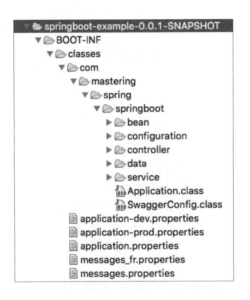

애플리케이션을 배포하려면 JAR를 빌드해야 한다. 다음 명령을 사용해 JAR를 빌드할
수 있다.

```
mvn clean install
```

다음 그림은 작성된 JAR의 구조를 보여준다.

BOOT-INF\classes에는 모든 애플리케이션 관련 클래스 파일(src\main\java의)과 src\
main\resources에 있는 애플리케이션 속성이 들어 있다.

BOOT-INF\lib에는 애플리케이션의 모든 JAR 의존 관계가 포함된다. 톰캣 특정 JAR
를 사용하면 애플리케이션이 자바 애플리케이션으로 실행될 때 임베디드 톰캣 서비스
를 시작할 수 있어서 자바 설치만으로 서버에 애플리케이션을 배포할 수 있다.

제티 및 언더토우 임베디드 서버로 전환하기

다음 그림은 제티 임베디드 서버로 전환하는 데 필요한 변경사항을 보여준다.

```xml
<dependency>
    <groupId>org.springframework.boot</groupId>
    <artifactId>spring-boot-starter-web</artifactId>
    <exclusions>
        <exclusion>
            <groupId>org.springframework.boot</groupId>
            <artifactId>spring-boot-starter-tomcat</artifactId>
        </exclusion>
    </exclusions>
</dependency>

<dependency>
    <groupId>org.springframework.boot</groupId>
    <artifactId>spring-boot-starter-jetty</artifactId>
</dependency>
```

spring-bootstarter-web에서 톰캣 스타터 의존 관계를 제외하고 spring-boot-starter-jetty에 의존 관계를 포함시키도록 해야 한다.

메이븐 의존 관계 절에서 여러 제티 의존 관계를 볼 수 있다. 다음 그림은 제티 관련 의존 관계 중 일부를 보여준다.

```
▶ jetty-servlets-9.3.14.v20161028.jar - /U
▶ jetty-continuation-9.3.14.v20161028.jar
▶ jetty-http-9.3.14.v20161028.jar - /Users
▶ jetty-util-9.3.14.v20161028.jar - /Users/
▶ jetty-io-9.3.14.v20161028.jar - /Users/
▶ jetty-webapp-9.3.14.v20161028.jar - /U
▶ jetty-xml-9.3.14.v20161028.jar - /Users/
▶ jetty-servlet-9.3.14.v20161028.jar - /Us
▶ jetty-security-9.3.14.v20161028.jar - /U
▶ jetty-server-9.3.14.v20161028.jar - /Us
```

언더토우로 전환하는 것도 마찬가지로 간단하다. spring-boot-starter-jetty 대신
spring-boot-starter-undertow를 사용하면 된다.

```xml
<dependency>
        <groupId>org.springframework.boot</groupId>
        <artifactId>spring-boot-starter-undertow</artifactId>
</dependency>
```

JAR를 사용하는 대신 기존 WAR 파일 빌드

스프링 부트는 JAR를 사용하는 대신 기존 WAR 파일을 빌드하는 옵션을 제공한다.

먼저 pom.xml의 패키지를 war로 변경해야 한다.

```xml
<packaging>war</packaging>
```

톰캣 서버가 WAR 파일의 의존 관계로 포함되지 않도록 하고 싶다면 임베디드 서버(다음
예제는 톰캣)의 의존 관계를 수정하면 된다. 정확한 세부사항을 보여주는 코드다.

```xml
<dependency>
        <groupId>org.springframework.boot</groupId>
        <artifactId>spring-boot-starter-tomcat</artifactId>
        <scope>provided</scope>
</dependency>
```

WAR 파일을 빌드할 때 톰캣 의존 관계는 포함되지 않는다. WAR로 웹 스피어^{WebSphere}
나 웹 로직^{Weblogic}과 같은 애플리케이션 서버나 톰캣과 같은 웹 서버에 배포할 수 있다.

▋ 개발자 도구를 사용해 생산성 향상

스프링 부트는 스프링 부트 애플리케이션 개발 경험을 향상시킬 수 있는 도구를 제공한다. 그중 하나가 스프링 부트 개발자 도구다.

스프링 부트 개발자 도구를 사용하려면 의존 관계를 포함해야 한다.

```
<dependencies>
    <dependency>
        <groupId>org.springframework.boot</groupId>
        <artifactId>spring-boot-devtools</artifactId>
        <optional>true</optional>
    </dependency>
</dependencies>
```

스프링 부트 개발자 도구는 기본적으로 뷰 템플릿 및 정적 파일 캐싱을 비활성화하는데, 이로써 변경사항을 즉시 확인할 수 있다.

클래스 패스의 파일이 변경될 때 자동으로 다시 시작하는 중요한 기능도 있다. 따라서 다음 시나리오에서 애플리케이션이 자동으로 다시 시작된다.

- 컨트롤러나 서비스 클래스를 변경할 때
- 속성 파일을 변경할 때

스프링 부트 개발자 도구의 장점은 다음과 같다.

- 개발자는 매번 애플리케이션을 중지하고 시작할 필요가 없다. 애플리케이션은 변경되는 즉시 자동으로 다시 시작된다.
- 스프링 부트 개발자 도구의 재시작 기능은 지능적이다. 새롭게 개발된 클래스만 리로드한다. 써드-파티 JAR(2개의 다른 클래스 로더 사용)은 리로드하지 않는다. 따라서 애플리케이션이 변경될 때 다시 시작하는 것이 애플리케이션의 콜드-스타트에 비해 훨씬 빠르다.

브라우저에서 실시간 리로드 활성화

유용한 스프링 부트 개발자 도구 기능으로 실시간 리로드가 있다. 브라우저의 특정 플러그인은 http://livereload.com/extensions/에서 다운로드할 수 있다.

브라우저에서 버튼을 클릭해 실시간 리로드를 활성화할 수 있다. 사파리 브라우저의 버튼은 다음 그림과 같이 검색 주소창 옆의 왼쪽 상단에 있다.

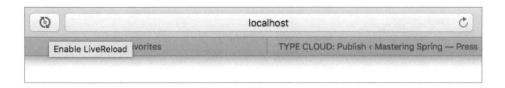

브라우저에 표시된 페이지나 서비스의 코드가 바뀌면 새로운 내용으로 자동 새로고침된다. 이제 새로 고침 버튼을 누르지 않아도 된다!

▌ 애플리케이션 모니터링에 스프링 부트 액추에이터 사용하기

애플리케이션이 프로덕션에 배포할 때 다음과 같은 생각이 든다.

- 서비스가 다운되거나 느려지는 경우, 즉시 알고 싶다.
- 서버에 충분한 여유 공간이나 메모리가 있는지 즉시 확인하고 싶다.

이것을 애플리케이션 모니터링이라고 한다.

스프링 부트 액추에이터는 다양한 프로덕션의 준비된 모니터링 기능을 제공한다.

간단한 의존 관계를 추가해 스프링 부트 액추에이터를 추가할 수 있다.

```xml
<dependency>
        <groupId>org.springframework.boot</groupId>
        <artifactId>spring-boot-starter-actuator</artifactId>
</dependency>
```

액추에이터가 애플리케이션에 추가되자마자 많은 엔드포인트가 활성화된다. 액추에이터 엔드포인트(http://localhost:8080/actuator)는 다른 모든 엔드포인트의 검색 역할을한다.

기본적으로는 상태 및 정보 URL만 사용된다. 다음 코드는 http://localhost:8080/actuator에 GET 요청을 실행할 때의 응답을 보여준다.

```json
{
    "_links": {
        "self": {
            "href": "http://localhost:8080/actuator",
            "templated": false
        },
        "health": {
            "href": "http://localhost:8080/actuator/health",
            "templated": false
        },
        "health-component-instance": {
            "href": "http://localhost:8080/actuator/health/{component}/{instance}",
            "templated": true
        },
        "health-component": {
            "href": "http://localhost:8080/actuator/health/{component}",
            "templated": true
        },
        "info": {
            "href": "http://localhost:8080/actuator/info",
            "templated": false
```

```
        }
    }
}
```

application.properties의 속성을 구성해 모든 액추에이터 URL을 활성화할 수 있다.

```
management.endpoints.web.exposure.include=*
```

http://localhost:8080/actuator에 GET 요청을 실행할 때의 응답을 보여주는 코드다.

```
{
    "_links": {
        "self": {
            "href": "http://localhost:8080/actuator",
            "templated": false
        },
        "beans": {
            "href": "http://localhost:8080/actuator/beans",
            "templated": false
        },
        "health": {
            "href": "http://localhost:8080/actuator/health",
            "templated": false
        },
        "configprops": {
            "href": "http://localhost:8080/actuator/configprops",
            "templated": false
        },
        "env": {
            "href": "http://localhost:8080/actuator/env",
            "templated": false
        },
        "info": {
            "href": "http://localhost:8080/actuator/info",
            "templated": false
        },
```

```
        "heapdump": {
            "href": "http://localhost:8080/actuator/heapdump",
            "templated": false
        },
        "threaddump": {
            "href": "http://localhost:8080/actuator/threaddump",
            "templated": false
        },
        "metrics": {
            "href": "http://localhost:8080/actuator/metrics",
            "templated": false
        }
    }
}
```

 간결하게 하기 위해 일부 URL이 제거됐다.

HAL 브라우저를 사용해 액추에이터 엔드포인트 찾기

액추에이터는 방대한 양의 데이터를 노출시키는 많은 엔드포인트를 노출시킨다. 정보
를 더 잘 시각화하기 위해 애플리케이션에 HAL 브라우저를 추가한다.

```
<dependency>
    <groupId>org.springframework.data</groupId>
    <artifactId>spring-data-rest-hal-browser</artifactId>
</dependency>
```

스프링 부트 액추에이터는 스프링 부트 애플리케이션 및 환경에서 캡처된 모든 데이터에 REST API를 제공한다. HAL 브라우저를 사용하면 스프링 부트 액추에이터 API를 시각적으로 표현할 수 있다.

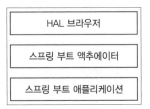

http://localhost:8080/URL을 사용해 HAL 브라우저를 시작할 수 있다. 다음과 유사한 화면이 나타난다.

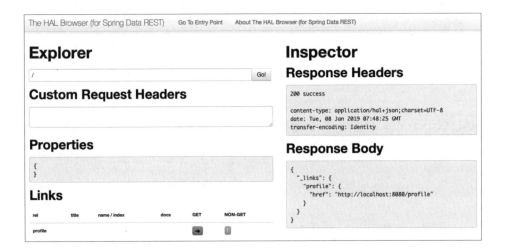

탐색기에서 액추에이터(/actuator)의 URI를 입력하고 Go를 클릭해 액추에이터 API 찾아보기를 시작할 수 있다. 그림은 다음과 같다.

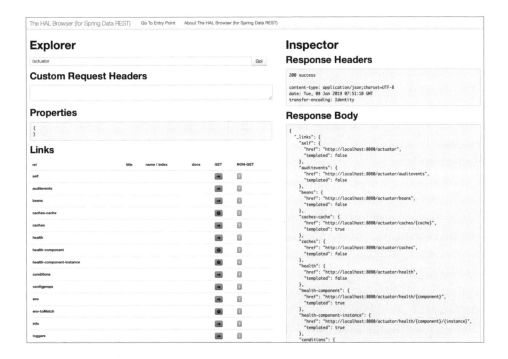

HAL 브라우저를 통해 액추에이터에 의해 노출되는 모든 정보를 다른 엔드포인트의 일부로 탐색한다.

애플리케이션 구성 속성

configprops 엔드포인트는 애플리케이션 등록 정보를 통해 구성할 수 있는 구성 옵션의 정보를 제공한다. 기본적으로 모든 @ConfigurationProperties의 조합된 목록이다. 다음 그림은 HAL 브라우저의 구성 속성을 보여준다.

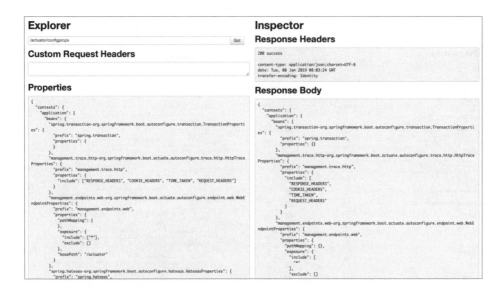

다음 절에서는 스프링 MVC에서 사용 가능한 구성 옵션을 보여준다.

```
"spring.mvc- org.springframework.boot.autoconfigure.web.servlet.WebMvcProperties": {
        "prefix": "spring.mvc",
        "properties": {
          "contentnegotiation": {
            "favorPathExtension": false,
            "favorParameter": false,
            "mediaTypes": {
            }
          },
          "servlet": {
            "path": "/",
```

```
      "loadOnStartup": -1
    },
    "staticPathPattern": "/**",
    "dispatchOptionsRequest": true,
    "dispatchTraceRequest": false,
    "ignoreDefaultModelOnRedirect": true,
    "logResolvedException": false,
    "async": {
    },
    "view": {
    },
    "localeResolver": "ACCEPT_HEADER",
    "pathmatch": {
      "useSuffixPattern": false,
      "useRegisteredSuffixPattern": false
    },
    "throwExceptionIfNoHandlerFound": false
  }
}
```

> 스프링 MVC의 설정을 제공하기 위해 접두사와 속성의 경로를 결합한다. 예를 들어 load
> OnStartup을 구성하기 위해 spring.mvc.servlet.loadOnStartup라는 이름의 등록 정보를 사
> 용한다.

환경 세부 정보

환경env 엔드포인트는 운영체제, JVM 설치, 클래스 패스, 시스템 환경 변수, 다양한 애
플리케이션 특성 파일에 구성된 값의 정보를 제공한다. 다음 그림은 HAL 브라우저의
환경 엔드포인트를 보여준다.

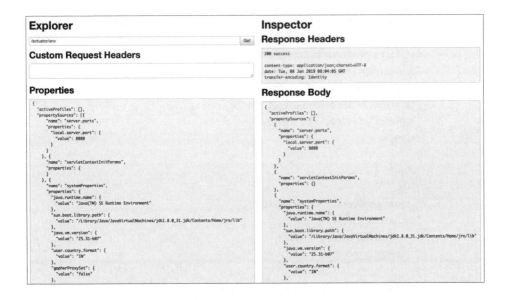

/actuator/env 서비스의 응답에서 추출한 내용이 여기에 표시된다. 다음은 몇 가지 시
스템 정보와 애플리케이션 구성의 세부 정보를 보여준다.

```
{ "name": "systemProperties",
     "properties": {
       "java.runtime.name": {
         "value": "Java(TM) SE Runtime Environment"
       },
       "sun.boot.library.path": {
         "value": "/Library/Java/JavaVirtualMachines/jdk1.8.0_31.jdk/Contents/Home/
jre/lib"
       },
       "path.separator": {
         "value": ":"
       },
       "java.vm.name": {
         "value": "Java HotSpot(TM) 64-Bit Server VM"
       },
       "sun.os.patch.level": {
         "value": "unknown"
       },
```

간결하게 하기 위해 일부 내용이 생략됐다.

애플리케이션 상태 모니터링

상태 서비스는 애플리케이션의 상태를 제공한다. HAL 브라우저에서 실행되는 서비스를 보여주는 그림이다.

매핑 정보 얻기

매핑 엔드포인트는 애플리케이션에서 노출되는 여러 서비스 엔드포인트의 정보를 제공한다.

- URI
- 요청 메소드
- 빈
- 서비스를 노출시키는 컨트롤러 메소드

매핑은 모든 @RequestMapping 경로의 조합된 목록을 제공한다. /actuator/mappings 엔드포인트의 응답에서 추출한 내용이 여기에 표시된다. 다양한 액추에이터 방법의 매핑을 볼 수 있다.

```
{
            "handler": "Actuator web endpoint 'health'",
            "predicate": "{GET /actuator/health, produces
[application/vnd.spring-boot.actuator.v2+json || application/json]}",
            "details": {
              "handlerMethod": {
                "className":
"AbstractWebMvcEndpointHandlerMapping.OperationHandler",
                "name": "handle",
                "descriptor": "(Ljavax/servlet/http/HttpServletRequest;Ljava/util/
Map;)Ljava/lang/Object; "
              },
              "requestMappingConditions": {
                "consumes": [],
                "headers": [],
                "methods": ["GET"],
                "params": [],
                "patterns": ["/actuator/health"],
                "produces": [{
                    "mediaType": "application/vnd.springboot.actuator.v2+json",
                    "negated": false
                  }, {
                    "mediaType": "application/json",
                    "negated": false
                }]
              }
          }
        }
```

 간결하게 하기 위해 일부 내용이 제거됐다.

빈 구성으로 디버깅하기

빈 엔드포인트는 스프링 컨텍스트에 로드된 빈의 세부사항을 제공한다. 스프링 컨텍스트와 관련된 모든 문제를 디버깅할 때 유용하다.

/actuator/beans 엔드포인트의 응답에서 추출한 내용은 다음과 같다.

```
"beanNameViewResolver": {
        "aliases": [],
        "scope": "singleton",
        "type": "org.springframework.web.servlet.view.BeanNameViewResolver",
        "resource": "class path resource
[org/springframework/boot/autoconfigure/web/servlet/error/ErrorMvcAutoConfi guration$Wh
itelabelErrorViewConfiguration.class]",
        "dependencies": []
      },
 "viewResolver": {
      "aliases": [],
      "scope": "singleton",
      "type": "org.springframework.web.servlet.view.ContentNegotiatingViewResolver",
      "resource": "class path resource
[org/springframework/boot/autoconfigure/web/servlet/WebMvcAutoConfiguration
$WebMvcAutoConfigurationAdapter.class]",
      "dependencies": ["org.springframework.beans.factory.support.
DefaultListableBeanFactory@7071 94ba"]
    },
 "messageConverters": {
      "aliases": [],
      "scope": "singleton",
      "type": "org.springframework.boot.autoconfigure.http.HttpMessageConverters",
      "resource": "class path resource
[org/springframework/boot/autoconfigure/http/HttpMessageConvertersAutoConfi guration.
class]",
      "dependencies": []
    },
 "jsonComponentModule": {
      "aliases": [],
      "scope": "singleton",
```

```
      "type": "org.springframework.boot.jackson.JsonComponentModule",
      "resource": "class path resource
[org/springframework/boot/autoconfigure/jackson/JacksonAutoConfiguration.cl ass]",
      "dependencies": []
    },
```

스프링 애플리케이션 컨텍스트에 의해 로드된 모든 빈의 다음 세부사항을 볼 수 있다.

- 빈의 이름 및 별명
- 빈의 스코프
- 빈의 종류
- 빈이 작성되는 클래스의 정확한 위치
- 빈의 의존 관계

중요한 매트릭스 탐색하기

매트릭스 엔드포인트는 다음과 관련된 몇 가지 중요한 매트릭스를 보여준다.

- 서버: 프리 메모리, 프로세서, 가동 시간 등
- JVM: 힙, 스레드, 가비지 컬렉션, 세션 등의 세부 정보
- 애플리케이션 서비스에서 제공하는 응답

/actuator/metrics 엔드포인트의 응답에서 추출한 내용은 다음과 같다.

```
{
  "names":[
    "jvm.memory.max",
    "jvm.threads.states",
    "http.server.requests",
    //Lot of other values
    "tomcat.global.received",
```

```
    "process.uptime",
    "tomcat.sessions.rejected",
    "process.cpu.usage",
    //Lot of other values
    "process.start.time"
  ]
}
```

매트릭스 서비스는 매트릭스 목록을 반환한다. 특정 매트릭스 값을 얻으려면 /actuator/ metrics/{METRIC-NAME} URI를 사용해야 한다. {METRIC-NAME}은 이전 응답에서 적절한 이름으로 바꿔야 한다.

예를 들어 /actuator/metrics/jvm.memory.max URI는 다음 응답을 반환한다.

```
{
  "name": "jvm.memory.max",
  "description": "The maximum amount of memory in bytes that can be used for memory
management",
  "baseUnit": "bytes",
  "measurements": [{
      "statistic": "VALUE",
      "value": 5600444415
    }],
  "availableTags": [{
      "tag": "area",
      "values": ["heap", "nonheap"]
    }, {
      "tag": "id",
      "values": ["Compressed Class Space", "PS Survivor Space", "PS Old Gen",
"Metaspace", "PS Eden Space", "Code Cache"]
    }]
}
```

자동 설정의 디버그 정보 얻기

자동 설정은 스프링 부트의 가장 중요한 기능 중 하나다. AutoConfiguration 엔드포인트 (/actuator/conditions)는 자동 설정과 관련된 세부사항을 표시한다. 특정 자동 설정이 성 공하거나 실패한 이유의 세부사항과 함께 긍정적 일치와 부정적 일치를 모두 표시한다.

응답에서 일부 긍정적인 일치를 보여주는 코드다.

```
"positiveMatches": {
"AuditAutoConfiguration#auditListener": [
  {
    "condition": "OnBeanCondition",
    "message": "@ConditionalOnMissingBean (types:
    org.springframework.boot.actuate.audit.
    listener.AbstractAuditListener; SearchStrategy: all) did not find
    any beans"
  }
],
 "AuditAutoConfiguration#authenticationAuditListener": [
 {
   "condition": "OnClassCondition",
   "message": "@ConditionalOnClass found required class
   'org.springframework.security.authentication.
   event.AbstractAuthenticationEvent'"
 },
```

다음은 응답에서 부정적으로 일치하는 일부 부분을 보여준다.

```
"negativeMatches": {
"CacheStatisticsAutoConfiguration.
  CaffeineCacheStatisticsProviderConfiguration": [
 {
   "condition": "OnClassCondition",
   "message": "@ConditionalOnClass did not find required class
   'com.github.benmanes.caffeine.cache.Caffeine'" }
 ],
```

```
  "CacheStatisticsAutoConfiguration.
  EhCacheCacheStatisticsProviderConfiguration": [
{
  "condition": "OnClassCondition",
  "message": "@ConditionalOnClass did not find required classes
  'net.sf.ehcache.Ehcache',
  'net.sf.ehcache.statistics.StatisticsGateway'"
}
],
```

모든 세부사항은 자동 설정을 디버깅하는 데 매우 유용하다.

디버깅

문제를 디버깅할 때 액추에이터 엔드포인트 중 다음 세 가지가 유용하다.

- /application/heapdump: 힙 덤프를 제공한다.
- /application/httptrace: 애플리케이션에서 처리한 마지막 몇 가지 요청을 추적한다.
- /application/threaddump: 스레드 덤프를 제공한다.

> 액추에이터 종료 기능으로 스프링 부트 애플리케이션을 종료할 수 있다. management.
> endpoints.web.exposure.include=*와 management.endpoint.shutdown.enabled=true
> 를 사용해 종료 기능을 활성화할 수 있다. 적절한 curl 명령, 즉 curl -X POST your_host:
> your_port/actuator/shutdown을 사용해 종료를 실행할 수 있다.

액추에이터에서 얻을 수 있는 기타 정보에는 로거, 캐시, 예약된 작업이 있다.

▌ 요약

스프링 부트는 스프링 기반 애플리케이션을 쉽게 개발할 수 있는데 프로덕션 지원 애플리케이션을 매우 빠르게 만들 수 있다.

스프링 부트가 코드 생성 프레임워크가 아니라는 것을 이해하면서 4장을 시작했다. 웹 서버나 애플리케이션 서버가 아니다. 스프링 부트가 제공하는 모든 자동 설정을 이해하기 위해 hello world 스프링 부트 애플리케이션을 만들었다. 다양한 스프링 부트 스타터를 사용해 다양한 프로젝트를 시작하는 방법을 알아봤다.

스프링 이니셜라이저SPRING INITIALIZR로 스프링 프로젝트를 만들었다. 스프링 이니셜라이저를 사용하면 사용 가능한 여러 스프링 부트 스타터 중에서 쉽게 선택할 수 있고, 스프링 및 스프링 부트 프레임워크를 사용해 몇 분 안에 새 프로젝트를 만들 수 있다.

4장에서는 스프링 부트가 제공하는 다양한 외부 구성 옵션을 이해했다. 톰캣, 제티, 언더토우와 같은 다양한 임베디드 서버 옵션을 살펴봤다. 그런 다음 스프링 부트 액추에이터로 프로덕션 환경에서 애플리케이션을 모니터링하는 방법도 알아봤다.

개발자의 생산성을 향상시키는 기능인 스프링 부트 개발자 도구와 실시간 리로드를 살펴보면서 4장을 마무리했다.

5장에서는 스프링 부트의 또 다른 중요한 측면을 살펴볼 것이다. 스프링 부트로 좀더 쉽게 스프링을 배울 수 있다. 스프링 부트를 사용해 프로젝트를 신속하게 설정하고 스프링 프레임워크로 여러 가지 고급 기능(관점–지향 프로그래밍, 스케줄링 및 스크립팅)을 실행하는 방법을 알아보자.

스프링 프레임워크 심화

스프링 프레임워크의 목표는 엔터프라이즈 애플리케이션이 직면한 문제의 솔루션을 제공하는 것이다.

5장에서는 크로스 컷팅을 이해하고 스프링, AspectJ와 AOP^Aspect-Oriented Programming를 사용해 크로스 컷팅을 구현하는 대표적인 사례를 살펴본다.

기업에는 정기적으로 실행해야 하는 간단한 작업들이 있다. 스프링은 정기적으로 빈 메소드를 실행할 수 있는 스케줄링 기능을 제공한다. 지금부터 스프링 @Scheduled 어노테이션으로 작업을 스케줄링하는 방법을 살펴보자.

스크립팅은 런타임 시 애플리케이션 동작을 변경하는 데 도움이 된다. JSR 223 API를 사용하면 자바에서 스크립트를 쉽게 실행할 수 있다. 그루비^Groovy 및 자바스크립트와 같은 동적 언어로 작성된 스크립트를 평가할 수도 있다. 스프링은 동적 스크립트를 통합하고 실행하는 기능을 제공한다. 이제 스크립팅의 기본사항과 스크립트를 스프링 프로젝트에 통합하는 방법을 알아보자.

5장에서는 다음과 같은 내용을 다룬다.

- 크로스 컷팅은 무엇일까?
- AOP란 무엇일까?
- AOP와 관련된 중요한 용어는 무엇인가?
- 스프링과 AspectJ로 AOP를 어떻게 구현할 수 있을까?
- 스케줄링이란?
- 스프링 프레임워크로 작업을 어떻게 스케줄링할 수 있을까?
- 스크립팅이란 무엇일까?
- 스크립팅을 스프링 애플리케이션에 어떻게 통합할 수 있을까?

▍기술적 요구사항

5장의 소프트웨어와 하드웨어 요구사항은 다음과 같다.

- 가장 선호하는 IDE, 이클립스
- 자바 8, 9, 10, 11 및 12와 호환
- 메이븐 3.x
- 인터넷 연결

깃허브 코드는 https://github.com/PacktPublishing/MasteringSpring-5.1/tree/master/Chapter05에 있다.

▌ 스프링과 AspectJ로 AOP 살펴보기

레이어된 애플리케이션에는 여러 가지 크로스 컷팅이 있다. 스프링 및 AspectJ가 포함된 AOP는 크로스 컷팅을 구현하기 위해 선호되는 옵션 중 하나다.

용어(크로스 컷팅 및 AOP)와 솔루션(스프링 및 AspectJ)을 알아보자.

크로스 컷팅 및 AOP 탐색

스프링 애플리케이션은 레이어 구조로 만들어진다. 일반적으로 애플리케이션에는 웹 레이어, 비즈니스 레이어, 데이터 레이어가 있다. 각 레이어에는 고유한 관심사가 있으며 다음 기능을 통해 구현된다.

- 웹 레이어는 애플리케이션 소비자에 중점을 두고, REST API 또는 사용자 인터페이스를 제공한다.
- 비즈니스 레이어는 비즈니스 로직에 중점을 둔다.
- 데이터 레이어는 데이터베이스 및 외부 애플리케이션과의 통합에 중점을 둔다.

애플리케이션에는 여러 레이어를 가로질러 잘라내는 기능도 있다.

- 로깅
- 시큐리티
- 성능 추적

여러 레이어를 가로지르는 이러한 문제를 크로스 컷팅이라고 한다.

다음 질문을 생각해보자. '크로스 컷팅은 어떤 레이어에서 구현해야 할까?'

각각의 레이어에서 구현한다면 유지 관리는 어려워진다.

이상적인 방법은 크로스 컷팅을 한곳에 구현하고 여러 레이어에 적용하는 것이다. 이를 가능케하는 프로그래밍 패러다임을 AOP라고 한다.

중요한 AOP 용어

간단한 예를 생각해보자. 웹, 비즈니스, 데이터의 세 레이어로 구성된 애플리케이션이 있다. 각 레이어의 모든 메소드의 모든 호출을 기록하려고 한다.

AOP에 사용되는 몇 가지 주요 용어를 먼저 살펴보자.

- 구현하려는 기능은 메소드 호출을 기록하는 것인데 어드바이스^{advice}라고 한다.
- 기능을 어디에 적용해야 할까? 웹, 비즈니스, 데이터 레이어의 모든 메소드? 메소드들은 어떻게 식별할 수 있을까? 이를 위해서는 포인트컷^{PointCut}을 정의해야 한다. 포인트컷은 어떤 방법으로 어드바이스를 적용해야 하는지 구별한다.
- 포인트컷과 어드바이스의 조합을 애스펙트^{aspect}라고 한다. 프로그래밍 패러다임을 AOP라고 하는 이유가 바로 여기에 있다.

위빙

포인트컷(어드바이스에 필요한 메소드 식별)과 어드바이스(수행해야 할 사항)를 정의하면 AOP 프레임워크는 포인트컷과 일치하는 모든 메소드에 어드바이스가 적용되도록 코드를 수정해야 한다. 그 과정을 위빙^{weaving}이라고 한다.

위빙에는 세 가지 종류가 있다.

- **컴파일 타임 위빙**$^{Compile-Time Weaving}$: 입력은 소스코드고 출력은 위빙이 있는 컴파일된 클래스다.
- **바이너리 위빙**$^{Binary Weaving}$: 코드가 컴파일된 후에 수행된다. 입력은 컴파일된 클래스 파일 또는 jar 파일이고 출력은 위빙이 있는 컴파일된 클래스나 jar 파일이다.
- **런타임 위빙**$^{Runtime Weaving}$: 위빙은 클래스가 JVM에 로드되기 직전에 수행된다.

컴파일 타임 위빙은 런타임 위빙보다 나은 성능을 제공하지만 컴파일 중에 추가 위빙 단계가 필요하므로 더 복잡한 문제가 발생한다.

AOP 프레임워크

AspectJ는 자바에서 가장 널리 사용되는 AOP 프레임워크다. AspectJ는 컴파일 타임 위빙을 제공한다. 위빙을 수행하기 위해 AspectJ 컴파일러를 빌드 프로세스에 추가할 수 있다.

스프링 AOP는 AspectJ와 자체의 몇 가지 기본 AOP 기능과의 통합을 제공하며, 스프링 AOP는 런타임 위빙을 수행한다. 간단하게 사용할 수 있지만 스프링 빈에서 메소드 호출만 인터셉트할 수 있다.

스프링 AOP와 AspectJ를 비교하는 것은 의미가 없다. 상황에 따라 스프링 AOP와 AspectJ 중에서 선택하면 된다.

스프링 빈으로 작업 중이고 스프링 빈에서 메소드 호출을 인터셉트하려는 경우, 스프링 AOP면 충분하다. 스프링 컨테이너에 의해 관리되지 않는 객체의 메소드 호출을 가로채려면 완전한 AOP 프레임워크인 AspectJ를 사용해야 한다.

AOP 실습

스프링 부트로 AOP를 사용하기 위해 사용할 스타터는 spring-boot-starter-aop다.

```
<dependency>
  <groupId>org.springframework.boot</groupId>
  <artifactId>spring-boot-starter-aop</artifactId>
</dependency>
```

spring-boot-starter-aop가 가져오는 주요 의존 관계 중 일부는 다음과 같다.

```
<dependency>
    <groupId>org.springframework</groupId>
    <artifactId>spring-aop</artifactId>
    <version>5.1.6.RELEASE</version>
    <scope>compile</scope>
</dependency>
<dependency>
    <groupId>org.aspectj</groupId>
    <artifactId>aspectjweaver</artifactId>
    <version>1.9.2</version>
    <scope>compile</scope>
</dependency>
```

spring-boot-starter-aop는 spring-aop와 aspectjweaver의 의존 관계를 추가한다. 다음 절에서 spring-aop와 aspectjweaver가 AOP를 구현하는 데 어떤 도움이 되는지 살펴보자.

간단한 비즈니스 시나리오 설정

간단한 쇼핑 애플리케이션을 생각해보자. 쇼핑 서비스는 재고를 체크하고 주문을 받는다. AOP를 사용해 모든 호출을 인터셉트하고 그 정보를 기록하길 원할 것이다.

StockDao는 재고stock를 확인하는 데 도움이 되는 구성요소다.

```
@Component
public class StockDao {

    private Logger logger = LoggerFactory.getLogger(this.getClass());

    public Stock retrieveStock() {
        // 로직은 여기에
        logger.info("Returning a dummy value");
```

```
        return new Stock(20);
    }
}
```

Stock은 간단한 자바 데이터 클래스다.

```
public class Stock {
    private int quantity;

    public Stock(int quantity) {
        super();
        this.quantity = quantity;
    }
```

OrderDao는 주문을 도와주는 구성요소다.

```
@Component
public class OrderDao {

    private Logger logger = LoggerFactory.getLogger(this.getClass());

    public void placeOrder(int value) {
        // 로직은 여기에
        logger.info("Placed Order - {}", value);
    }
}
```

ShoppingService에는 비즈니스 로직이 있다. StockDao 및 OrderDao는 ShoppingService에 자동 연결된다.

```
@Service
public class ShoppingService {

    private Logger logger = LoggerFactory.getLogger(this.getClass());
```

```java
    @Autowired
    private StockDao stockDao;

    @Autowired
    private OrderDao orderDao;
}
```

checkAndPlaceOrder 메소드는 재고를 확인하고 재고가 사용 가능하면 주문한다.

```java
public void checkAndPlaceOrder() {
    int availableQuantity = stockDao.retrieveStock().getQuantity();
    logger.info("Retrieved Stock - {}", availableQuantity);
    if (availableQuantity > 0) {
        orderDao.placeOrder(availableQuantity);
    }
}
```

메소드 호출을 인터셉트하고 전달된 매개변수를 로깅하는 것부터 시작해보자.

포인트컷 식별하기

첫 번째 단계는 포인트컷을 식별하는 것이다. 예제를 살펴보자.

```
execution(* com.mastering.spring.ch03aopwithspring.*Dao.*(..))
```

앞에서 설명한 것처럼 포인트컷은 인터셉트를 호출하는 메소드를 구별하는 표현식이다.

이전 예제에서 com.mastering.spring.ch03aopwithspring 패키지의 모든 메소드 실행을 인터셉트하고 클래스 이름을 *Dao 패턴과 일치시킨다. OrderDao와 StockDao는 *Dao 패턴과 일치한다. 따라서 포인트컷은 OrderDao와 StockDao의 모든 메소드 호출을 식별한다.

aspect 정의하기

다음 단계는 애스펙트^{aspect} 클래스를 정의한다.

AspectJ는 메소드 호출을 위한 여러 가지 인터셉션 포인트를 제공한다. 인터셉션 포인트는 다음과 같다.

- @Before: 메소드를 실행하기 전
- @After: 메소드 실행 후. 메소드가 예외를 발생시키더라도 실행된다.
- @AfterReturning: 메소드가 성공적으로 실행된 후
- @AfterThrowing: 메소드 호출 후 예외가 발생했다.
- @Around: 메소드 실행을 완전히 제어한다(나중에 다시 다룬다).

메소드를 실행하기 전에 모든 매개변수를 기록하고자 한다. 따라서 인터셉션 포인트를 정의하기 위해 @Before 어노테이션을 사용한다.

BeforeMethodAspect 클래스를 정의하는 것으로 시작하자. 클래스에 애스펙트의 스프링 구성이 포함되도록 @Aspect와 @Configuration 어노테이션을 사용한다.

```
@Aspect
@Configuration
public class BeforeMethodAspect {
```

@Before로 메소드를 정의하고 앞에서 설명한 포인트컷을 사용해 모든 *Dao 호출을 인터셉트할 수 있다.

```
@Before("execution(* com.mastering.spring.ch03aopwithspring.*Dao.*(..))")
public void before(JoinPoint joinPoint) {
    logger.info(" Before executing a method {}", joinPoint);
    logger.info(" Arguments passed are {}", joinPoint.getArgs());
}
```

이제부터 이해해야 할 중요한 개념은 조인포인트[JoinPoint]다.

JoinPoint는 AOP의 런타임 결과다. 포인트컷이 일치하고 어드바이스가 실행되는 특정 인스턴스를 JoinPoint라고 한다.

JoinPoint를 사용해 메소드의 세부 정보(이름과 인수)를 얻을 수 있다. 이전 코드에서는 메소드에 전달된 인수를 가져오기 위해 joinPoint.getArgs()를 사용한다.

애스펙트의 실행 결과는 다음과 같다.

```
dAspect$$EnhancerBySpringCGLIB$$91f21e3d : Before executing a method
execution(Stock
com.mastering.spring.ch03aopwithspring.StockDao.retrieveStock())
dAspect$$EnhancerBySpringCGLIB$$91f21e3d : Arguments passed are {}
dAspect$$EnhancerBySpringCGLIB$$91f21e3d : Before executing a method
execution(void
com.mastering.spring.ch03aopwithspring.OrderDao.placeOrder(int))
dAspect$$EnhancerBySpringCGLIB$$91f21e3d : Arguments passed are 20
```

StockDao와 OrderDao에 관한 메소드 호출을 인터셉트해서 인수를 출력하고 있음을 알 수 있다. 다음은 주의해야 할 사항이다.

- execution(*com.mastering.spring.ch03aopwithspring.*.*(..)) 포인트컷을 사용해 com.mastering.spring.ch03aopwithspring 패키지의 모든 메소드 호출과 일치시킬 수 있다.
- @Before 인터셉션은 유효성 검사를 구현할 때도 사용된다. 인수의 유효성을 검증하거나 특정 클래스 세트의 메소드 호출의 액세스를 유효성 검사할 수 있다.

다른 인터셉트 포인트의 예를 살펴보자.

@After 어드바이스

@After 어드바이스는 다음 두 가지 시나리오에서 메소드 실행 후 실행된다.

- 메소드가 성공적으로 실행됨
- 메소드에서 예외가 발생함

다음 예제 코드는 @After 어드바이스를 구현한 것이다.

```java
@Aspect
@Configuration
public class AfterMethodAspect {

    private Logger logger = LoggerFactory.getLogger(this.getClass());

    @After("execution(* com.mastering.spring.ch03aopwithspring.*Dao.*(..))")
    public void after(JoinPoint joinPoint) {
        logger.info(" After executing a method {}", joinPoint);
        logger.info(" Arguments passed are {}", joinPoint.getArgs());
    }
}
```

@After 어드바이스를 구현하는 방법 @Before 어드바이스를 구현하는 방법은 매우 유사하다. 실행 결과는 다음과 같다.

```
dAspect$$EnhancerBySpringCGLIB$$f7765220 : After executing a method
execution(Stock
com.mastering.spring.ch03aopwithspring.StockDao.retrieveStock())
dAspect$$EnhancerBySpringCGLIB$$f7765220 : Arguments passed are {}
dAspect$$EnhancerBySpringCGLIB$$f7765220 : After executing a method
execution(void
com.mastering.spring.ch03aopwithspring.OrderDao.placeOrder(int))
dAspect$$EnhancerBySpringCGLIB$$f7765220 : Arguments passed are 20
```

StockDao과 OrderDao의 두 메소드 호출 후 어드바이스가 실행되는 것을 볼 수 있다.

@AfterReturning 어드바이스

메소드가 성공적으로 실행되면 @AfterReturning 어드바이스가 실행된다. 성공적으로 실행한 반환 값을 처리할 수 있다.

@AfterReturning은 다음과 같이 구현할 수 있다.

```
@Aspect
@Configuration
public class AfterReturningMethodAspect {

    private Logger logger = LoggerFactory.getLogger(this.getClass());

    @AfterReturning(value = "execution(*
com.mastering.spring.ch03aopwithspring.*Dao.*(..))",
        returning = "result")
    public void afterReturning(JoinPoint joinPoint, Object result) {
        logger.info(" After returning from a method {}", joinPoint);
        logger.info(" Arguments passed are {}", joinPoint.getArgs());
        logger.info(" Value returned is {}", result);
    }
}
```

앞의 코드에서 다음과 같이 이해할 수 있다.

- @AfterReturning(value="execution(*com.mastering.spring.ch03aopwithspring.*Dao.*(..))", return="result"): 포인트컷을 지정하고, returning="result"를 추가해 메소드의 리턴 값을 나타내는 변수의 이름을 지정한다.
- public void afterReturning(JoinPoint joinPoint, Object result): 메소드를 실행해 리턴 값을 출력할 수 있도록 Object result를 메소드 매개변수로 추가했다.

실행 결과는 다음과 같다.

```
dAspect$$EnhancerBySpringCGLIB$$798ca1f0 : After returning from a method
execution(Stock
com.mastering.spring.ch03aopwithspring.StockDao.retrieveStock())
dAspect$$EnhancerBySpringCGLIB$$798ca1f0 : Arguments passed are {}
dAspect$$EnhancerBySpringCGLIB$$798ca1f0 : Value returned is Stock
[quantity=20]
dAspect$$EnhancerBySpringCGLIB$$798ca1f0 : After returning from a method
execution(void
com.mastering.spring.ch03aopwithspring.OrderDao.placeOrder(int))
dAspect$$EnhancerBySpringCGLIB$$798ca1f0 : Arguments passed are 20
dAspect$$EnhancerBySpringCGLIB$$798ca1f0 : Value returned is null
```

retrieveStock 메소드에 Stock [quantity = 20] 리턴 값이 출력되는 것을 확인할 수 있다. 그러나 placeOrder 메소드는 void를 리턴해 null이 출력된다.

@Around 어드바이스

@Around 어드바이스는 메소드 실행 전후에 무언가를 하기 위해 사용될 수 있다.

메소드를 실행하는 데 걸린 시간을 추적하려고 한다고 가정해보자. 그러려면 메소드가 실행되기 전에 타이머를 시작하고 메소드가 실행되면 타이머를 중지할 수 있어야 한다.

@Around 어드바이스의 예는 다음과 같다.

```java
public class CalculateMethodExecutionTimeAspect {

    private Logger logger = LoggerFactory.getLogger(this.getClass());

    @Around(value = "execution(*
com.mastering.spring.ch03aopwithspring.*Dao.*(..))")
    public Object calculateMethodExecutionTime(ProceedingJoinPoint
proceedingJoinPoint) throws Throwable {
        long start = System.currentTimeMillis();
```

```
        Object retVal = proceedingJoinPoint.proceed();
        long duration = System.currentTimeMillis() - start;
        logger.info("Method {} took {} ms to execute", proceedingJoinPoint, duration);
        return retVal;
    }
}
```

주목해야 될 부분은 다음과 같다.

- calculateMethodExecutionTime의 매개변수는 ProceedingJoinPoint유형이다. ProceedingJoinPoint는 @Around 어드바이스를 지원하기 위해 proceed 메소드를 노출한다.
- long start = System.currentTimeMillis()로 타이머를 시작한다.
- 메소드를 실행하고 Object retVal = progressingJoinPoint.proceed()를 사용해 반환 값을 캡처한다.
- long duration = System.currentTimeMillis()-start를 사용해 메소드 실행 시간을 계산한다.

코드 실행 결과는 다음과 같다.

```
meAspect$$EnhancerBySpringCGLIB$$2ac1ace : Method execution(Stock
com.mastering.spring.ch03aopwithspring.StockDao.retrieveStock()) took 22 ms
to execute
meAspect$$EnhancerBySpringCGLIB$$2ac1ace : Method execution(void
com.mastering.spring.ch03aopwithspring.OrderDao.placeOrder(int)) took 22 ms
to execute
```

포인트컷 대표 사례

지금까지 여러 포인트컷을 사용했다. 여러 가지 애스펙트에서 발생하는 문제 중 하나는 애플리케이션 전체에 포인트컷이 확산되는 것이다.

모든 포인트컷을 정의하는 중앙 클래스를 갖는 사례도 있다. 예를 살펴보자.

```
public class JoinPointConfiguration {

    @Pointcut("execution(*
com.mastering.spring.ch03aopwithspring.OrderDao.*(..))")
    public void orderDaoExecution() {}

    @Pointcut("execution(*
com.mastering.spring.ch03aopwithspring.StockDao.*(..))")
    public void stockDaoExecution() {}

    @Pointcut("execution(*
com.mastering.spring.ch03aopwithspring.business.*.*(..))")
    public void allBusinessLayerMethods() {}

    @Pointcut("execution(*
com.mastering.spring.ch03aopwithspring.data.*.*(..))")
    public void allDataLayerMethods() {}
}
```

특정 포인트컷을 나타내는 메소드를 정의했다. 어드바이스를 정의할 때 메소드 이름을 사용해 포인트컷을 나타낼 수 있다. 예를 들어 @Around 어드바이스는 이제 다음과 같이 정의될 수 있다.

```
@Around("com.mastering.spring.ch03aopwithspring.JoinPointConfiguration.allD
ataLayerMethods()")
```

포인트컷이 한 곳으로 지정돼 쉽게 유지 관리할 수 있다.

다음 코드에서 JoinPointConfiguration 예제와 같이 &&를 사용해 포인트컷을 결합할 수 있다. 포인트컷 메소드는 비즈니스와 데이터 레이어의 메소드와 일치한다.

```
@Pointcut("allBusinessLayerMethods() && allDataLayerMethods()")
public void methodsFromBusinessAndDataLayers(){}
```

사용자 정의 AOP 어노테이션 정의하기

지금까지의 모든 예제에서 실행 포인트컷을 사용할 때 어드바이스를 적용할 수 있도록 메소드를 정했다. 사용자 정의 어노테이션을 정의할 수 있고, 어노테이션 포인트컷을 사용해 어드바이스를 적용할 메소드를 식별할 수 있다.

느리게 실행되는 특정 메소드가 거의 없고 로깅에 구체적으로 어드바이스를 추가하려고 한다고 가정해보자.

구현 방법 중 하나는 @LogEverything 어노테이션을 생성하고 세부적으로 추적하려는 메소드에 어노테이션을 사용하고 어노테이션과 일치하는 포인트컷을 정의하는 것이다.

어노테이션을 정의하기는 쉽다.

```
@Target(ElementType.METHOD)
@Retention(RetentionPolicy.RUNTIME)
public @interface LogEverything {
}
```

다음과 같이 추적하려는 메소드에 @LogEverything을 사용할 수 있다.

```
@LogEverything
public void placeOrder(int value) {
```

예제를 실행하기 전에 포인트컷과 어드바이스를 정의해야 한다.

포인트컷에 JoinPointConfiguration 메소드를 정의해보자. execution 대신 포인트컷에 @annotation을 사용하고 있다.

```
@Pointcut("@annotation(com.mastering.spring.ch03aopwithspring.LogEverything )")
public void logEverythingAnnoation(){}
```

다음과 같이 로깅의 @Around 애스펙트를 정의해보자. 이전에 수행한 것과 유사한 코드로 요구사항에 따라 자세한 내용을 기록할 수 있다.

```
@Aspect
@Configuration
public class LogEverythingAspect {

    private Logger logger = LoggerFactory.getLogger(this.getClass());

@Around("com.mastering.spring.ch03aopwithspring.JoinPointConfiguration.logE
verythingAnnoation()")
    public Object calculateMethodExecutionTime(ProceedingJoinPoint
proceedingJoinPoint) throws Throwable {
        logger.info("Method {} started execution", proceedingJoinPoint);
        logger.info("Method {} arguments are {}", proceedingJoinPoint,
proceedingJoinPoint.getArgs());
        Object retVal = proceedingJoinPoint.proceed();
        logger.info("Method {} completed execution ", proceedingJoinPoint);
        return retVal;
    }
}
```

앞의 코드를 실행한 결과는 다음과 같다.

```
gAspect$$EnhancerBySpringCGLIB$$57feda03 : Method execution(void
com.mastering.spring.ch03aopwithspring.OrderDao.placeOrder(int)) started
execution
gAspect$$EnhancerBySpringCGLIB$$57feda03 : Method execution(void
com.mastering.spring.ch03aopwithspring.OrderDao.placeOrder(int)) arguments
are [20]
// 다른 로그
gAspect$$EnhancerBySpringCGLIB$$57feda03 : Method execution(void
```

```
com.mastering.spring.ch03aopwithspring.OrderDao.placeOrder(int)) completed
execution
```

메소드 실행에 관한 완전한 로깅을 추가했음을 확인할 수 있다.

완벽하게 추적할 수 있는 모든 메소드에 @LogEverything을 추가할 수 있다.

▌ 스프링으로 작업 스케줄링하기

기업은 정기적으로 실행되는 간단한 작업이 있다. 스프링은 정기적으로 빈 메소드를 실행할 수 있는 스케줄링 기능을 제공한다.

@Scheduled로 작업 스케줄링하기

스프링 @Scheduled 어노테이션으로 작업을 스케줄링하는 방법을 살펴보자.

다음과 같이 정의된 빈을 고려해보자.

```
@Component
public class Task {

    private static final Logger log = LoggerFactory.getLogger(Task.class);

    @Scheduled(fixedRate = 10000)
    public void execute() {
        log.info("The time is now {}", new Date());
    }
}
```

스프링 부트 애플리케이션 클래스에 @EnableScheduling을 추가해 스케줄링이 가능한지 확인해보자.

```
@EnableScheduling
public class TaskSchedulingApplication implements CommandLineRunner {
```

빈이 스프링 컨테이너에 의해 관리되면 @Scheduled(fixedRate = 10000)는 execute 메소드가 10000ms마다 한 번씩 실행되도록 한다.

```
[ scheduling-1] c.mastering.spring.taskscheduling.Task : The time is now Thu Apr 25
14:15:29 IST [ scheduling-1] c.mastering.spring.taskscheduling.Task : The time is now
Thu Apr 25 14:15:39 IST 2019
[ scheduling-1] c.mastering.spring.taskscheduling.Task : The time is now Thu Apr 25
14:15:49 IST 2019
[ scheduling-1] c.mastering.spring.taskscheduling.Task : The time is now Thu Apr 25
14:15:59 IST 2019
[ scheduling-1] c.mastering.spring.taskscheduling.Task : The time is now Thu Apr 25
14:16:09 IST 2019
```

어노테이션 속성을 사용해 @Schedule을 추가로 사용자 정의할 수 있다.

- fixedDelay=10000은 이전 작업 완료 후 10000ms 동안 작업을 실행해야 함을 나타낼 수 있다. 10초마다 작업을 실행하는 대신 fixedDelay=10000을 요청해 작업을 실행하고 10초 동안 기다렸다가 다시 실행하자.
- initialDelay=20000은 작업이 처음으로 실행되기 전의 초기 지연을 지정할 수 있다.
- cron="*/8 * * * * MON"(유닉스 cron 표현식)을 사용해 간격을 지정할 수 있다.

@Async를 사용해 비동기식으로 작업 실행하기

@Async 어노테이션을 사용해 작업을 비동기식으로 트리거할 수도 있다. 다음 예제를 고려해보자.

```
@Component
public class AsyncTask {

    private Logger logger = LoggerFactory.getLogger(this.getClass());

    @Async
    void doThisAsynchronously() {
        IntStream.range(1, 100).forEach(x - > logger.info("AsyncTask {}", x));
    }
}
```

빈에서 doThisAsynchronously가 호출되면 항상 비동기식으로 실행된다.

@Async를 사용하기 전에 @EnableAsync가 스프링 부트 애플리케이션 클래스에 추가됐는지 확인해야 한다.

```
@EnableAsync
public class TaskSchedulingApplication implements CommandLineRunner {
```

doThisAsynchronously를 트리거하려면 다음 코드를 고려해야 한다.

```
@Autowired
private AsyncTask asyncTask;
@Override
public void run(String...args) throws Exception {
    asyncTask.doThisAsynchronously();
    IntStream.range(1, 100).forEach(x - > logger.info("TaskSchedulingApplication {}",
x));
}
```

AsyncTask를 자동 연결하고 CommandLineRunner의 run 메소드를 구현해 다른 코드와 함께 doThisAsynchronously를 트리거한다.

코드가 비동기식으로 실행되는 것을 확인할 수 있다. AsyncTask가 실행을 완료하기 전에 TaskSchedulingApplication과 관련된 로그가 있음을 확인 가능하다.

```
[ task-1] c.m.spring.taskscheduling.AsyncTask : AsyncTask 86
[ task-1] c.m.spring.taskscheduling.AsyncTask : AsyncTask 87
[ main] plication$$EnhancerBySpringCGLIB$$3ed9f7 : TaskSchedulingApplication 1
[ task-1] c.m.spring.taskscheduling.AsyncTask : AsyncTask 88
// 더 많은 로그
// 더 많은 로그
[ main] plication$$EnhancerBySpringCGLIB$$3ed9f7 : TaskSchedulingApplication 2
```

@Async 메소드에서 값 반환하기

@Async 메소드에서 값을 반환할 수도 있는데 Future를 사용한다. AsyncTask 클래스에서 다음과 같이 정의된 doThisAsynchronouslyAndReturnAValue 메소드를 고려해보자. new AsyncResult<>(sum)을 사용해 Future를 반환하도록 해야 한다.

```
@Async
Future < Long > doThisAsynchronouslyAndReturnAValue() {
    IntStream.range(1, 100).forEach(x - > logger.info("AsyncTask With Return Value {}",
x));
    long sum = IntStream.range(1, 100).sum();
    return new AsyncResult < > (sum);
}
```

TaskSchedulingApplication 클래스에서 doThisAsynchronouslyAndReturnAValue 메소드를 실행할 수 있다. 메소드를 호출하면 결과로 Future<Long> futureValue가 표시된다. 메소드가 비동기식으로 계속 실행되도록 할 수 있다. 메소드 실행 결과가 필요하면 futureValue.get()을 호출하면 된다. 이렇게 하면 doThisAsynchronouslyAndReturnAValue 메소드가 실행을 완료하고 값을 리턴할 때까지 호출된 스레드는 대기한다.

```
@Override
public void run(String...args) throws Exception {
    asyncTask.doThisAsynchronously();
    Future < Long > futureValue = asyncTask.doThisAsynchronouslyAndReturnAValue();
    IntStream.range(1, 100).forEach(x - > logger.info("TaskSchedulingApplication {}",
x));
    logger.info("Sum is {}", futureValue.get());
}
```

작업 실행자

작업을 비동기식으로 실행하기 시작하면 작업을 실행하는 작업 실행자[executor]를 이해하는 것이 매우 중요해진다.

자바 실행자 프레임워크는 자바 스레드를 관리하는 데 사용된다. 마찬가지로 스프링 작업 실행자는 스프링 작업을 실행할 때 사용된다.

스프링 프레임워크에서 사용되는 디폴트 작업 실행자는 SimpleAsyncTaskExecutor다. SimpleAsyncTaskExecutor의 현재 있는 디폴트 스레드 수는 무제한이다. SimpleAsync TaskExecutor는 이전 스레드를 재사용하지 않는다. 따라서 많은 수의 단기 작업이 포함된 시나리오에는 적합하지 않다.

좋은 대안은 ThreadPoolTaskExecutor로, corePoolSize와 maxPoolSize를 지정할 수 있다.

다음은 corePoolSize가 3으로 설정되고 maxPoolSize가 10으로 설정된 ThreadPoolTask Executor의 간단한 예다.

```
ThreadPoolTaskExecutor threadPoolTaskExecutor = new ThreadPoolTaskExecutor();
threadPoolTaskExecutor.setCorePoolSize(3);
threadPoolTaskExecutor.setMaxPoolSize(10);
```

다음과 같이 ThreadPoolTaskExecutor의 스프링 빈을 구성할 수 있다.

```
@Configuration
class ThreadPoolConfigurer implements AsyncConfigurer {

    @Override
    public Executor getAsyncExecutor() {
        ThreadPoolTaskExecutor threadPoolTaskExecutor = new ThreadPoolTaskExecutor();
        threadPoolTaskExecutor.setCorePoolSize(3);
        threadPoolTaskExecutor.setMaxPoolSize(10);
        threadPoolTaskExecutor.initialize();
        return threadPoolTaskExecutor;
    }
}
```

Executor 클래스를 반환하는 메소드로 간단한 스프링 Configuration 클래스를 만들었다. threadPoolTaskExecutor 인스턴스를 반환하기 전에 초기화해야 한다.

스프링 프레임워크가 작업을 비동기식으로 스케줄링하고 실행하는 데 어떻게 도움이 되는지 살펴봤다.

▌스프링 프레임워크를 이용한 스크립팅

스크립팅은 애플리케이션이 런타임 시 동작을 변경하는 데 도움이 된다. JSR 223을 사용하면 자바에서 동적 언어 스크립트를 쉽게 실행할 수 있다.

자바에서 간단한 자바스크립트 및 그루비 코드 예제를 실행하면서 시작해보자.

스프링은 동적 스크립트를 통합하고 실행하는 기능을 제공한다. 스크립팅의 기본사항과 스크립트가 스프링 프로젝트에 통합되는 방법을 알아본다.

JSR 223 – 자바TM 플랫폼용 스크립팅

JSR 223은 동적 언어에서 자바로 스크립트를 임베디드하기 위한 API를 정의한다.

중요한 인터페이스는 ScriptEngineManager, ScriptEngine과 Bindings이다.

ScriptEngineManager를 사용하면 ScriptEngine의 인스턴스를 만들 수 있다. Bindings을 사용해 ScriptEngines에 전달할 매개변수를 바인딩할 수 있다.

오라클 JVM에는 자바 6의 자바스크립트 엔진이 포함돼 있다. 자바 8에 포함된 자바스크립트 엔진은 Nashorn이다.

자바로 자바스크립트 코드 실행하기

내부의 Nashorn 스크립트 엔진을 사용해 일부 자바스크립트 코드를 실행해보자.

문자열 값을 bindings으로 전달하고 ScriptEngine을 사용해 자바스크립트 print(str) 문을 실행한다.

```java
public class JavaScriptCode {

    public static void main(String[] args) throws ScriptException {

        final ScriptEngineManager scriptEngineManager = new ScriptEngineManager();
        final ScriptEngine scriptEngine = scriptEngineManager.
getEngineByName("Nashorn");
        final Bindings bindings = scriptEngine.createBindings();
        bindings.put("str", "Let's pass from Java to JavaScript");
        scriptEngine.eval(" print(str)", bindings);
    }
}
```

앞의 코드 출력은 다음과 같다.

```
Let's pass from Java to JavaScript
```

자바스크립트 코드를 쉽게 실행할 수 있음을 알 수 있다.

자바에서 그루비 코드 실행하기

그루비Groovy는 가장 널리 사용되는 동적 JVM 언어 중 하나다. 자바에서 그루비 코드를 실행하는 것도 마찬가지로 간단하다. ScriptEngine.println str은 String을 출력하기 위한 그루비 구문이다.

```java
public class GroovyCode {

    public static void main(String[] args) throws ScriptException {

        final ScriptEngineManager scriptEngineManager = new ScriptEngineManager();
        final ScriptEngine scriptEngine = scriptEngineManager.getEngineByName("Groovy");
        final Bindings bindings1 = scriptEngine.createBindings();
        bindings1.put("str", "Let's pass from Java to Groovy");
        scriptEngine.eval(" println str", bindings1);     }
}
```

코드 실행 결과는 다음과 같다.

```
Let's pass from Java to Groovy
```

이전 코드를 실행하려면 그루비가 로컬로 설치돼 있고 클래스 경로에 Groovy jar이 포함돼 있는지 확인해보자.

명령 프롬프트에서 실행하는 방법의 예시다.

```
java -cp ".:/usr/local/opt/groovy/libexec/lib/*"
com.mastering.spring.taskscheduling.dynamic.GroovyCode
```

스프링 엔터프라이즈 애플리케이션에서 그루비 코드 실행하기

스프링을 사용하면 클래스와 객체를 여러 동적 언어로 쉽게 정의하고 이를 스프링 관리 빈으로 사용할 수 있다.

스프링은 그루비 및 JRuby와 같은 JSR 223에서 지원하는 언어를 지원한다.

언어마다 스프링 빈을 생성할 수 있도록 별도의 lang 인수(JRuby는 <lang:jruby/>, 그루비는 <lang:groovy/>)가 있다.

다음 예를 고려해보자. lang:groovy를 사용해 script.groovy 스크립트용 planet ID를 가진 빈을 생성한다. 인라인 스크립트도 만들 수 있지만 나중에 살펴보자.

```xml
//dynamic-beans.xml

<beans xmlns="http://www.springframework.org/schema/beans"
xmlns:xsi="http://www.w3.org/2001/XMLSchema-instance"
xmlns:lang="http://www.springframework.org/schema/lang"
xsi:schemaLocation="http://www.springframework.org/schema/beans
http://www.springframework.org/schema/beans/spring-beans-4.1.xsd
http://www.springframework.org/schema/lang
http://www.springframework.org/schema/lang/spring-lang-2.0.xsd">

<lang:groovy id="planet" script-source="classpath:script.groovy"/>

</beans>
```

script.groovy는 planet 인터페이스의 구현을 포함한다.

```groovy
import com.mastering.spring.dynamic.scripting.Planet
class Earth implements Planet {
    public long getDistanceFromSun() {
        return 100000000
    }
}
```

Planet 인터페이스에는 간단한 메소드 getDistanceFromSun이 있다.

```
public interface Planet {
    long getDistanceFromSun();
}
```

다음 코드는 스프링 부트 애플리케이션을 시작해 그루비 스크립트에서 생성된 스프링 빈을 테스트하는 방법을 보여준다. @ImportResource(value = { "classpath:dynamic-beans.xml" })는 정의된 동적 빈이 로드되도록 한다. 애플리케이션이 시작할 때 코드가 실행되도록 CommandLineRunner를 구현한다. planet을 오토와이어링하고 run 메소드에서 planet.getDistanceFromSun()을 호출한다.

```
@SpringBootApplication
@ImportResource(value = {
    "classpath:dynamic-beans.xml"
})
public class DynamicScriptingApplication implements CommandLineRunner {

    private Logger logger = LoggerFactory.getLogger(this.getClass());

    @Autowired
    private Planet planet;

    @Override
    public void run(String...args) throws Exception {
        logger.info("{}", planet.getDistanceFromSun());
    }
}
```

위의 실행 결과는 다음과 같다.

```
2019-04-25 14:27:23.629 INFO 25639 --- [ main]
ication$$EnhancerBySpringCGLIB$$2fb04251 : 100000000
```

스프링 애플리케이션에서 그루비 스크립트를 실행할 수 있음을 확인할 수 있다.

그루비 스크립트는 애플리케이션 외부의 클래스 패스에 있을 수 있다. 따라서 애플리케이션의 배포 가능한 단위를 변경하지 않고도 그루비 스크립트를 유연하게 수정할 수 있다.

그루비 코드를 스프링 컨텍스트 XML로 인라이닝하기

스프링 컨텍스트 XML에서 그루비 코드를 직접 작성하는 예제를 보자. 그루비 코드를 포함하는 lang:inline-script를 사용해 ID가 inlineBean인 빈을 정의한다.

```xml
<lang:groovy id="inlineBean">
 <lang:inline-script>
 import com.mastering.spring.dynamic.scripting.SecretMessenger
 class DummyMessenger implements SecretMessenger {
    String key
 }
 </lang:inline-script>
 <lang:property name="key" value="SECRET_KEY" />
</lang:groovy>
```

인터페이스 정의는 다음과 같다.

```java
public interface SecretMessenger {
    String getKey();
}
```

SecretMessenger를 자동으로 연결하고 run 메소드에서 messenger.getKey()를 호출하도록 DynamicScriptingApplication을 확장할 수 있다.

```java
public class DynamicScriptingApplication implements CommandLineRunner {

    @Autowired
```

```
    private SecretMessenger messenger;

    @Override
    public void run(String...args) throws Exception {
        logger.info("{}", messenger.getKey());
    }
}
```

결과는 다음과 같다.

```
2019-04-25 14:27:23.632 INFO 25639 --- [ main]
ication$$EnhancerBySpringCGLIB$$2fb04251 : SECRET_KEY
```

▌ 요약

로깅과 시큐리티와 같은 크로스 컷팅은 잘 개발된 애플리케이션의 가장 중요한 기능 중 일부다.

5장에서는 AOP를 사용한 크로스 컷팅이 가장 잘 개발되는 이유를 이해할 수 있었다. AOP의 기본 개념인 포인트컷, 어드바이스와 위빙을 살펴봤다.

그런 다음 스프링 프레임워크로 AOP를 구현하는 데 인기있는 옵션인 스프링 AOP와 AspectJ를 살펴봤다. 스프링 빈을 위빙하고 싶다면 스프링 AOP를 권장한다. 좀더 복잡한 기능에는 AspectJ를 프레임워크로 사용하면 된다.

스프링 AOP(@Before, @Around, @After 및 @AfterReturning)를 사용해 다른 어드바이스를 구현해봤다. 일반적인 포인트컷 클래스를 생성하는 포인트컷을 정의하는 대표 사례를 살펴봤다. 이어서 어드바이스를 적용할 메소드를 식별하기 위해 사용자 지정 AOP 어노테이션을 구현하는 방법을 배웠다.

스프링 프레임워크가 작업을 스케줄링하기 위해 제공하는 다양한 옵션을 알아보고, @Async와 병렬로 작업을 실행하는 방법도 익혔다. 중요한 작업 실행 프로그램인 Thread PoolTaskExecutor도 살펴봤다.

중요한 JSR 223 인터페이스(ScriptEngineManager, ScriptEngine 및 Bindings)를 사용해 스프링 프레임워크에서 자바스크립트와 그루비 스크립트를 실행하는 방법을 살펴봤다.

스프링 프레임워크로 작업을 스케줄링하고 동적 스크립트를 실행하는 방법을 알아보며 5장을 마무리했다.

6장에서는 스프링 부트를 사용해 훌륭한 REST API와 풀스택 애플리케이션을 구축하기 위한 여정을 시작한다.

스프링으로 REST API와
풀스택 애플리케이션 구축하기

지난 10년 동안 애플리케이션 아키텍처는 REST API를 백엔드로 사용한 풀스택 애플리케이션으로 끊임없이 발전했다.

2부에서는 스프링 부트를 사용해 훌륭한 REST API를 작성하는 방법을 학습한다. 또한 단위 테스트와 시큐리티를 포함해 중요한 REST API 기능을 알아본다. REST API와 기본 풀스택 애플리케이션을 통합 구축해보자.

2부에서 다루는 주제는 다음과 같다.

- 6장, 스프링 부트로 REST API 구축하기
- 7장, 스프링 부트로 REST API 단위 테스트하기
- 8장, 스프링 시큐리티를 활용한 시큐리티 REST API
- 9장, 리액트 및 스프링 부트가 포함된 풀스택 앱
- 10장, 스프링 데이터로 데이터 관리하기

스프링 부트로 REST API 구축하기

5장에서는 스프링 부트의 기본사항을 살펴봤다. 6장에서는 스프링 부트로 훌륭한 REST API를 구축하는 데 중점을 둔다.

애플리케이션은 혼자 동작하지 않는다. 애플리케이션 간에 서로 소통한다. 애플리케이션은 자바, C#, 자바 스크립트 등 다양한 언어로 구축할 수 있다. 그들은 어떻게 서로 소통할까? 해답은 바로 웹 서비스다. SOAP^{Simple Object Access Protocol}를 사용하는 XML-기반 웹 서비스는 초기부터 지금까지 사용됐다. 지난 몇 년 동안 REST 스타일로 구축된 웹 서비스가 등장해 대중화됐다.

6장에서는 다음과 같은 질문에 대답한다.

- REST란 무엇일까?
- 오늘날 REST가 인기있는 이유가 무엇일까?
- 스프링 부트로 REST API를 어떻게 빌드할까?
- GET, POST 등 다양한 요청 메소드는 무엇이며 언제 사용할까?
- REST API의 예외 처리, 유효성 검사는 어떻게 할까?
- REST API의 문서를 어떻게 제공할까?
- HATEOAS, 캐싱, 국제화 같은 REST API 고급 기능을 어떻게 구현할까?
- 클라우드에 REST API를 어떻게 배포할까?

▌ REST

REST^{Representational State Transfer}는 기본적인 웹 아키텍처로 일련의 제약 조건을 지정한다. 제약 조건은 클라이언트(서비스 소비자 및 브라우저)가 유연한 방식으로 서버와 상호 작용할 수 있도록 보장한다.

먼저 용어를 이해해보자.

- **서버**^{Server} : 서비스 공급자. 클라이언트에게 서비스를 제공한다.
- **클라이언트**^{Client} : 서비스 소비자. 브라우저 또는 다른 시스템일 수 있다.
- **리소스**^{Resource} : 모든 정보는 리소스가 될 수 있다(사람, 이미지, 비디오 또는 판매하려는 제품 등).
- **리프리젠테이션**^{Representation} : 리소스를 표현하는 구체적인 방법. 예를 들어 JSON, XML나 HTML을 사용해 제품 리소스를 나타낼 수 있다. 클라이언트마다 리소스의 다른 표현을 요청할 수 있다.

중요한 REST 제약 조건 중 일부는 다음과 같다.

- **클라이언트–서버**^{Client-server} : 서버(서비스 공급자)와 클라이언트(서비스 소비자)가 있어야 한다. 새로운 기술이 등장함에 따라 서버와 클라이언트의 느슨한 결합과 독립적 진화를 가능하게 한다.

- **무상태**^{Stateless} : 각 서비스는 무상태여야 한다. 후속 요청은 일시적으로 저장되는 이전 요청의 일부 데이터에 의존하면 안 된다. 메시지는 스스로 설명할 수 있어야 한다.

- **통일된 인터페이스**^{Uniform interface} : 각 리소스에는 리소스 식별자가 있다. 웹 서비스의 경우, URI^{Uniform Resource Identifier} 예제인 /users/Jack/todos/1을 사용한다. 여기서 URI Jack은 사용자 이름이고 1은 검색하려는 todo의 ID다.

- **캐시 가능**^{Cacheable} : 서비스 응답은 캐시가 가능해야 한다. 각 응답은 캐시 가능한지 여부를 표시해야 한다.

- **레이어 시스템**^{Layered system} : 서비스 소비자는 서비스 공급자와 직접 연결돼서는 안 된다. 요청을 캐시할 수 있으므로 클라이언트는 중간 레이어에서 캐시된 응답을 가져올 수 있다.

- **리프리젠테이션을 통한 리소스 연산** : 리소스는 여러 리프리젠테이션을 가질 수 있다. 리프리젠테이션이 포함된 메시지로 리소스를 수정할 수 있어야 한다.

- **HATEOAS** : RESTful 애플리케이션의 소비자는 하나의 고정 서비스 URL만을 알아야 한다. 모든 후속 리소스는 리소스 표현에 포함된 링크에서 검색할 수 있어야 한다.

HATEOAS 링크를 사용한 응답 예시다. 모든 todo를 검색하라는 요청의 응답이다.

```
{
    "_embedded":{
    "todos":[
            {
```

```
          "user":"Jill",
          "desc":"Learn Hibernate",
          "done":false,
          "_links":{
            "self":{
                  "href":http://localhost:8080/todos/1
               },
              "todo":{
                  "href":http://localhost:8080/todos/1
              }
            }
          }
        ]
     },
  "_links":{
     "self":{
         "href":http://localhost:8080/todos
     },
     "profile":{
         "href":http://localhost:8080/profile/todos
     },
     "search":{
         "href":http://localhost:8080/todos/search
     }
    }
  }
```

앞의 응답에는 다음의 링크가 포함된다.

- 특정 todos(http://localhost:8080/todos/1)
- 검색 리소스(http://localhost:8080/todos/search)

서비스 소비자가 검색을 원할 때는 응답에서 검색 URL을 가져와 검색 요청을 전송할 수 있다. 서비스 공급자와 서비스 소비자 간의 결합을 감소시킨다.

개발하는 초기 서비스는 이러한 제약 사항을 모두 준수하지는 않는다. 7장에서 제약 조건의 세부사항을 소개하고 서비스에 제약사항을 추가해 좀더 RESTful하게 만들어본다.

▌ 첫 번째 REST API 설계

6장에서는 todo를 관리하는 REST API를 구축하고 todo 정보를 검색, 업데이트, 추가, 삭제하기 위한 API를 제공한다. 먼저 REST API 설계의 우수 사례를 이해하는 것으로 시작한다. 다른 작업에 사용할 URI를 결정한다.

REST API 연산을 위한 요청 메소드 및 URI 결정하기

REST 서비스의 모범 사례 중 하나는 우리가 수행하는 작업을 기반으로 적절한 HTTP 요청 메소드를 사용하는 것이다. 지금까지 노출된 서비스에서 데이터를 읽는 서비스에 중점을 뒀기 때문에 GET 메소드를 사용했다.

다음 표는 수행할 작업을 기반으로 한 적절한 HTTP 요청 메소드다.

HTTP 요청 메소드	오퍼레이션
GET	읽기 – 리소스의 세부 정보 검색
POST	생성 – 새로운 아이템 또는 리소스 생성
PUT	업데이트/교체
PATCH	리소스 일부 업데이트/수정
DELETE	삭제

만들려는 서비스를 적절한 요청 메소드에 신속하게 매핑해보자.

- **주어진 사용자의 todo 리스트 검색**: READ다. 여기서는 GET을 사용할 것이다. /users/{name}/todos URI를 사용한다. URI의 정적인 것(사용자, todo 등)에는 복수형을 사용하면 좋은데 결과적으로 더 읽기 쉬운 URI가 된다.
- **특정 todo의 세부 정보 검색**: 다시 GET을 사용한다. /users/{name}/todos/{id} URI를 사용한다. todo 리스트 UR의 앞부분과 일치한다는 것을 알 수 있다.

- **사용자를 위한 todo 작성**: 생성 작업의 경우 제안된 HTTP 요청 메소드는 POST다. 새로운 todo를 만들려면 /users/{name}/todos URI에 게시해야 한다. 요청 본문에는 todo의 세부 정보가 포함된다.
- **todo 삭제**: 삭제 작업에서 제안된 HTTP 요청 메소드는 DELETE다. todo를 식별하기 위한 URI는 todo 세부사항을 검색하기 위한 URI(/users/{name}/todos/{id})와 같다.
- **todo 업데이트**: 업데이트 작업에서 제안된 HTTP 요청 메소드는 PUT이다. 기존 작업을 업데이트하기 위해 /users/{name}/todos/{id}에 PUT 요청을 수행한다. 요청 본문에는 todo의 세부사항이 들어간다.

API 생성을 위한 고급 접근 방법

스프링 부트를 사용하면 REST API를 쉽게 개발할 수 있다. 스프링 부트의 기본 기능 (URI 매핑, 경로 변수, JSON 응답 생성 등)을 이해하기 위해 몇 가지 Hello World 서비스를 만들어보자. 스프링 부트로 기본 서비스 생성에 익숙해지면 todo REST API의 GET, POST, PUT, DELETE 연산을 만든다.

▌ 스프링 부트로 Hello World API 만들기

완전한 API 구축을 위한 첫걸음으로 welcome 메시지를 반환하는 간단한 Hello World REST 서비스를 만들어보자.

Hello World 문자열을 반환하는 API 만들기

문자열을 반환하는 간단한 @RESTController 메소드를 만들어보자.

```
@RestController
public class BasicController {

    @GetMapping("/welcome")
    public String welcome() {
      return "Hello World";
    }

}
```

주목해야 할 몇 가지 중요한 사항은 다음과 같다.

- @RestController: @RestController 어노테이션은 @ResponseBody와 @Controller 어노테이션의 조합을 제공한다. 일반적으로 REST 컨트롤러를 생성하는 데 사용된다.
- @GetMapping("welcome"): @GetMapping은 @RequestMapping(method = RequestMethod.GET)의 바로가기다. 어노테이션이 있는 메소드는 welcome URI의 GET 요청을 처리한다.

Application.java를 자바 애플리케이션으로 실행하면 임베디드 톰캣 컨테이너가 시작된다. 다음 그림과 같이 브라우저에서 http://localhost:8080/welcome으로 접근할 수 있다.

welcome JSON 응답을 리턴하는 REST API 만들기

이전 요청에서는 문자열을 반환했다. 이제 적절한 JSON 응답을 반환하는 API를 만들어보자.

JSON 응답을 리턴하려면 응답 구조를 유지하기 위해 POJO[Plain Old Java Object]를 생성해야 한다. 다음 코드와 같이 message라는 멤버 필드와 하나의 인수 생성자가 있는 간단한 POJO WelcomeBean 클래스를 만들어보자.

```java
package com.mastering.spring.springboot.bean;

public class WelcomeBean {
    private String message;

    public WelcomeBean(String message) {
      super();
      this.message = message;
    }

public String getMessage() {
    return message;
    }
}
```

다음 메소드는 "Hello World"라는 메시지로 초기화된 간단한 WelcomeBean 클래스를 반환한다.

```java
@GetMapping("/welcome-with-object")
public WelcomeBean welcomeWithObject() {

    return new WelcomeBean("Hello World");
}
```

요청 실행

테스트 요청을 보내고 받은 응답을 살펴보자. 다음 그림은 출력된 내용이다.

http://localhost:8080/welcome-with-object URL의 응답은 다음과 같다.

{"message":"Hello World"}

 '반환한 WelcomeBean 객체는 어떻게 JSON으로 변환될까?' 질문의 답은 마술 같은 스프링 부트 자동 구성이다. Jackson이 애플리케이션의 클래스 경로에 있으면 기본 오브젝트의 JSON(및 그 반대) 변환기 인스턴스는 스프링 부트에 의해 자동 구성된다.

name 경로 변수로 welcome 메시지 만들기

경로 변수는 URI에서 컨트롤러 메소드의 변수로 값을 묶는 데 사용된다. 예를 들어 /welcome-with-parameter/name/Ranga를 생각해보자. URI에서 Ranga는 값이다. 요청 메소드에서 Ranga를 변수에 매핑할 수 있기를 원한다.

다음 예제 코드는 경로 변수를 사용하고 welcome 메시지에서 name을 커스텀하는 방법을 보여준다.

```
@GetMapping("/welcome-with-parameter/name/{name}")
public WelcomeBean welcomeWithParameter(@PathVariable String name) {
        return new WelcomeBean(String.format("Hello World, %s!", name));
}
```

주목해야 할 몇 가지 중요한 사항은 다음과 같다.

- @GetMappings("/welcome-with-parameter/name/{name}"): {name}은 값이 변수임을 나타낸다. URI에는 여러 개의 변수 템플릿이 있을 수 있다.
- welcomeWithParameter(@PathVariable String name): @PathVariable은 URI의 변수 값이 변수 name에 바인딩되도록 한다.
- String.format(helloWorldTemplate, name): 템플릿의 %s를 name으로 바꾸는 간단한 문자열 포맷이다.

요청 실행

테스트 요청을 보내고 어떤 응답을 받도록 한다. 다음 그림은 출력을 보여준다.

http://localhost:8080/welcome-with-parameter/name/Buddy URL의 응답은 다음과 같다.

{ "message": "Hello World, Buddy!"}

예상대로 URI의 name은 응답에서 메시지를 형성하는 데 사용된다.

todo REST API 만들기

여기서는 기본 todo 관리 시스템을 위한 REST 서비스 생성에 중점을 둘 것이다. 다음과 같은 서비스를 만들어보자.

- 주어진 사용자의 todo 리스트 검색하기
- 특정 todo의 세부사항 검색하기
- todo 만들기
- todo 삭제하기
- todo 세부 정보 업데이트하기

todo의 REST API를 만들기 전에 먼저 빈과 서비스를 설정한다.

빈과 서비스 설정

todo의 세부사항을 검색하고 저장하려면 세부사항을 검색하고 저장하는 Todo 빈과 서비스가 필요하다.

Todo 빈을 만들어보자.

```
public class Todo {
    private int id;
    private String user;

    private String desc;

    private Date targetDate;
    private boolean isDone;

    public Todo() {}

    public Todo(int id, String user, String desc,
```

```
    Date targetDate, boolean isDone) {
      super();
      this.id = id;
      this.user = user;
      this.desc = desc;
      this.targetDate = targetDate;
      this.isDone = isDone;
    }

    // 모든 Getters

}
```

ID, 사용자 이름, todo 설명, todo 대상 날짜 및 완료 상태 표시기를 가진 간단한 Todo 빈을 생성했다. 모든 필드의 생성자와 getter를 추가했다.

TodoService를 추가해보자. 일을 단순하게 하기 위해 서비스는 데이터베이스와 통신하지 않는다. todo의 메모리 내 배열 리스트를 유지 관리한다. 리스트는 정적 초기화 도구를 사용해 초기화된다.

```
@Service
public class TodoService {

    private static List<Todo> todos = new ArrayList<Todo>();

    private static int todoCount = 3;

    static {
        todos.add(new Todo(1, "Jack", "Learn Spring MVC", new Date(), false));
        todos.add(new Todo(2, "Jack", "Learn Struts", new Date(), false));
        todos.add(new Todo(3, "Jill", "Learn Hibernate", new Date(), false));
    }
```

중요한 메소드 중 일부는 다음과 같다.

```java
public List<Todo> retrieveTodos(String user) {
    // 주어진 사용자에 대한 모든 todo를 반환
}

    public Todo addTodo(String name, String desc, Date targetDate, boolean isDone) {
        // todo를 추가하기 위한 로직
    }

    public Todo retrieveTodo(int id) {
        // todo 검색
    }

    public Todo update(Todo todo) {
        // todo 업데이트
    }

    public Todo deleteById(int id) {
        // todo 삭제
    }
}
```

서비스와 빈이 준비됐으므로 사용자의 todo 리스트를 검색할 첫 번째 서비스를 만들 수 있다.

todo 리스트 검색하기

TodoController라는 새로운 RestController 어노테이션을 만들어보자. retrieveTodos 메소드의 코드는 다음과 같다.

```java
@RestController
public class TodoController {

    @Autowired
    private TodoService todoService;
```

```
@GetMapping("/users/{name}/todos")
public List<Todo> retrieveTodos(@PathVariable String name) {
    return todoService.retrieveTodos(name);
}

}
```

몇 가지 주의해야 할 사항은 다음과 같다.

- @Autowired 어노테이션을 사용해 todo 서비스를 자동 연결한다.
- @GetMapping 어노테이션을 사용해 "/users/{name}/todos" URI의 GET 요청을 retrieveTodos 메소드에 매핑한다.

서비스 실행하기

테스트 요청을 보내고 응답을 받도록 한다. 출력 내용을 보여주는 그림이다.

```
[{"id":1,"user":"Jack","desc":"Learn Spring
MVC","targetDate":1481607268779,"done":false},
{"id":2,"user":"Jack","desc":"Learn
Struts","targetDate":1481607268779,"done":false}]
```

http://localhost:8080/users/Jack/todos URL의 응답은 다음과 같다.

```
[
    {
        "id":1,
        "user":"Jack",
        "desc":"Learn Spring MVC",
        "targetDate":"2019-01-08T12:42:42.337+0000",
        "done":false
    },
    {
```

```
        "id":2,
        "user":"Jack",
        "desc":"Learn Struts",
        "targetDate":"2019-01-08T12:42:42.337+0000",
        "done":false
    }
]
```

todo 리스트를 반환하기 때문에 todo 배열을 응답으로 보낸다.

특정 Todo의 세부사항 검색

세부사항을 검색하기 위해 todo를 식별해야 하는데 todo id를 경로 변수로 추가하면
된다.

세부사항은 다음 메소드를 살펴보자.

```
@GetMapping(path = "/users/{name}/todos/{id}")
public Todo retrieveTodo(@PathVariable String name,
                                        @PathVariable int id) {

    return todoService.retrieveTodo(id);

}
```

주의해야 할 사항은 다음과 같다.

- 매핑된 URI는 /users/{name}/todos/{id}다.
- name과 id를 정의한 두 개의 경로 변수가 있다.

서비스 실행하기

테스트 요청을 보내고 다음 그림과 같은 응답을 얻는다.

localhost:8080/users/Jack/todos/1

```
{"id":1,"user":"Jack","desc":"Learn Spring
MVC","targetDate":1481607268779,"done":false}
```

http://localhost:8080/users/Jack/todos/1 URL의 응답은 다음과 같다.

```
{
    "id":1,
    "user":"Jack",
    "desc":"Learn Spring MVC",
    "targetDate":"2019-01-08T12:42:42.337+0000",
    "done":false
}
```

Todo 추가

새 Todo를 생성하는 메소드를 추가해본다. 사용하는 HTTP 메소드는 Post다. "/users/{name}/todos" URI에 게시한다.

```
@PostMapping("/users/{name}/todos")
ResponseEntity<?> add( @PathVariable String name,
                                        @RequestBody Todo todo) {
    Todo createdTodo = todoService.addTodo(name, todo.getDesc(),

    todo.getTargetDate(), todo.isDone());

    if (createdTodo == null) {
        return ResponseEntity.noContent().build();
    }
```

```
URI location = ServletUriComponentsBuilder.fromCurrentRequest()

.path("/{id}").buildAndExpand(createdTodo.getId()).toUri();

return ResponseEntity.created(location).build();

}
```

주의해야 할 사항은 다음과 같다.

- @PostMapping("/users/{name}/todos"): @PostMapping 어노테이션은 POST 메소드를 사용해 add() 메소드를 HTTP 요청에 매핑한다.
- ResponseEntity<?> add(@PathVariable String name, @RequestBody Todo todo): HTTP post 요청은 URI를 생성된 리소스로 반환해야 하는데 ResourceEntity를 사용한다. @RequestBody는 요청 본문을 빈에 직접 바인딩한다.
- ResponseEntity.noContent().build(): 리소스 생성 실패를 알려주는 데 사용된다.
- ServletUriComponentsBuilder.fromCurrentRequest().path("/{id}").buildAndExpand(createdTodo.getId()).toUri(): 응답에서 반환된 리소스의 URI를 형식화한다.
- ResponseEntity.created(location).build(): 생성된 리소스의 링크가 있는 상태 201(CREATED)를 반환한다.

포스트맨 소개 – REST API 클라이언트

포스트맨Postman 앱을 사용해 REST 서비스와 상호 작용한다. https://www.getpostman.com/ 웹 사이트에서 설치할 수 있다. 윈도우와 맥에서 사용할 수 있다. 구글 크롬 플러그인도 가능하다.

맥을 사용하면 Paw 애플리케이션을 사용해 볼 수도 있다.

다음 그림은 포스트맨을 사용해 간단한 GET 요청을 보내는 모습이다.

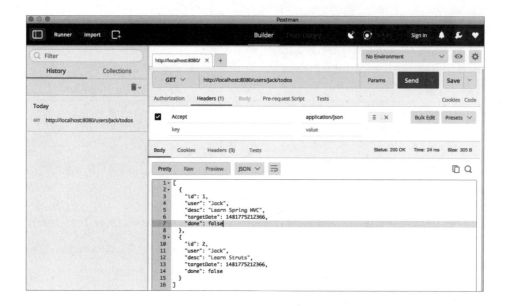

포스트맨으로 POST 서비스 실행하기

POST으로 새 Todo를 만들려면 요청 본문에 Todo용 JSON을 포함시켜야 한다.

'Jack to Learn Spring Boot'를 위한 새로운 Todo를 만들어보자.

중요한 세부사항은 다음과 같다.

- POST 요청을 다음 URI로 보내야한다.

  URI: http://localhost:8080/users/Jack/todos
- 요청 본문에는 JSON이 포함된다. 따라서 요청 헤더(Content-Type:application/json)를 보내야 한다.

전체 요청 세부사항은 다음과 같다.

```
Header
Content-Type:application/json

Body
{
    "user": "Jack",
    "desc": "Learn Spring Boot",
     "done": false
}
```

포스트맨 앱을 사용해 요청을 작성하고 요청을 실행한 후의 응답을 작성하는 방법을 그림으로 나타냈다.

주목해야 할 중요한 사항은 다음과 같다.

- POST 요청을 보낸다. 따라서 왼쪽 상단 드롭 다운에서 POST를 선택한다.
- 요청 본문의 일부로 Todo JSON을 보내려면 본문 Body 탭에서 파란색 옵션으로 강조 표시된 raw 옵션을 선택해야 한다. 콘텐츠 타입을 JSON(application/json)으로 선택한다.

- 요청이 성공적으로 실행되면 화면 중앙에 있는 상태 표시줄에서 요청 상태 (Status: 201 Created)를 확인할 수 있다.
- 위치는 http://localhost:8080/users/Jack/todos/5다. 응답에서 수신된 새로 만든 todo의 URI다.

Todo 업데이트

기존 Todo의 세부 정보를 업데이트하는 메소드를 추가해보자. 리소스 업데이트에 사용되는 HTTP 메소드는 PUT이다. "/users/{name}/todos/{id}" URI에 게시한다.

```
@PutMapping("/users/{name}/todos/{id}")
public ResponseEntity<Todo> updateTodo(@PathVariable String name,
@PathVariable int id,
    @RequestBody Todo todo) {

  todoService.update(todo);

  return new ResponseEntity<Todo>(todo, HttpStatus.OK);
}
```

주의해야 할 사항은 다음과 같다.

- @PutMapping("/users/{name}/todos/{id}"): @PutMapping 어노테이션은 PUT 메소드를 사용해 update() 메소드를 HTTP 요청에 매핑한다.
- public ResponseEntity<Todo> updateTodo(@PathVariable String name, @PathVariable int id, @RequestBody Todo todo): HTTP PUT 요청은 업데이트된 리소스의 콘텐츠를 이상적으로 리턴하는 데 ResourceEntity를 사용한다. @RequestBody는 요청 본문을 빈에 직접 바인딩한다.

포스트맨으로 PUT 서비스 실행하기

PUT으로 Todo를 업데이트하려면 요청 본문에 Todo용 JSON을 포함해야 한다.

Jack에 속한 ID 1로 Todo를 업데이트하려는 경우를 생각해보자.

중요한 세부 정보는 다음과 같다.

- PUT 요청을 URI http://localhost:8080/users/Jack/todos/1로 보내야 한다.
- 요청 본문에는 JSON이 포함된다. 따라서 요청 헤더(Content-Type:application/json)를 보내야 한다.

전체 요청 세부사항은 다음과 같다.

```
Header
Content-Type:application/json

Body
{
    "id"  : 1,
    "user": "Jack",
    "desc": "Learn Spring MVC & More",
    "done": false
}
```

다음 그림은 포스트맨 앱을 사용해 요청을 만드는 방법을 보여준다.

요청을 실행한 후 응답하는 모습이다.

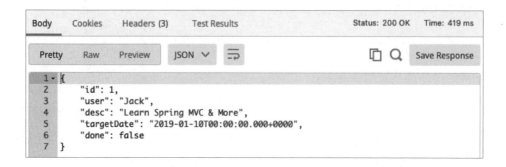

주목해야 할 중요한 사항들이다.

- PUT 요청을 보낸다. 왼쪽 상단 드롭 다운에서 PUT을 선택한다.
- 요청 본문의 일부로 Todo JSON을 보내려면 본문 **Body** 탭에서 파란색 옵션으로 강조 표시된 raw 옵션을 선택한다. 콘텐츠 유형을 JSON(application/json)으로 선택한다.
- 요청이 성공적으로 실행되면 화면 중앙의 상태표시줄에서 요청 상태(Status: 200 Ok)를 확인할 수 있다.

Todo 삭제하기

기존 Todo의 세부 정보를 삭제하는 메소드를 추가한다. 리소스 삭제에 사용되는 HTTP 메소드는 DELETE다. "/users/{name}/todos/{id}" URI를 매핑한다. 메소드는 다음과 같다.

```
@DeleteMapping("/users/{name}/todos/{id}")
public ResponseEntity<Void> deleteTodo(@PathVariable String name,
@PathVariable int id) {

    Todo todo = todoService.deleteById(id);
```

```
    if (todo != null) {
        return ResponseEntity.noContent().build();

    }
    return ResponseEntity.notFound().build();
}
```

주의해야 할 사항이다.

- @DeleteMapping("/users/{name}/todos/{id}"): @PutMapping 어노테이션은 DELETE 메소드로 deleteById() 메소드를 HTTP 요청에 매핑한다.
- public ResponseEntity<Void> deleteTodo(@PathVariable String name, @PathVariable int id): HTTP DELETE 메소드는 성공하면 No Content 상태를 리턴한다. 이때 ResourceEntity를 사용한다.

포스트맨으로 DELETE 서비스 실행하기

Jack에 속한 ID 1로 todo를 삭제하려면 다음 URI에 DELETE 요청을 보내야 한다.

URI: http://localhost:8080/users/Jack/todos/1

다음 그림은 포스트맨 앱을 사용해 요청을 만드는 방법을 보여준다.

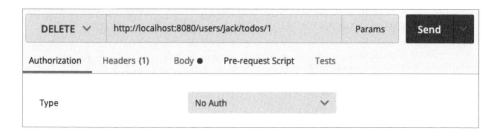

요청을 실행한 후의 응답하는 모습이다.

주목해야 할 중요한 사항이다.

- DELETE 요청을 보낸다. 왼쪽 상단 드롭 다운에서 DELETE를 선택한다.
- 요청이 성공적으로 실행되면 화면 중앙의 상태표시줄에서 요청 상태(Status: 204 No Content)를 확인할 수 있다.

REST API를 정의해 리소스에서 수행되는 일반적인 CRUD(Create, Read, Update, Delete) 연산을 노출하는 방법을 살펴봤다. todo REST API의 예외 처리, 유효성 검사와 고급 기능을 구현해본다.

▌ REST API의 예외 처리 구현하기

예외 처리는 웹 서비스 개발에서 가장 중요한 부분 중 하나다. 문제가 발생하면 서비스 소비자에게 무엇이 잘못됐는지 올바른 설명이 필요하다. 서비스 소비자에게 대안을 제시하지 않은 상태에서 서비스가 중단되는 것을 원치 않을 것이다.

스프링 부트는 훌륭한 디폴트 예외 처리 기능을 제공한다. 먼저 스프링 부트에서 제공하는 디폴트 예외 처리 기능을 살펴본 후 커스텀으로 넘어간다.

스프링 부트 디폴트 예외 처리

스프링 부트가 제공하는 디폴트 예외 처리를 이해하기 위해 존재하지 않는 URL을 요청하는 것부터 시작해보자.

리소스가 없으면 어떻게 될까?

헤더(Content-Type:application/json)를 사용해 http://localhost:8080/non-existing-resource에 GET 요청을 보내자.

다음 그림은 요청을 실행할 때의 응답 내용이다.

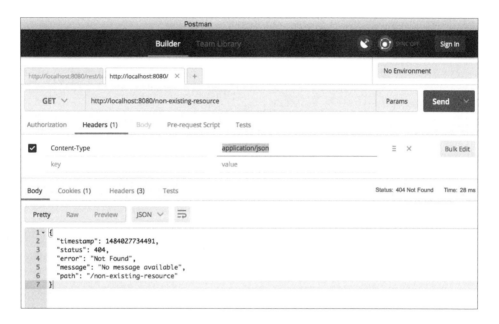

응답은 다음 코드 단락과 같다.

```
{
    "timestamp": 1484027734491,
    "status": 404,
    "error": "Not Found",
    "message": "No message available",
    "path": "/non-existing-resource"
}
```

중요한 사항은 다음과 같다.

- 응답 헤더의 HTTP 상태는 404 Not Found다.
- 스프링 부트는 '리소스를 찾을 수 없다'는 상태 메시지와 유효한 JSON 메시지를 응답으로 반환한다.

서비스 코드에서 런타임 예외가 발생하면 어떻게 될까?

애플리케이션이 런타임 예외에 어떻게 반응하는지 이해하기 위해 예외를 발생시키는 리소스를 생성하고 GET 요청을 보낸다.

예외를 발생시키는 더미 서비스를 만들어보자. 다음은 간단한 서비스를 보여주는 코드다.

```
@GetMapping(path = "/users/dummy-service")
public Todo errorService() {

    throw new RuntimeException("Some Exception Occured");

}
```

주목해야 할 사항은 다음과 같다.

- URI/users/dummy-service로 GET 서비스를 만든다.
- 서비스는 RuntimeException을 발생시킨다. 예외를 쉽게 만들 수 있도록 RuntimeException을 선택했다. 필요한 경우에는 커스텀 예외로 쉽게 바꿀 수 있다.

포스트맨을 사용해 http://localhost:8080/users/dummy-service에 기존과 동일한 GET 요청을 보낸다. 응답은 다음 코드와 같다.

```
{
    "timestamp": 1484028119553,
    "status": 500,
    "error": "Internal Server Error",
    "exception": "java.lang.RuntimeException",
    "message": "Some Exception Occured",
    "path": "/users/dummy-service"
}
```

중요한 사항은 다음과 같다.

- 응답 헤더의 HTTP 상태는 500(인터넷 서버 에러)이다.
- 스프링 부트는 발생된 예외 메시지를 반환한다.

앞의 두 예제에서 볼 수 있듯이 스프링 부트는 좋은 디폴트 예외 처리를 제공한다.

다음 절에서는 애플리케이션이 커스텀 예외에 어떻게 반응하는지 알아본다.

서비스 메소드에서 커스텀 예외가 발생하면 어떻게 될까?

커스텀 예외를 만들어 서비스에서 발생시켜 본다. 다음 코드를 살펴보자.

```
public class TodoNotFoundException extends RuntimeException {
    public TodoNotFoundException(String msg) {
        super(msg);
    }
}
```

TodoNotFoundException을 정의하는 매우 간단한 코드다.

주어진 ID를 가진 todo가 발견되지 않았을 때 TodoNotFoundException을 발생시키도록 TodoController 클래스를 수정한다.

```
@GetMapping(path = "/users/{name}/todos/{id}")
public Todo retrieveTodo(@PathVariable String name,
                                        @PathVariable int id) {

    Todo todo = todoService.retrieveTodo(id);

    if (todo == null) {
      throw new TodoNotFoundException("Todo Not Found");
     }

    return todo;
  }
```

todoService에서 todo가 null이면 TodoNotFoundException을 발생시킨다.

존재하지 않는 todo(http://localhost:8080/users/Jack/todos/222)에 **GET** 요청을 실행하면 다음과 같은 응답을 얻는다.

```
{
    "timestamp": 1484029048788,
    "status": 500,
    "error": "Internal Server Error",
    "exception":
    "com.mastering.spring.springboot.bean.TodoNotFoundException",
    "message": "Todo Not Found",
    "path": "/users/Jack/todos/222"
}
```

위에서 알 수 있듯이 명확한 예외 응답이 서비스 소비자에게 다시 전송된다.

 한 가지 더 개선해야 할 것은 바로 응답 상태. 리소스를 찾을 수 없으면 404 Not Found 상태를 반환한다. 다음 절에서 응답 상태를 커스텀하는 방법을 살펴보자.

예외 응답 커스터마이징

앞의 예외를 커스텀하고 커스텀 메시지로 적절한 응답 상태를 리턴하는 방법을 살펴보자. 다음과 같은 단계가 있다.

1. 예외 응답 구조 정의하기
2. 글로벌 예외 처리 조언 정의하기

예외 응답 구조 정의하기

커스텀 예외 메시지의 구조를 정의하기 위해 빈을 생성한다.

자동으로 채워진 타임 스탬프와 몇 가지 추가 속성(메시지 및 세부사항)을 사용해 다음과 같은 간단한 예외 응답 빈을 작성한다.

```java
public class ExceptionResponse {

    private Date timestamp = new Date();
    private String message;
    private String details;

    public ExceptionResponse(String message, String details) {
      super();
      this.message = message;
      this.details = details;
     }

    public Date getTimestamp() {
      return timestamp;
    }

    public String getMessage() {
      return message;
    }
```

```
    public String getDetails() {
      return details;
    }
  }
```

TodoNotFoundException이 발생하면 ExceptionResponse 빈을 사용해 응답을 리턴한다.

TodoNotFoundException의 커스텀 예외 처리 조언 정의하기

애플리케이션의 어느 곳에서든 TodoNotFoundException이 발생하면 ExceptionResponse의 구조를 준수하는 응답을 리턴하려고 한다. 스프링 부트에서 디폴트 예외 처리 메커니즘을 확장하는 컨트롤러 조언을 만들면 가능해진다. 다음 코드는 TodoNotFoundException. class 처리에 대한 세부사항을 보여준다.

```
@ControllerAdvice
@RestController
public class RestResponseEntityExceptionHandler
                    extends   ResponseEntityExceptionHandler {

    @ExceptionHandler(TodoNotFoundException.class)
    public final ResponseEntity<ExceptionResponse>
                     todoNotFound(TodoNotFoundException ex) {

        ExceptionResponse exceptionResponse =
                new ExceptionResponse(  ex.getMessage(),
                          "Any details you would want to add");

        return new ResponseEntity<ExceptionResponse>
                   (exceptionResponse, new HttpHeaders(),
                                       HttpStatus.NOT_FOUND);
    }
}
```

주의해야 할 사항을 보자.

- RestResponseEntityExceptionHandler extends ResponseEntityExceptionHandler : ResponseEntityExceptionHandler를 상속하고 있다. 중앙 집중식 예외 처리 클래스인 ControllerAdvice를 위해 스프링 MVC가 제공하는 기본 클래스다.
- @ExceptionHandler(TodoNotFoundException.class) : 수행할 메소드가 TodoNotFoundException.class의 특정 예외를 처리하도록 정의한다. 커스텀 예외 처리가 정의되지 않은 다른 예외는 스프링 부트가 제공하는 디폴트 예외 처리를 따른다.
- ExceptionResponse exceptionResponse = new ExceptionResponse(ex.getMessage(), "Any details you would want to add") : 커스텀 예외 응답을 만든다.
- new ResponseEntity<ExceptionResponse>(exceptionResponse,new HttpHeaders(), HttpStatus.NOT_FOUND) : 앞에서 정의한 커스텀 예외를 가진 404 Not Found 응답을 반환하는 정의다.

존재하지 않는 todo(http://localhost:8080/users/Jack/todos/222)의 GET 요청으로 서비스를 실행하면 다음과 같은 응답을 얻는다.

```
{
    "timestamp": 1484030343311,
    "message": "Todo Not Found",
    "details": "Any details you would want to add"
}
```

모든 예외에 관한 글로벌 디폴트 예외 처리 조언 정의하기

모든 예외에 관한 일반 예외 메시지를 작성하려면 @ExceptionHandler(Exception.class) 어노테이션으로 RestResponseEntityExceptionHandler에 메소드를 추가할 수 있다. 수행하는 방법을 보이는 코드다.

```
@ExceptionHandler(Exception.class)
public final ResponseEntity<ExceptionResponse> todoNotFound(Exception ex) {
        // 커스텀 그리고 응답 반환
}
```

커스텀 예외 핸들러가 정의되지 않은 예외는 이전 메소드로 처리한다.

다른 시나리오의 응답 상태 매핑하기

REST 서비스에서 중점을 두어야 할 중요한 사항 중 하나는 오류 응답의 응답 상태다. 다음 표는 사용할 시나리오와 오류 응답 상태를 보여준다.

상태	응답 상태
요청 본문이 API 스펙을 충족하지 않는다. 세부사항이 충분하지 않거나 유효성 검사 오류가 있다.	400 BAD REQUEST
인증 또는 권한 부여에 실패했다.	401 UNAUTHORIZED
사용자는 제한을 초과하는 등 다양한 요인으로 인해 작업을 수행할 수 없다.	403 FORBIDDEN
리소스가 없다.	404 NOT FOUND
지원되지 않는 작업(예: GET만 허용되는 리소스에서 POST를 시도하는 경우)	405 METHOD NOT ALLOWED
서버에서 오류가 발생했다. 이상적으로는 이런 일이 발생하지 않아야 한다. 소비자는 문제를 해결할 수 없다.	500 INTERNAL SERVER ERROR

스프링 부트가 제공하는 디폴트 예외 처리와 필요로 하는 것보다 더 많이 커스터마이징할 수 있는 방법을 살펴봤다. HATEOAS를 자세히 살펴본다.

▮ HATEOAS

HATEOAS^{Hypermedia as the Engine of Application State}는 REST 애플리케이션 아키텍처의 제약 조건 중 하나다.

서비스 소비자가 서비스 공급자로부터 수많은 서비스를 사용하는 상황을 생각해보자. 이러한 종류의 시스템을 개발하는 가장 쉬운 방법은 서비스 소비자가 서비스 공급자로 부터 필요한 모든 리소스의 개별 리소스 URI를 저장하는 것이다. 그러나 이로 인해 서비스 공급자와 서비스 소비자 간에 긴밀한 연결이 만들어진다. 서비스 공급자에서 리소스 URI가 변경될 때마다 서비스 소비자를 업데이트해야 한다.

일반적인 웹 애플리케이션을 고려해보자. 은행 계좌 세부 정보 페이지로 이동한다고 가정해보자. 거의 모든 은행 웹 사이트는 내 은행 계좌에서 가능한 모든 거래의 링크를 화면에 표시하므로 링크를 통해 쉽게 탐색할 수 있다.

서비스가 요청된 리소스의 데이터를 반환할 뿐 아니라 다른 관련 리소스의 세부 정보를 제공할 수 있도록 RESTful 서비스와 유사한 개념을 가져올 수 있다면 어떨까?

HATEOAS는 주어진 리소스의 관련 링크를 RESTful 서비스에 표시하는 개념을 제공한다. 특정 리소스의 세부 정보를 반환하면 리소스에서 수행할 수 있는 작업의 링크와 관련 리소스의 링크도 반환된다. 서비스 소비자가 응답의 링크를 사용해 트랜잭션을 수행할 수 있으면 모든 링크를 하드 코딩할 필요가 없다.

다음은 HATEOAS 링크를 사용한 응답 예다. 모든 todo를 검색하기 위한 /todos 요청의 응답이다.

```
{
    "_embedded" : {
      "todos" : [ {
        "user" : "Jill",
        "desc" : "Learn Hibernate",
        "done" : false,
```

```
        "_links" : {
         "self" : {
                "href" : http://localhost:8080/todos/1
                },
          "todo" : {
                "href" : http://localhost:8080/todos/1
                 }
             }
     } ]
},
    "_links" : {
    "self" : {
            "href" : http://localhost:8080/todos
            },
    "profile" : {
            "href" : http://localhost:8080/profile/todos
            },
    "search" : {
            "href" : http://localhost:8080/todos/search
            }
      },
}
```

앞의 출력에는 다음 링크가 포함된다.

- 특정 todo(http://localhost:8080/todos/1)
- 검색 리소스(http://localhost:8080/todos/search)

서비스 소비자가 검색을 원하면 응답에서 검색 URL을 가져와 검색 요청을 보내는 옵션
이 있다. 서비스 공급자와 서비스 소비자 간의 결합을 감소시킨다.

응답으로 HATEOAS 링크 보내기

HATEOAS가 무엇인지 이해했다. 응답에 리소스와 관련된 링크를 보내는 방법을 살펴
보자.

스프링 부트 스타터 HATEOAS

스프링 부트에는 spring-boot-starter-hateoas라는 HATEOAS를 위한 특정 스타터가 있다. 따라서 pom.xml 파일에 추가해야 한다. 다음 코드는 의존 관계 블록을 보여준다.

```xml
<dependency>
    <groupId>org.springframework.boot</groupId>
    <artifactId>spring-boot-starter-hateoas</artifactId>
</dependency>
```

spring-boot-starter-hateoas의 중요한 의존 관계 중 하나는 HATEOAS 기능을 제공하는 spring-hateoas다.

```xml
<dependency>
    <groupId>org.springframework.hateoas</groupId>
    <artifactId>spring-hateoas</artifactId>
</dependency>
```

응답의 모든 todos(/users/{name}/todos)를 검색하는 링크를 리턴하도록 retrieveTodo 리소스(/users/{name}/todos/{id})을 수정해보자.

```java
@GetMapping(path = "/users/{name}/todos/{id}")
public Resource<Todo> retrieveTodo(
@PathVariable String name, @PathVariable int id) {

    Todo todo = todoService.retrieveTodo(id);
    if (todo == null) {
        throw new TodoNotFoundException("Todo Not Found");
    }
    Resource<Todo> todoResource = new Resource<Todo>(todo);

    ControllerLinkBuilder linkTo = linkTo(methodOn(this.getClass()).
retrieveTodos(name));
```

```
        todoResource.add(linkTo.withRel("parent"));

        return todoResource;

}
```

중요한 사항은 다음과 같다.

- ControllerLinkBuilder linkTo = linkTo(methodOn(this.getClass()).retrieve
  Todos(name)): 현재 클래스에서 retrieveTodos 메소드의 링크를 가져온다.
- linkTo.withRel("parent"): 현재 리소스와의 관계는 parent다.

GET 요청이 http://localhost:8080/users/Jack/todos/1에 전송될 때의 응답을 보여주
는 코드다.

```
{
    "id": 1,
    "user": "Jack",
    "desc": "Learn Spring MVC",
    "targetDate": 1484038262110,
    "done": false,
    "_links": {
            "parent": {
                    "href": http://localhost:8080/users/Jack/todos
            }
        }
}
```

_links 섹션에는 모든 링크가 포함된다. 현재 parent에 http://localhost:8080/users/
Jack/todos로 연결된 href를 갖고 있다.

이전 요청을 실행하는 데 문제가 있으면 Accept 헤더(application/json)를 사용해 실행해 보자.

HATEOAS는 오늘날 리소스에서 일반적으로 사용되지는 않지만 서비스 공급자와 소비자 간의 연결을 줄이는 데 유용하다.

▌ REST API의 유효성 검사 구현하기

좋은 서비스는 데이터를 처리하기 전에 항상 데이터의 유효성을 검사한다. 빈 밸리데이션 API를 살펴보고 참조 구현을 사용해 서비스에서 유효성 검사를 구현한다.

빈 밸리데이션 API는 빈을 유효성 검사하는 데 사용할 수 있는 많은 어노테이션을 제공한다. JSR 349 스펙은 빈 밸리데이션 API 1.1을 정의한다. 하이버네이트 밸리데이터는 레퍼런스 구현체다. 둘 다 이미 springboot-web-starter 프로젝트의 의존 관계로 정의된다.

- hibernate-validator-5.2.4.Final.jar
- validation-api-1.1.0.Final.jar

createTodo 서비스 메소드의 간단한 유효성 검사를 만든다. 유효성 검사를 만드는 데는 두 가지 단계가 필요하다.

1. 컨트롤러 메소드에서 유효성 검사 사용
2. 빈에 유효성 검사 추가

컨트롤러 메소드에서 유효성 검사 활성화하기

컨트롤러 메소드에서 유효성 검사를 활성화하는 것은 매우 간단하다. 예제를 살펴보자.

```
@RequestMapping(method = RequestMethod.POST, path = "/users/{name}/todos")
ResponseEntity<?> add(@PathVariable String name
                                    @Valid @RequestBody Todo todo) {
```

@Valid(package javax.validation) 어노테이션은 유효성 검사를 위한 매개변수를 표시하는 데 사용된다. add 메소드가 실행되기 전에 Todo 빈에 정의된 모든 유효성 검사가 실행된다.

빈에서 유효성 검사 정의하기

Todo 빈에 몇 가지 유효성 검사를 정의하자.

```
public class Todo {
    private int id;

    @NotNull
    private String user;

    @Size(min = 9, message = "Enter atleast 10 Characters.")
    private String desc;
```

주목해야 할 중요한 사항은 다음과 같다.

- @NotNull: 사용자 필드가 비어 있지 않은지 확인한다.
- @Size(min = 9, message = "Enter atleast 10 Characters."): desc 필드의 문자 수가 9자 이상인지 확인한다.

다음은 빈 유효성 검사에 사용할 수 있는 빈 유효성 검사 어노테이션이다.

- @AssertFalse, @AssertTrue: 부울^{Boolean} 요소이면 어노테이션이 달린 요소를 확인한다.
- @AssertFalse: false를 확인한다.
- @Assert: true를 확인한다.
- @Future: 어노테이션이 달린 요소는 미래의 날짜여야 한다.
- @Past: 어노테이션이 달린 요소는 과거의 날짜여야 한다.
- @Max: 어노테이션이 달린 요소는 값이 지정된 최대 값보다 작거나 같은 숫자여야 한다.
- @Min: 어노테이션이 달린 요소는 지정된 최솟값보다 크거나 같은 숫자여야 한다.
- @NotNull: 어노테이션이 달린 요소는 null일 수 없다.
- @Pattern: 어노테이션이 달린 {@code CharSequence} 요소는 지정된 정규 표현식과 일치해야 한다. 정규 표현식은 자바 정규 표현식 규칙을 따른다.
- @Size: 어노테이션이 달린 요소 크기는 지정된 범위에 있어야 한다.

▌ OpenAPI 스펙을 사용한 REST 서비스 문서화

서비스 공급자가 서비스를 이용하려면 서비스 계약이 필요하다. 서비스 계약은 서비스의 모든 세부사항을 정의한다.

- 어떻게 서비스를 호출할 수 있을까?
- 서비스의 URI는 무엇일까?
- 요청 형식은 무엇이 돼야 할까?
- 어떤 종류의 응답을 기대해야 할까?

RESTful 서비스의 서비스 계약을 정의하는 여러 옵션이 있다. 지난 2년 동안 가장 인기 있는 것은 스웨거Swagger다. 스웨거는 지난 몇 년 동안 주요 공급 업체의 지원을 받아 많이 확대됐다. 스웨거는 이제 OpenAPI 스펙이라고 한다. 여기서는 서비스의 스웨거 문서를 생성해본다.

스웨거 스펙 생성하기

지난 몇 년 동안 코드에서 서비스 문서(스펙)를 생성하는 데 사용되는 도구가 발전됐다. RESTful 서비스 개발의 흥미로운 발전 중 하나로 볼 수 있는데 이렇게 하면 코드와 문서가 항상 동기화된다.

스프링폭스Springfox 스웨거를 사용하면 RESTful 서비스 코드에서 스웨거 문서를 생성할 수 있다. 또한 스웨거 UI라는 도구는 애플리케이션에 통합돼 사람이 읽을 수 있는 문서를 제공한다. 다음 코드 단락은 pom.xml 파일에 두 도구를 추가하는 방법을 보여준다.

```xml
<dependency>
    <groupId>io.springfox</groupId>
    <artifactId>springfox-swagger2</artifactId>
    <version>2.4.0</version>
</dependency>

<dependency>
    <groupId>io.springfox</groupId>
    <artifactId>springfox-swagger-ui</artifactId>
    <version>2.4.0</version>
</dependency>
```

다음 단계는 스웨거 문서를 활성화하고 생성하기 위해 구성 클래스를 추가한다. 코드에 담았다.

```
@Configuration
@EnableSwagger2
public class SwaggerConfig {
    @Bean
    public Docket api() {
      return new Docket(DocumentationType.SWAGGER_2)
      .select()
      .apis(RequestHandlerSelectors.any())
      .paths(PathSelectors.any()).build();
    }
}
```

중요한 사항은 다음과 같다.

- @Configuration: 스프링 설정 파일을 정의한다.
- @EnableSwagger2: 스웨거 지원을 위한 어노테이션이다.
- Docket: 스웨거 스프링 MVC 프레임워크를 사용해 스웨거 문서 생성을 구성하는 간단한 빌더 클래스다.
- new Docket(DocumentationType.SWAGGER_2): 스웨거2를 사용할 스웨거 버전으로 구성한다.
- .apis(RequestHandlerSelectors.any()) .paths(PathSelectors.any()): 문서의 모든 API와 경로를 포함한다.

스웨거 스펙 살펴보기

서버를 가동하면 API 문서 URL(http://localhost:8080/v2/api-docs)를 시작할 수 있다. 다음 그림은 생성된 문서 중 일부를 보여준다.

```
{
    swagger: "2.0",
  ▾ info: {
        description: "Api Documentation",
        version: "1.0",
        title: "Api Documentation",
        termsOfService: "urn:tos",
        contact: { },
      ▾ license: {
            name: "Apache 2.0",
            url: http://www.apache.org/licenses/LICENSE-2.0
        }
    },
    host: "localhost:8080",
    basePath: "/",
  ▸ tags: [ … ],
  ▾ paths: {
      ▸ "/error": { … },
      ▸ "/users/dummy-service": { … },
      ▸ "/users/{name}/todos": { … },
      ▸ "/users/{name}/todos/{id}": { … },
      ▸ "/welcome": { … },
      ▸ "/welcome-with-object": { … },
      ▸ "/welcome-with-parameter/name/{name}": { … }
    },
  ▾ definitions: {
      ▾ Todo: {
            type: "object",
          ▾ properties: {
              ▾ desc: {
                    type: "string"
                },
              ▾ done: {
                    type: "boolean"
                },
              ▾ id: {
                    type: "integer",
```

생성된 문서 중 일부를 살펴보자. todos 서비스를 검색하는 문서는 다음과 같다.

```
"/users/{name}/todos": {
    "get": {
    "tags": [
        "todo-controller"
        ],
```

```json
        "summary": "retrieveTodos",
        "operationId": "retrieveTodosUsingGET",
        "consumes": [
                "application/json"
                ],
        "produces": [
                "*/*"
                ],
        "parameters": [
                {
                  "name": "name",
                  "in": "path",
                  "description": "name",
                  "required": true,
                  "type": "string"
                }
                ],
        "responses": {
        "200": {
                "description": "OK",
                "schema": {
                        "type": "array",
                        items": {
                            "$ref": "#/definitions/Todo"
                          }
                        }
                },
        "401": {
                 "description": "Unauthorized"
                },
        "403": {
                 "description": "Forbidden"
                },
        "404": {
                 "description": "Not Found"
                }
          }
     }
}
```

서비스 정의는 서비스 요청과 응답을 명확하게 정의한다. 서비스가 다른 상황에서 반환할 수 있는 다양한 응답 상태도 정의한다.

다음 코드는 Todo 빈의 정의를 보여준다.

```
"Resource«Todo»": {
    "type": "object",
    "properties": {
    "desc": {
            "type": "string"
        },
    "done": {
            "type": "boolean"
        },
    "id": {
            "type": "integer",
            "format": "int32"
        },
    "links": {
            "type": "array",
            "items": {
                    "$ref": "#/definitions/Link"
                }
        },
    "targetDate": {
                "type": "string",
                "format": "date-time"
            },
    "user": {
            "type": "string"
        }
    }
}
```

Todo 빈의 모든 요소와 형식을 정의한다.

스웨거 UI를 사용해 스웨거 문서 탐색하기

스웨거 UI(http://localhost:8080/swagger-ui.html)를 사용해 문서를 볼 수도 있다. 스웨거 UI는 앞 단계에서 pom.xml에 추가된 의존 관계(io.springfox:springfox-swagger-ui)에 의해 활성화된다.

스웨거 UI(http://petpet.swagger.io)도 온라인에서 사용할 수 있다. 스웨거 UI로 스웨거 문서(스웨거 JSON 포함)를 시각화할 수 있다. 다음 그림은 컨트롤러 노출 서비스 리스트를 보여준다. 컨트롤러를 클릭하면 각 컨트롤러가 지원하는 요청 메소드와 URI 리스트가 표시된다.

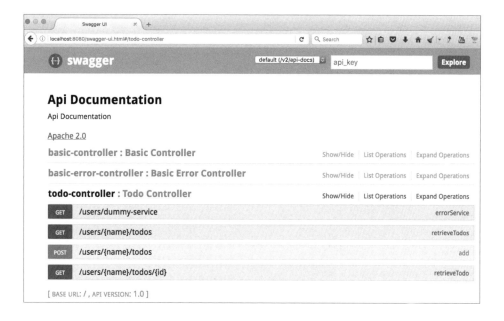

다음은 스웨거 UI에서 사용자의 **todo** 매개변수를 만드는 **POST** 서비스의 세부사항을 보여주는 그림이다.

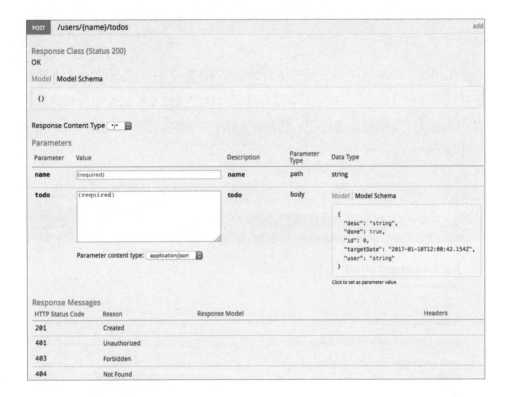

참고해야 할 중요한 사항이다.

- Parameters는 요청 본문을 포함해 모든 중요한 파라미터를 보여준다.
- Parameter Type 본문(todo 파라미터용)은 요청 본문의 예상 구조를 보여준다.
- Response Messages 부분에는 서비스에서 리턴되는 여러 가지 HTTP 상태 코드가 표시된다.

스웨거 UI는 많은 추가 노력없이 API의 서비스 정의를 공개할 수 있다.

어노테이션을 사용한 커스텀 스웨거 문서

스웨거 UI는 문서를 추가로 커스텀 할 수 있는 어노테이션이 있다. todos 서비스를 검색할 수 있는 문서 중 일부는 다음과 같다.

```
"/users/{name}/todos": {
    "get": {
    "tags": [
            "todo-controller"
            ],
    "summary": "retrieveTodos",
    "operationId": "retrieveTodosUsingGET",
    "consumes": [
            "application/json"
            ],
    "produces": [
            "*/*"
            ],
```

생성된 문서는 매우 원시적이다. 서비스를 더 잘 설명하기 위해 문서에서 개선할 수 있는 사항은 많다. 몇 가지 예를 소개한다.

- 더 나은 요약을 제공한다.
- produce는 이전 문서의 */* 값을 갖는다. 응답 내용 유형, 즉 application/json을 나타내기 위해 보다 구체적인 produces를 만들 수 있다.

스웨거는 문서를 커스텀하기 위해 RESTful 서비스에 추가할 수 있는 어노테이션을 제공한다. 문서를 향상시키기 위해 컨트롤러에 몇 가지 어노테이션을 추가해보자.

```
@ApiOperation(
    value = "Retrieve all todos for a user by passing in his name",
    notes = "A list of matching todos is returned. Current pagination
    is not supported.",
    response = Todo.class,
```

```
        responseContainer = "List",
      produces = "application/json")
@GetMapping("/users/{name}/todos")
public List<Todo> retrieveTodos(@PathVariable String name) {

      return todoService.retrieveTodos(name);

}
```

몇 가지 중요한 사항이다.

- @ApiOperation(value = "Retrieve all todos for a user by passing in his name"): 서비스 요약으로 문서에 생성된다.
- notes = "A list of matching todos is returned. Current pagination is not supported.": 서비스를 설명한 내용으로 문서에 생성된다.
- produce = "application/json": 서비스 문서의 produce 섹션을 커스텀한다

다음은 업데이트 후의 문서다.

```
get": {
        "tags": [
                  "todo-controller"
               ],
        "summary": "Retrieve all todos for a user by passing in his
         name",
        "description": "A list of matching todos is returned. Current
         pagination is not supported.",
        "operationId": "retrieveTodosUsingGET",
        "consumes": [
                  "application/json"
               ],
        "produces": [
                  "application/json",
                  "*/*"
               ],
```

스웨거는 문서를 커스텀하기 위해 다른 많은 어노테이션을 제공한다. 중요한 어노테이션을 소개한다.

- @Api: 클래스를 스웨거 리소스로 표시한다.
- @ApiModel: 스웨거 모델의 추가 정보를 제공한다.
- @ApiModelProperty: 모델 속성의 데이터를 추가하고 조작한다.
- @ApiOperation: 특정 경로의 오퍼레이션이나 HTTP 메소드를 설명한다.
- @ApiParam: 오퍼레이션 파라미터에 추가 메타 데이터를 추가한다.
- @ApiResponse: 오퍼레이션 응답 예를 설명한다.
- @ApiResponses: 여러 ApiResponse 객체 리스트를 허용하는 래퍼다.
- @Authorization: 리소스나 오퍼레이션에 사용되는 권한 부여 체계를 선언한다.
- @AuthorizationScope: OAuth 2 인증 범위를 설명한다.
- @ResponseHeader: 응답의 일부로 제공될 수 있는 헤더를 나타낸다.

스웨거는 서비스 그룹의 고급 정보(연락처, 라이센스 및 기타 일반 정보)를 커스텀하는 데 사용할 수 있는 스웨거 정의 어노테이션을 제공한다.

- @SwaggerDefinition: 생성된 스웨거 정의에 추가할 정의 레벨 속성이다.
- @Info: 스웨거 정의의 일반 메타 데이터다.
- @Contact: 스웨거 정의를 위해 연락할 사람을 설명하는 속성이다.
- @License: 스웨거 정의의 라이센스를 설명하는 속성이다.

▌ REST API 국제화 구현하기

국제화(i18n)는 전 세계의 다양한 언어와 문화에 맞게 커스텀할 수 있도록 애플리케이션과 서비스를 개발하는 프로세스로 현지화라고도 한다. 국제화 또는 현지화의 목표는 여러 언어 및 형식으로 콘텐츠를 제공할 수 있는 애플리케이션을 구축하는 것이다.

스프링 부트는 국제화를 기본적으로 지원한다. API에서 국제화를 구축할 수 있는 방법을 이해하기 위한 간단한 서비스를 만들어보자.

스프링 부트 애플리케이션에 LocaleResolver와 메시지 소스를 추가해야 한다.

다음 코드는 Application.java에 포함돼야 한다.

```java
@Bean
public LocaleResolver localeResolver() {

    SessionLocaleResolver sessionLocaleResolver = new SessionLocaleResolver();
    sessionLocaleResolver.setDefaultLocale(Locale.US);
    return sessionLocaleResolver;

}

@Bean
public ResourceBundleMessageSource messageSource() {

    ResourceBundleMessageSource messageSource = new ResourceBundleMessageSource();
    messageSource.setBasenames("messages");
    messageSource.setUseCodeAsDefaultMessage(true);
    return messageSource;

}
```

주목해야 할 사항은 다음과 같다.

- sessionLocaleResolver.setDefaultLocale(Locale.US): 기본 지역으로 Locale.US를 설정한다.
- messageSource.setBasenames("messages"): 메시지 소스의 기본 이름을 messages로 설정한다. fr 지역(프랑스)에 있다면 message_fr.properties의 메시지를 사용한다. message_fr.properties에서 메시지를 사용할 수 없으면 기본 message.properties에서 검색한다.

- messageSource.setUseCodeAsDefaultMessage(true): 메시지를 찾지 못하면 코드는 기본 메시지를 반환한다.

각 파일에서 메시지를 구성해보자. 먼저 messages.properties로 시작한다. 파일의 메시지는 기본값으로 작동한다.

```
welcome.message=Welcome in English
```

messages_fr.properties도 설정해보자. 파일의 메시지는 지역에 사용된다. 여기에 메시지가 없으면 messages.properties의 기본값이 사용된다.

```
welcome.message=Welcome in French
```

"Accept-Language"헤더에 지정된 지역을 사용해 특정 메시지를 반환하는 서비스를 만든다.

```
@GetMapping("/welcome-internationalized")
public String msg(@RequestHeader(value = "Accept-Language",
                                    required = false) Locale locale) {
    return messageSource.getMessage("welcome.message", null,
    locale);
}
```

주의해야 할 사항이다.

- @RequestHeader(value = "Accept-Language", required = false) Locale locale: 지역은 요청 헤더 Accept-Language에서 선택된다. 필수는 아니다. 지역을 지정하지 않으면 기본 지역이 사용된다.

- messageSource.getMessage("welcome.message", null, locale): 따라서 message Source는 컨트롤러에 자동 연결된다. 주어진 지역에 따라 welcome 메시지를 받는다.

다음 그림은 기본 Accept-Language 헤더를 지정하지 않고 이전 서비스가 호출될 때의 응답을 보여준다.

messages.properties의 기본 메시지가 반환된다. 이전 서비스가 Accept-Language fr로 호출될 때의 응답을 보여준다. 그림을 참조하자.

messages_fr.properties의 현지화된 메시지가 반환된다.

앞의 예제에서 요청 지역을 기반으로 지역화된 메시지를 반환하도록 서비스를 수정했다. 구성요소의 모든 서비스를 국제화하기 위해 유사한 접근 방식을 사용할 수 있다.

▌ REST API 캐싱 구현하기

서비스의 데이터 캐싱은 애플리케이션의 성능과 확장성을 향상시키는 데 중요한 역할을 한다. 스프링 부트가 제공하는 구현 옵션을 살펴보자.

스프링은 어노테이션을 기반으로 캐싱 추상화를 제공한다. 스프링 캐싱 어노테이션을 사용해 시작한다. 나중에 JSR 107 캐싱 어노테이션을 설명한 후 스프링 추상화와 비교해본다.

caching-spring-boot-starter-cache를 위한 스타터 프로젝트

스프링 부트는 캐싱을 위한 스타터 프로젝트(spring-boot-starter-cache)를 제공한다. 스타터 프로젝트를 애플리케이션에 추가하면 JSR 107 및 스프링 캐싱 어노테이션을 사용하는 데 필요한 모든 의존 관계가 생긴다. 다음 코드는 spring-boot-starter-cache의 의존 관계 세부 정보를 보여준다. pom.xml 파일에 추가해보자.

```
<dependency>
    <groupId>org.springframework.boot</groupId>
    <artifactId>spring-boot-starter-cache</artifactId>
</dependency>
```

애플리케이션의 캐싱 활성화하기

캐싱을 사용하기 전에 애플리케이션에서 캐싱을 활성화해야 한다. 다음 코드는 캐싱을 활성화하는 방법이다.

```
@EnableCaching
@SpringBootApplication
public class Application {
```

@EnableCaching은 스프링 부트 애플리케이션에서 캐싱을 활성화한다.

스프링 부트는 자동으로 적절한 CacheManager 프레임워크를 구성해 관련 캐시의 공급자 역할을 한다. 스프링 부트가 CacheManager 프레임워크를 결정하는 방법의 세부사항은 잠시 뒤에 살펴보자.

데이터 캐싱

캐싱을 활성화했으므로 데이터를 캐시하려는 메소드에 @Cacheable 어노테이션을 추가할 수 있다. 다음 코드는 retrieveTodos에서 캐싱을 사용하는 방법을 보여준다.

```
@Cacheable("todos")
public List<Todo> retrieveTodos(String user) {
```

앞의 예에서 특정 사용자의 todo가 캐시된다. 특정 사용자의 메소드를 처음 호출하면 todo가 서비스에서 검색된다. 같은 사용자를 후속 호출할 때 데이터는 캐시에서 반환된다.

스프링은 조건부 캐싱도 제공한다. 다음 코드에서 지정된 조건이 충족되는 경우에만 캐싱이 활성화된다.

```
@Cacheable(cacheNames="todos", condition="#user.length < 10")
public List<Todo> retrieveTodos(String user) {
```

스프링은 또한 캐시에서 데이터를 제거하고 캐시할 일부 커스텀 데이터를 추가하기 위해 추가 어노테이션을 제공한다. 중요한 사항은 다음과 같다.

- @CachePut: 데이터를 캐시에 명시적으로 추가하는 데 사용된다.
- @CacheEvict: 캐시에서 오래된 데이터를 제거하는 데 사용된다.
- @Caching: 여러 개의 중첩된 @Cacheable, @CachePut, @CacheEvict 어노테이션을 같은 메소드에서 사용할 수 있다.

JSR-107 캐싱 어노테이션

JSR-107은 캐싱 어노테이션을 표준화하는 것을 목표로 한다. 다음은 중요한 JSR-107 어노테이션 중 일부다.

- @CacheResult: @Cacheable과 비슷하다.
- @CacheRemove: @CacheEvict와 유사하다. @CacheRemove는 예외가 발생하면 조건부 제거를 지원한다.
- @CacheRemoveAll: @CacheEvict(allEntries=true)와 유사하게 캐시에서 모든 항목을 제거하는 데 사용된다.

JSR-107과 스프링의 캐싱 어노테이션은 제공하는 기능면에서 상당히 유사하다. 어느 쪽이든 좋은 선택이다. JSR-107은 표준이기 때문에 조금 더 나은 선택일 수 있다. 그러나 같은 프로젝트에서 둘 다 사용해서는 안 된다.

캐싱 공급자의 자동 감지 순서

캐싱이 활성화되면 스프링 부트 자동 설정이 캐싱 공급자를 찾기 시작한다. 스프링 부트가 캐싱 공급자를 검색하는 순서를 우선순위로 정리했다.

- JCache(JSR-107) (EhCache 3, Hazelcast, Infinispan 등)
- EhCache 2.x
- 헤이젤캐스트Hazelcast
- 인피니스팬Infinispan
- 카우치베이스Couchbase
- 레디스Redis
- 카페인Caffeine
- 구아바Guava
- 심플Simple

▌클라우드에 스프링 부트 애플리케이션 배포하기

스프링 부트는 PaaSPlatform as a Service 공급자로서 가장 널리 사용되는 클라우드 플랫폼을 지원한다. 인기있는 몇 가지를 소개한다.

- 클라우드 파운드리Cloud Foundry
- 헤로쿠Heroku
- 오픈시프트OpenShift
- 아마존 웹 서비스AWS

클라우드 파운드리에 애플리케이션을 배포해본다.

클라우드 파운드리에 애플리케이션 배포하기

클라우드 파운드리 자바 빌드 팩은 스프링 부트를 완벽하게 지원한다. JAR와 전통적인 자바 EE WAR 애플리케이션을 기반으로 독립실행형 애플리케이션을 배포할 수 있다.

클라우드 파운드리는 애플리케이션을 배포하는 메이븐 플러그인을 제공한다.

```
<build>
    <plugins>
        <plugin>
            <groupId>org.cloudfoundry</groupId>
            <artifactId>cf-maven-plugin</artifactId>
            <version>1.1.2</version>
        </plugin>
    </plugins>
</build>
```

애플리케이션을 배포하기 전에 배치할 대상과 공간을 구성해야 하는데 단계는 다음과 같다.

1. https://account.run.pivotal.io/sign-up에 피보탈 클라우드 파운드리^{Pivotal Cloud Foundry} 계정을 만든다.
2. 계정을 만든 후에는 https://run.pivotal.io에 로그인해 조직과 공간을 만들 수 있다. 애플리케이션을 배치하기 위해 조직^{org}과 공간^{space} 세부사항을 준비하자.

조직과 공간 설정으로 플러그인을 업데이트할 수 있다.

```
<build>
    <plugins>
        <plugin>
            <groupId>org.cloudfoundry</groupId>
            <artifactId>cf-maven-plugin</artifactId>
```

```
            <version>1.1.2</version>
            <configuration>
                <target>http://api.run.pivotal.io</target>
                <org>in28minutes</org>
                <space>development</space>
                <memory>512</memory>
                <env>
                    <ENV-VAR-NAME>prod</ENV-VAR-NAME>
                </env>
            </configuration>
        </plugin>
    </plugins>
</build>
```

메이븐 플러그인 명령 프롬프트나 터미널을 사용해 클라우드 파운드리에 로그인해야
한다.

```
mvn cf:login -Dcf.username=<<YOUR-USER-ID>> -Dcf.password=<<YOUR-PASSWORD>>
```

모두 성공하면 다음과 같은 메시지가 나타난다.

```
[INFO] ------------------------------------------------------------------
[INFO] Building Your First Spring Boot Example 0.0.1-SNAPSHOT
 [INFO] ------------------------------------------------------------------
 [INFO]
 [INFO] --- cf-maven-plugin:1.1.2:login (default-cli) @ springboot-for-beginners-
example ---
 [INFO] Authentication successful
[INFO] ------------------------------------------------------------------
[INFO] BUILD SUCCESS
[INFO] ------------------------------------------------------------------
[INFO] Total time: 14.897 s
[INFO] Finished at: 2017-02-05T16:49:52+05:30
[INFO] Final Memory: 22M/101M
[INFO] ------------------------------------------------------------------
```

로그인하면 애플리케이션을 클라우드 파운드리로 푸시할 수 있다.

```
mvn cf:push
```

명령을 실행하면 메이븐은 컴파일, 테스트 실행, 애플리케이션 JAR나 WAR를 빌드한
다음 클라우드에 배포한다.

```
[INFO] Building jar: /in28Minutes/Workspaces/SpringTutorial/springboot-for-
beginners-example-rest-service/target/springboot-for-beginners-
example-0.0.1-SNAPSHOT.jar
[INFO]
[INFO] --- spring-boot-maven-plugin:1.4.0.RELEASE:repackage (default) @
springboot-for-beginners-example ?
[INFO]
[INFO] <<< cf-maven-plugin:1.1.2:push (default-cli) < package @
springboot-for-beginners-example <<<
[INFO]
[INFO] --- cf-maven-plugin:1.1.2:push (default-cli) @ springboot-for-
beginners-example ?
[INFO] Creating application 'springboot-for-beginners-example'
[INFO] Uploading '/in28Minutes/Workspaces/SpringTutorial/springboot-for-
beginners-example-rest-service/target/springboot-for-beginners-
example-0.0.1-SNAPSHOT.jar'
[INFO] Starting application
[INFO] Checking status of application 'springboot-for-beginners-example'
[INFO] 1 of 1 instances running (1 running)
[INFO] Application 'springboot-for-beginners-example' is available at
'http://springboot-for-beginners-example.cfapps.io'
[INFO] ----------------------------------------------------------------
[INFO] BUILD SUCCESS
[INFO] ----------------------------------------------------------------
[INFO] Total time: 02:21 min
[INFO] Finished at: 2017-02-05T16:54:55+05:30
[INFO] Final Memory: 29M/102M
[INFO] ----------------------------------------------------------------
```

클라우드에서 애플리케이션이 실행되면 실행 로그에서 URL(http://springboot-for-beginners-example.cfapps.io)을 사용할 수 있다.

 http://springboot-for-beginners-example.cfapps.io는 예일 뿐이다. 이전에 표시된 실행 로그에서 올바른 URL을 선택할 수 있다. 클라우드 파운드리의 자바 빌드 팩의 자세한 정보는 https://docs.run.pivotal.io/buildpacks/java/buildtool-int.html#maven에서 확인할 수 있다.

▌ 요약

스프링 부트는 스프링 기반 애플리케이션 개발을 쉽게 해줌으로써 프로덕션 지원 애플리케이션을 매우 빠르게 만들 수 있다.

6장에서는 스프링 부트로 멋진 REST API를 구축하는 방법을 알아봤다. REST API 모범 사례 중 일부를 살펴보고 REST API 애플리케이션의 예외 처리, 캐싱과 국제화를 구현해봤다. 또한 스웨거를 사용해 REST 서비스를 문서화하는 우수 사례를 논의했다. 마지막으로 REST API를 클라우드 공급자에 배포하는 방법을 학습했다.

7장에서는 스프링 시큐리티를 사용해 RESTful 서비스에 제공하는 강력한 시큐리티와 REST API 단위 테스트를 중점적으로 살펴본다.

스프링 부트로
REST API 단위 테스트하기

6장에서 스프링 부트로 REST API를 쉽게 개발할 수 있는 방법을 살펴봤다. 간단한 Hello World REST API를 만들어 스프링 부트의 기본 기능을 이해하며 Todo REST API 를 GET, POST, PUT, DELETE 연산으로 REST API를 작성했다.

7장에서는 스프링 부트로 개발할 때 REST API 단위 테스트와 통합 테스트 작성에 집 중한다.

단위 테스트는 각 메소드나 메소드 그룹의 책임을 자동화된 테스트 작성에 중점을 둔 다. 단위 테스트는 향후 결함에 대비한 안전망 역할을 하고 결함을 조기에 발견할 때 도 움이 된다.

REST API의 단위 테스트에서 REST API 컨트롤러를 개별적으로 시작한 다음 테스트한다. 스프링 모크 MVC(모델, 뷰, 컨트롤러) 프레임워크를 사용해 웹 레이어 구성요소만으로 스프링 컨텍스트를 시작하고 다른 모든 의존 관계를 모킹한다.

통합 테스트를 통해 여러 레이어의 애플리케이션을 조합해 테스트할 수 있다. 통합 테스트에서 비즈니스와 데이터 컴포넌트를 포함한 전체 스프링 컨텍스트를 시작한다. REST API를 호출하고 응답을 확인해보자.

7장에서 다룰 주제는 다음과 같다.

- 스프링 MVC로 구현된 서로 다른 REST API 메소드의 단위 테스트를 어떻게 작성할까?
- 웹 레이어 컴포넌트와 스프링 모크 MVC 프레임워크를 사용해 단위 테스트를 위한 스프링 컨텍스트를 어떻게 시작할 수 있을까?
- 스프링 MVC로 구현된 다른 REST API 메소드의 통합 테스트를 어떻게 작성할까?
- 스프링 부트 스타터 테스트가 단위 및 통합 테스트를 작성할 때 시작하기에 좋은 이유는 무엇일까?

▌ 기술적 요구사항

7장의 요구사항은 다음과 같다.

- 선호하는 IDE, 이클립스
- 메이븐 3.x
- 자바 8+
- 인터넷 연결

깃허브의 코드는 https://github.com/PacktPublishing/MasteringSpring-5.1/tree/master/Chapter07에 있다.

■ 스프링 부트를 이용한 REST API 단위 테스트

2장, '의존 관계 주입 및 단위 테스트하기'에서 스프링 컨텍스트의 기본 단위 테스트를 만들면서, 스프링 프레임워크가 컴포넌트를 느슨하게 결합해 단위 테스트를 쉽게 만드는 방법을 살펴봤다.

2장에서 설명한 것처럼 일반적인 웹 애플리케이션은 방대하며 수천 개의 클래스와 메소드가 있다. 단위 테스트에는 개별 클래스와 메소드의 독립적인 자동 테스트 작성이 포함된다. 단위 테스트는 배포된 전체 애플리케이션을 테스트하는 대신, 각 클래스와 각 메소드의 책임에 관한 자동화된 테스트 작성에 중점을 둔다.

단위 테스트는 향후 결함에 대비한 안전망 역할을 하고 결함을 조기에 발견하는 데 도움이 된다. 잘 작성된 테스트는 코드와 기능의 설명서 역할을 한다.

스프링 및 스프링 부트 프레임워크는 훌륭한 단위 테스트 작성에 필요한 지원을 제공한다.

단위 테스트를 위해 스프링 부트가 제공하는 기본 스타터 프로젝트부터 시작해보자.

스프링 부트 스타터 테스트에 의존 관계 추가

spring-boot-starter-test는 스프링 부트로 단위 테스트를 작성하기 위한 스타터다.

```
<dependency>
    <groupId>org.springframework.boot</groupId>
    <artifactId>spring-boot-starter-test</artifactId>
```

```
    <scope>test</scope>
</dependency>
```

spring-boot-starter-test는 여러 가지 중요한 단위 테스트 프레임워크를 제공한다.

```
<dependency>
    <groupId>org.springframework</groupId>
    <artifactId>spring-test</artifactId>
</dependency>
<dependency>
    <groupId>com.jayway.jsonpath</groupId>
    <artifactId>json-path</artifactId>
</dependency>
<dependency>
    <groupId>junit</groupId>
    <artifactId>junit</artifactId>
</dependency>
<dependency>
    <groupId>org.assertj</groupId>
    <artifactId>assertj-core</artifactId>
</dependency>
<dependency>
    <groupId>org.mockito</groupId>
    <artifactId>mockito-core</artifactId>
</dependency>
<dependency>
    <groupId>org.hamcrest</groupId>
    <artifactId>hamcrest-core</artifactId>
</dependency>
<dependency>
    <groupId>org.skyscreamer</groupId>
    <artifactId>jsonassert</artifactId>
</dependency>
```

다음 프레임워크를 간단히 살펴보자.

- **JUnit**: 가장 널리 사용되는 자바 단위 테스트 프레임워크는 단위 테스트 작성을 위한 기본 구조를 제공한다.
- **스프링 테스트**(spring-test): 스프링 컨텍스트를 시작하기 위해 단위 테스트를 작성하는 기능을 제공한다. REST API를 단위 테스트하는 데 사용할 수 있는 모크 MVC 프레임워크도 제공한다.
- **모키토 코어**(mockito-core): 모크로 단위 테스트를 작성하는 데 도움이 된다.
- **AssertJ 코어**(assertj-core): 간단하고 읽기 쉬운 어설션을 작성할 수 있다. 예를 들면 `assertThat(numbersList).hasSize(15).contains(1, 2, 3).allMatch(x -> x <100)`이다.
- **Hamcrest 코어**(hamcrest-core): 훌륭한 어설션을 작성하는 또 다른 프레임워크다. 예를 들면 `assertThat("XYZ", containsString("XY"))`이다.
- **JSON Path**(json-path): XML용 XPath와 유사하게 JSONPath로 JSON 응답의 요소를 식별하고 단위 테스트를 할 수 있다.
- **JSON Assert**(JSONAssert): JSON Assert를 사용하면 예상되는 JSON을 지정하고 이를 사용해 JSON 응답의 특정요소를 체크할 수 있다. 7장의 뒷부분에서 JSON Assert를 사용해보자.

BasicController API 단위 테스트

BasicController에서 구현된 Hello World 서비스의 단위 테스트를 작성해보자.

기본 단위 테스트 설정하기

웹 레이어의 단위 테스트를 작성할 때 보통 비즈니스나 데이터 레이어를 걱정하지 않고 특정 컨트롤러에 집중하려고 한다.

스프링 테스트 프레임워크는 @WebMvcTest 프레임워크를 제공해 스프링 MVC 컴포넌트에만 초점을 맞춘 테스트를 작성한다. 어노테이션은 웹 MVC와 관련이 없는 모든 자동 구성을 비활성화한다. 비활성화될 어노테이션 중 일부에는 @Component, @Service와 @Repository가 있다.

@WebMvcTest가 스캔할 빈의 전체 리스트에는 @Controller, @ControllerAdvice, @JsonComponent, Converter, GenericConverter, Filter, WebMvcConfigurer와 HandlerMethodArgumentResolver가 포함된다.

다음 코드는 웹 모크 mvc 테스트를 시작하는 데 필요한 기본 구성을 보여준다.

```
@RunWith(SpringRunner.class)
@WebMvcTest(value = BasicController.class, secure = false)
public class BasicControllerTest {
    @Autowired
    private MockMvc mvc;
```

중요한 사항은 다음과 같다.

- @RunWith(SpringRunner.class): SpringRunner는 SpringJUnit4ClassRunner 클래스의 바로가기다. 단위 테스트를 위한 간단한 스프링 컨텍스트를 시작한다.
- @WebMvcTest(BasicController.class): 어노테이션을 SpringRunner와 함께 사용해 스프링 MVC 컨트롤러에 간단한 테스트를 작성할 수 있다. 스프링 MVC 관련 어노테이션으로 어노테이션이 달린 빈만 로드한다. 예제에서는 Basic Controller 클래스를 테스트하면서 웹 MVC 테스트 컨텍스트를 시작한다.
- @Autowired private MockMvc mvc: 요청하는 데 사용할 수 있는 MockMvc 빈을 자동 연결한다.
- secure = false: 단위 테스트에서 시큐리티를 사용하고 싶지 않을 수도 있다. WebMvcTest 어노테이션의 secure = false 매개변수는 단위 테스트에 스프링 시큐리티를 사용하지 않는다.

문자열을 반환하는 Hello World API의 단위 테스트 작성하기

"Hello World"를 반환하는 hello world API(http://localhost:8080/welcome)의 단위 테스트를 작성하려고 한다.

단위 테스트에서는 /welcome의 리소스에 GET 요청을 보내고 응답이 예상대로 되는지 확인하려고 한다. 단위 테스트를 보여주는 코드다.

```
@Test
public void welcome() throws Exception {
    mvc.perform(
            MockMvcRequestBuilders.get("/welcome")
            .accept(MediaType.APPLICATION_JSON))
        .andExpect(status().isOk())
        .andExpect(content().string(equalTo("Hello World")));
}
```

중요한 사항이다.

- mvc.perform(MockMvcRequestBuilders.get("/welcome").accept(MediaType.APPLICATION_JSON)): Accept 헤더 값, application/json을 사용해 /welcome의 요청을 수행한다.
- andExpect(status().isOk()): 응답 상태는 200(success)다.
- andExpect(content().string(equalTo("Hello World"))): 응답 내용이 "Hello World"와 같을 것으로 예상한다.

JSON을 반환하는 Hello World API의 단위 테스트 작성하기

이전 테스트에서 REST API는 문자열을 반환했다. 그러나 실제 환경에서 REST API는 일반적으로 JSON 응답을 반환한다.

http://localhost:8080/welcome-with-object API를 고려해보자. GET 요청은 다음 코드에 표시된 것처럼 JSON을 반환한다.

```
{ "message": "Hello World"}
```

JSON 응답을 어떻게 어설트할까? 테스트에서는 숏컷을 가져 와서 하위 문자열을 테스트한다.

```
@Test
public void welcomeWithObject() throws Exception {
    mvc.perform(
      MockMvcRequestBuilders.get("/welcome-with-object")
                            .accept(MediaType.APPLICATION_JSON))
        .andExpect(status().isOk())
        .andExpect(content().string(containsString("Hello World")));
}
```

테스트는 콘텐츠에 "Hello World" 하위문자열이 포함돼 있는지 여부를 확인하기 위해 containsString을 사용한다는 점을 제외하고는 이전 단위 테스트와 매우 유사하다. 7장의 뒷부분에서 적절한 JSON 테스트를 작성하는 방법을 배운다.

경로 매개변수를 사용해 Hello World API의 단위 테스트 작성하기

이제 path 매개변수를 사용해 API의 단위 테스트를 작성해보자.

http://localhost:8080/welcome-with-parameter/name/Buddy URL의 응답은 다음과 같다.

```
{"message":"Hello World, Buddy!"}
```

단위 테스트에서는 URI의 일부로 이름을 전달하고 응답에 이름이 포함돼 있는지 확인하려고 한다. 수행하는 방법을 보여주는 다음 코드를 보자.

```
@Test
public void welcomeWithParameter() throws Exception {
    mvc.perform(
            MockMvcRequestBuilders.get("/welcome-withparameter/name/Buddy")
            .accept(MediaType.APPLICATION_JSON))
        .andExpect(status().isOk())
        .andExpect(content().string(containsString("Hello World, Buddy")));
}
```

- MockMvcRequestBuilders.get("/welcome-withparameter/name/Buddy"): URI의 변수 템플릿과 일치한다. 우리는 Buddy라는 이름을 전달한다.
- .andExpect(content().string(containsString("Hello World, Buddy"))): 응답에 이름이 있는 메시지가 포함될 것으로 예상한다.

TodoController API의 단위 테스트

Hello World REST API의 간단한 단위 테스트 작성을 살펴봤다. 이제 좀더 복잡한 REST API에 관한 단위 테스트 작성을 살펴보자.

몇 가지 중요한 사항이 있다.

- 간단한 하위 문자열을 비교하는 대신 JSON 응답에 더 나은 어설션은 어떻게 작성할 수 있을까?
- PUT, POST, DELETE 요청 메소드에 관한 단위 테스트를 작성하는 방법은 무엇일까?

Todo REST API의 단위 테스트를 작성해보자.

TodoController API의 단위 테스트 설정하기

TodoControllerTest라는 간단한 단위 테스트를 설정해보자. BasicControllerTest와 매우 유사하다.

단위 테스트를 작성 중이므로 TodoController 클래스에 있는 로직만 테스트하려고 한다. @WebMvcTest(TodoController.class)를 사용해 TodoController 클래스만으로 Mock MVC 프레임워크를 초기화한다.

```java
@RunWith(SpringRunner.class)
@WebMvcTest(value = TodoController.class, secure = false)
public class TodoControllerTest {

    @Autowired
    private MockMvc mvc;

    @MockBean
    private TodoService service;
```

@MockBean private TodoService service다. @MockBean 어노테이션을 사용해 TodoService를 모킹한다. 중요한 추가 사항 중 하나다.

SpringRunner로 실행되는 테스트 클래스에서 @MockBean으로 정의된 빈은 모키토 프레임워크를 사용해 작성된 모크로 대체된다.

모든 todo를 검색하기 위한 단위 테스트 작성 – GET 메소드

모든 todo(http://localhost:8080/users/Jack/todos)를 검색하기 위한 단위 테스트를 작성해보자. 응답 예시 코드다.

```
[
  {
  "id":1,
```

```
"user":"Jack",
"desc":"Learn Spring MVC",
"targetDate":"2019-01-08T12:42:42.337+0000",
"done":false
},
{
"id":2,
"user":"Jack",
"desc":"Learn Struts",
"targetDate":"2019-01-08T12:42:42.337+0000",
"done":false
}
]
```

REST API는 service.retrieveTodos 메소드를 사용해 사용자의 Todo 세부사항을 검색한다. 단위 테스트에서는 서비스를 모킹하고 모크 응답을 구성하려고 한다. 모키토로 작업을 수행할 수 있다.

```
List < Todo > mockList = Arrays.asList(
    new Todo(1, "Jack", "Learn Spring MVC", new Date(), false),
    new Todo(2, "Jack", "Learn Struts", new Date(), false)
);
when(service.retrieveTodos(anyString()))
    .thenReturn(mockList);
```

retrieveTodos 메소드가 호출되면 하드 코딩된 모크 응답을 리턴한다.

전체 단위 테스트는 다음과 같다.

```
@Test
public void retrieveTodos() throws Exception {
    //GIVEN
    List < Todo > mockList = Arrays.asList(
        new Todo(1, "Jack", "Learn Spring MVC", new Date(), false),
        new Todo(2, "Jack", "Learn Struts", new Date(), false)
```

```
    );

    when(service.retrieveTodos(anyString())).thenReturn(mockList);

    //WHEN
    MvcResult result = mvc.perform(
            MockMvcRequestBuilders.get("/users/Jack/todos")
            .accept(MediaType.APPLICATION_JSON))
        .andExpect(status().isOk()).andReturn();

    //THEN
    String expected = "[" + "{id:1,user:Jack,desc:\"Learn Spring MVC\",done:false}" + ","
+
        "{id:2,user:Jack,desc:\"Learn Struts\",done:false}" + "]";
    JSONAssert.assertEquals(expected, result.getResponse().getContentAsString(),
false);
}
```

 앞의 테스트에서 Given, When, Then 부분이 명확하게 표시된다. Given은 테스트 중인 시나리오에 관한 설정을 나타낸다. When은 시나리오의 실행을 포함한다. Then은 결과를 어설트하거나 확인하는데 GWT(Give-When-Then)라고 한다.

JSONAssert는 JSON에서 어설션할 때 사용되는 매우 유용한 프레임워크다. 응답 텍스트를 예상 값과 비교한다.

```
JSONAssert.assertEquals(expected, result.getResponse().getContentAsString(), false)
```

마지막 매개변수인 false는 엄격하지 않은 모드의 사용을 나타낸다. 엄격하지 않은 모드에서 JSONAssert는 예상 JSON 문자열에 지정된 요소만 비교한다. true로 변경되면 예상 문자열이 결과와 정확히 일치해야 한다.

특정 todo를 검색하기 위한 단위 테스트 작성 – GET 메소드

특정 Todo 세부사항을 검색하기 위한 단위 테스트 작성은 이전 메소드와 매우 유사하다.

http://localhost:8080/users/Jack/todos/1 URL의 응답은 다음과 같다.

```json
{
 "id":1,
 "user":"Jack",
 "desc":"Learn Spring MVC",
 "targetDate":"2019-01-08T12:42:42.337+0000",
 "done":false
}
```

다음 코드는 단위 테스트를 보여준다.

```java
@Test
public void retrieveTodo() throws Exception {
    Todo mockTodo = new Todo(1, "Jack", "Learn Spring MVC", new Date(), false);
    when(service.retrieveTodo(anyInt())).thenReturn(mockTodo);
    MvcResult result = mvc
        .perform(MockMvcRequestBuilders.get("/users/Jack/todos/1")
            .accept(MediaType.APPLICATION_JSON))
        .andExpect(status().isOk()).andReturn();
    String expected = "{id:1,user:Jack,desc:\"Learn Spring MVC\",done:false}";
    JSONAssert.assertEquals(expected,
            result.getResponse().getContentAsString(), false);
}
```

다음 사항에 유의하자.

- when(service.retrieveTodo(anyInt())).thenReturn(mockTodo): 모크 todo를 리턴하기 위해 retrieveTodo 서비스 메소드를 모킹한다.
- MvcResult result = ..: 응답에 대한 어설션을 수행할 수 있도록 MvcResult 변수에서 요청 결과를 수락한다.

- JSONAssert.assertEquals(expected, result.getResponse().getContentAsString(), false): 결과가 예상대로 되는지 확인한다.

todo 생성을 위한 단위 테스트 작성 – POST 메소드

새 Todo를 만들려면 POST 요청을 http://localhost:8080/users/Jack/todos URI로 보내야 한다. 요청 본문에 Todo 콘텐츠를 JSON 형식으로 보내야 한다.

요청 세부사항은 다음과 같다.

```
Header
 Content-Type:application/json
```

```
Body
 {
 "user": "Jack",
 "desc": "Learn Spring Boot",
 "done": false
 }
```

단위 테스트에서는 /users/Jack/todos URI에서 POST 메소드를 호출하고 JSON 콘텐츠를 본문으로 보낸다. 응답 상태가 CREATED인지, 새로운 Todo 위치가 있는 헤더 위치가 응답의 일부인지 여부를 확인하려고 한다.

단위 테스트는 다음과 같다.

```
@Test
public void createTodo() throws Exception {
    Todo mockTodo = new Todo(CREATED_TODO_ID, "Jack", "Learn Spring MVC", new Date(),
false);
    String todo = "{\"user\":\"Jack\",\"desc\":\"Learn Spring
MVC\",\"done\":\"false\"}";
    when(service.addTodo(anyString(), anyString(), isNull(), anyBoolean()))
        .thenReturn(mockTodo);
```

```
mvc.perform(
        MockMvcRequestBuilders.post("/users/Jack/todos")
        .content(todo)
        .contentType(MediaType.APPLICATION_JSON))
    .andExpect(status().isCreated())
    .andExpect(header().string("location",
        containsString("/users/Jack/todos/" + CREATED_TODO_ID)));
}
```

다음 사항에 유의하자.

- String todo = "{"user":"Jack", "desc":"Learn Spring MVC", "done":false}":
  todo 서비스를 생성하기 위해 게시할 Todo 콘텐츠다.

- when(service.addTodo(anyString(), anyString(), isNull(), anyBoolean())).
  thenReturn(mockTodo): 더미 Todo를 반환하기 위해 서비스를 모킹한다.

- MockMvcRequestBuilders.post("/users/Jack/todos").content(todo).content
  Type(MediaType.APPLICATION_JSON)): 주어진 콘텐츠 타입으로 주어진 URI에
  POST 메소드를 생성한다.

- andExpect(status().isCreated()): 생성된 상태인지 확인한다.

- andExpect(header().string("location", containsString("/users/Jack/todos /"
  + CREATED_TODO_ID))): 헤더에 생성된 리소스의 URI가 있는 위치가 포함돼 있
  는지 확인한다.

유효성 검사 오류가 있는 todo를 생성하기 위한 단위 테스트 작성

오류 시나리오의 단위 테스트를 작성해야 한다. REST API를 호출하면 유효성 검사 오
류가 발생할 수 있다. 다음 예제는 단위 테스트 유효성 검사 방법을 보여준다.

길이 5인 "Learn"에 관한 설명을 보내려고 한다. 이렇게 하면 @Size(min = 9, message
= "Enter atleast 10 Characters.") 유효성 검사의 필드 설명에 관한 유효성 검사가 실
패한다.

```
@Test
public void createTodo_withValidationError() throws Exception {
    Todo mockTodo = new Todo(CREATED_TODO_ID, "Jack",
        "Learn Spring MVC", new Date(), false);
    String todo = "{\"user\":\"Jack\",\"desc\":\"Learn\",\"done\":\"false\"}";
    when(service.addTodo(anyString(), anyString(), isNull(), anyBoolean()))
        .thenReturn(mockTodo);
    MvcResult result = mvc
        .perform(
            MockMvcRequestBuilders.post("/users/Jack/todos")
            .content(todo)
            .contentType(MediaType.APPLICATION_JSON))
        .andExpect(status().is4xxClientError())
        .andReturn();
}
```

.andExpect(status().is4xxClientError())를 사용해 유효성 검사 오류 상태를 확인한다.

todo 업데이트를 위한 단위 테스트 작성 – PUT 메소드

이제 PUT 메소드를 사용해 todo를 업데이트하기 위한 단위 테스트를 작성해보자.

todo를 업데이트하려면 PUT 요청을 http://localhost:8080/users/Jack/todos/1 URI 로 보내야 한다. 다음 코드는 요청 세부사항의 예다.

```
Header
 Content-Type:application/json

Body
 {
 "id" : 1,
 "user": "Jack",
 "desc": "Learn Spring MVC More",
 "done": false
 }
```

이전 요청의 단위 테스트는 다음과 같다.

```
@Test
public void updateTodo() throws Exception {
    Todo mockTodo = new Todo(UPDATED_TODO_ID, "Jack",
        "Learn Spring MVC 5", new Date(), false);
    String todo = "{\"user\":\"Jack\",\"desc\":\"Learn Spring MVC 5\",\"done\":false}";
    when(service.update(mockTodo)).thenReturn(mockTodo);
    MvcResult result = mvc.perform(
            MockMvcRequestBuilders.put("/users/Jack/todos/" + UPDATED_TODO_ID)
            .content(todo)
            .contentType(MediaType.APPLICATION_JSON))
        .andExpect(status().isOk()).andReturn();
    JSONAssert.assertEquals(todo,
        result.getResponse().getContentAsString(), false);
}
```

mockTodo를 반환하고 PUT 메소드인 MockMvcRequestBuilders.put을 호출하기 위해 update 메소드를 모킹한다. status().isOk()를 사용해 응답을 성공적으로 어설트한다. JSONA ssert.assertEquals를 사용해 응답 내용을 어설트한다.

todo 삭제를 위한 단위 테스트 작성 – DELETE 메소드

DELETE 메소드를 테스트하려면 http://localhost:8080/users/Jack/todos/1 URI에 DELETE 요청을 보내고 NO_CONTENT의 응답 상태를 어설트해야 한다.

MockMvcRequestBuilders.delete를 사용해 DELETE 요청을 보낼 수 있다.

status().isNoContent()는 오류 상태를 어설트하는 데 도움이 된다.

전체 단위 테스트는 다음과 같다.

```
@Test
public void deleteTodo() throws Exception {
    Todo mockTodo = new Todo(1, "Jack", "Learn Spring MVC", new Date(), false);
```

```
        when(service.deleteById(anyInt())).thenReturn(mockTodo);
        mvc.perform(
                MockMvcRequestBuilders.delete("/users/Jack/todos/" + mockTodo.getId())
                .accept(MediaType.APPLICATION_JSON))
            .andExpect(status().isNoContent());
}
```

존재하지 않는 todo를 삭제하려고 시도하는 오류 시나리오의 단위 테스트도 가능하다.

when(service.deleteById(anyInt())).thenReturn(null)을 사용해 mock가 null을 반환하도록 만든다. status().isNotFound()를 사용해 404 상태의 응답을 어설트한다.

전체 단위 테스트는 다음과 같다.

```
@Test
public void deleteTodo_error() throws Exception {
    when(service.deleteById(anyInt())).thenReturn(null);
    mvc.perform(
            MockMvcRequestBuilders.delete("/users/Jack/todos/1")
            .accept(MediaType.APPLICATION_JSON))
            .andExpect(status().isNotFound());
}
```

이제 REST API의 통합 테스트로 넘어가자.

▌ 스프링 부트와 REST API 통합 테스트

스프링 부트 애플리케이션은 웹, 비즈니스, 데이터와 같은 여러 레이어로 구축된다.

단위 테스트에서는 각 레이어를 독립적으로 테스트한다. 비즈니스 서비스를 모크하는 웹 컨트롤러를 테스트한다고 가정하자. 스프링 부트 애플리케이션은 각 구성요소를 개별적으로 테스트할 수 있다.

그렇다면 모든 레이어가 함께 결합돼 제대로 작동하는지는 어떻게 테스트할까? 정답은 '통합 테스트'다. 통합 테스트로 모든 레이어와 전체 스프링 컨텍스트를 시작한다.

자동 통합 테스트에서는 외부 의존 관계에 의존하지 않는다. 보통 H2와 같은 인 메모리 데이터베이스를 사용한다. 이제 Hello World API의 간단한 통합 테스트를 작성해보자.

BasicController의 통합 테스트 작성

통합 테스트에서 구성된 모든 컨트롤러와 빈이 있는 임베디드 서버를 시작하려고 한다.

스프링 부트 테스트는 통합 테스트를 빠르게 시작하기 위해 @SpringBootTest 어노테이션을 제공한다. 실행할 테스트 종류를 지정하도록 webEnvironment 어노테이션을 설정할 수도 있다.

- MOCK: 모크 웹 환경에서 컨트롤러를 단위 테스트한다. 앞에서 단위 테스트에서 한 것과 유사하다.
- RANDOM_PORT: 사용 가능한 랜덤 포트의 임베디드 서버에서 다른 레이어를 포함한 전체 웹 컨텍스트를 시작한다.
- DEFINED_PORT: 포트 번호를 하드 코딩한다는 점을 제외하고 RANDOM_PORT와 유사하다.
- NONE: 웹 컨텍스트 없이 스프링 컨텍스트를 로드한다.

통합 테스트에서 다른 레이어를 포함한 웹 컨텍스트를 시작하려고 한다. 테스트에서 포트는 다양한 빌드 서버를 포함한 다른 서버에서 실행될 수 있으므로 하드 코딩하지 않는다. 포트를 하드 코딩하면 포트가 충돌할 수 있으므로 RANDOM_PORT를 사용한다. 이를 통해 스프링 부트 테스트가 실행되는 모든 포트를 사용할 수 있다.

스프링 부트와의 통합 테스트를 위한 기본 설정은 다음과 같다.

```
@RunWith(SpringRunner.class)
@SpringBootTest(classes = Application.class,
    webEnvironment = SpringBootTest.WebEnvironment.RANDOM_PORT)
public class BasicControllerIT {

    @Autowired
    private TestRestTemplate template;
```

TestRestTemplate은 일반적으로 통합 테스트에 사용된다. RestTemplate 위에 추가 기능을 제공하며 특히 통합 테스트 컨텍스트에 유용하다. 리디렉션을 따르지 않으므로 응답 위치를 지정할 수 있다.

문자열을 반환하는 Hello World API의 통합 테스트 작성

첫 번째 통합 테스트에서 /welcome을 호출하고 "Hello World"응답을 확인하려고 한다. 통합 테스트 작성은 간단하다.

```
@Test
public void welcome() throws Exception {
    ResponseEntity < String > response =
        template.getForEntity("/welcome", String.class);
    assertThat(response.getBody(),
        equalTo("Hello World"));
}
```

RANDOM_PORT나 DEFINED_PORT를 사용하고 @Autowired로 TestRestTemplate에 연결하면 포트 세부 정보가 포함돼 완전히 구성된 TestRestTemplate이 생성된다. template. getForEntity("/welcome", String.class)에서와 같이 REST API("/welcome")를 실행하려면 상대 URL을 지정하는 것으로 충분하다. 그러면 String 응답을 얻는다.

assertThat(response.getBody(), equalTo("Hello World"))는 응답 본문 내용이 "Hello World"임을 확인한다

JSON을 반환하는 Hello World API의 통합 테스트 작성

JSON을 반환해 REST 메소드의 통합 테스트를 작성해보자.

/welcome-with-object는 다음 응답을 반환한다.

```
{ "message": "Hello World"}
```

통합 테스트의 예는 다음과 같다.

```
@Test
public void welcomeWithObject() throws Exception {
    ResponseEntity < String > response =
        template.getForEntity("/welcome-with-object", String.class);
    assertThat(response.getBody(),
        containsString("Hello World"));
}
```

메소드는 containsString 메소드로 서브 스트링을 어설트한다는 점을 제외하면 이전 통합 테스트와 비슷하다.

JSONAssert를 사용해 JSON 콘텐츠를 어설션할 수도 있다. Todo REST API의 통합 테스트를 작성하는 데 JSONAssert를 사용한다.

경로 매개변수를 사용해 Hello World API의 통합 테스트 작성

http://localhost:8080/welcome-with-parameter/name/Buddy URL의 응답은 다음과 같다.

```
{"message":"Hello World, Buddy!"}
```

앞의 메소드에 관한 통합 테스트는 매우 간단하며 다음과 같다.

```
@Test
public void welcomeWithParameter() throws Exception {
    ResponseEntity < String > response =
        template.getForEntity("/welcome-with-parameter/name/Buddy", String.class);
    assertThat(response.getBody(),
        containsString("Hello World, Buddy"));
}
```

다음 사항에 유의한다.

- "/welcome-with-parameter/name/Buddy": URI의 변수 템플릿과 일치한다. name 으로 Buddy를 전달한다.
- assertThat(response.getBody(), containsString("Hello World, Buddy")): 응답에 이름이 있는 메시지가 포함되는 것을 확인한다.

TodoController API의 통합 테스트

Hello World REST API의 간단한 통합 테스트를 살펴봤다. 좀더 복잡한 REST API에 관한 단위 테스트 작성을 위한 토대가 된다. 이제 다른 모든 요청 메소드로 Todo REST API의 통합 테스트로 넘어가자.

Todo API 통합 테스트 설정

TodoController 클래스에서 통합 테스트를 수행하는 코드는 다음 코드에 표시돼 있다. 모든 빈이 정의된 전체 스프링 컨텍스트를 시작한다. 테스트는 BasicController의 통합 테스트와 매우 유사하다.

```
@RunWith(SpringJUnit4ClassRunner.class)
@SpringBootTest(classes = Application.class,
    webEnvironment = SpringBootTest.WebEnvironment.RANDOM_PORT)
public class TodoControllerIT {
    @Autowired
    private TestRestTemplate template;
```

Todo REST API는 기본 인증을 사용해 보호되므로 통합 테스트를 수행하려면 기본 auth 인증 정보를 제공해야 한다.

auth 헤더를 만드는 데 사용되는 코드는 다음과 같다.

```
HttpHeaders headers = createHeaders("user-name", "user-password");

HttpHeaders createHeaders(String username, String password) {
    return new HttpHeaders() {
        {
            String auth = username + ":" + password;
            byte[] encodedAuth = Base64.getEncoder().encode(
                auth.getBytes(Charset.forName("US-ASCII")));
            String authHeader = "Basic " + new String(encodedAuth);
            set("Authorization", authHeader);
        }
    };
}
```

다음 사항에 유의하자.

- createHeaders("user-name", "user-password"): 메소드는 Base64로 인코딩된 헤더를 만든다.
- ResponseEntity<String> response = template.exchange("/users/Jack/todos", ;HttpMethod.GET, new HttpEntity<String>(null, headers), String.class): 여기서 주요 변경사항은 REST 템플릿에 헤더를 제공하기 위해 HttpEntity를 사용하는 것이다.

모든 todo를 검색하기 위한 통합 테스트 작성 – GET 메소드

모든 todo를 검색하기 위한 통합 테스트 작성은 간단하다. 다음 메소드를 생각해보자.

```
@Test
public void retrieveTodos() throws Exception {
    String expected = "[" + "{id:1,user:Jack,desc:\"Learn Spring MVC\",done:false}" + "," +
        "{id:2,user:Jack,desc:\"Learn Struts\",done:false}" + "]";
    ResponseEntity < String > response = template.exchange(
        "/users/Jack/todos",
        HttpMethod.GET,
        new HttpEntity < String > (null, headers), String.class);
    JSONAssert.assertEquals(expected,
        response.getBody(), false);
}
```

테스트는 JSONAssert로 응답 내용을 어설트한다는 점을 제외하면 BasicController의 통합 테스트와 매우 유사하다.

todo를 만들기 위한 통합 테스트 작성 – POST 메소드

Todo를 만들려면 JSON 형식의 todo 콘텐츠를 포함하는 요청 본문과 함께 POST 요청을 http://localhost:8080/users/Jill/todos URI로 보내야 한다. 요청 세부사항 예는 다음과 같다.

```
Header
 Content-Type:application/json

Body
 {
 "user": "Jill",
 "desc": "Learn Hibernate",
 "done": false
 }
```

다음 코드는 완전한 통합 테스트다. Todo 객체를 만든 다음 template.postForLocation을 사용해 Todo 콘텐츠를 /users/Jill/todos URL에 게시한다.

```
@Test
public void addTodo() throws Exception {
    Todo todo = new Todo(-1, "Jill", "Learn Hibernate",
        new Date(), false);
    URI location = template
        .postForLocation("/users/Jill/todos", todo);
    assertThat(location.getPath(),
        containsString("/users/Jill/todos/5"));
}
```

유의할 사항이다.

- URI location = template.postForLocation("/users/Jill/todos", todo): postForLocation은 새 리소스를 생성하는 테스트에 특히 유용한 유틸리티 메소드다. 주어진 URI에 todo를 게시하고 헤더에서 위치를 가져온다.
- assertThat(location.getPath(), containsString("/users/Jill/todos/4")): 위치에 새로 생성된 리소스의 경로가 포함돼 있는지 확인한다.

todo 업데이트를 위한 통합 테스트 작성 – PUT 메소드

PUT 요청을 http://localhost:8080/users/Jill/todos/1 URI로 보내야 한다. 요청 본문에는 업데이트된 todo 세부사항이 JSON 포맷으로 포함돼 있다.

요청 세부사항 예는 다음과 같다.

```
Header
 Content-Type:application/json

Body
 {
```

```
"id" : 4,
"user": "Jill",
"desc": "Learn Spring MVC 5",
"done": false
}
```

완전한 통합 테스트다.

```
@Test
public void updatedTodo() throws Exception {
    String expected = "{id:4,user:Jill,desc:\"Learn Spring MVC 5\",done:false}";
    Todo todo = new Todo(4, "Jill", "Learn Spring MVC 5", new Date(), false);
    ResponseEntity < String > response = template
        .exchange("/users/Jill/todos/" + todo.getId(),
            HttpMethod.PUT,
            new HttpEntity < > (todo, headers), String.class);
    JSONAssert.assertEquals(expected, response.getBody(), false);
}
```

Todo 객체를 만들고 `template.exchange`를 사용해 PUT 요청을 /users/Jill/todos URI로 보낸다. `JSONAssert.assertEquals`를 사용해 응답의 내용을 어설트한다.

todo 삭제를 위한 통합 테스트 작성 – DELETE 메소드

DELETE 메소드의 통합 테스트에서 Jill에 속한 ID가 3인 todo를 삭제해보자.

먼저 /users/Jill/todos/3에 DELETE 요청을 보내야 한다.

통합 테스트는 다음과 같다.

```
@Test
public void deleteTodo() throws Exception {
    ResponseEntity < String > response = template.exchange(
        "/users/Jill/todos/3",
        HttpMethod.DELETE,
```

```
        new HttpEntity < > (null, headers), String.class);
    assertEquals(HttpStatus.NO_CONTENT, response.getStatusCode());
}
```

template.exchange를 사용해 DELETE 요청을 실행한다. HttpStatus.NO_CONTENT의 상태를
어설트한다.

▌ 단위 및 통합 테스트 모범 사례

아키텍처가 발전하면서 단위 테스트의 중요성도 높아지고 있다. 훌륭한 단위 테스트는
사치가 아니다. 코드를 지속적으로 개선하고 안전망을 확보할 수 있어야 한다.

단위 테스트 코드를 프로덕션 코드와 동일하게 취급하는 것은 매우 중요하다.

가장 기본적인 수준에서 단위 테스트는 '단순한 디자인의 4가지 원칙4 Principles of Simple
Design'을 지켜야 한다. 소프트웨어 애플리케이션은 다음과 같은 경우에 '단순 디자인의
4가지 원칙을 준수한다'고 한다.

1. **모든 테스트로 실행한다**: 단위 테스트는 소스코드와 함께 지속적으로 작성되며
   통합된다.
2. **중복 포함을 최소화한다**: 코드에는 가능한 한 중복을 최소화한다.
3. **프로그래머의 의도를 표현한다**: 코드는 이해하기 쉬워야 한다. 테스트에서 중요한
   값을 명확하게 강조해 쉽게 읽을 수 있게 하고, 테스트에 좋은 메소드 이름을
   지정한다. Hamcrest Matchers, AssertJ 및 JSON Path와 같은 프레임워크를
   사용해 훌륭한 어설션을 작성해보자.
4. **클래스 및 메소드 수를 최소화한다**: 관련된 각 요소(메소드, 클래스, 패키지, 구성요소 및
   애플리케이션)는 가능한 한 최소로 한다. 테스트당 조건을 하나만 작성해 단위
   테스트를 작게 유지할 수 있다. 또한 단위 테스트의 범위도 가능한 작게 유지
   한다(일반적으로 최대의 메소드는 메소드 그룹이다).

다음은 단위 테스트와 관련된 모범 사례다.

- **프로덕션 코드에 문제가 있는 경우에만 테스트가 실패한다**: 데이터베이스의 데이터 변경과 같은 외부 의존 관계로 인해 테스트가 실패하면 개발팀은 테스트에 신뢰를 잃게 된다. 일정 시간이 지나면 테스트가 부패하고 팀은 테스트 실패를 무시하기 시작한다.
- **테스트는 프로덕션 코드와 관련된 모든 중요한 문제를 찾아야 한다**: 예외를 포함한 모든 가능한 시나리오에 단위 테스트를 시도하고 작성해보자.
- **테스트는 빠르게 실행돼야 한다**: 테스트는 빠르게 실행해야 한다. 개발자는 테스트를 자주 실행하는 경향이 있다. 지속적인 통합 빌드가 빠르게 실행되고 개발자는 빠른 피드백을 받을 수 있다. 단위 테스트에서 스프링 컨텍스트를 시작하려면 시간이 많이 걸린다. 가능한 한 스프링 컨텍스트를 시작하지 않고 모크로 단위 테스트를 실행하는 것을 선호한다.
- **테스트는 가능한 한 자주 실행한다**: 지속적으로 통합 테스트를 실행해보자. 코드가 버전 컨트롤에 들어가자마자 빌드가 트리거되고 테스트가 실행된다. 이를 통해 팀이 작성하는 훌륭한 단위 테스트를 최대한 활용할 수 있다.

▌ 요약

7장에서는 스프링 부트로 개발된 REST API의 훌륭한 단위 및 통합 테스트 작성에 중점을 뒀다.

스프링 부트 스타터 테스트로 시작해서 테스트가 제공하는 모든 중요한 단위 테스트 프레임워크의 개요를 얻었다.

컨트롤러 메소드의 특정 책임에 중점을 두고 REST API에 관한 여러 단위 테스트를 살펴봤다. 스프링 모크 MVC 프레임워크를 사용해 웹 레이어 구성요소만으로 스프링 컨텍스트를 시작하고 다른 모든 의존 관계를 모킹했다. 훌륭한 단위 테스트가 앞으로의 결함에 안전망 역할을 한다는 것을 확인했다. 또한 결함을 조기에 발견하는 데도 도움이 된다.

통합 테스트는 여러 애플리케이션 레이어를 함께 테스트하는 데 도움이 된다. `@Spring BootTest`를 `RANDOM_PORT`와 함께 사용해 비즈니스 및 데이터 컴포넌트를 포함한 전체 스프링 컨텍스트를 시작했다. `JSONAssert`로 JSON 응답의 assert를 작성했다.

7장의 끝부분에서 자동화 테스트 모범 사례를 살펴봤다. 훌륭한 테스트가 단순한 디자인의 4가지 원칙을 준수한다는 것을 알게 됐다. 훌륭한 테스트는 빠르게 실행되고 외부 의존 관계가 없으며 지속적인 통합으로 실행된다는 것을 배웠다.

8장에서는 스프링 시큐리티를 활용한 시큐리티 REST API를 살펴본다. Basic Auth, JWT와 OAuth2를 포함해 REST API 소비자를 인증하고 권한을 부여하는 데 사용할 수 있는 다양한 옵션을 이해해본다.

08

스프링 시큐리티를 활용한 시큐리티 REST API

앞에서 스프링 부트를 사용해 멋진 REST API를 구축하고 버전 관리, 예외 처리, 문서화, 단위 테스트 및 통합 테스트와 같은 기능을 추가했다.

8장에서는 REST API를 빌드할 때 고려해야 할 가장 중요한 기능인 인증 및 권한 부여를 알아본다.

스프링 시큐리티는 자바 세계에서(특히 스프링과 스프링 부트로 빌드된 애플리케이션) 웹 애플리케이션과 REST API를 보호하기 위해 선택한 프레임워크다. 시큐리티는 애플리케이션을 구축할 때 중요한 비함수적 기능 중 하나다. 애플리케이션을 처음 구축할 때부터 애플리케이션 시큐리티에 주의를 기울여야 한다.

8장에서는 REST API 시큐리티의 기본(인증 및 권한 부여)를 학습한다. 스프링 시큐리티를 스프링 부트 REST API 프로젝트에 통합하는 방법과 스프링 시큐리티 스타터가 제공하는 모든 자동 구성을 이해하는 방법부터 시작하자.

다음과 같은 스프링 시큐리티의 핵심 구성요소를 배워보자.

- 필터
- 인증 매니저, 제공자 UserDetailsService
- 의사 결정 매니저와 행동 결정 유권자 액세스

지금부터 REST API 시큐리티 중 기본 인증을 알아본다. 데이터베이스뿐 아니라 메모리 안 데이터 스토리지에 사용자 인증 정보를 저장하는 방법을 살펴본다.

OAuth의 기본사항을 살펴보고 스프링 시큐리티 OAuth로 REST API에 OAuth 인증을 추가한다. 또한 JWT^{JSON Web Token}의 기본사항과 스프링 시큐리티 OAuth와 함께 사용하는 방법도 학습한다.

▌ 기술적 요구사항

8장의 요구사항은 다음과 같다.

- 선호하는 IDE, 이클립스
- 자바 8+
- 메이븐 3.x
- 인터넷 연결

깃허브 링크는 https://github.com/PacktPublishing/Mastering-Spring-5.1/tree/master/Chapter08에 있다.

■ 스프링 시큐리티를 이용한 시큐리티 REST API

스프링 시큐리티는 자바 세계에서 개발된 REST API(일반적으로 스프링 및 스프링 부트)를 보호하는 데 가장 널리 사용되는 프레임워크다.

스프링 시큐리티는 REST API의 인증과 권한 부여를 제공한다. 데이터베이스와 LDAP를 포함해 사용자 자격 증명을 위한 여러 소스와 잘 통합된다. 스프링 시큐리티는 기본 시큐리티와 JWT를 포함한 여러 인증 옵션을 제공한다. 시큐리티 REST API의 기본사항을 알아보자.

REST API 시큐리티

Todo REST API를 보호하고 싶다고 가정해보자. 가장 먼저 해야할 질문은 다음과 같다.

- API 사용자는 누굴까?
- 사용자를 어떻게 식별할까?
- 사용자의 세부 정보를 어디에 저장할 수 있을까?
- 다른 종류의 사용자는?
- 각 유형의 사용자가 수행할 수 있는 작업은 무엇일까?

인증

일반적으로 사용자 ID와 시크릿 번호를 사용해 사용자를 식별하는데 이를 사용자 자격 증명이라고 한다. 사용자 자격 증명을 확인하고 API에 유효한 사용자인지 확인하는 과정이 인증authentication이다.

인증 – 유효한 사용자일까?

권한 부여

사용자를 인증한 후에는 어떤 종류의 작업을 수행할 수 있는지 결정해야 한다.

널리 사용되는 옵션은 API와 연관된 여러 역할을 갖는 것이다. 역할과 관련된 다양한 API 작업에 권한을 가질 수 있다. 예를 들면 다음과 같다.

- 사용자 역할은 Todo에 관한 모든 작업(Read, Update, Delete, Create)을 수행할 수 있다.
- 지원 역할은 Todo만 볼 수 있으며 Read만 허용된다.

사용자에게 작업을 수행할 수 있는 권한이 있는지 확인하는 프로세스를 권한 부여authorization라고 한다.

권한 부여 – 유효한 사용자가 작업을 수행할 수 있을까?

REST API 시큐리티 구현하기

모든 REST API 요청은 실행 전에 인증 및 권한 부여를 확인해야 한다. REST API는 서블릿 및 컨트롤러로 자바에서 구현된다. 서블릿이나 컨트롤러가 실행되기 전에 권한 부여 및 인증이 수행되도록 해야 한다.

필터는 이러한 기능을 제공한다. 일반적으로 API가 실행되기 전에 필터를 실행할 수 있다. 다음 그림은 일반적인 구현 방식을 보여준다.

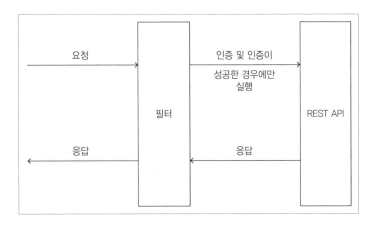

여기서 중요한 단계는 다음과 같다.

- REST API 요청은 URL, 요청 데이터와 사용자 자격 증명 정보를 제공받아 실행된다.
- 필터가 인증을 확인한다(유효한 사용자일까?). 일반적으로 사용자 ID/암호 조합 또는 토큰이 자격 증명으로 사용된다. 그후 필터는 권한을 검사한다(사용자에게 올바른 권한이 있을까?).
- REST API 요청이 실행된다.

앞의 방법은 요청을 실행하기 전에 항상 인증 및 권한 부여가 수행되도록 한다.

REST API 시큐리티를 위한 일반적인 접근 방식을 알아봤다. 스프링 시큐리티 쪽으로 관심을 옮겨 보자

Todo API에 스프링 시큐리티 추가하기

7장에서는 Todo API를 만들었다. 이제 스프링 시큐리티로 API를 신속하게 보호하는 방법을 살펴보자.

스프링 부트는 스프링 시큐리티의 스타터인 spring-boot-starter-security를 제공한다. 스프링 시큐리티 스타터를 pom.xml 파일에 추가함으로써 시작할 수 있다.

스프링 시큐리티 스타터 추가하기

pom.xml 파일에 다음 의존 관계를 추가하자.

```xml
<dependency>
  <groupId>org.springframework.boot</groupId>
  <artifactId>spring-boot-starter-security</artifactId>
</dependency>
```

스프링 부트 스타터 시큐리티 의존 관계

spring-boot-starter-security 의존 관계는 세 가지 중요한 스프링 시큐리티 의존 관계를 가져온다.

- spring-security-core: 스프링 시큐리티의 핵심 기능 구현
- spring-security-config: 스프링 시큐리티 네임 스페이스 제공
- spring-security-web: 웹 애플리케이션 시큐리티에 필요한 필터 및 기타 기능 제공

자동으로 포함되는 의존 관계는 다음과 같다.

```xml
<dependency>
    <groupId>org.springframework.security</groupId>
    <artifactId>spring-security-config</artifactId>
</dependency>
<dependency>
    <groupId>org.springframework.security</groupId>
    <artifactId>spring-security-web</artifactId>
</dependency>
```

```
<dependency>
    <groupId>org.springframework.security</groupId>
    <artifactId>spring-security-core</artifactId>
</dependency>
```

스프링 부트 스타터 시큐리티 자동 설정하기

스프링 부트 스타터 시큐리티는 의존 관계를 가져올 뿐만 아니라 스프링 시큐리티 프레임워크의 자동 구성도 제공한다. 서비스 중 하나에 액세스하려고 하면 액세스가 거부Access Denied된다.

http://localhost:8080/users/Jack/todos로 요청을 보내면, 다음 코드와 같은 응답 예제가 표시된다.

```
{
  "timestamp": "2019-05-03T11:49:29.464+0000",
  "status": 401,
  "error": "Unauthorized",
  "message": "Full authentication is required to access this resource",
  "path": "/users/Jack/todos"
}
```

응답 상태는 401-Unauthorized이다.

자동 구성되는 기본 인증 방법을 기본 인증basic authentication이라고 한다.

기본 인증은 HTTP 프로토콜과 함께 제공되는 가장 간단한 인증 메커니즘 중 하나다. API가 기본 인증으로 보호되면 API에 액세스하기 위해 기본 인증 헤더를 보내야 한다. 기본 인증 헤더는 사용자 ID와 시크릿번호의 인코딩 된 조합인 Base64다.

그렇다면 사용자 ID와 시크릿번호는 어디에 있을까?

기본 자동 구성 사용자 ID는 user이며 기본 시크릿번호는 서버 시작 시 로그에 프린트된다.

로그의 예는 다음과 같다.

Using default security password: <u>3fb5564a-ce53-4138-9911-8ade17b2f478</u>

앞의 코드에는 밑줄이 그어져 있으며 로그에 프린트되는 기본 시큐리티 암호가 있다.

Postman을 사용해 기본 인증으로 요청을 실행할 수 있다. 기본 사용자 이름은 user이
며 로그에서 밑줄로 표시된 시크릿번호를 선택할 수 있다.

다음 그림은 요청과 함께 기본 인증 세부사항을 보내는 방법을 보여준다.

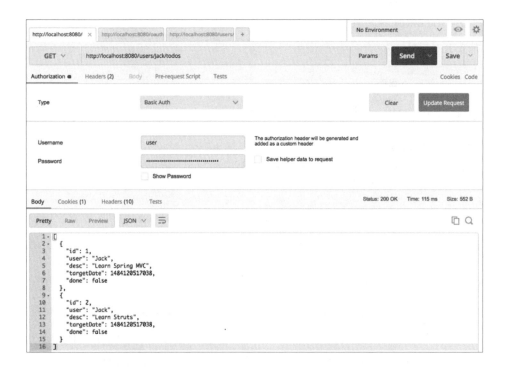

인증이 성공하면 적절한 응답을 받는다.

다음과 같이 application.properties에서 선택한 사용자 ID와 시크릿번호를 구성할 수 있다.

```
spring.security.user.name=user-name
spring.security.user.password=user-password
```

기본 인증 자격 증명으로 통합 테스트 업데이트하기

전에 REST API에 관해 작성한 통합 테스트는 유효하지 않은 자격 증명으로 인해 실패하기 시작한다고 했다. 기본 인증 자격 증명을 제공하도록 통합 테스트를 업데이트하자.

```
private TestRestTemplate template = new TestRestTemplate();

HttpHeaders headers = createHeaders("user-name", "user-password");

HttpHeaders createHeaders(String username, String password) {
    return new HttpHeaders() {
        {
            String auth = username + ":" + password;
            byte[] encodedAuth = Base64.getEncoder()
                .encode(auth.getBytes(Charset.forName("US-ASCII")));
            String authHeader = "Basic " + new String(encodedAuth);
            set("Authorization", authHeader);
        }
    };
}
```

createHeaders는 Base64로 인코딩된 기본 인증 헤더를 생성한다. HttpHeaders headers = createHeaders("user-name", "user-password")는 기본 인증 헤더로 headers 변수를 설정한다.

REST API 요청을 실행할 때 헤더를 보내야 한다. 다음 코드는 업데이트된 테스트를 보여준다.

```
@Test
public void retrieveTodos() throws Exception {
    String expected = "[" +
        "{id:1,user:Jack,desc:\"Learn Spring MVC\",done:false}" + "," +
        "{id:2,user:Jack,desc:\"Learn Struts\",done:false}" + "]";
    ResponseEntity < String > response = template.exchange(
        createUrl("/users/Jack/todos"), HttpMethod.GET,
        new HttpEntity < String > (null, headers),
        String.class);
    JSONAssert.assertEquals(expected, response.getBody(), false);
}
```

template.exchange를 사용해 new HttpEntity<String>(null, headers) 헤더를 보낸다.

BasicControllerIT와 TodoControllerIT의 다른 모든 통합 테스트 메소드에서 유사한 변경을 수행해야 한다.

시큐리티를 비활성화하기 위해 단위 테스트 업데이트하기

단위 테스트에서는 컨트롤러의 동작에 주목한다. 단위 테스트에서 시큐리티를 테스트하는 것은 원치 않는다. 다음 코드는 단위 테스트의 시큐리티를 비활성화하는 방법을 보여준다.

```
@RunWith (SpringRunner.class)
@WebMvcTest(value = TodoController.class, secure = false)
public class TodoControllerTest {
```

핵심 부분은 WebMvcTest 어노테이션의 secure = false 매개변수로 단위 테스트의 스프링 시큐리티를 비활성화한다.

BasicControllerTest를 포함한 다른 모든 단위 테스트 클래스에서 비슷한 변경을 수행해야 한다.

정리

8장에서는 스프링 시큐리티를 REST API에 추가할 때 기본 인증이 자동으로 구성되는 방법을 살펴봤다. 기본 인증 자격 증명을 제공해 요청을 실행하는 방법도 알아봤다.

스프링 시큐리티는 데이터베이스, LDAP와 같은 사용자 자격 증명을 구성하기 위한 여러 옵션을 제공한다.

이제 백그라운드에서 무슨 일이 일어나는지 이해하는 데 집중해보자.

- 스프링 시큐리티가 프로젝트에 추가될 때 자동 구성되는 것은 무엇일까?
- 스프링 시큐리티는 어떻게 작동할까?

▌ 스프링 시큐리티

스프링 시큐리티를 이해하려면 먼저 로그를 보고 백그라운드에서 무슨 일이 일어나고 있는지 알아야 한다.

로그 검토

로그를 검토하면 화면 뒤에서 일어나는 일을 이해할 수 있다. 다음은 디버그 로깅을 활성화할 때 로그에서 추출한 중요한 내용 중 일부다. 여기서 SecurityAutoConfiguration이 시작됐고 SecurityFilterAutoConfiguration이 SecurityFilter를 자동 구성함을 확인할 수 있다.

```
SecurityAutoConfiguration matched:
 - @ConditionalOnClass found required class
'org.springframework.security.authentication.DefaultAuthenticationEventPubl
 isher'; @ConditionalOnMissingClass did not find unwanted class
```

```
(OnClassCondition)
SecurityFilterAutoConfiguration matched:
 - @ConditionalOnClass found required classes
'org.springframework.security.web.context.AbstractSecurityWebApplicationIni
tializer',
'org.springframework.security.config.http.SessionCreationPolicy';
@ConditionalOnMissingClass did not find unwanted class (OnClassCondition)
 - found ConfigurableWebEnvironment (OnWebApplicationCondition)
```

시큐리티 필터 체인이 구성되고 있음을 확인할 수도 있다. 또한 로그에는 체인의 일부인 필터 리스트가 있다.

```
SecurityFilterAutoConfiguration#securityFilterChainRegistration matched:
- @ConditionalOnBean (names: springSecurityFilterChain; SearchStrategy:
all) found bean 'springSecurityFilterChain' (OnBeanCondition)
2019-05-02 14:11:44.257 INFO 5053 - [ restartedMain]
o.s.s.web.DefaultSecurityFilterChain : Creating filter chain:
org.springframework.security.web.util.matcher.AnyRequestMatcher@1,
[org.springframework.security.web.context.request.async.WebAsyncManagerIntegrationFilte
r@47e122e9,
org.springframework.security.web.context.SecurityContextPersistenceFilter@5df6d952,
org.springframework.security.web.header.HeaderWriterFilter@2cf48198,
org.springframework.security.web.csrf.CsrfFilter@1a6342c0,
org.springframework.security.web.authentication.logout.LogoutFilter@4e8861fe,
org.springframework.security.web.authentication.UsernamePasswordAuthenticationFilter@50
951d86,
org.springframework.security.web.authentication.ui.DefaultLoginPageGeneratingFilter@6a8
113f8,
org.springframework.security.web.authentication.www.BasicAuthenticationFilter@4dda8e9d,
org.springframework.security.web.savedrequest.RequestCacheAwareFilter@6a6c2 1f8,
org.springframework.security.web.servletapi.SecurityContextHolderAwareRequestFilter@76
6e8466,
org.springframework.security.web.authentication.AnonymousAuthenticationFilter@55b96e7b,
org.springframework.security.web.session.SessionManagementFilter@1dd7e56d, org.
springframework.security.web.access.ExceptionTranslationFilter@489b0280 ,
org.springframework.security.web.access.intercept.FilterSecurityInterceptor @6bd7b76c]
```

스프링 시큐리티 필터

모든 시큐리티 구현에서 요청이 실행되기 전에 인증되고 권한이 부여되도록 필터를 사용한다.

스프링 시큐리티는 요청이 실행될 권한이 부여되기 전에 인증 및 권한 부여를 확인하기 위해 필터 체인을 사용한다.

스프링 부트 이전에는 웹 프로젝트에서 스프링 시큐리티를 활성화하기 위해 web.xml에서 필터 체인을 구성했다. 스프링 부트를 사용하면 필터 체인이 자동 구성된다. 수동으로 할 필요가 없다.

구성은 다음과 같다.

```
<filter>
  <filter-name>springSecurityFilterChain</filter-name>
  <filterclass>org.springframework.web.filter.DelegatingFilterProxy</filter-class>
</filter>
<filter-mapping>
  <filter-name>springSecurityFilterChain</filter-name>
  <url-pattern>/*</url-pattern>
</filter-mapping>
```

다음 그림은 스프링 시큐리티 필터 체인이 모든 요청 전에 어떻게 배치되는지 보여준다.

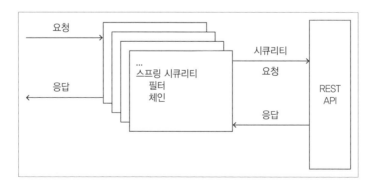

스프링 시큐리티 필터 체인은 모든 요청에서 인증 및 권한 부여를 체크한다. 요청에 적절한 자격 증명이나 권한이 없으면 요청이 거부되고 오류가 발생한다.

필터 체인에서 실행되는 중요한 필터 중 일부는 다음과 같다.

- UsernamePasswordAuthenticationFilter: 사용자 자격 증명을 사용해 인증한다. 요청이 POST고 사용자 자격 증명이 있는 경우 실행된다.
- BasicAuthenticationFilter: 기본 인증한다. 요청에 기본 인증 요청 헤더가 있는 경우 실행된다.
- AnonymousAuthenticationFilter: 요청에 인증 자격 증명이 없으면 익명 사용자가 생성된다. 일반적으로 익명 사용자는 인증이 필요 없는 API인 퍼블릭 API의 요청을 실행할 수 있다.
- ExceptionTranslationFilter: 추가 시큐리티를 제공하지 않는다. 인증 예외를 적절한 HTTP 응답으로 변환한다.
- FilterSecurityInterceptor: 인증을 결정한다.

보조 스프링 시큐리티 기능을 제공하는 일부 필터는 다음과 같다.

- HeaderWriterFilter: 시큐리티 헤더를 응답에 기록한다(X-FrameOptions, X-XSS-Protection 및 X-Content-Type-Options).
- CsrfFilter: CSRF 보호를 확인한다.

스프링 시큐리티의 인증

앞절에서는 인증을 제공하는 대표적인 두 가지 필터인 BasicAuthenticationFilter와 UsernamePasswordAuthenticationFilter를 봤다. 인증을 위해 다른 필터를 추가할 수도 있다. 다이제스트 인증에는 DigestAuthenticationFilter를 사용할 수 있다.

사용자 자격 증명은 LDAP, 데이터베이스, 메모리와 같은 다양한 종류의 데이터 스토리지에 저장될 수 있다. 이러한 필터는 사용자 자격 증명에 대해 어떻게 인증할까?

BasicAuthenticationFilter의 다음 코드를 생각해보자.

```
Authentication authResult = this.authenticationManager
  .authenticate(authRequest);
SecurityContextHolder.getContext().setAuthentication(authResult);
```

다음 두 가지 작업을 수행한다.

- authenticationManager를 호출해 요청을 인증한다.
- 요청이 성공하면 결과가 SecurityContextHolder로 설정된다. 결과는 체인의 다른 필터와 REST API 구현 컨트롤러에서 볼 수 있다.

일반적인 스프링 시큐리티 인증 구현은 BasicAuthenticationFilter와 비슷하게 한다.

인증 매니저

앞에서 인증 필터는 일반적으로 인증 매니저authentication managers에게 위임되는 것을 확인했다. 인증 매니저는 어떻게 작동할까?

기본 인증 매니저는 다음 그림과 같은 방식으로 작동한다.

디폴트 Authentication Manager(ProviderManager)는 여러 AuthenticationProvider와 통신한다. 각 AuthenticationProvider는 사용자 세부사항을 검색하고 인증하기 위해 UserDetailsService와 통신할 수 있다.

Authentication Manager 인터페이스의 정의는 다음과 같다.

```
public interface AuthenticationManager {
    Authentication authenticate(Authentication authentication)
    throws AuthenticationException;
}
```

ProviderManager

AuthenticationManager의 기본 구현은 ProviderManager다.

```
public class ProviderManager implements AuthenticationManager
```

ProviderManager는 일반적으로 인증을 확인할 여러 AuthenticationProvider 리스트에 의존한다. AuthenticationProvider 중 하나가 성공적인 인증을 반환하면 그것으로 충분하다.

ProviderManager에서 추출한 내용의 코드다.

```
for (AuthenticationProvider provider: getProviders()) {
    result = provider.authenticate(authentication);
    if (result != null) {
        copyDetails(authentication, result);
        break;
    }
}
```

AuthenticationProvider

여러 AuthenticationProvider 인터페이스를 구성할 수 있다. 각 AuthenticationProvider 는 다른 데이터 스토리지나 api 인증과 통신한다.

AuthenticationProvider 인터페이스는 다음과 같다.

```
public interface AuthenticationProvider {
    Authentication authenticate(Authentication authentication)
    throws AuthenticationException;
    boolean supports(Class << ? > authentication);
}
```

서로 다른 AuthenticationProvider 인터페이스를 가질 수 있다. 하나는 데이터베이스와 다른 하나는 LDAP와 통신한다. 보통 하나의 AuthenticationProvider가 사용자 자격 증명 데이터베이스나 시큐리티 api와 통신한다.

DaoAuthenticationProvider는 스프링 시큐리티에서 제공하는 AuthenticationProvider의 기본 구현 중 하나다. 사용자 이름을 기반으로 사용자 세부 정보를 검색하기 위해 호출 된 UserDetailsService와 통신한다.

UserDetailsService 구현하기

UserDetailsService는 모든 인증 자격 증명 데이터 스토리지와 통합할 수 있는 싱글 메소드를 제공한다.

```
public interface UserDetailsService {
    UserDetails loadUserByUsername(String username)
    throws UsernameNotFoundException;
}
```

loadUserByUsername은 UserDetails를 리턴해야 한다. UserDetails 인터페이스의 세부 내용은 다음과 같다.

```
public interface UserDetails extends Serializable {
    Collection << ? extends GrantedAuthority > getAuthorities();
    String getPassword();
    String getUsername();
    boolean isAccountNonExpired();
    boolean isAccountNonLocked();
    boolean isCredentialsNonExpired();
    boolean isEnabled();
}
```

스프링 시큐리티는 관계형 데이터베이스와 통신하기 위해 UserDetailsService 서비스를 기본으로 제공한다. 스키마는 디폴트로 한다. 특정 구조(users와 authorities)를 준수하는 두 개의 테이블을 만들어야 한다.

```
public class JdbcDaoImpl extends JdbcDaoSupport
implements UserDetailsService, MessageSourceAware {
    public static final String DEF_USERS_BY_USERNAME_QUERY
        = "select username,password,enabled " +
        "from users " + "where username = ?";
    public static final String DEF_AUTHORITIES_BY_USERNAME_QUERY
        = "select username,authority " +
        "from authorities " + "where username = ?";
    public static final String DEF_GROUP_AUTHORITIES_BY_USERNAME_QUERY
        = "select g.id, g.group_name, ga.authority " +
        "from groups g, group_members gm, group_authorities ga " +
        "where gm.username = ? " + "and g.id = ga.group_id " +
        "and g.id = gm.group_id";
}
```

JdbcDaoImpl의 set 메소드를 사용해 커스텀 쿼리를 제공할 수 있다.

```
public void setAuthoritiesByUsernameQuery(String queryString)
public void setGroupAuthoritiesByUsernameQuery(String queryString)
public void setUsersByUsernameQuery(String usersByUsernameQueryString)
```

UserDetailsManager로 사용자 관리하기

스프링 시큐리티는 사용자 관리를 위한 기본 인터페이스와 구현을 제공한다. User
DetailsManager 인터페이스를 사용해 사용자를 생성/삭제/업데이트하고 시크릿번호를
관리할 수 있다. 인터페이스의 세부 내용은 다음과 같다.

```
public interface UserDetailsManager extends UserDetailsService {
    void createUser(UserDetails user);
    void updateUser(UserDetails user);
    void deleteUser(String username);
    void changePassword(String oldPassword, String newPassword);
    boolean userExists(String username);
}
```

InMemoryUserDetailsManager와 JdbcUserDetailsManager는 UserDetailsManager의 몇 가지
기본 구현이다.

- InMemoryUserDetailsManager는 보통 테스트 목적으로 사용된다. 사용자 세부 정
  보는 메모리에 저장한다.
- JdbcUserDetailsManager는 JDBC^Java Database Connectivity 구현을 제공한다.

스프링 시큐리티의 인증 확장 포인트

스프링 시큐리티 스타터에서 제공하는 기본 자동 구성 시큐리티는 여러 가지 방법으로 커스텀할 수 있다. 옵션을 알아보자.

UserDetailsService의 커스텀 구현 제공

UserDetailsService의 커스텀 구현을 제공함으로써 스프링 시큐리티를 확장할 수 있다. 다음 예제는 하드 코딩된 메모리 내 구현을 보여준다.

```java
@Service
public class InMemoryUserDetailsService implements UserDetailsService {

    static List < CustomizedUserDetails > inMemoryUserList = new ArrayList < > ();
    static {
        inMemoryUserList.add(new CustomizedUserDetails(1 L, "masteringspring-inmemory",
"{noop}dummy", "ROLE_USER_2"));
    }

    @Override
    public UserDetails loadUserByUsername(String username) throws
UsernameNotFoundException {

        Optional < CustomizedUserDetails > findFirst = inMemoryUserList.stream()
            .filter(user - > user.getUsername().equals(username)).findFirst();

        if (!findFirst.isPresent()) {
            throw new
UsernameNotFoundException(String.format("USER_NOT_FOUND '%s'.", username));
        }

        return findFirst.get();
    }

}
```

메모리 내 사용자 리스트(inMemoryUserList)을 만든다. 이제 loadUserByUsername은 메모리 리스트에서 사용자 이름을 확인하고 UserDetails 구현인 CustomizedUserDetails 인스턴스를 반환한다. CustomizedUserDetails의 몇 가지 세부사항은 다음과 같다.

```
public class CustomizedUserDetails implements UserDetails {

    private final Long id;
    private final String username;
    private final String password;
    private final Collection << ? extends GrantedAuthority > authorities;

    public CustomizedUserDetails(Long id, String username, String password, String role) {
        //Constructor
    }
```

데이터베이스와 통합하고 UserDetailsService를 구현한다. 다음 예제는 스프링 데이터 JPA로 구성된 userRepository와 통신하는 UserDetailsService 구현을 보여준다.

```
@Service
public class DatabaseUserDetailsService implements UserDetailsService {
    @Autowired
    private UserRepository userRepository;

    @Override
    public UserDetails loadUserByUsername(String username) throws
UsernameNotFoundException {
        User user = userRepository.findByUsername(username);

        if (user == null) {
            throw new
UsernameNotFoundException(String.format("USER_NOT_FOUND '%s'.", username));
        }

        return new CustomizedUserDetails(user.getId(), user.getUsername(), user.
```

```
getPassword(), user.getRole());
    }
}
```

글로벌 인증 매니저 구성을 위한 웹 시큐리티 구성 프로그램 어댑터 확장

기본 시큐리티 구성을 확장하는 또 다른 옵션은 WebSecurityConfigurerAdapter를 확장하는 것이다. 이제 WebSecurityConfigurerAdapter는 쉽게 확장할 수 있는 스프링 시큐리티 구성의 기본을 구현한다.

AuthenticationManager의 빈을 만들고 구성하기 위해 configureGlobal을 대체한 글로벌 인증 매니저를 구현할 수 있다.

예제는 다음과 같다.

```
@Configuration
public class SpringSecurityConfiguration extends WebSecurityConfigurerAdapter {

    @Bean
    @Override
    public AuthenticationManager authenticationManagerBean() throws Exception {
        return super.authenticationManagerBean();
    }

    @Autowired
    public void configureGlobal(AuthenticationManagerBuilder auth) throws Exception {
auth.inMemoryAuthentication().withUser("user1").password("{noop}user1password").
roles("ADMIN");
auth.inMemoryAuthentication().withUser("user2").password("{noop}user2password").
roles("USER");
    }
```

앞의 예에서는 두 명의 사용자 user1과 user2로 메모리 내 인증을 구성한다.

{noop}은 인코더가 사용되지 않도록 지정하는 것이다. 스프링 시큐리티는 BCrypt PasswordEncoder, StandardPasswordEncoder(1024 반복으로 SHA-256 해싱 사용)와 Pbkdf2PasswordEncoder도 지원한다.

다음과 같이 WebSecurityConfigurerAdapter의 configure(AuthenticationManagerBuilder auth) 메소드를 대체해 로컬 인증 매니저를 제공할 수도 있다.

```
@Override
protected void configure(AuthenticationManagerBuilder auth) throws Exception {
    auth.inMemoryAuthentication().withUser("user3")
        .password("{noop}user3-password").roles("ADMIN");
    auth.inMemoryAuthentication().withUser("user4")
        .password("{noop}user4-password").roles("USER");
}
```

예제에서는 두 명의 사용자 user3과 user4로 메모리 내 인증을 구성했다.

웹 시큐리티 구성 어댑터를 사용한 웹 시큐리티 구성

인증 및 권한이 필요 없는 URL을 구성하기 위해 configure(WebSecurity web)를 재정의할 수 있다. 예제는 다음과 같다.

```
@Override
public void configure(WebSecurity webSecurity) throws Exception {
    webSecurity.ignoring().antMatchers(HttpMethod.POST, "/auth")
        .antMatchers(HttpMethod.OPTIONS, "/**")
        .and().ignoring()
        .antMatchers(HttpMethod.GET, "/");
}
```

이전 구성은 다음의 인증 또는 권한 부여를 수행하지 않는다.

- 모든 옵션 요청
- GET은 "/" root URL에 요청한다
- POST는 /auth URL에 요청한다

스프링 시큐리티의 권한

권한에는 인증된 사용자에게 요청된 작업을 리소스에 수행할 수 있는 권한이 있는지 확인하는 작업이 포함된다.

FilterSecurityInterceptor는 일반적으로 스프링 시큐리티 필터 체인에서 실행되는 마지막 필터다. 중요한 책임 중 하나는 권한 체크다.

FilterSecurityInterceptor는 실제 권한 체크가 구현되는 AbstractSecurityInterceptor를 확장한다.

다음 코드를 고려해보자.

```
this.accessDecisionManager.decide(authenticated, object, attributes);
```

access decision manager를 사용한 권한 부여

AccessDecisionManager를 사용해 액세스 결정을 내릴 수 있다.

다음 그림은 AccessDecisionManager의 작동 방식을 보여준다.

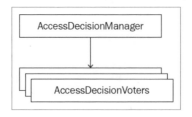

AccessDecisionManager는 여러 AccessDecisionVoter 구현과 통신한다.

각 유권자는 다음 세 가지 결과 중 하나를 선택한다.

- ACCESS_GRANTED: 긍정적 투표
- ACCESS_ABSTAIN: 투표에 참여하지 않음
- ACCESS_DENIED: 부정적 투표

AccessDecisionManager에는 세 가지 기본 구현이 있다.

- AffirmativeBased: 유권자 중 한 명이 긍정적인 투표를 해도 액세스를 제공한다.
- ConsensusBased: 과반수 투표를 기준으로 액세스를 결정한다. 긍정적 투표가 부정적 투표보다 많으면 액세스 권한이 부여된다. 긍정 및 부정 투표 수가 같으면 구성된 플래그 allowIfEqualGrantedDeniedDecisions를 기준으로 액세스가 결정된다.
- UnanimousBased: 부정적인 투표를 한 유권자가 한 명만 나와도 액세스는 거부된다. 긍정적인 투표가 없으면 액세스 결정은 구성된 플래그 allowIfAllAbstainDecisions를 기반으로 한다.

AccessDecisionManager의 인터페이스는 다음과 같다.

```
public interface AccessDecisionManager {

    void decide(Authentication authentication, Object object,
        Collection < ConfigAttribute > configAttributes)
    throws AccessDeniedException, InsufficientAuthenticationException;

}
```

각 AccessDecisionManager에는 이와 유사한 로직이 있다. 그들은 모든 AccessDecision Voter와 대화하고 결정을 내린다.

```
for (AccessDecisionVoter voter: getDecisionVoters()) {
    int result = voter.vote(authentication, object, configAttributes);
    // 다른 로직
}
```

AccessDecisionVoter의 인터페이스는 다음 코드에 표시돼 있다. 앞에서 설명한 것처럼 각 유권자는 세 가지 상태(ACCESS_GRANTED, ACCESS_ABSTAIN 또는 ACCESS_DENIED) 중 하나를 반환한다.

```
public interface AccessDecisionVoter < S > {

    boolean supports(ConfigAttribute attribute);
    boolean supports(Class << ? > clazz);

    int vote(Authentication authentication, S object,
        Collection < ConfigAttribute > attributes);
}
```

다음 그림은 다양한 AccessDecisionVoter 구현을 보여준다.

중요한 구현 중 일부는 다음과 같다.

- RoleVoter: 사용자의 역할에 따라 투표한다. 사용자 역할이 요청된 리소스에 액세스할 수 있을까?

- **AuthenticatedVoter**: 사용자의 인증 상태에 따라 투표한다. 사용자가 익명일까, 이미 인증됐을까, 아니면 기억하고 있는 사용자일까?
- **Jsr250Voter**: JSR-250 어노테이션을 기반으로 투표한다. JSR-250은 잠시 후에 살펴보자.

스프링 시큐리티의 인증 확장 포인트

스프링 시큐리티에는 권한을 구성하는 데 사용할 수 있는 다양한 확장 포인트가 있다. 중요한 몇 가지를 살펴보자.

웹 시큐리티 구성 어댑터를 사용한 HTTP 시큐리티 구성

WebSecurityConfigurerAdapter에서 configure(HttpSecurity http)를 재정의해 URL 패턴과 액세스에 필요한 역할을 구성할 수 있다.

```
@Override
protected void configure(HttpSecurity http) throws Exception {
    http.authorizeRequests()
        .anyRequest().authenticated()
        .antMatchers("/admin/**").hasRole("ADMIN")
        .antMatchers("/users/**").hasRole("USER")
        .antMatchers("/login").permitAll();
}
```

http.authorizeRequests() 서명은 다음과 같다.

```
public
ExpressionUrlAuthorizationConfigurer<HttpSecurity>.ExpressionInterceptUrlRe
gistry authorizeRequests()
```

ExpressionUrlAuthorizationConfigurer를 사용하면 REST API의 URL 기반 권한을 구성할 수 있다.

다음은 이전 구현에 대한 간략한 개요다. 기본적으로 모든 URL은 보호된다(.anyRequest().authenticated()). "ADMIN"역할을 가진 사용자만 /admin(.antMatchers("/admin/**").hasRole("ADMIN"))으로 시작하는 URL에 액세스할 수 있다. 마찬가지로 "USER"역할을 가진 사용자만 /users로 시작하는 URL에 액세스 가능하다. 모든 사용자는 /login에 액세스할 수 있다.

스프링 시큐리티는 Role과 매우 유사한 Authority 개념을 제공한다. 모든 실제적인 목적의 ROLE_ADMIN의 Authority는 ADMIN의 Role과 같다. ROLE_ 접두사가 자동으로 역할에 추가된다.

역할은 특수한 ROLE_ 접두사가 있는 권한이다.

다음 방법을 사용해 필요한 역할 및 권한을 지정할 수 있다.

- hasAnyRole: 사용자에게 하나 이상의 지정된 역할이 있는 경우에만 액세스가 허용된다.
- hasAuthority: 사용자가 권한을 지정하면 액세스가 허용된다.
- hasAnyAuthority: 사용자에게 하나 이상의 지정된 권한이 있을 때만 액세스가 허용된다.

서비스 메소드에 시큐리티 어노테이션 제공

스프링 시큐리티는 버전 2.0부터 @Secured 어노테이션을 사용해 서비스 레이어 메소드를 보호하는 간단한 옵션을 제공한다.

메소드 레벨 시큐리티를 사용하려면 스프링 구성 클래스에 @EnableGlobalMethodSecurity가 있어야 한다.

```
@EnableGlobalMethodSecurity(securedEnabled = true)
@SpringBootApplication
public class SpringSecurityApplication {
```

서비스 메소드를 실행하기 전에 @Secured를 사용해 역할을 확인할 수 있다.

```
@Secured("ROLE_ADMIN")
public List<User> retrieveAllUsers() {
// 코드
}
```

@Secured를 사용하면 여러 역할을 지정할 수 있다. 사용자에게 지정된 역할이 있으면 메소드 실행이 허용된다.

```
@Secured({"ROLE_ADMIN", "ROLE_USER"})
public User retrieveUser(String userName) {
 // 코드
}
```

서비스 메소드에 JSR-250 어노테이션 제공

JSR-250은 메소드 시큐리티를 지정하는 데 사용할 수 있는 몇 가지 표준 어노테이션을 제공한다. 버전 3.0부터 시작하는 스프링 시큐리티는 이러한 어노테이션을 지원한다.

@EnableGlobalMethodSecurity에서 jsr250Enabled = true 어노테이션을 사용해 JSR-250을 활성화할 수 있다.

```
@EnableGlobalMethodSecurity(jsr250Enabled = true)
@SpringBootApplication
public class SpringSecurityApplication {
```

@RolesAllowed는 @Secured와 같은 역할을 하는 JSR-250 어노테이션이다.

```
@RolesAllowed("ROLE_ADMIN")
public List<User> retrieveAllUsers() {
 // 코드
}
```

@RolesAllowed를 사용하면 여러 역할을 지정할 수 있다. 사용자에게 지정된 역할이 있으면 메소드 실행이 허용된다.

```
@RolesAllowed({"ROLE_ADMIN", "ROLE_USER"})
public User retrieveUser(String userName) {
 // 코드
}
```

스프링 시큐리티 pre 어노테이션과 post 어노테이션

스프링 시큐리티 pre 어노테이션과 post 어노테이션을 사용하면 메소드 시큐리티 전에 훨씬 더 복잡한 권한을 확인할 수 있다.

@EnableGlobalMethodSecurity에서 prePostEnabled = true 어노테이션을 사용해 pre 및 post 어노테이션을 활성화할 수 있다.

```
@EnableGlobalMethodSecurity(prePostEnabled = true)
@SpringBootApplication
public class SpringSecurityApplication {
```

다음 코드는 사용자 역할을 확인하기 위해 메소드에 PreAuthorize를 추가한다. 메소드를 실행하기 전에 권한을 확인하기 위해 SpEL(스프링 표현식 언어), 표현식을 지정할 수 있다.

```
@PreAuthorize("hasRole('ROLE_ADMIN') or hasRole('ROLE_USER')")
public User retrieveUser(String userName) {
 // 코드
}
```

EL 표현식의 시큐리티 컨텍스트에서 본인 및 인증 오브젝트에 액세스할 수 있다.

다음 예제는 매개변수 이름의 값이 본인의 사용자 이름과 같은지 확인한다.

```
@PreAuthorize ( "# name == authentication.principal.username")
```

PostAuthorize를 사용하면 메소드 실행 후 점검할 수 있다. returnObject를 사용해 메소드의 리턴 값을 사용할 수도 있다.

```
@PostAuthorize ( "returnObject.name == authentication.principal.username")
```


스프링 시큐리티를 이용한 시큐리티 모범 사례 구현

기본적으로 스프링 시큐리티는 웹 애플리케이션과 REST API에서 여러 가지 시큐리티 모범 사례를 활용한다.

- CSRF 공격을 방지한다.
- 세션 고정 문제로부터 보호한다.
- 응답에 헤더를 자동으로 추가해 시큐리티를 강화한다.
- 요청이 HTTP인 경우 엄격한 HTTP 전송 시큐리티를 지정한다.
    - 캐시 컨트롤 헤더를 추가한다
    - cross-site protection 헤더를 추가한다
    - X-Frame-Options 헤더를 추가해 클릭 재킹을 방지한다

클릭 재킹(clickjacking)은 해커가 기밀 정보를 얻기 위해 사용한다. 사용자가 자신이 생각하는 것과 다른 무언가(안전하지 않은 링크 또는 버튼)를 클릭하도록 유도한다.

스프링 시큐리티는 손쉬운 확장 포인트를 제공하고 몇 가지 시큐리티 모범 사례를 즉시 구현해 REST API의 인증 및 권한 부여를 쉽게 구현할 수 있도록 한다.

▌ OAuth2 인증

OAuth는 다양한 웹 지원 애플리케이션과 서비스 사이의 권한 및 인증 정보를 교환하기 위해 플로우를 제공하는 프로토콜이다. 타사 애플리케이션은 서비스(예: 페이스북, 트위터나 깃허브 레파지토리)에서 사용자 정보에 제한된 액세스 권한을 얻을 수 있다.

세부사항을 살펴보기 전에 OAuth2 인증과 관련된 일반 용어를 검토하는 것이 좋다.

예를 들어보자. 타사 애플리케이션이 우리가 만든 Todo API에 액세스할 수 있도록 하려고 한다. 구글 API에는 수천 명의 사용자가 소유한 데이터가 있을 수 있다. 사용자 권한으로 제3자에게 블랭킷 액세스 권한을 부여할 수는 없다.

OAuth2는 사용자가 타사 애플리케이션에 Todo API로 제공되는 데이터에 액세스 권한을 부여할 수 있게 한다.

일반적인 OAuth2 교환에서 중요한 플레이어는 다음과 같다.

- **리소스 소유자**: 리소스 소유자는 Todo API의 사용자인 데이터 소유자다. 리소스 소유자는 API로 제공되는 정보 중 타사 애플리케이션에 제공할 수 있는 정보의 양을 결정한다.
- **리소스 서버**: Todo API에 액세스가 제공되는 실제 리소스다.
- **클라이언트**: Todo API 애플리케이션과 통합하려는 타사 애플리케이션이다.

- **인증 서버**: OAuth 서비스를 제공하는 서버다.
- **클라이언트 자격 증명**: 각 타사 애플리케이션에는 자신을 OAuth 서버에 식별하는 자격 증명이 있다. 이를 클라이언트 자격 증명이라고 한다.

OAuth2 상위 플로우

OAuth을 자세히 알아보고 OAuth 인증의 두 가지 일반적인 플로우를 이해한다.

- 권한 부여 플로우
- 리소스 액세스 플로우

권한 부여 플로우

권한 부여 플로우 동안 사용자는 Todo API에서 타사 애플리케이션 정보에 액세스할 수 있다. 관련된 단계는 다음과 같다.

- 타사 애플리케이션은 Todo API의 특정 사용자에게 액세스를 요청한다.
- OAuth 서버는 사용자에게 타사 애플리케이션을 허용할 권한을 묻는다.
- 사용자는 타사 애플리케이션이 Todo API의 세부사항에 액세스할 수 있는 권한을 부여한다. 이것을 권한 부여라고 한다.

리소스 액세스 플로우

리소스 액세스 플로우가 과정에서 타사 애플리케이션은 Todo API의 정보에 액세스해 필요한 인증 및 권한 세부 정보를 OAuth 서버에 제공한다. 관련된 단계는 다음과 같다.

- 타사 애플리케이션은 Todo API에 액세스하기 위해 클라이언트 자격 증명 및 사용자 권한 부여를 인증 서버에 제공한다.

- 인증에 성공하면 인증 서버는 액세스 토큰으로 응답한다. 그렇지 않으면 권한 부여 플로우가 다시 시작된다.
- 타사 애플리케이션은 액세스 토큰을 제공하는 Todo API(리소스 서버)를 호출한다. 액세스 토큰이 유효하면 리소스 서버는 리소스의 세부사항을 리턴한다. 그렇지 않으면 오류가 발생한다.

OAuth2 서버 생성하기

스프링 시큐리티용 OAuth2(spring-security-oauth2)는 스프링 시큐리티에 OAuth2 지원을 제공하는 모듈이다. pom.xml 파일에 의존 관계로 추가한다.

```
<dependency>
 <groupId>org.springframework.security.oauth</groupId>
 <artifactId>spring-security-oauth2</artifactId>
 <version>2.0.10.RELEASE</version>
</dependency>
```

일반적으로 인증 서버는 API가 노출된 애플리케이션과 다른 서버다. 일을 단순화하기 위해 현재 API 서버가 리소스 서버 및 인증 서버로 작동하도록 한다.

인증 서버 설정하기

인증 서버에는 다음 항목이 필요하다.

- 사용자 자격 증명 스토리지 Todo API에 대한 사용자 인증 및 권한 부여
- 클라이언트 자격 증명이라고도 하는 타사 애플리케이션 자격 증명 스토리지

인증 서버는 타사 애플리케이션이 액세스 토큰을 얻기 위해 클라이언트 자격 증명 및 사용자 권한을 제공할 수 있는 URI를 제공한다. 타사 애플리케이션은 이를 사용해 리소스 API(Todo API)와 통신할 수 있다.

REST API에 사용자 자격 증명 설정하기

메모리 내 스토리지를 사용한다. 다음 코드는 다른 역할을 가진 두 사용자의 구성을 보여준다.

```
@Configuration
public class SpringSecurityConfiguration extends WebSecurityConfigurerAdapter {
    @Autowired
    public void configureGlobal(AuthenticationManagerBuilder auth) throws Exception {
        auth.inMemoryAuthentication()
            .withUser("user1").password("{noop}user1password").roles("ADMIN");
        auth.inMemoryAuthentication()
            .withUser("user2").password("{noop}user2password").roles("USER");
    }
}
```

API에 user1과 user2라는 사용자를 구성하고 있다.

타사 클라이언트 자격 증명으로 인증 서버 설정하기

OAuth2로 인증 서버를 활성화하려면 @EnableAuthorizationServer를 추가해야 한다.

```
@Configuration
@EnableAuthorizationServer // 인증 서버 오픈
public class AuthorizationServerConfig implements
AuthorizationServerConfigurer {
```

인증 서버를 구성하기 위해 AuthorizationServerConfigurer를 구현한다.

타사 클라이언트 자격 증명을 구성하기 위해 configure(ClientDetailsServiceConfigurer clients) 메소드를 재정의할 수 있다. 다음 예에서는 메모리 내 스토리지를 하드 코딩한다.

```
@Override
public void configure(ClientDetailsServiceConfigurer clients) throws Exception {
    clients.inMemory().withClient("YourClientID")
        .secret("{noop}TopSecretClientPassword")
        .authorizedGrantTypes("authorization_code", "refresh_token", "password")
        .scopes("openid");
}
```

YourClientID는 클라이언트 ID다. TopSecretClientPassword는 시크릿번호다. 세 가지 인증 타입을 활성화하고 있다. 인증 타입은 타사 애플리케이션이 REST API 사용자에게 요청할 수 있는 권한이다.

액세스 토큰 얻기

액세스 토큰을 얻기 위해 인증 서버 토큰 API(http://localhost:8080/oauth/token)를 호출해 기본 인증 모드에서 클라이언트 인증 세부 정보와 폼 데이터의 일부로 사용자 자격증명을 제공한다. 다음 그림은 기본 인증 모드에서 클라이언트 인증 세부 정보를 구성하는 방법을 보여준다.

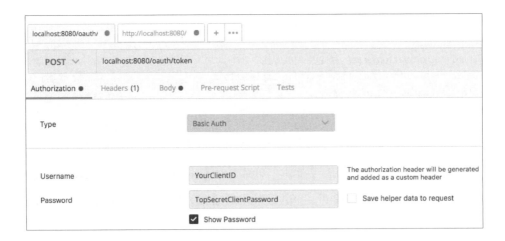

POST 매개변수의 일부로 사용자 인증 세부사항을 구성하는 방법을 보여주는 그림이다.

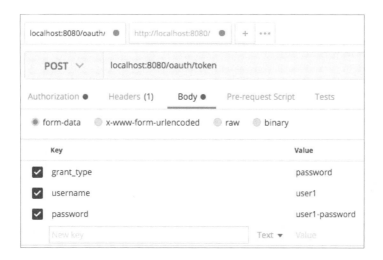

요청을 실행하면 다음 코드에 표시된 것과 유사한 응답이 표시된다.

```
{
 "access_token": "08480948-2139-4d20-9504-5389a47c16ce",
 "token_type": "bearer",
 "refresh_token": "81bfc160-a04c-4e59-bf2f-66e183d9ede8",
 "expires_in": 43199,
 "scope": "openid"
}
```

중요한 세부사항이다.

- access_token: 클라이언트 애플리케이션은 액세스 토큰을 사용해 추가 API 호출을 인증할 수 있다. 그러나 액세스 토큰은 일반적으로 매우 짧은 기간 안에 만료된다.
- refresh_token: 클라이언트 애플리케이션은 refresh_token을 사용해 인증 서버에 새로운 요청을 제출해 새로운 access_token을 얻을 수 있다.

리소스 서버 설정하기

리소스 서버 역할을 하도록 Todo API 애플리케이션을 설정한다. 애플리케이션이 리소스 서버가 되도록 하기 위해 @EnableResourceServer 어노테이션을 사용한다.

```
@Configuration
@EnableResourceServer
public class ResourceServerConfig extends ResourceServerConfigurerAdapter {
```

리소스 서버 리소스의 권한을 구성하기 위해 ResourceServerConfigurerAdapter를 확장한다.

```
@Override
public void configure(HttpSecurity http) throws Exception {
    http.anonymous().disable()
        .authorizeRequests()
        .antMatchers("/users/**").access("hasRole('USER')")
        .and().exceptionHandling()
        .accessDeniedHandler(new OAuth2AccessDeniedHandler());
}
```

이전 코드에서는 /users/** 패턴과 일치하는 URI의 모든 요청이 USER 역할을 갖도록 구성했다. OAuth 서버가 액세스를 거부할 경우를 대비해 오류 처리기를 구성한다.

다음으로 REST API에 어떤 상태도 없으므로 리소스 ID를 구성하고 무상태를 선언해야 한다.

```
private static final String RESOURCE_ID = "resource_id";

@Override
public void configure(ResourceServerSecurityConfigurer resources) {
    resources.resourceId(RESOURCE_ID).stateless(false);
}
```

액세스 토큰을 사용해 요청 실행하기

access_token이 있으면 다음 그림과 같이 access_token을 사용해 요청을 실행할 수 있다.

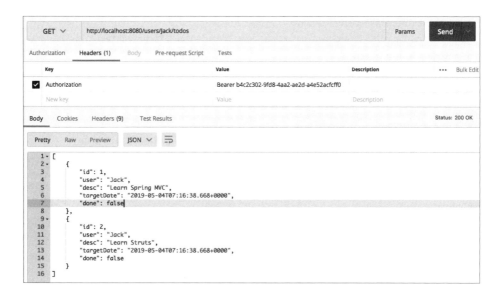

그림에서 볼 수 있듯이 요청 헤더에 Authorization이라는 액세스 토큰을 제공한다. "Bearer {access_token}"의 값을 사용한다. 인증에 성공하면 예상되는 리소스 세부 정보를 얻는다.

통합 테스트 업데이트하기

OAuth2 자격 증명을 제공하기 위해 통합 테스트를 업데이트한다. 다음 테스트는 중요한 변경사항을 강조한다.

```
private OAuth2RestTemplate getOAuthTemplate() {
    ResourceOwnerPasswordResourceDetails resource
                = new ResourceOwnerPasswordResourceDetails();
    resource.setUsername("user2");
    resource.setPassword("user2-password");
```

```
        resource.setAccessTokenUri(createURL("/oauth/token"));
        resource.setClientId("YourClientID");
        resource.setClientSecret("TopSecretClientPassword");
        resource.setGrantType("password");
        OAuth2RestTemplate oauthTemplate
            = new OAuth2RestTemplate(resource, new DefaultOAuth2ClientContext());
        return oauthTemplate;
    }
```

주의해야 할 중요한 사항들이다.

- ResourceOwnerPasswordResourceDetails resource = new ResourceOwnerPassword ResourceDetails(): 사용자 자격 증명 및 클라이언트 자격 증명을 사용해 ResourceOwnerPasswordResourceDetails를 설정한다.

- resource.setAccessTokenUri(createUrl("/oauth/token")): 인증 서버의 URL을 구성한다.

- OAuth2RestTemplate oauthTemplate = new OAuth2RestTemplate(resource, new DefaultOAuth2ClientContext()): OAuth2RestTemplate은 OAuth2 프로토콜을 지원하는 RestTemplate의 확장이다.

다음 코드는 getOAuthTemplate 메소드를 사용해 업데이트된 테스트를 보여준다.

```
@Test
public void welcome() throws Exception {
    ResponseEntity < String > response = getOAuthTemplate()
        .getForEntity(createURL("/welcome"), String.class);
    // ResponseEntity<String> response = template.getForEntity("/welcome",
    // String.class);
    assertThat(response.getBody(), equalTo("Hello World"));
}
```

다른 모든 테스트에서도 비슷한 변경이 필요하다.

스프링 부트와 스프링 시큐리티를 사용하면 OAuth2를 쉽게 구현할 수 있다. 여기서는 사용자가 스프링 부트 및 스프링 시큐리티와 함께 OAuth2를 구현해 타사 애플리케이션에 Todo 데이터에 액세스 권한을 부여할 수 있게 했다.

JWT를 이용한 인증

앞에서 기본 인증을 사용했다. 기본 인증의 주요 문제점은 인증 헤더에 대한 만료 시간이 없다는 것이다. 해커가 기본 인증 헤더를 얻을 수 있으면 암호를 변경할 때까지 이를 사용할 수 있다. 다른 문제는 기본 인증 헤더에 인증 정보만 포함돼 있다는 것이다. 즉 권한 부여나 사용자 세부사항 추가 조항이 없다.

시스템 간 통신을 단순화하기 위해 토큰 기반 인증 시스템을 설계하려는 여러 가지 커스텀 시도가 있었다. 일종의 암호화 알고리즘을 사용해 사용자 권한 부여 및 사용자 세부사항이 있는 시큐리티 토큰을 작성하는 아이디어가 있었다. 시간이 지남에 따라 JWT라는 표준으로 발전했다.

JWT

JWT 토큰은 사용자 세부사항, 사용자 권한 부여 및 몇 가지 커스텀 애플리케이션 특정 세부사항을 포함하는 암호화된 토큰이다. JWT 토큰의 예는 다음과 같다.

eyJhbGciOiJIUzUxMiIsInR5cCI6IkpXVCJ9.eyJzdWIiOiIxMjM0NTY3ODkwIiwibmFtZSI6Ik pvaG4gRG9lI
iwiYWRtaW4iOnRydWUsImlhdCI6MTUxNjIzOTAyMiwiY3VzdG9tIjoidmFsdWUif Q.AcXCIdAbFhpFM2w9LpB8
6aJKg3NMRWDXJmxO7v_eM22ZmVpT0A0W8NEntu4G2syp03L23h2Et 46yir96eTBiog

JWT 토큰은 간단한 알고리즘을 사용해 암호화 된 값이다. 토큰이 어떻게 생성되는지 살펴보자. JWT 토큰은 다음 세 가지의 조합이다.

- JWT 페이로드^{payload}
- JOSE 헤더
- JWT 서명 및 토큰 생성

JWT 페이로드

다음은 이전 토큰에 표시된 중요한 세부 정보 중 일부인데 JWT 페이로드라고도 한다.

```
{
 "sub": "1234567890",
 "name": "John Doe",
 "admin": true,
 "iat": 1516239022,
 "custom": "value"
}
```

이전 JSON에는 몇 가지 표준 세부사항이 있는데 예약된 클레임^{reserved claims}이라고 한다.

- sub: 주제 – JWT 토큰에는 어떤 세부 정보가 포함될까?
- iat: 당시 발행 – JWT 토큰은 언제 작성됐을까?
- name: 이름

예약된 클레임의 전체 리스트는 https://www.iana.org/assignments/jwt/jwt.xhtml #claims에서 확인할 수 있다.

JSON 토큰에는 몇 가지 커스텀 클레임도 포함돼 있는데 필요에 따라 추가되기도 한다.

- admin: 사용자는 매니저인가?
- custom: 커스텀 값

JOSE 헤더

JOSE(JSON 객체 서명 및 암호화의 줄임말) 헤더에는 서명에 사용되는 알고리즘과 토큰 유형 (JWT)이 포함된다.

JWT에는 다양한 암호화 알고리즘을 사용할 수 있다. 다음은 https://tools.ietf.org/html/rfc7518#section-3에 있는 JWT 스펙의 알고리즘 중 일부다.

- HS256: SHA-256과 함께 HMAC 사용
- HS512: SHA-512와 함께 HMAC 사용
- RS256: SHA-256과 함께 RSASSA-PKCS1-v1_5 사용
- RS512: SHA-512와 함께 RSASSA-PKCS1-v1_5 사용

HS512를 사용하는 JOSE 헤더의 예는 다음과 같다.

```json
{
 "alg": "HS512",
 "typ": "JWT"
}
```

JWT 서명 및 토큰 생성

JWT 토큰을 생성하는 알고리즘은 다음과 같다.

```
HMACSHA512(
 base64UrlEncode(header) + "." +
 base64UrlEncode(payload), "your-512-bit-secret")
```

HMACSHA512는 우리가 선택한 암호화 알고리즘이다. 헤더와 페이로드는 Base64로 인코딩되며 점(.)으로 구분된다.

512 비트 시크릿(시크릿 키 또는 개인 키라고도 함)은 JSON을 암호화하고 생성하는 데 사용된다. 시크릿은 또한 토큰을 해독할 때 사용된다.

https://jwt.io 웹 사이트에서 페이로드와 다른 JWT 서명 알고리즘을 사용할 수 있다. 다음 그림은 제공되는 인터페이스를 보여준다.

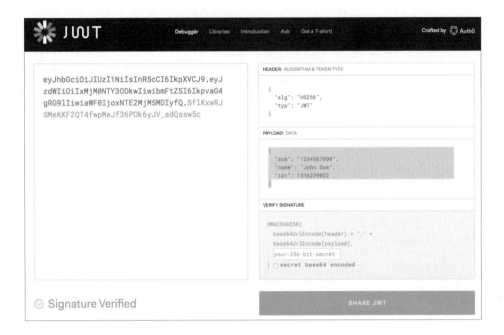

REST API 인증을 위한 JWT 사용

일반적으로 REST API 인증에 JWT를 사용하려면 다음 두 단계가 필요하다.

- 사용자 세부사항을 제공해 토큰 확보
- REST API 요청과 함께 토큰 보내기

일반적으로 웹 애플리케이션의 로그인 페이지에서 사용자 자격 증명을 얻는다. JWT 토큰을 수신하기 위해 사용자 자격 증명이 있는 POST 요청을 JWT 인증 URL(예: /auth)로 보낼 수 있다. 이후의 모든 REST API 요청에서 JWT 토큰은 인증 헤더로 전송된다.

OAuth2와 함께 JWT 사용하기

JWT 토큰을 사용하기 위해 OAuth2의 초기 구현을 향상시킨다.

spring-security-jwt의 의존 관계를 추가해야 한다.

```
<dependency>
 <groupId>org.springframework.security</groupId>
 <artifactId>spring-security-jwt</artifactId>
 <version>1.0.9.RELEASE</version>
</dependency>
```

JWT 토큰 스토리지를 사용하기 위해 인증 서버 구성을 업데이트할 수 있다.

```
@Override
public void configure(AuthorizationServerEndpointsConfigurer endpoints) throws
Exception {
    endpoints .tokenStore(tokenStore()).accessTokenConverter(accessTokenConverter())
        .authenticationManager(this.authenticationManager);
}

@Bean
public JwtAccessTokenConverter accessTokenConverter() {
    JwtAccessTokenConverter converter = new JwtAccessTokenConverter();
    converter.setSigningKey("abcdefgh");
    converter.setVerifierKey("abcdefgh");
    return converter;
}

@Bean
public TokenStore tokenStore() {
    return new JwtTokenStore(accessTokenConverter());
}
```

고려해야 할 중요한 세부사항은 다음과 같다.

- **JwtAccessTokenConverter**: JWT에서 OAuth 인증 세부사항으로(OAuth 인증 세부사항에서 JWT로) 변환한다.
- **converter.setSigningKey("abcdefgh")**: 시크릿 키로 abcdefgh를 사용한다. 토큰에 서명하기 위한 OAuth 서버에 필요하다.
- **converter.setVerifierKey("abcdefgh")**: 검증 키로 abcdefgh를 사용한다. 토큰을 확인하기 위해 리소스 서버에 필요하다.
- **endpoints.tokenStore(tokenStore()).accessTokenConverter(accessTokenConverter())**: 엔드 포인트가 토큰 스토리지를 사용하고 토큰 변환기에 액세스하도록 설정한다.

앞의 예에서는 대칭 키, 즉 동일한 서명과 검증 키를 사용했다. 비대칭 개인 키와 공개 키 조합도 사용할 수 있다. keytool을 사용해 개인 또는 공개 키 조합을 생성할 수 있다.

액세스 토큰을 얻기 위해 인증 서버 토큰 API(http://localhost:8080/oauth/token)를 호출한다. 기본 인증 모드에서 클라이언트 인증 세부 정보와 폼 데이터의 일부로 사용자 자격 증명을 제공한다.

```
{
  "access_token":
"eyJhbGciOiJIUzI1NiIsInR5cCI6IkpXVCJ9.eyJleHAiOjE1NTY5OTkxMzIsInVzZXJfbmFtZ SI6InVzZXIy
IiwiYXV0aG9yaXRpZXMiOlsiUk9MRV9VU0VSIl0sImp0aSI6IjVkNWJhMTIwLWM0 ODUtNDM2Ni1hNGViLWVhOW
I0NzM1YTdmNCIsImNsaWVudF9pZCI6IllvdXJDbGllbnRJRCIsInN jb3BlIjpbInJlYWQiXX0.RFRjTU9RJ
NmUDTH7QedgqNRzsGRVakyvrcFkPZEcIuE",
  "token_type": "bearer",
  "refresh_token":
"eyJhbGciOiJIUzI1NiIsInR5cCI6IkpXVCJ9.eyJ1c2VyX25hbWUiOiJ1c2VyMiIsInNjb3BlI jpbIm9wZW5p
ZCJdLCJhdGkiOiI1ZDViYTEyMC1jNDg1LTQzNjYtYTRlYi1lYTliNDczNWE3ZjQi LCJleHAiOjE1NTk1NDc5Mz
IsImF1dGhvcml0aWVzIjpbIlJPTEVfVVNFUiJdLCJqdGkiOiI1MmI 1ZDEzMC1mOGE0LTRjNDgtYmU2OS00NTQw
MTVlYWRlMzAiLCJjbGllbnRfaWQiOiJZb3VyQ2xpZW 50SUQifQ.DZhDZeZyqFKJ6HXMr6zc9DWDc5Dn2BqYCwT
AlXgWewA",
```

```
"expires_in": 43199,
"scope": "openid",
"jti": "5d5ba120-c485-4366-a4eb-ea9b4735a7f4"
}
```

REST API 요청을 실행할 때 인증 헤더에서 access_token을 사용할 수 있다.

▌ 요약

8장에서는 웹 애플리케이션 시큐리티의 기본사항을 학습했다. REST API를 실행하기 전에 일반적으로 필터를 사용해 요청을 인증하고 권한을 부여한다.

스프링 시큐리티의 기본 원리를 학습했다. 스프링 시큐리티는 인증 및 권한 부여를 수행하기 위해 일련의 시큐리티 필터를 사용한다. 필터도 일부 살펴봤다.

UsernamePasswordAuthenticationFilter와 BasicAuthenticationFilter는 인증에 사용된다. FilterSecurityInterceptor의 주요 책임 중 하나는 권한 결정을 내리는 것이다.

REST API 요청을 인증할 때 인증 매니저의 역할을 배웠다. 인증 매니저(ProviderManager)의 기본 구현은 사용자 세부 정보를 검색하고 인증하기 위해 여러 AuthenticationProvider(일반적으로 UserDetailsService를 사용)와 통신한다.

권한을 결정할 때 AccessDecisionManager의 역할이 무엇인지를 배웠다. AccessDecisionManager는 여러 AccessDecisionVoter와 통신해 긍정적 또는 부정적 투표를 제공할 수 있다. 서로 다른 유형의 액세스 결정 매니저(AffirmativeBased(적어도 하나의 긍정적 투표), ConsensusBased(거의 다수), UnanimousBased(모두 긍정적 투표))를 검토했다.

WebSecurityConfigurerAdapter를 사용해 인증 및 권한 부여를 구성하기 위해 스프링 시큐리티가 제공하는 확장 포인트를 살펴봤다.

OAuth를 논의하고 OAuth 서버 및 리소스 서버 역할을 하는 REST API 애플리케이션을 확장하는 방법을 배웠다. 마지막에 JWT를 소개했으며 JAuth 토큰을 사용하도록 OAuth 애플리케이션을 확장했다. 매우 중요한 스프링 프레임워크(스프링 시큐리티)를 통한 훌륭한 여행이었다.

9장에서는 풀스택 애플리케이션을 학습한다. 풀스택 애플리케이션을 구축하기 위해 리액트와 스프링 부트를 사용하는 것을 배운다.

09

리액트 및 스프링 부트가 포함된 풀스택 앱

8장에서는 RESTful API 시큐리티에 중점을 뒀다. 스프링 시큐리티가 어떻게 작동하는지 이해하고 기본 인증, OAuth와 JWT와 같은 다른 종류의 인증으로 작동하는지 알아봤다.

9장에서는 풀스택 애플리케이션으로 관심을 돌려보자.

스택 오버플로우 2019 설문 조사(https://insights.stackoverflow.com/survey/2019에서 제공)에 따르면 풀스택 개발자는 연봉이 더 높다. 스프링 프레임워크와 함께 리액트는 개발자들에게 많은 사랑을 받는다. 오늘날 대부분 개발자들이 풀스택 개발자가 되길 원하는 이유기도 하다.

9장에서는 풀스택 개발이 무엇인지 배우고 어떻게 인기를 얻었는지를 살펴본다. 유명한 프론트 엔드 프레임워크 중 하나인 리액트와 함께 간단한 프론트 엔드 애플리케이션을 만들고 스프링 부트 백엔드와 통합할 것이다. 풀스택 개발을 할 때 직면하는 다양한 문제를 학습한다.

풀스택 개발과 리액트는 자체적으로 거대한 생태계를 가지고 있으며 독자적으로 책을 볼 가치가 있다. 9장에서는 10,000 피트 정도의 기본 개념을 속성으로 보여줌으로써 스스로 탐색할 수 있도록 만들 것이다.

다음과 같은 질문의 답을 알아보려고 한다.

- 풀스택 개발이란 무엇일까?
- 풀스택 개발이 인기를 얻는 이유는 무엇일까?
- 다른 풀스택 프레임워크 옵션은 무엇일까?
- 프론트 엔드 리액트 애플리케이션을 어떻게 생성할까?
- 리액트 초보자가 이해해야 할 중요한 리액트 개념은 무엇일까?
- 리액트 애플리케이션을 RESTful API와 통합할 때 발생하는 일반적인 문제는 무엇일까?
- 프론트 엔드에서 RESTful API를 어떻게 호출할까?
- 시큐리티 자격 증명을 제공하고 기본 인증 및 JWT를 사용해 시큐리티 RESTful API를 호출하는 방법은 무엇일까?

▌ 기술적 요구사항

9장을 최대한 활용하는 데 필요한 몇 가지 프레임워크와 도구다.

- 선호하는 IDE, 이클립스 및 비주얼 스튜디오 코드
- 노드^{Node} 8+

- 자바 8+
- 메이븐 3.x
- NPM 5.6+
- 인터넷 연결

깃허브의 코드는 https://github.com/PacktPublishing/MasteringSpring-5.1/tree/master/Chapter09에서 확인할 수 있다.

▌ 풀스택 아키텍처

풀스택 아키텍처로의 전환은 지난 몇 년 동안 중요한 아키텍처 트렌드 중 하나다.

10년 동안 세계는 점점 모바일화되어 수많은 IoT 애플리케이션을 만들게 됐다. 비즈니스는 웹 애플리케이션 외에도 다양한 모바일 및 IoT 애플리케이션을 지원해야 한다.

> 간단한 아키텍처로 다양한 애플리케이션을 구축할 수 있도록 하려면 어떻게 해
> 야 할까?

풀스택 아키텍처를 입력해라.

풀스택 아키텍처에는 RESTful API와 통합된 프론트 엔드 애플리케이션 개발이 포함된다. 다음 그림은 고급 아키텍처를 보여준다.

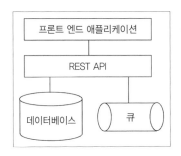

아키텍처의 핵심 부분은 프론트 엔드 애플리케이션과 RESTful API다. RESTful API는 백엔드 데이터베이스나 큐로 다른 애플리케이션과 통신해 해당 기능을 제공한다.

8장에서 RESTful API의 기본사항을 배우고 스프링 부트를 사용해 Todo RESTful API를 생성했다. RESTful API를 생성하는 데 널리 사용되는 다른 옵션으로는 Node.js(자바스크립트)와 파이썬이 있다. RESTful API를 사용하면 다른 액션을 수행할 수 있는 리소스를 노출한다.

프론트 엔드 애플리케이션은 자바스크립트, HTML과 CSS로 개발된 정적 애플리케이션으로 브라우저에서 실행된다. 인기있는 프레임워크에는 앵귤러, 리액트 및 Vue.js가 있다. 9장에서는 리액트를 사용해 프론트 엔드 애플리케이션을 만든다. 프론트 엔드 애플리케이션은 사용자에게 UI를 제공하고 사용자 액션의 응답으로 RESTful API를 호출한다.

풀스택 아키텍처의 필요성

풀스택 아키텍처가 왜 필요할까?

앞서 이야기한 것처럼 세계는 점점 더 모바일화되고 비즈니스는 웹, 모바일과 IoT를 포함하는 수많은 애플리케이션을 개발하고 있다. 다음 질문을 생각해보자.

- 애플리케이션은 완전히 분리해야 할까?
- 모든 애플리케이션에서 같은 비즈니스 로직이 사용되도록 하려면 어떻게 해야 할까? 다시 말해서 비즈니스 로직이 여러 애플리케이션에 복제되지 않고 쉽게 유지 관리될 수 있도록 하려면 어떻게 해야 할까?
- 새로운 종류의 애플리케이션을 쉽게 만들려면 어떻게 해야 할까?

풀스택 아키텍처는 잠재적 문제에서 솔루션으로 발전했다. 풀스택 아키텍처를 사용해 다양한 애플리케이션을 개발하는 방법을 그림으로 보여준다.

웹 애플리케이션	모바일 앱	IOT 앱
REST API		

애플리케이션의 비즈니스 로직을 나타내는 공통 RESTful API를 구축한다. 요구사항이 확장됨에 따라 RESTful API를 사용하는 다양한 애플리케이션을 만들 수 있다.

- 리액트 및 앵귤러와 같은 프론트 엔드 프레임워크를 사용해 브라우저에서 실행할 수 있는 웹 애플리케이션
- 리액트 네이티브, 안드로이드 또는 기타 iOS 프레임워크를 사용해 모바일에서 실행할 수 있는 모바일 애플리케이션
- IoT 장치와 통합할 수 있는 IoT 애플리케이션

> ℹ️ IoT(사물 인터넷): 오늘날에는 텔레비전, 세탁기, 냉장고와 같은 가전 제품을 포함해 인터넷과 통신할 수 있는 많은 장치가 있다. 이러한 모든 장치는 IoT의 범주 안에 있다.

풀스택 애플리케이션은 RESTful API와 통신하는 프론트 엔드 애플리케이션을 사용해 구축된다. RESTful API 위에 모바일 및 IoT 애플리케이션을 생성할 수 있다. 따라서 풀스택 애플리케이션은 쉽게 확장할 수 있다.

▌ 리액트

리액트React는 오픈소스 자바스크립트 프레임워크다. 페이스북에서 개발된 오픈소스로, 웹 및 모바일 애플리케이션을 개발하는 데 도움이 된다. 리액트가 인기있는 이유는 다음과 같다.

- 리액트 애플리케이션은 개발이 간단하다. 컴포넌트, JSX, 상태 및 props와 같은 기본사항을 이해하면 리액트 애플리케이션을 쉽게 개발할 수 있다.
- 리액트는 완전한 SPA^Single Page Application 프레임워크가 아니다. 몇 가지 일을 잘 수행할 뿐이다.
- 리액트는 전부도 아니고 아무것도 아니다. 리액트를 사용하기 위해 새 애플리케이션을 만들 필요는 없다. 기존 웹/모바일 애플리케이션에 통합할 수도 있다.
- 리액트는 성능이 뛰어나다. 가상 DOM과 같은 기능으로 DOM^Document Object Model 업데이트를 매우 효율적으로 관리한다.

리액트의 간단한 개요에 이어 중요한 개념(컴포넌트와 JSX)을 알아보자.

프론트 엔드 애플리케이션의 컴포넌트

모든 프론트 엔드 애플리케이션에는 Header, Footer, 메뉴와 같은 여러 부분이 있다. 좋은 프레임워크는 각 파트를 개별적으로 구축하고 파트를 애플리케이션에 통합할 수 있다. 각 파트는 재사용할 수 있다. 리액트는 이렇게 구축된 블록 컴포넌트를 호출한다.

일반적인 리액트 애플리케이션에는 Header, Footer, 메뉴 및 각 개별 페이지에 대한 별도의 컴포넌트가 있다. 다음 그림은 개략적인 개요를 보여준다.

리액트에서는 화면의 특정 부분에 위치하는 개별 요소에 관한 컴포넌트를 만들 수 있다. 예를 들어 모든 친구를 나열하는 페이지를 만들 때 단일 친구의 세부사항을 표시하는 Friend Component라는 컴포넌트가 있을 수 있다. list-friends 컴포넌트는 모든 친구를 반복하고 Friend Component를 사용해 표시할 수 있다. Friend Component는 다른 페이지에서 재사용 할 수 있다.

 리액트에서 컴포넌트는 여러 페이지에서 재사용 할 수 있는 화면 요소를 나타낸다.

JSX의 다음 절에서 컴포넌트를 생성하고 표시하는 방법을 배운다.

JSX

컴포넌트는 브라우저에 정보를 표시한다. 웹 언어는 HTML이다. 컴포넌트를 데이터와 결합해 화면에 표시하는 방법은 무엇일까?

JSX를 입력해보자. 이것을 자바스크립트 확장으로 생각할 수도 있다. JSX를 사용하면 자바스크립트와 HTML을 결합할 수 있다. 다음 자바스크립트 코드를 보자.

```
const name = 'Ranga'
const page = <h1>Hello World, {name}</h1>
```

예제는 name 변수에 저장된 일부 데이터를 사용해 h1 Hello World 태그를 만드는 것을 보여준다. 페이지에는 다음과 같이 표시된다.

Hello World, Ranga

<h1>Hello World, {name}</h1>은 JSX 표현식이다. {name}을 사용해 name 변수의 값을 사용한다.

JSX와 컴포넌트 결합하기

다음 절에서 create-react-app을 사용해 프로젝트를 생성하는 방법을 배워보자. 지금은 JSX와 컴포넌트 이해에 중점을 둔다.

Header 컴포넌트 만들기

손쉬운 유지 관리 및 더 나은 애플리케이션 구조를 위해 컴포넌트로 Header를 만든다. 다음 예제는 Header 컴포넌트를 생성하고 컴포넌트로 페이지를 표시하는 방법을 보여준다.

```
const name = 'Ranga'
function Header(props) {
   return <h1>Hello World, {props.name}</h1>
}
const page = <div className="container">
                <Header name={name}/>
             </div>
```

Header에 관한 JSX를 반환하는 function Header(props) 함수를 생성한다. <Header name={name}/>을 사용해 페이지 JSX 표현식에 Header 컴포넌트를 포함시킨다. name 을 prop라고 한다. prop은 컴포넌트에 전달할 매개변수다. function Header(props)는 {props.name}을 사용해 name 매개변수를 사용한다.

디스플레이는 변경되지 않지만 Header에 재사용 가능한 컴포넌트가 있다.

Footer 컴포넌트 만들기

Footer 컴포넌트를 만들어 페이지에 포함시키자.

```
function Footer(props) {
    return <footer>Copyright {props.name}</footer>
```

```
}

const page = <div className="container">
                              <Header name={name}/>
                               <Footer name={name}/>
                    </div>
```

Footer 컴포넌트를 만들어 페이지에 포함시킨다. 이제 JSX와 컴포넌트를 사용하기가 얼마나 쉬운지 알 수 있다. 페이지는 다음과 같이 표시된다.

Hello World, Ranga

Copyright Ranga

Todo 컴포넌트 작성하기

프로젝트의 다른 컴포넌트를 사용해 Footer를 개선해보자. Todo 컴포넌트를 생성해 페이지에 포함시켜보자.

```
const todo = "Learn React"

function Todo(props) {
     return <>
                         You want to:
                          <ul><li>{props.desc}</li></ul>
                  </>
}

const page = <div className="container">
                    <Header name={name}/>
                    <Todo desc={todo}/>
                    <Footer name={name}/>
               </div>
```

Todo 컴포넌트 생성은 간단하다. 새로운 기능 중 하나는 <> </>를 사용하는 것이다. JSX 표현식은 단일 상위 태그로 묶어야 한다. 여러 요소를 반환해야 하므로 JSX 조각(<> </>) 을 사용해 여러 요소를 묶는다.

페이지에는 다음과 같이 표시된다.

Hello World, Ranga

You want to:

- Learn React

Copyright Ranga

▌ 첫 번째 리액트 애플리케이션 빌드

컴포넌트와 JSX의 소개는 끝났다. createreact-app을 사용해 첫 번째 리액트 애플리케이션을 작성해보자. create-react-app을 사용하면 가장 인기있는 프론트 엔드 표준을 준수하는 리액트 프로젝트를 빠르게 만들 수 있다.

create-react-app

create-react-app을 사용하려면 NPM 버전 5.2 이상이 필요하다.

https://nodejs.org/en/download/에서 최신 버전의 Node.js를 설치할 수 있으며 npm이 설치돼 있어야 한다.

1. 터미널이나 명령 프롬프트를 시작한다. 새 애플리케이션을 만드는 명령은 다음과 같다.

```
npx create-react-app react-todo-app
```

react-todo-app은 애플리케이션에 부여한 이름이다.

2. 다음 그림은 진행 중인 명령 실행을 보여준다.

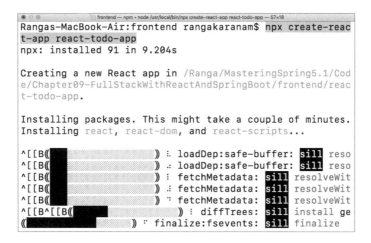

3. 설치가 완료되면 다음과 같이 설치가 성공한 화면이 나타난다.

4. cd react-todo-app/을 사용해 react-todo-app 폴더로 cd하고 npm start 명령을 실행할 수 있다.

5. 다음 그림과 같이 애플리케이션 시작이 표시돼야 한다.

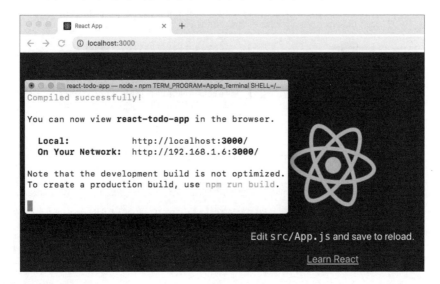

리액트 애플리케이션을 처음 만든다면 create-react-app과 npm start가 몇 분 정도 걸릴 수 있다.

축하한다! 당신은 지금 리액트 애플리케이션을 사용해 실행 중이다.

비주얼 스튜디오 코드 IDE로 리액트 애플리케이션 가져오기

자바스크립트로 리액트 애플리케이션을 빌드하기 위한 IDE로 비주얼 스튜디오 코드를 사용한다. https://code.visualstudio.com/download에서 비주얼 스튜디오 코드를 다운로드해 설치할 수 있다.

비주얼 스튜디오 코드는 프론트 엔드 애플리케이션을 편집하기 위한 훌륭한 IDE로, 가볍고 배우기 쉽고 성능이 뛰어나다. File > Open > Navigate to the react-todo-app folder로 이동해 비주얼 스튜디오 코드에서 생성한 리액트 프로젝트를 열 수 있다. 다음 그림과 같이 비주얼 스튜디오 코드가 열린다(public 및 src 폴더를 확장해 내용을 표시함).

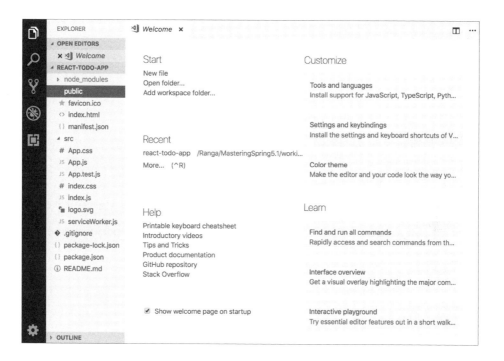

폴더 구조

다음은 프로젝트에 있는 다른 폴더와 파일에 대한 소개다.

- public/index.html: 브라우저에 로드되는 초기 HTML 페이지다. 리액트 프레임워크가 로드되고 루트 컴포넌트가 시작된다.
- src: 폴더에는 모든 리액트 소스코드가 들어 있다.
- App.js 및 App.css: HTML 페이지에 로드되는 첫 번째 리액트 컴포넌트로 Root 컴포넌트라고도 하는 App 컴포넌트의 코드가 포함돼 있다.
- package.json: 프로젝트에 사용된 프레임워크 리스트를 포함한다. 메이븐의 pom.xml과 유사하다. 메이븐이 pom.xml에 나열된 의존 관계를 다운로드하는 것처럼 npm은 package.json에 정의된 프레임워크를 다운로드한다. 프레임워크는 node_modules 폴더로 다운로드된다.

리액트 프레임워크 초기화하기

폴더 구조를 이해했다면 이제 리액트를 초기화해보자.

package.json에는 리액트에 중요한 의존 관계가 포함돼 있다. npm start를 실행하면 리액트가 node_modules로 다운로드돼 프로젝트에 제공된다. 다음은 package.json에서 추출한 것이다.

```
"dependencies": {
 "react": "^16.8.6",
 "react-dom": "^16.8.6",
 "react-scripts": "3.0.0"
},
```

이전 코드에서 react는 핵심 리액트 라이브러리를 나타내며 DOM 기반 브라우저에서 리액트 애플리케이션을 렌더링하는 데 사용되는 라이브러리에 react-dom을 가리킨다.

public/index.html은 root ID를 가진 루트 요소를 정의한다.

```
<div id = "root"> </ div>
```

src/index.js에서 ReactDOM을 사용해 root 요소에 App 컴포넌트를 표시한다.

```
ReactDOM.render(<App />, document.getElementById('root'));
```

더 간단한 것을 표시하기 위해 App.js의 App 컴포넌트를 업데이트 해보자.

```
function App() {
return (<h1>Todo Application</h1>);
}
```

저장하면 브라우저가 자동으로 새로 고쳐지며 다음과 같은 그림이 표시된다.

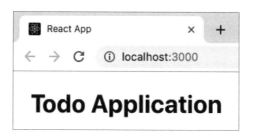

Todo 컴포넌트 생성하기

Todo 페이지를 나타내는 컴포넌트인 TodoComponent를 만들어보자.

앞절에서는 함수를 사용해 React 컴포넌트를 만들었다. 클래스로 더 복잡한 컴포넌트를 만들 수 있다. class 컴포넌트라고 하며 Function 컴포넌트보다 더 복잡한 로직을 가질 수 있다. TodoComponent의 코드는 다음과 같다.

```
import React, { Component } from 'react';

class TodoComponent extends Component {
    render() {
        return (<div>Todos</div>);
    }
}

export default TodoComponent;
```

TodoComponent를 Component로 확장하고 render 메소드를 구현해 기본 JSX를 반환한다. 다른 컴포넌트에서 사용할 수 있도록 TodoComponent를 내보낸다.

TodoComponent를 사용하도록 App.js를 확장해보자.

```
import TodoComponent from './TodoComponent'
......
function App() {
    return (
    <>
        <h1>Todo Application</h1>
        <TodoComponent />
    </>
    );
}
```

<TodoComponent/>를 사용해 TodoComponent를 추가했다. 페이지에는 다음과 같이 표시된다.

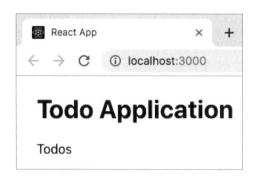

기본 Todo 관리 기능 추가하기

텍스트 상자로 Todo 폼을 생성해 설명을 입력하고 리스트에 todo를 추가하는 버튼을 추가한다.

```
render() {
    return (
        <div>
            <form>
                <input placeholder="What do you want to learn today?">
                </input>
                <button type="submit">add</button>
            </form>
        </div>
    );
}
```

todo 설명을 넣고 〈추가(add)〉 버튼을 누르면 todo가 추가되고 todo 리스트가 페이지에 표시되게 하려고 한다.

todo 리스트를 어떻게 저장할까?

todo를 추가하고 삭제할 때 todo 리스트가 변경된다. 따라서 컴포넌트 상태의 일부로 todo 리스트를 나타낸다. 컴포넌트의 이동 부분은 해당 상태의 일부로 식별된다. todo 리스트가 비어있는 state를 컴포넌트에 추가한다.

```
state = {
    todos: []
}
```

상태에서 todo를 반복해 리스트에 표시하도록 todo 컴포넌트 render 메소드를 업데이트할 수도 있다.

```
render() {
    return (
        <div>
            <form>
                <input placeholder="What do you want to learn today?">
                </input>
                <button type="submit">add</button>
                <ul>
                    {
                        this.state.todos.map(
                            todo => <li key={todo.id}>{todo.desc}</li>
                        )
                    }
                </ul>
            </form>
        </div>
    );
}
```

this.state.todos.map 메소드는 모든 todo를 반복하고 각각에 li 요소를 생성한다.

사용자가 todo 추가^{add}를 클릭하면 state의 todo에 todo를 추가한다. onSubmit 폼에 이벤트를 추가할 수 있다. this.addTodo는 TodoComponent에서 정의된다.

```
<form onSubmit={this.addTodo}>
```

TodoComponent에서 todo 텍스트 상자의 값을 얻으려면 this._todoTextElement의 참조를 추가하면 된다.

```
<input ref={(todoRef) => this._todoTextElement = todoRef}
                    placeholder="What do you want to learn today?">
```

상수는 다음과 같이 정의된다.

```
const HARDCODED_USER_NAME = 'Jack'
```

addTodo 메소드는 다음과 같다.

```
addTodo(e) {

    var newTodo = {
        desc: this._todoTextElement.value,
        id: -1,
        targetDate: new Date(),
        user: HARDCODED_USER_NAME
    };

    this.setState((prevState) => {
        return {
            todos: prevState.todos.concat(newTodo)
        };
    });
```

```
    this._todoTextElement.value = "";

    e.preventDefault();
}
```

하드 코딩된 몇 가지 세부사항으로 새 todo를 만들고, desc : this._todoTextElement. value를 사용해 _todoTextElement에서 todo 설명을 선택한다.

todo 리스트를 업데이트하려면 상태를 업데이트해야 한다. 리액트에서는 setState 메소드를 사용하고 새 값을 제공해 state를 업데이트한다. 이전 state를 사용하고 새로운 todo를 연결한다.

```
this.setState((prevState) => {
    return {
        todos: prevState.todos.concat(newTodo)
    };
});
```

그런 다음 텍스트 요소를 비우고 제출을 막는다.

```
this._todoTextElement.value = "";
e.preventDefault();
```

addTodo 메소드에서 this로 현재 객체를 참조한다. this를 활성화하려면 생성자에서 간단한 바인드bind, this.addTodo = this.addTodo.bind(this)를 수행해야 한다.

```
constructor(props) {
    super(props);
    this.addTodo = this.addTodo.bind(this);
}
```

페이지가 새로 고쳐지면 설명을 입력하고 add todo를 클릭할 수 있어야 한다. 이때 todo를 여러 개 추가할 수 있다. 페이지에는 다음과 같이 표시된다.

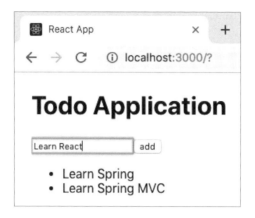

유효성 검사

현재 todo 설명 필드에는 유효성 검사가 없다. 사용자가 설명을 입력하지 않으면 유효성 검사Validations와 유효성 검사 메시지를 추가한다. 보통 state에 error 플래그를 추가하는데 기본값은 false다.

```
state = {
    todos: [],
     error: false
}
```

addTodo 메소드에서 텍스트 요소의 값을 확인하고 텍스트 요소에 빈 값이 있으면 상태를 업데이트하자. error 플래그를 true로 설정한다.

```
addTodo(e) {

    if (this._todoTextElement.value === "") {
```

```
        this.setState((prevState) => {
            return {
                error: true
            };
        });

        this.preventFormFromReload(e);

        return
    }
    // 코드의 나머지
}
```

 중요한 메소드만 코드에 표시된다. 전체 코드는 깃허브 레파지토리(https//github.com/PacktPublishing/Mastering-Spring-5.1/tree/master/Chapter09)를 참조하자.

state의 error 플래그를 설정한다. 오류가 있으면 화면에 오류를 표시해야 한다. 메시지 디스플레이를 render() 메소드에 추가할 수 있다.

```
{this.state.error
            <div className="alert alert-warning">Please enter a description</div>}
```

이것은 특정 JSX 구문이다. this.state.error가 true면 메시지가 표시된다.

App.css에 bootstrap 프레임워크를 추가해 페이지 스타일을 지정하고 다른 모든 스타일을 제거한다.

```
@import url(https://unpkg.com/bootstrap@4.1.0/dist/css/bootstrap.min.css)
```

페이지에는 다음과 같이 표시된다.

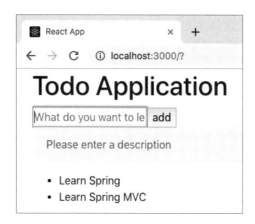

 TodoComponent의 전체 코드는 https://github.com/PacktPublishing/Mastering-
Spring-5.1/blob/master/Chapter09/frontend/react-todo-app/src/components/
TodoComponent.jsx에서 찾을 수 있다.

axios 프레임워크로 API에서 todo 로드하기

todo 세부사항을 가져오고 todo를 삽입할 때 API를 사용하려고 한다. axios는 리액트
애플리케이션에서 RESTful API를 호출하는 데 널리 사용되는 프레임워크다. axios 프
레임워크의 일부 중요한 기능은 다음과 같다.

- 브라우저에서 RESTful API 호출
- 요청 및 응답 차단
- JSON 데이터의 변환
- XSRF 공격으로부터 보호

명령 프롬프트에서 npm add axios 명령을 실행해 todo 리액트 애플리케이션을 중지하고 axios를 추가할 수 있다. package.json은 새로 추가된 프레임워크인 axios를 반영한다.

```
"dependencies": {
 "axios": "^0.18.0",
 "react": "^16.8.6",
 "react-dom": "^16.8.6",
 "react-scripts": "3.0.0"
},
```

 TIP 새 프레임워크를 사용하려면 앱을 다시 시작해야 한다.

RESTful API에서 초기 todo 리스트를 채우는 것으로 시작해보자. axios를 사용해 RESTful API와 상호 작용하기 위해 TodoDataService 클래스를 생성한다. 사용자(http ://localhost:8080/users/Jack/todos)의 todo 세부사항을 얻기 위한 GET 호출 구현은 다음과 같다.

```
import axios from 'axios'

const TODO_API_ROOT = 'http://localhost:8080'

class TodoDataService {
    retrieveAllTodos(name) {
        return axios.get(`${TODO_API_ROOT}/users/${name}/todos`);
    }
}

export default new TodoDataService()
```

GET 요청을 실행하기 위해 URL에 axios.get을 실행한다. new TodoDataService()를 생성하고 TodoComponent에서 사용하기 위해 내보낸다. TodoComponent에서 페이지가 로드될 때 retrieveAllTodos를 호출한다.

리액트는 컴포넌트의 여러 라이프 사이클 메소드를 정의한다. 가장 중요한 것은 componentDidMount며 컴포넌트가 페이지에 마운트 되자마자 호출된다.

구현은 다음과 같다.

```
componentDidMount() {
    this.refreshTodos();
}

refreshTodos() {
    TodoDataService.retrieveAllTodos(HARDCODED_USER_NAME)
        .then(
            response => {
                this.setState((prevState) => {
                    return {
                        todos: response.data
                    };
                });
            }
        )
}
```

retrieveAllTodos를 호출하고 setState 메소드를 사용해 state의 todo를 업데이트하는 응답을 사용한다.

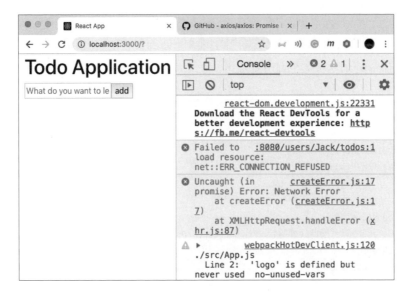

 TIP 앞의 그림과 같이 오류가 표시되면 백엔드 RESTful API를 시작해야 한다. 6장, '스프링 부트로 REST API 구축'에서 개발한 언시큐리티 RESTful API를 사용해 시작한다.

RESTful API를 시작하고 브라우저를 새로고침하면 오류가 표시된다.

```
Access to XMLHttpRequest at 'http://localhost:8080/users/Jack/todos' from origin
'http://localhost:3000' has been blocked by CORS policy: No 'Access-Control-Allow-
Origin' header is present on the requested resource.
```

스프링 부트는 기본적으로 CORS^{Cross-Origin Request Sharing} 보호 기능을 제공한다. 다른 출처나 URL의 API 요청은 허용하지 않는다.

프론트 엔드의 요청을 활성화하려면 리액트 애플리케이션의 URL인 http://localhost:3000의 출처 간 요청을 허용해야 한다. @CrossOrigin 어노테이션을 사용해 수행할 수 있다.

```
@RestController
@CrossOrigin("http://localhost:3000")
public class TodoController {
```

 애플리케이션 구성에서 하드 코딩 대신 http://localhost:3000 URL을 선택할 수 있다. 서로 다른 환경에 다른 URL을 가질 수 있게 한다.

RESTful API를 다시 시작하고 브라우저에서 todo 애플리케이션을 다시 로드하면 화면에 API의 todo가 표시된다. 페이지에는 다음과 같이 나타난다.

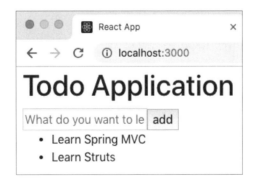

브라우저의 **Network** 탭에서 프론트 엔드 애플리케이션이 작성한 RESTful API 호출의 세부사항을 볼 수 있다.

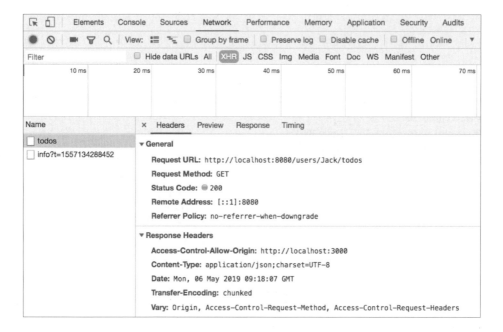

RESTful API를 호출하는 todo 추가하기

사용자가 todo를 추가할 때 Todo API에서 POST 메소드를 호출해 todo를 백엔드에 추가해보자.

1. TodoDataService에 메소드를 추가해 todo를 생성해보자.

```
class TodoDataService {

    createTodo(name, todo) {
        return axios.post(`${TODO_API_ROOT}/users/${name}/todos`, todo);
    }
}
```

axios.post 메소드는 todo 세부사항과 함께 POST 요청을 API에 보낸다.

2. TodoComponent의 addTodo(e) 메소드에서 createTodo의 호출을 추가할 수 있다.

TodoComponent:

```
TodoDataService.createTodo(HARDCODED_USER_NAME, newTodo)
    .then(
        response => {
            console.log(response);
        }
    )
```

응답이 오면 콘솔에 로그인한다.

3. "Learn React"라는 todo를 추가하면, 프론트 엔드와 백엔드에 모두 추가된다. 브라우저 Network 탭에서 POST RESTful API 호출의 세부사항을 볼 수 있다.

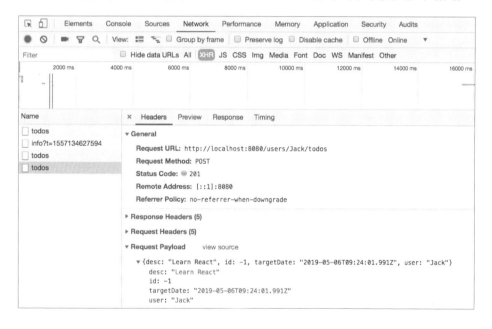

마지막 절에서 간단한 리액트 애플리케이션을 개발해봤다. 시큐리티 API와 상호 작용하는 방법을 살펴보자.

인증

RESTful API는 항상 보호돼야 한다. 사용된 인증 메소드와 상관없이 프론트 엔드 애플리케이션이 시큐리티 REST API와 통신하는 일반적인 플로우는 다음과 같다.

- 1단계: 사용자가 로그인하면 인증 API를 호출하고 토큰이나 키를 받는다.
- 2단계: 이후의 각 RESTful API 호출에 권한 부여 헤더의 일부로 토큰이나 키를 사용한다.

기본 인증

기본 인증은 RESTful API는 일반적으로 인증 성공 여부를 리턴하는 인증 엔드포인트를 노출한다. 사용자가 로그인을 시도하면 다음과 같이 API를 호출해 기본 인증 헤더를 만들 수 있다.

```
executeBasicAuthenticationService(user, pwd) {
    return axios.get('/basicauth',
        { headers: { authorization: 'Basic ' + window.btoa(user + ":" + pwd) } })
}
```

권한 부여 헤더가 추가된 인증 URL에 GET 요청을 만든다. 이전 호출의 응답이 200이면 모든 후속 RESTful API 호출에 권한 부여 헤더를 추가하도록 axios 인터셉터를 설정할 수 있다.

```
this.setupAxiosInterceptors('Basic ' + window.btoa(user + ":" + pwd))

setupAxiosInterceptors(basicAuthHeader) {

    axios.interceptors.request.use(
        (config) => {
            config.headers.authorization = basicAuthHeader
```

```
        return config
    }
  )
}
```

axios.interceptors.request.use는 인터셉터를 구성한다. config.headers.authorization
= basicAuthHeader는 인증 헤더를 추가한다.

인터셉터는 모든 후속 RESTful API 호출에 헤더를 추가한다.

JWT 토큰 기반 인증

JWT 인증은 RESTful API는 일반적으로 인증 엔드 포인트를 노출해 인증에 성공하면
토큰을 리턴한다. 사용자가 로그인을 시도하면 API를 호출하고 토큰을 얻을 수 있다.

```
executeJwtService(user, pwd) {
    return axios.post('/authenticate', {
        user,
        pwd
    })
}
```

요청 본문의 사용자와 비밀번호를 사용해 인증 URL에 POST 요청을 한다.

요청이 성공하면 응답에서 토큰을 가져와 모든 후속 RESTful API 호출에서 토큰을 사
용하도록 axios 인터셉터를 설정할 수 있다.

```
this.setupAxiosInterceptors(this.setupJWTToken(token))

setupJWTToken(token) {
 return 'Bearer ' + token
}
```

인증 구현 알고리즘은 간단하다. 사용자 로그인 시 토큰을 캡처해 이후의 모든 RESTful API 호출과 함께 사용하면 된다.

▌ 요약

9장에서는 풀스택 아키텍처의 기본사항을 배웠다. 스프링 부트로 만든 RESTful API와 상호 작용하는 리액트 애플리케이션을 만들어봤다. 컴포넌트, JSX, 스테이트 및 props와 같은 리액트의 기본 개념을 학습했다. 리액트 컴포넌트를 생성하고 통합하는 방법도 배웠다.

마지막으로 리액트 프론트 엔드를 기본 인증 및 JWT로 시큐리티된 API와 통합하는 방법도 살펴봤다.

리액트 및 스프링 부트를 사용한 풀스택 개발은 복잡해서 별도로 공부할 필요가 있다. 여기서 소개한 것이 풀스택 개발로의 여정을 시작하는데 도움이 되기를 바란다.

10장에서는 스프링 데이터를 사용해 관계형 및 빅데이터 데이터베이스와 통합하는 방법을 살펴본다.

10

스프링 데이터로 데이터 관리하기

9장에서는 스프링 부트로 웹 애플리케이션과 REST API를 빌드하는 방법을 살펴봤다. 외부화된 구성, 모니터링, 임베디드 서버 및 클라우드 배포와 같은 고급 스프링 부트 기능을 논의했다.

10장에서는 데이터에 집중한다. 몇 년 동안 데이터를 저장하는 위치와 데이터베이스에 데이터를 저장하는 방법에 관한 이해가 급속도로 발전했다.

오늘날에는 새로운 데이터베이스 옵션이 많다. 다양한 데이터 레파지토리가 사용되면서 데이터 레파지토리와 상호 작용하는 방식이 더욱 중요해지고 있다. JPA^Java Persistence API를 통해 관계형 데이터베이스와 쉽게 통신할 수 있지만 스프링 데이터는 관계형 또는 기타 방식으로 보다 다양한 데이터 레파지토리와 통신하기 위한 일반적인 접근 방식을 도입하려고 한다.

다음은 10장에서 해결할 질문이다.

- 스프링 데이터란 무엇일까?
- 스프링 데이터의 목표는 무엇일까?
- 스프링 데이터 및 스프링 데이터 JPA를 사용해 관계형 데이터베이스와 통신하는 방법은 무엇일까?
- 스프링 데이터를 사용해 몽고DB와 같은 비관계형 데이터베이스와 어떻게 통신할까?

▍ 기술적 요구사항

10장에는 다음과 같은 소프트웨어가 필요하다.

- 선호하는 IDE, 이클립스
- 자바 8+
- 메이븐 3.x
- 인터넷 연결

깃허브의 코드는 https://github.com/PacktPublishing/MasteringSpring-5.1/tree/master/Chapter10에 있다.

▍ 다양한 데이터 레파지토리의 과제

10년 전, SQL 쿼리를 사용하는 관계형 데이터베이스가 기본 데이터 레파지토리로 선택됐다. 오라클, MySQL, SQL 서버와 DB2는 가장 널리 사용되는 관계형 데이터베이스 옵션 중 일부였다.

그러나 지난 몇 년 동안 기존 데이터베이스에 대안을 제공하는 다양한 데이터 레파지토리가 발전했다. 일반적으로 이들은 NoSQL이라는 용어로 그룹화된다. 빅데이터와 관련된 다른 데이터베이스도 지난 몇 년 동안 더 많이 사용됐다. 빅데이터에 관한 합의된 정의는 없지만 다음과 같은 몇 가지 공유 특성이 있다.

- **비정형 데이터**: 데이터에 관한 특정 구조가 없다.
- **대용량**: 일반적으로 기존의 데이터베이스(예: 로그 스트림, 페이스북 게시물 및 트윗)에서 처리할 수 있는 것보다 용량이 많다.
- **쉽게 확장 가능**: 일반적으로 수평 및 수직으로 확장할 수 있는 옵션을 제공한다.

하둡, 카산드라와 몽고DB는 가장 인기있는 NoSQL 옵션들이다.

다양한 데이터 레파지토리와 대화하는 방법은 한 가지 정도가 이상적이다. 일을 간단하게 만들고 유지 보수가 가능하도록 도와준다. 그러나 다른 데이터 레파지토리와 통신하려면 다른 접근 방식이 필요하다. 실제로 JDBC와 JPA를 포함한 여러 가지 접근 방식과 관계형 데이터베이스와 통신하는 프레임워크가 있다.

데이터 레파지토리와 통신하기 위한 일반적인 접근 방법은 무엇일까? 스프링 데이터가 해결하려는 문제다. 관계형 데이터베이스를 예로 들어 관계형 데이터베이스와 상호 작용할 때 필요한 옵션을 살펴보자.

▌ 관계형 데이터베이스와 통신하기

관계형 데이터베이스와 통신하기 위해 자바 EE에서 제공하는 가장 기본적인 API는 JDBC다. JDBC는 첫 번째 버전의 자바 EE에서 관계형 데이터베이스와 통신하는 데 사용된다. JDBC는 SQL 쿼리를 사용해 데이터를 조작한다. 다음은 일반적인 JDBC 코드의 예다.

```
PreparedStatement st = null;
st = conn.prepareStatement(INSERT_TODO_QUERY);
st.setString(1, bean.getDescription());
st.setBoolean(2, bean.isDone());
st.execute();
```

일반적인 JDBC 코드에는 다음이 포함된다.

- 실행할 쿼리(또는 스토어 프로시저)
- 명령문의 오브젝트에 쿼리 매개변수를 설정하는 코드
- ResultSet(쿼리 실행 결과)을 빈에 옮기는 코드

일반적인 엔터프라이즈 프로젝트에는 수천 줄의 JDBC 코드가 필요하다. JDBC 코드는
작성하고 관리하기가 번거롭다. 다음 두 가지 프레임워크는 JDBC 위에 추가 레이어를
제공하기 위해 널리 사용됐다.

- **마이바티스**^{myBatis}(기존 아이바티스^{iBatis}): 마이바티스는 매개변수를 설정하고 결과
  를 검색하기 위해 코드를 수동으로 작성할 필요가 없다. 자바 POJO를 데이터
  베이스에 매핑하는 간단한 XML이나 어노테이션 기반 구성을 제공한다.
- **하이버네이트**^{Hibernate}: 하이버네이트는 ORM(오브젝트/관계형 매핑) 프레임워크다.
  ORM 프레임워크는 오브젝트를 관계형 데이터베이스의 테이블에 매핑하는 데
  유용하다. 하이버네이트의 가장 큰 장점은 개발자가 직접 쿼리를 작성할 필요
  가 없다는 것이다. 객체와 테이블 간의 관계가 매핑되면 하이버네이트는 매핑
  을 사용해 쿼리를 생성하고 데이터를 채우거나 검색한다.

자바 EE는 당시 인기있는 ORM 구현을 기반으로 대강 정의된 JPA라는 API(하이버네이트
프레임워크)를 개발했다. 하이버네이트(3.4.0.GA부터)는 JPA를 지원하고 구현한다.

스프링 데이터

데이터 스토리지 옵션이 일 단위로 증가하고 있다. 데이터에 액세스하기 위한 여러 가지 접근 방식을 제공하는 수많은 NoSQL 데이터베이스가 있다. 관계형 데이터베이스만큼 일반적인 것조차도 데이터에 액세스하는 접근 방식이 여러 가지다. 올바른 데이터 액세스 방법을 식별하고 구현하면 애플리케이션 개발의 복잡성이 가중된다. 그렇다면 공통점이 있는 것은 어떨까?

스프링 데이터는 서로 다른 종류의 데이터 레파지토리에서 데이터에 액세스하기 위한 일관된 모델(또 다른 추상화 레벨)을 제공하는 것이 목표다.

중요한 스프링 데이터 기능 중 일부는 다음과 같다.

- 다양한 레파지토리를 통해 여러 데이터 레파지토리와 쉽게 통합
- 레파지토리 메소드 이름을 기반으로 쿼리를 구문 분석하고 구성하는 기능
- 기본 CRUD 기능 제공
- 사용자가 생성한 후 마지막으로 변경된 경우와 같은 감사의 기본 지원
- 스프링과의 강력한 통합
- 스프링 데이터 레스트Spring Data Rest를 통해 REST 컨트롤러를 노출시키는 스프링 MVC와 통합

스프링 데이터는 여러 모듈로 구성된 포괄적인 프로젝트다. 중요한 스프링 데이터 모듈 중 일부는 다음과 같다.

- **스프링 데이터 커먼즈**Spring Data Commons: 모든 스프링 데이터 모듈에 공통 개념을 정의한다(레파지토리 및 쿼리 메소드).
- **스프링 데이터 JPA**Spring Data JPA: JPA 레파지토리와 쉽게 통합한다.
- **스프링 데이터 몽고DB**Spring Data MongoDB: 문서 기반 데이터 레파지토리인 몽고DB와 쉽게 통합한다.

- **스프링 데이터 REST**^{Spring Data REST} : 스프링 데이터 레파지토리를 최소한의 코드로 구성된 REST 서비스로 노출하는 기능을 제공한다.
- **아파치 카산드라용 스프링 데이터**^{Spring Data for Apache Cassandra} : 카산드라와 쉬운 통합을 제공한다.
- **아파치 하둡용 스프링**^{Spring for Apache Hadoop} : 하둡과 쉬운 통합을 제공한다.

10장에서는 스프링 데이터, 레파지토리와 쿼리 메소드의 일반적인 개념을 심도 있게 살펴본다.

스프링 데이터 커먼즈

스프링 데이터 커먼즈는 스프링 데이터 모듈의 기본 추상화를 제공한다. 또한 스프링 데이터 구현에서 사용되는 공통 인터페이스와 패턴을 정의한다. 추상화를 설명하기 위해 스프링 데이터 JPA를 예로 사용한다.

스프링 데이터 커먼즈의 중요한 인터페이스 중 일부는 다음과 같다.

```
Repository<T, ID extends Serializable>

CrudRepository<T, ID extends Serializable> extends Repository<T, ID>

PagingAndSortingRepository<T, ID extends Serializable> extends CrudRepository<T, ID>
```


레파지토리 인터페이스

레파지토리는 스프링 데이터의 핵심 인터페이스다. 스프링 데이터를 사용해 데이터베이스와 상호 작용하는 모든 클래스는 인터페이스를 구현해야 하며, 마커 인터페이스^{marker interface}라고 한다.

CrudRepository 인터페이스

CrudRepository 인터페이스는 기본 Create, Read, Update, Delete 메소드를 정의한다. CrudRepository의 중요한 메소드 코드는 다음과 같다.

```
public interface CrudRepository<T, ID extends Serializable>extends Repository<T, ID> {

    <S extends T> S save(S entity);

    findOne(ID primaryKey);

    Iterable<T> findAll();

    Long count();

    void delete(T entity);

    boolean exists(ID primaryKey);

    // … 더 많은 기능 생략.

}
```

PagingAndSortingRepository 인터페이스

PagingAndSortingRepository 인터페이스는 ResultSet을 페이지로 나누고 결과를 정렬하는 기능을 제공하는 메소드를 정의한다.

```
   public interface PagingAndSortingRepository<T, ID extends Serializable> extends
CrudRepository<T, ID> {
       Iterable<T> findAll(Sort sort);
       Page<T> findAll(Pageable pageable);
   }
```

정리하면 스프링 데이터 커먼즈는 데이터 저장소와 상관없이 공통 인터페이스를 정의한다. CrudRepository 인터페이스는 기본 CRUD 메소드를 제공한다. PagingAndSorting Repository 인터페이스는 CrudRepository를 확장해 결과를 정렬하고 페이지를 매기는 기능을 추가한다.

다음 두 절에서는 보편적인 추상화(또는 인터페이스)를 사용해 관계형 및 NoSQL 데이터 베이스와의 통신을 단순화한다. 스프링 데이터 JPA로 관계형 데이터베이스와 통신하고 스프링 데이터 몽고DB를 사용해 예제 NoSQL 데이터베이스와 통신한다.

▌ 스프링 데이터 JPA를 사용해 관계형 데이터베이스에 연결하기

스프링 데이터 커먼Spring Data Common은 스프링 데이터 모듈을 위한 기본 인터페이스를 제공한다. 스프링 데이터 JPA는 JPA를 사용해 관계형 데이터베이스와 통신하기 위한 구현을 제공한다. 중요한 인터페이스 및 구현은 다음과 같다.

- JpaRepository는 JPA 특정 레파지토리 인터페이스다.

  ```
  public interface JpaRepository<T, ID extends Serializable>
  extends PagingAndSortingRepository<T, ID>,
  QueryByExampleExecutor<T>
  ```

- SimpleJpaRepository는 JPA에 대한 CrudRepository 인터페이스의 기본 구현이다.

  ```
  public class SimpleJpaRepository<T, ID extends Serializable>
  implements JpaRepository<T, ID>, JpaSpecificationExecutor<T>
  ```

스프링 데이터 JPA 예제

스프링 데이터 커먼즈 및 스프링 데이터 JPA와 관련된 다양한 개념을 이해하기 위해 간단한 프로젝트를 설정해보자. 다음은 이와 관련된 단계다.

1. spring-boot-starter-data-jpa를 의존 관계로 사용해 새 프로젝트를 만든다.
2. 엔티티를 추가한다.
3. SpringBootApplication 클래스를 추가해 애플리케이션을 실행한다.
4. 레파지토리를 만든다.

스타터 데이터 JPA로 새 프로젝트 만들기

다음과 같은 의존 관계를 사용해 간단한 스프링 부트 메이븐 프로젝트를 만든다.

```xml
<dependency>
    <groupId>org.springframework.boot</groupId>
    <artifactId>spring-boot-starter-data-jpa</artifactId>
</dependency>
<dependency>
    <groupId>com.h2database</groupId>
    <artifactId>h2</artifactId>
    <scope>runtime</scope>
</dependency>

<dependency>
    <groupId>org.springframework.boot</groupId>
    <artifactId>spring-boot-starter-test</artifactId>
    <scope>test</scope>
</dependency>
```

spring-boot-starter-data-jpa는 스프링 데이터 JPA의 스프링 부트 스타터 프로젝트다.

spring-boot-starter-data-jpa가 가져오는 중요한 의존 관계는 JTA, 하이버네이트 코어와 엔티티 매니저(기본 JPA 구현)다. 다른 중요한 의존 관계 중 일부는 다음 그림과 같다.

```
▶ 🫙 spring-jdbc-5.1.3.RELEASE.jar - /Users/ranga
▶ 🫙 javax.transaction-api-1.3.jar - /Users/rangarac
▶ 🫙 jaxb-api-2.3.1.jar - /Users/rangaraokaranam/.r
▶ 🫙 javax.activation-api-1.2.0.jar - /Users/rangara
▶ 🫙 hibernate-core-5.3.7.Final.jar - /Users/rangar
▶ 🫙 jboss-logging-3.3.2.Final.jar - /Users/rangara
▶ 🫙 javax.persistence-api-2.2.jar - /Users/rangara
▶ 🫙 javassist-3.23.1-GA.jar - /Users/rangaraokara
▶ 🫙 byte-buddy-1.9.5.jar - /Users/rangaraokarana
▶ 🫙 antlr-2.7.7.jar - /Users/rangaraokaranam/.m2/
▶ 🫙 jandex-2.0.5.Final.jar - /Users/rangaraokarana
▶ 🫙 classmate-1.4.0.jar - /Users/rangaraokaranam
▶ 🫙 dom4j-2.1.1.jar - /Users/rangaraokaranam/.m
▶ 🫙 hibernate-commons-annotations-5.0.4.Final.
▶ 🫙 spring-data-jpa-2.1.3.RELEASE.jar - /Users/ra
▶ 🫙 spring-data-commons-2.1.3.RELEASE.jar - /U
▶ 🫙 spring-orm-5.1.3.RELEASE.jar - /Users/rangar
▶ 🫙 spring-context-5.1.3.RELEASE.jar - /Users/ra
▶ 🫙 spring-tx-5.1.3.RELEASE.jar - /Users/rangara
  🫙 spring-beans-5.1.3.RELEASE.jar - /Users/rang
```

H2를 인메모리 데이터베이스로 사용하고 단위 테스트를 위해 spring-bootstarter-test의 의존 관계를 추가한다.

엔티티 정의하기

JPA를 사용할 때 데이터베이스의 테이블에 매핑되는 @Entity 클래스를 정의한다. 예제에서 사용할 몇 가지 엔티티를 정의해보자. Todo 엔티티를 생성할 것이다. 간단한 예제는 다음과 같다.

```
@Entity
  public class Todo {

    @Id
    @GeneratedValue(strategy = GenerationType.AUTO)
    private Long id;
    @ManyToOne(fetch = FetchType.LAZY)
    @JoinColumn(name = "userid")
    private User user;

    private String title;

    private String description;

    private Date targetDate;

    private boolean isDone;

    public Todo() {// Make JPA Happy
    }
  }
```

- Todo에는 제목, 설명, 대상 날짜와 완료 표시기(isDone)가 있다. JPA에는 생성 자가 필요하다.

- @Entity: 해당 클래스가 엔티티임을 지정하는 어노테이션이다.

- @Id는 ID가 엔티티의 기본 키임을 지정한다.

- @GeneratedValue(strategy = GenerationType.AUTO): GeneratedValue 어노테이션은 기본 키 생성 방법을 지정하는 데 사용된다. 예에서는 GenerationType. AUTO 전략을 사용하고 있다. 퍼시스턴스 공급자가 올바른 전략을 선택하기를 원한다는 것을 나타낸다.

- @ManyToOne(fetch = FetchType.LAZY)는 User와 Todo 사이의 다대일 관계를 나타낸다. 관계의 한쪽에서 @ManyToOne 관계가 사용된다. FetchType.Lazy는 데이터를 느리게 가져올 수 있음을 나타낸다.

- @JoinColumn(name = "userid"): JoinColumn 어노테이션은 외래 키 열의 이름을 지정한다.

다음 코드는 User 엔티티를 보여준다.

```
@Entity
  public class User {

    @Id
    @GeneratedValue(strategy = GenerationType.AUTO)
    private Long id;
    private String userid;
    private String name;

    @OneToMany(mappedBy = "user")
    private List<Todo> todos;

    public User() {// Make JPA Happy
    }

    //toString 메소드 재정의 - 깃허브 레파지토리의 예제 코드

}
```

주의해야 할 중요한 사항은 다음과 같다.

- 사용자는 userid와 name 속성을 가진 엔티티로 정의된다. ID는 자동 생성되는 기본 키다.
- @OneToMany(mappedBy = "user"): OneToMany 어노테이션은 다대일 관계의 여러 면에서 사용된다. mappingBy 특성은 관계 소유자 엔티티의 속성을 나타낸다.

SpringBootApplication 클래스 생성하기

스프링 부트 애플리케이션을 실행할 수 있는 SpringBootApplication 클래스를 만들어보자. 다음은 간단한 예를 보여준다.

```
@SpringBootApplication
public class SpringDataJpaFirstExampleApplication {
    public static void main(String[] args) {
        SpringApplication.run(
                SpringDataJpaFirstExampleApplication.class, args);
    }
}
```

다음 코드는 SpringDataJpaFirstExampleApplication을 자바 애플리케이션으로 실행할 때 생성된 일부 로그를 보여준다.

```
HikariPool-1 - Starting...
HikariPool-1 - Start completed.

Processing PersistenceUnitInfo [
  name: default
  ...]
HHH000412: Hibernate Core {5.3.7.Final}
hibernate.properties not found
Hibernate Commons Annotations {5.0.4.Final}
HHH000400: Using dialect: org.hibernate.dialect.H2Dialect
HHH000476: Executing import script
'org.hibernate.tool.schema.internal.exec.ScriptSourceInputNonExistentImpl@25c1f5ee'
HHH000397: Using ASTQueryTranslatorFactory
Initialized JPA EntityManagerFactory for persistence unit 'default'
```

중요한 관찰 중 일부는 다음과 같다.

- HHH000412: Hibernate Core {5.3.7.Final}: 하이버네이트 프레임워크가 초기화된다.

- HHH000400: Using dialect: org.hibernate.dialect.H2Dialect: H2 인메모리 데이터베이스가 초기화된다.

이전 실행에서 놀라운 일이 많이 일어났다. 몇 가지 중요한 질문을 살펴보자.

1. pom.xml에 의존 관계를 명시적으로 선언하지 않았는데, 하이버네이트 프레임워크는 어떻게 초기화될까? 하이버네이트는 스프링 부트 스타터 JPA의 의존 관계 중 하나이며 사용된 기본 JPA 구현이다.

2. H2 인메모리 데이터베이스는 어떻게 사용될까? 의존 관계에서 범위 런타임과 관련된 H2 의존 관계를 포함했다. 스프링 부트 데이터 JPA 자동 구성이 실행될 때 설정에 데이터 소스가 포함되지 않았다는 것을 알게 된다(사실, 관련 설정이 전혀 없다). 그런 다음 스프링 부트 데이터 JPA는 인메모리 데이터베이스를 자동 설정하려고 시도하는데 클래스 패스에서 H2를 보며 인메모리 H2 데이터베이스를 초기화한다.

3. 생성된 스키마는 무엇인까? 다음 코드는 Entity 클래스와 선언한 관계를 기반으로 생성된 스키마를 보여준다. 스프링 부트 데이터 JPA 자동 설정에 의해 스키마가 자동 생성된다. user 테이블은 다음과 같다.

```
create table user (
    id bigint generated by default as identity,
    name varchar(255),
    userid varchar(255),
    primary key (id)
)
```

todo 테이블은 다음과 같다.

```
create table todo (
 id bigint generated by default as identity,
 description varchar(255),
```

```
is_done boolean not null,
target_date timestamp,
title varchar(255),
userid bigint,
primary key (id)
)

alter table todo
add constraint FK4wek61l9imiccm4ypjj5hfn2g
foreign key (userid) references user
```

todo 테이블에는 사용자 테이블에 대한 외부 userid 키가 있다.

일부 데이터 채우기

생성할 레파지토리를 테스트할 수 있도록 몇 가지 테스트 데이터를 테이블에 채운다. 할 일은 src\main\resources에 다음 명령문과 함께 data.sql이라는 파일을 포함시키는 것이다.

```
insert into user (id, name, userid)
 values (1, 'User Name 1', 'UserId1');

insert into user (id, name, userid)
 values (2, 'User Name 2', 'UserId2');

insert into user (id, name, userid)
 values (3, 'User Name 3', 'UserId3');

insert into user (id, name, userid)
 values (4, 'User Name 4', 'UserId4');

insert into todo (id, title, description, is_done, target_date, userid)
 values (101, 'Todo Title 1', 'Todo Desc 1', false, CURRENT_DATE(), 1);

insert into todo (id, title, description, is_done, target_date, userid)
 values (102, 'Todo Title 2', 'Todo Desc 2', false, CURRENT_DATE(), 1);
```

```
insert into todo (id, title, description, is_done, target_date, userid)
 values (103, 'Todo Title 3', 'Todo Desc 3', false, CURRENT_DATE(), 2);
```

간단한 insert문이며 총 4명의 사용자를 생성한다. 첫 번째 사용자에게는 2개의 todo 가 있고 두 번째 사용자에게는 1개의 todo가 있으며 마지막 두 사용자에게는 아무것 도 없다.

 application.properties에서 logging.level.org.springframework.jdbc = DEBUG를 사용해 디버그 로그를 활성화하면 다음 로그를 볼 수 있다.

SpringDataJpaFirstExampleApplication을 자바 애플리케이션으로 다시 실행하면 로그에 다음과 같은 몇 가지 추가 명령문이 표시된다.

```
ScriptUtils : Executing SQL script from URL
[file:/in28Minutes/Workspaces/SpringDataJPA-Preparation/Spring-Data-JPA-
Trial-Run/target/classes/data.sql]

ScriptUtils : Executed SQL script from URL
[file:/in28Minutes/Workspaces/SpringDataJPA-Preparation/Spring-Data-JPA-
Trial-Run/target/classes/data.sql] in 42 ms.
```

log 문은 데이터가 H2 인메모리 데이터베이스에 채워지는지 확인한다. 자바 코드의 데 이터를 액세스하고 조작하기 위한 레파지토리를 만드는 데 집중한다.

간단한 레파지토리 만들기

레파지토리 마커 인터페이스를 확장해 커스텀 레파지토리를 생성할 수 있다. 다음 예에 서는 findAll과 count라는 두 가지 메소드로 레파지토리 인터페이스를 확장한다.

```
import org.springframework.data.repository.Repository;
    public interface TodoRepository extends Repository<Todo, Long> {

        Iterable<Todo> findAll();

        long count();
    }
```

주목해야 할 중요한 사항은 다음과 같다.

- public interface TodoRepository extends Repository<Todo, Long>: TodoReposi
  tory 인터페이스는 Repository 인터페이스를 확장한다. 두 가지 일반 유형은 관
  리 중인 엔티티(Todo)와 기본 키 유형(Long)을 나타낸다.
- Iterable<Todo> findAll(): 모든 todo를 나열하는 데 사용된다. 메소드 이름은
  CrudRepository에 정의된 이름과 일치해야 한다.
- long count(): 모든 todo의 개수를 찾는 데 사용된다.

단위 테스트

TodoRepository를 사용해 todo 데이터에 액세스할 수 있는지 테스트하는 간단한 단위 테
스트를 작성해보자. 다음 코드는 중요한 세부사항을 보여준다.

```
@DataJpaTest
@RunWith(SpringRunner.class)
public class TodoRepositoryTest {

    @Autowired
    TodoRepository todoRepository;

    @Test
    public void check_todo_count() {

      assertEquals(3, todoRepository.count());
```

```
        }
}
```

몇 가지 중요한 사항이다.

- @DataJpaTest: @DataJpaTest 어노테이션은 일반적으로 JPA 레파지토리 단위 테스트에서 SpringRunner와 함께 사용된다. @DataJpaTest 어노테이션은 JPA 관련 자동 설정만 활성화한다. 테스트는 기본적으로 인메모리 데이터베이스를 사용한다.
- @RunWith(SpringRunner.class): SpringRunner는 SpringJUnit4ClassRunner의 간단한 별칭이다. 스프링 컨텍스트를 시작한다.
- @Autowired TodoRepository todoRepository: 테스트에 사용될 TodoRepository를 오토와이어링한다.
- assertEquals(3, todoRepository.count()): 반환된 카운트가 3인지 확인한다. data.sql에 3개의 todo를 삽입했다는 것을 기억하자.

 주의사항 – 앞의 예에서 단위 테스트 작성에 관한 바로가기를 사용하고 있다. 단위 테스트는 데이터베이스에서 이미 작성된 데이터에 의존하지 않는 것이 이상적이다. 향후 테스트에서 문제를 해결해보자.

Extending Repository 인터페이스는 엔티티에서 선택된 메소드를 노출하는 데 도움이 된다.

CrudRepository 인터페이스를 확장하는 레파지토리 생성하기

CrudRepository를 확장해 엔티티의 모든 작성, 읽기, 업데이트, 삭제 메소드를 노출할 수 있다. 다음 코드는 CrudRepository를 확장하는 TodoRepository를 보여준다.

```
public interface TodoRepository extends CrudRepository<Todo, Long>
{
}
```

TodoRepository는 CrudRepository 인터페이스에 의해 노출된 모든 메소드를 수행하는 데 사용될 수 있다. 메소드 중 일부를 테스트하기 위해 몇 가지 단위 테스트를 작성해보자.

단위 테스트를 사용한 테스트

findById() 메소드는 기본 키를 사용해 쿼리하는 데 사용할 수 있다. 예제를 살펴보자.

```
@Test
public void findOne() {
    Optional<Todo> todo = todoRepository.findById(101L);
    assertEquals("Todo Desc 1", todo.get().getDescription());
}
```

Optional은 null일 수 있는 객체의 컨테이너 객체를 나타낸다. Optional의 일부 중요한 메소드는 다음과 같다.

- isPresent(): Optional에 null이 아닌 값이 포함돼 있는지 확인한다.
- orElse(): 포함된 객체가 null인 경우의 기본값이다.
- ifPresent(): 포함된 객체가 null이 아닌 경우 ifPresent의 코드가 실행된다.
- get(): 포함된 객체를 검색한다.

existById() 메소드는 주어진 ID를 가진 엔티티가 존재하는지 확인하는 데 사용할 수 있다. 다음 예제는 이를 수행하는 방법을 보여준다.

```
@Test
public void exists() {
    assertFalse(todoRepository.existsById(105L));
    assertTrue(todoRepository.existsById(101L));
}
```

deleteById() 메소드는 특정 ID를 가진 엔티티를 삭제하는 데 사용된다. 다음 예에서는 todo 항목 중 하나를 삭제해 사용 가능한 todo 항목을 3개에서 2개로 줄인다.

```
@Test
public void delete() {
    todoRepository.deleteById(101L);
    assertEquals(2,todoRepository.count());
}
```

deleteAll() 메소드는 특정 레파지토리에서 관리하는 모든 엔티티를 삭제하는 데 사용된다. 다음 예에서 todo 테이블의 모든 todo 항목이 삭제된다.

```
@Test
public void deleteAll() {
    todoRepository.deleteAll();
    assertEquals(0,todoRepository.count());
}
```

save() 메소드를 사용해 엔티티를 업데이트하거나 삽입할 수 있다. 다음 예는 todos를 업데이트하는 방법을 보여준다. TestEntityManager를 사용해 데이터를 검색하기 전에 플러시한다. TestEntityManager는 @DataJpaTest 어노테이션 기능의 일부로 오토와이어 링된다.

```
@Autowired
TestEntityManager entityManager;

@Test
public void save() {

    Todo todo = todoRepository.findById(101L).get();
    todo.setDescription("Todo Desc Updated");
    todoRepository.save(todo);

    entityManager.flush();

    Todo updatedTodo = todoRepository.findById(101L).get();

    assertEquals("Todo Desc Updated",updatedTodo.getDescription());
}
```

PagingAndSortingRepository 인터페이스를 확장하는 레파지토리 생성하기

PagingAndSortingRepository는 CrudRepository를 확장하고 페이지 매김과 지정된 정렬 메커니즘으로 엔티티를 검색하기 위한 메소드를 제공한다. 다음 예를 살펴보자.

```
public interface UserRepository
  extends PagingAndSortingRepository<User, Long> {
      }
```

주의해야 할 사항은 다음과 같다.

- public interface UserRepository extends PagingAndSortingRepository: User Repository 인터페이스는 PagingAndSortingRepository 인터페이스를 확장한다.
- <User, Long>: 엔티티는 User 타입이며 Long 유형의 ID 필드를 가진다.

단위 테스트를 이용한 탐색하기

UserRepository의 정렬 기능과 페이지 매김 기능을 사용하기 위한 몇 가지 테스트를 작성해보자. 테스트의 기본은 TodoRepositoryTest와 매우 유사하다.

```
@DataJpaTest
@RunWith(SpringRunner.class)
public class UserRepositoryTest {
    @Autowired
    UserRepository userRepository;
    @Autowired
    TestEntityManager entityManager;
}
```

사용자를 정렬하고 로그에 users를 출력하는 간단한 테스트를 작성해보자.

```
@Test
public void testing_sort_stuff() {
    Sort sort = new Sort(Sort.Direction.DESC, "name")
    .and(new Sort(Sort.Direction.ASC, "userid"));
   Iterable<User> users = userRepository.findAll(sort);
   for (User user : users) {
     System.out.println(user);
    }
}
```

주의해야 할 사항은 다음과 같다.

- new Sort(Sort.Direction.DESC, "name"): name을 내림차순으로 정렬한다.
- and(new Sort(Sort.Direction.ASC, "userid")): and() 메소드는 서로 다른 정렬 구성을 결합하는 연결 메소드다. 예에서는 사용자 ID를 기준으로 오름차순으로 정렬하기 위해 보조 기준을 추가한다.

- userRepository.findAll(sort): 정렬 기준은 findAll() 메소드에 매개변수로 전달된다.

앞의 테스트 결과는 다음과 같다. 사용자는 이름을 기준으로 내림차순으로 정렬된다.

```
User [id=4, userid=UserId4, name=User Name 4, todos=0]
User [id=3, userid=UserId3, name=User Name 3, todos=0]
User [id=2, userid=UserId2, name=User Name 2, todos=1]
User [id=1, userid=UserId1, name=User Name 1, todos=2]
```

페이징 가능한 테스트는 다음과 같다.

```
@Test
public void using_pageable_stuff() {
    PageRequest pageable = new PageRequest(0, 2);
    Page<User> userPage = userRepository.findAll(pageable);
    System.out.println(userPage);
    System.out.println(userPage.getContent());
}
```

테스트 결과는 다음과 같다.

```
Page 1 of 2 containing com.in28minutes.model.User instances
[User [id=1, userid=UserId1, name=User Name 1, todos=2],
User [id=2, userid=UserId2, name=User Name 2, todos=1]]
```

주의해야 할 사항은 다음과 같다.

- new PageRequest(0, 2): 첫 번째 페이지(인덱스 0)를 요청하고 각 페이지의 크기를 2로 설정한다.
- userRepository.findAll(pageable): PageRequest 객체는 findAll 메소드에 매개변수로 전송된다.

- Page 1 of 2: 출력 결과는 총 2페이지 중 첫 페이지를 보고 있음을 보여준다.

PageRequest에서 주의해야 할 몇 가지 중요한 사항은 다음과 같다.

- PageRequest 객체에는 페이지를 탐색하는 next(), previous(), first() 메소드가 있다.
- PageRequest 생성자(public PageRequest(int page, int size, Sort sort))도 Sort order라는 세 번째 매개변수를 허용한다.

Page와 하위 인터페이스인 Slice의 중요한 메소드는 다음과 같다.

- int getTotalPages(): 결과 페이지 수를 반환한다.
- long getTotalElements(): 모든 페이지의 총 요소 수를 반환한다.
- int getNumber(): 현재 페이지의 번호를 반환한다.
- int getNumberOfElements(): 현재 페이지의 요소 수를 반환한다.
- List<T> getContent(): 현재 슬라이스(또는 페이지)의 내용을 리스트로 가져온다.
- boolean hasContent(): 현재 슬라이스에 요소가 있는지 여부를 반환한다.
- boolean isFirst(): 첫 번째 슬라이스인지 여부를 반환한다.
- boolean isLast(): 마지막 슬라이스인지 여부를 반환한다.
- boolean hasNext(): 다음 슬라이스가 있으면 반환한다.
- boolean hasPrevious(): 이전 슬라이스가 있으면 반환한다.
- Pageable nextPageable(): 다음 슬라이스에 액세스할 수 있다.
- Pageable previousPageable(): 이전 슬라이스에 액세스할 수 있다.

커스텀 쿼리 메소드 작성하기

앞절에서는 CrudRepository와 PagingAndSortingRepository 인터페이스를 살펴봤다. 기본적으로 제공한 여러 가지 메소드를 봤는데 스프링 데이터는 여기서 멈추지 않는다.

커스텀 쿼리 메소드를 정의할 수 있는 몇 가지 패턴을 정의한다. 여기서는 스프링 데이터가 쿼리 메소드를 커스텀하기 위해 제공하는 몇 가지 옵션의 예를 살펴본다.

특정 속성 값과 일치하는 행을 찾는 것과 관련된 예제부터 시작하자. 다음 예제는 이름으로 User를 검색하기 위한 여러 가지 메소드를 보여준다.

```
public interface UserRepository
                 extends PagingAndSortingRepository<User, Long> {

    List<User> findByName(String name);
    List<User> findByName(String name, Sort sort);
    List<User> findByName(String name, Pageable pageable);
    Long countByName(String name);

    Long deleteByName(String name);

    List<User> removeByName(String name);
}
```

주의해야 할 사항은 다음과 같다.

- List<User> findByName(String name): 패턴은 findBy이며 쿼리하려는 속성의 이름이 뒤따른다. 속성 값은 매개변수로 전달된다.
- List<User> findByName(String name, Sort sort): 특정 정렬 순서를 지정할 수 있다.
- List<User> findByName(String name, Pageable pageable): 페이지 매김을 사용할 수 있다.
- find뿐만 아니라 read, query를 사용하거나 메소드 이름을 지정할 수도 있다 (예를 들면, findByName 대신 queryByName).
- find..By와 비슷하게 count..By를 사용해 카운트를 찾고 delete..By(또는 remove ..By)로 레코드를 삭제할 수 있다.

다음 예제는 포함하는 요소의 속성으로 검색하는 방법을 보여준다.

```
List<User> findByTodosTitle(String title);
```

사용자가 todo를 포함한다. Todo에는 title 속성이 있다. todo의 제목을 기준으로 사용자를 검색하는 메소드를 생성하기 위해 UserRepository에서 findByTodosTitle이라는 이름으로 메소드를 생성할 수 있다.

다음은 findBy로 가능한 몇 가지 변형을 보여주는 예제다.

```
public interface TodoRepository extends CrudRepository<Todo, Long> {

  List<Todo> findByTitleAndDescription(String title, String description);

  List<Todo> findDistinctTodoByTitleOrDescription(String title,
      String description);

  List<Todo> findByTitleIgnoreCase(String title);
  List<Todo> findByTitleOrderByIdDesc(String title);  List<Todo> findByIsDoneTrue();
}
```

- findByTitleAndDescription: 여러 속성을 사용해 쿼리할 수 있다.
- findDistinctTodoByTitleOrDescription: 고유한 행을 찾는다.
- findByTitleIgnoreCase: ignore 케이스의 사용을 보여준다.
- findByTitleOrderByIdDesc: 특정 정렬 순서를 지정하는 예를 보여준다.

다음 예제는 find를 사용해 특정 레코드 하위 세트를 찾는 방법을 보여준다.

```
public interface UserRepository
extends PagingAndSortingRepository<User, Long> {
    User findFirstByName(String name);
    User findTopByName(String name);
```

```
    List<User> findTop3ByName(String name);
    List<User> findFirst3ByName(String name);
}
```

- findFirstByName, findTopByName: 첫 번째 사용자에 대한 쿼리다.
- findTop3ByName, findFirst3ByName: 상위 3명의 사용자를 찾는다.

커스텀 JPQL 쿼리 작성하기

스프링 데이터 JPA는 커스텀 쿼리를 작성하는 옵션도 제공한다. 간단한 예시 코드를
보자.

```
@Query("select u from User u where u.name = ?1")
List<User> findUsersByNameUsingQuery(String name);
```

- @Query: 레파지토리 메소드의 쿼리를 정의하는 어노테이션이다.
- select u from User u where u.name = ?1: 실행할 JPQL 쿼리다. ?1은 첫 번째
  매개변수를 나타낸다.
- findUsersByNameUsingQuery: 메소드가 호출되면 지정된 쿼리가 매개변수와 같
  은 이름으로 실행된다.

명명된 매개변수 사용

명명된 매개변수를 사용해 쿼리를 더 읽기 쉽게 만들 수 있다. UserRepository의 예제
를 살펴보자.

```
@Query("select u from User u where u.name = :name")
List<User> findUsersByNameUsingNamedParameters(@Param("name") String name);
```

- select u from User u where u.name = :name: 쿼리에서 명명된 "name" 매개변수를 정의한다.
- findUsersByNameUsingNamedParameters(@Param("name") String name): @Param ("name") 매개변수는 인수 리스트에서 명명된 매개변수를 정의한다.

명명된 쿼리 사용

엔티티 자체에서 명명된 쿼리를 정의할 수도 있다. 다음 예제는 User 엔티티에서 명명된 쿼리를 정의하는 방법을 보여준다.

```
@Entity
@NamedQuery(name = "User.findUsersWithNameUsingNamedQuery",
                query = "select u from User u where u.name = ?1")
public class User {
```

쿼리를 레파지토리에서 사용하려면 명명된 쿼리와 이름이 같은 메소드를 만들어야 한다. UserRepository의 해당 메소드를 보여주는 코드다.

```
List<User> findUsersWithNameUsingNamedQuery(String name);
```

 명명된 쿼리의 이름은 User.findUsersWithNameUsingNamedQuery다. 따라서 레파지토리의 메소드 이름은 findUsersWithNameUsingNamedQuery여야 한다.

네이티브 SQL 쿼리 실행하기

스프링 데이터 JPA는 네이티브 SQL 쿼리도 실행할 수 있는 옵션을 제공한다. 다음 예제는 UserRepository의 간단한 네이티브 쿼리를 보여준다.

```
@Query(value = "SELECT * FROM USERS WHERE u.name = ?1",
                                        nativeQuery = true)
List<User> findUsersByNameNativeQuery(String name);
```

- SELECT * FROM USERS WHERE u.name = ?1: 실행할 네이티브 SQL 쿼리다. User 엔티티를 참조하는 것이 아니라 쿼리에서 테이블 이름 users를 사용한다.
- nativeQuery = true: 속성은 쿼리가 네이티브 쿼리로 실행되도록 한다.

거래 관리 시작하기

비즈니스 로직을 작성할 때 거래가 원본인지 확인해야 한다.

당신의 계정에서 친구의 계정으로 10만 원을 이체하는 거래를 생각해보자. 당신은 다음과 같은 두 가지의 최종 상태를 예상할 것이다.

- **송금 완료**: 당신의 계정에서 10만 원이 인출됐다. 친구의 계정에 10만 원이 입금됐다.
- **거래 실패**: 계정 잔액이 변경되지 않았다.

당신의 계좌에서 10만 원이 인출되지만 친구의 계좌에는 입금되지 않는 상태를 **불일치 상태**inconsistent state라고 한다. 거래 관리Transaction management는 불일치 상태가 되는 것을 방지한다.

다음 예제 코드를 살펴보자.

```
void performTransfer(Account from, Account to, BigDecimal amount) {
  from.debit(amount);
  to.credit(amount);
}
```

여기에는 두 단계가 포함된다. 두 번째 단계인 to.credit(amount)가 실패하면 전체 변경 사항을 원래대로 되돌려야 한다.

스프링 @Transactional 어노테이션

스프링 프레임워크는 거래 관리에 일관되고 선언적인 접근 방식을 제공한다.

메소드 주위에 @Transactional을 추가해 단일 트랜잭션으로 만들면 된다.

```
@Transactional
void performTransfer(Account from, Account to, BigDecimal amount) {
```

@Transactional은 메소드나 클래스 레벨에서 사용할 수 있다.

다음은 @Transactional 어노테이션에서 지정할 수 있는 일부 속성이다.

- propagation: 트랜잭션은 어떻게 전파될까? 기존 트랜잭션이 있는 경우 계속 유지해야 할까, 아니면 새로운 트랜잭션을 만들어야 할까? 기본값은 Propagation.REQUIRED다.
- readOnly: 트랜잭션이 읽기 전용이어야 할까?
- noRollbackForClassName: 어떤 예외로 인해 트랜잭션 롤백이 발생하지 않을까?
- rollbackForClassName: 어떤 예외로 인해 트랜잭션 롤백이 발생할까?
- timeout: 트랜잭션이 완료될 때까지 얼마나 기다려야 할까?
- isolation: 트랜잭션의 격리 수준은 무엇일까? 기본값은 Isolation.DEFAULT다.
- transactionManager: 트랜잭션을 관리하는 트랜잭션 관리자를 식별한다.

트랜잭션을 위한 스프링 부트 자동 설정

스프링 부트는 클래스 패스의 라이브러리를 기반으로 트랜잭션 관리자를 자동 설정한다. 단일 관계형 데이터베이스의 트랜잭션 관리자 일부를 소개한다.

- `org.springframework.jdbc.datasource.DataSourceTransactionManager`: 하나의 JDBC 데이터베이스 리소스의 트랜잭션 관리가 가능하다.
- `org.springframework.orm.jpa.JpaTransactionManager`: 하나의 JPA 데이터베이스 리소스의 트랜잭션 관리가 가능하다.

JTA는 자바 애플리케이션에서 트랜잭션을 관리하기 위한 표준이다. 트랜잭션 관리를 위한 리소스 중립적 접근 방식을 정의한다. JTA는 데이터베이스나 큐 또는 다른 리소스 등 여러 리소스에 걸쳐 트랜잭션을 지원한다.

스프링 부트는 JTA를 지원하며 여러 리소스가 있는 분산 트랜잭션에 쉽게 참여할 수 있다. 적절한 스타터(`spring-boot-starter-jta-atomikos` 또는 `spring-boot-starter-jta-bitronix`)를 추가해 Atomikos나 Bitronix 임베디드 트랜잭션 관리자를 구현하는 데 사용할 수 있다.

▌ 스프링 데이터를 이용한 몽고DB와의 상호 작용

10장의 소개 부분에서 설명한 것처럼 전통적인 데이터베이스에 대안을 제공하는 다양한 데이터 레파지토리가 있는데 보통 NoSQL 데이터베이스라고 한다.

스프링 데이터를 사용해 가장 널리 사용되는 NoSQL 데이터베이스 중 하나인 몽고DB를 알아본다.

스프링 데이터를 사용해 NoSQL 데이터베이스와 상호 작용하는 것은 관계형 데이터베이스와 대화하는 것과 매우 유사하다. 관련된 단계도 매우 흡사하다.

1. 스프링 데이터 몽고DB의 의존 관계 설정
2. Person 엔티티 생성
3. Person 레파지토리 생성
4. 좋은지 확인하기 위해 단위 테스트 작성

의존 관계 설정

 특정 운영체제에 몽고DB를 설치하려면 http://docs.mongodb.org/manual/install/의 지시 사항을 따라야 한다.

몽고DB 연결을 시작하기 위해 pom.xml에 스프링 부트 몽고DB 스타터에 대한 의존 관계를 포함시켜보자.

```xml
<dependency>
    <groupId>org.springframework.boot</groupId>
    <artifactId>spring-boot-starter-data-mongodb</artifactId>
</dependency>
```

Person 엔티티 생성하기

몽고DB에 저장할 새로운 Person 엔티티 클래스를 만들어보자. 다음 코드는 ID와 이름을 가진 Person 클래스를 보여준다.

```
public class Person {

    @Id
    private String id;

    private String name;

    public Person() {
    }

    public Person(String name) {
        super();
        this.name = name;
    }
}
```

Person 레파지토리 생성하기

Person 엔티티를 몽고DB에 저장하려면 새 레파지토리를 만들어야 한다. 다음 코드는 몽고DB 레파지토리를 보여준다.

```
public interface PersonMongoDbRepository
                            extends MongoRepository<Person, String> {
    List<Person> findByName(String name);

    Long countByName(String name);
}
```

- PersonMongoDbRepository extends MongoRepository: MongoRepository 인터페이스는 몽고DB 특정 레파지토리 인터페이스다.
- MongoRepository<Person, String>: 키 유형이 String인 Person 엔티티를 저장한다.

- List<Person> findByName(String name): 이름으로 사람을 찾는 간단한 메소드다.

단위 테스트에서 레파지토리 테스트하기

레파지토리를 테스트하기 위해 간단한 단위 테스트를 작성한다. 단위 테스트 코드는
다음과 같다.

```
@DataMongoTest
@RunWith(SpringRunner.class)
public class PersonMongoDbRepositoryTest {

    @Autowired
    PersonMongoDbRepository personRepository;

    @Test
    public void simpleTest(){

      personRepository.deleteAll();
      personRepository.save(new Person( "name1"));
      personRepository.save(new Person( "name2"));

      for (Person person : personRepository.findAll()) {
          System.out.println("Person 1: " + person);
      }

      System.out.println("Person 2: " + personRepository.findByName("name1"));
      System.out.println("Person Count: "personRepository.count());
   }
}
```

- 테스트를 실행할 때 몽고DB가 실행 중인지 확인한다.
- @DataMongoTest: DataMongoTest 어노테이션은 일반적인 몽고DB 단위 테스트를
  위해 SpringRunner와 함께 사용된다. 이것은 몽고DB와 관련된 것을 제외한 모
  든 것에 자동 설정을 비활성화한다.

- @Autowired PersonMongoDbRepository personRepository: 몽고DB 레파지토리를 테스트하기 위해 자동으로 연결한다.

몽고DB와 같은 빅데이터 레파지토리와 상호 작용하는 코드는 좀더 단순해지고 통신 방식은 관계형 데이터베이스와 매우 유사하다. 바로 스프링 데이터의 마법이다.

▌ 스프링 데이터 REST를 사용해 REST API 생성하기

스프링 데이터 REST는 스프링 데이터 레파지토리에서 CRUD RESTful 서비스를 노출할 수 있는 매우 간단한 옵션을 제공한다.

스프링 데이터 REST의 중요한 기능 중 일부는 다음과 같다.

- 스프링 데이터 레파지토리를 중심으로 REST API를 노출한다.
- 페이지 매김 기능과 필터링을 지원한다.
- 스프링 데이터 레파지토리의 쿼리 메소드를 이해하고 이를 검색 리소스로 노출한다.
- 지원되는 프레임워크 중에는 JPA, 몽고DB, 카산드라가 있다.
- 리소스를 커스텀하는 옵션이 기본적으로 표시된다.

스프링 부트 데이터 REST 스타터를 pom.xml에 포함시켜보자.

```
<dependency>
<groupId>org.springframework.boot</groupId>
<artifactId>spring-boot-starter-data-rest</artifactId>
</dependency>
```

코드에 표시된 대로 간단한 어노테이션을 추가해 UserRepository가 REST 서비스를 노출하도록 할 수 있다.

```
@RepositoryRestResource(collectionResourceRel = "users", path ="users")
public interface UserRepository
extends PagingAndSortingRepository<User, Long> {
```

주목할 사항은 다음과 같다.

- epositoryRestResource: REST를 사용해 레파지토리를 노출하는 데 사용되는 어노테이션이다.
- collectionResourceRel = "users": 생성된 링크에서 사용될 collectionResource Rel 값이다.
- path = "users": 리소스가 노출돼야 하는 경로다.

SpringDataJpaFirstExampleApplication을 자바 애플리케이션으로 시작하면 로그에서 다음을 볼 수 있다.

```
s.b.c.e.t.TomcatEmbeddedServletContainer : Tomcat initialized with port(s): 8080 (http)
o.s.b.w.servlet.ServletRegistrationBean : Mapping servlet: 'dispatcherServlet' to [/]
```

로그는 스프링 MVC DispatcherServlet이 시작돼 다른 요청 메소드 및 URI를 제공할 준비가 됐음을 보여준다.

GET 메소드

http://localhost:8080/users에 GET 요청을 보내면 여기에 응답이 표시된다. 간결함을 위해 UserId2, UserId3 및 UserId4의 세부사항이 제거되도록 응답이 편집된다.

```json
{
    "_embedded" : {
    "users" : [ {
                "userid" : "UserId1",
                "name" : "User Name 1",
                "_links" : {
                  "self" : {"href" : "http://localhost:8080/users/1"},
                  "user" : {"href" : "http://localhost:8080/users/1"},
                 "todos" : {"href" : "http://localhost:8080/users/1/todos"}
                   }
            } ]
     },
    "_links" : {
             "self" : {"href" : "http://localhost:8080/users"},
             "profile" : {"href" : "http://localhost:8080/profile/users"},
             "search" : {"href" : "http://localhost:8080/users/search"}
    },
    "page" : {
          "size" : 20,
          "totalElements" : 4,
          "totalPages" : 1,
          "number" : 0
        }
    }
```

POST 메소드

다음 그림은 POST 요청을 실행해 새 사용자를 만드는 방법을 보여준다.

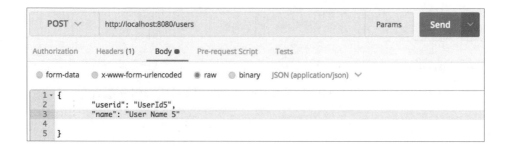

응답을 보여주는 코드다.

```
{
    "userid": "UserId5",
    "name": "User Name 5",
    "_links": {
     "self": {
       "href": http://localhost:8080/users/5
          },
     "user": {
       "href": http://localhost:8080/users/5
          },
     "todos": {
       "href": http://localhost:8080/users/5/todos
        }
      }
}
```

응답에는 생성된 리소스(http://localhost:8080/users/5)의 URI가 포함된다.

검색 리소스

스프링 데이터 REST는 레파지토리의 다른 메소드에 관한 검색 리소스를 노출한다. 예를 들어 findUsersByNameUsingNamedParameters 메소드는 http://localhost:8080/users/search/findUsersByNameUsingNamedParameters?name=User%20Name%201에서 찾을 수 있다. 다음 코드는 이전 URL에 대한 GET 요청의 응답을 보여준다.

```
{
    "_embedded": {
        "users": [
                {
                   "userid": "UserId1",
                   "name": "User Name 1",
                   "_links": {
                     "self": {
                            "href": http://localhost:8080/users/1
                            },
                       "user": {
                            "href": http://localhost:8080/users/1
                        },
                       "todos": {
                          "href":
http://localhost:8080/users/1/todos
                       }
                   }
               }
           ]
        },
    "_links": {
     "self": {
         "href":http://localhost:8080/users/search/        findUsersByNameUsingNamedParam
eters?name=User%20Name%201
       }
     }
}
```

스프링 데이터 REST를 사용하면 스프링 데이터 레파지토리에 REST API를 쉽게 노출할 수 있다.

▎ 요약

스프링 부트로 스프링 기반 애플리케이션을 쉽게 개발할 수 있다. 스프링 데이터를 사용하면 다른 데이터 레파지토리에 쉽게 연결할 수 있다. 10장에서는 스프링 데이터를 자세히 살펴봤다. 스프링 데이터 커먼즈는 스프링 데이터를 쉽게 만드는 공통 인터페이스와 API(Repository, CrudRepository, PagingAndSortingRepository)를 제공한다.

스프링 데이터 JPA를 사용해 관계형 데이터베이스에 연결하는 것을 살펴봤다. 인메모리 데이터베이스 H2를 사용했다. CRUD 작업을 수행하기 위한 간단한 레파지토리를 만들고 페이징 기능과 정렬 기능을 구현했다. 레파지토리에서 커스텀 쿼리 메소드와 JPQL 쿼리를 생성하는 방법을 배웠다.

스프링 데이터 몽고DB를 사용해 빅데이터 데이터베이스인 몽고DB에 연결하는 프로젝트를 만들었다. 빅데이터 데이터베이스와의 상호 작용은 관계형 데이터베이스와의 통신과 많이 비슷하다. 스프링 데이터의 마법이 여기에 있다. 다양한 데이터 레파지토리와 통신하기 위해 일관된 접근 방식을 제공한다. 모놀리스 애플리케이션이 커지고 유지 관리가 불가능해짐에 따라 변화가 필요해졌다. 11장에서는 마이크로서비스 아키텍처를 집중적으로 알아본다.

스프링을 이용한 클라우드, 마이크로서비스 및 모범 사례

클라우드와 마이크로서비스, 리액티브 프로그래밍은 계속 등장하고 있는 전문 용어다.

3부에서는 아키텍처가 마이크로서비스로 진화하는 것을 이해하고 스프링 클라우드를 이용해 마이크로서비스를 구현하는 방법을 학습한다. 리액티브 프로그래밍과 스프링 애플리케이션 개발의 모범 사례도 살펴본다.

3부에서 다루는 주제는 다음과 같다.

- 11장, 마이크로서비스 시작하기
- 12장, 스프링 부트 및 스프링 클라우드로 마이크로서비스 구축하기
- 13장, 리액티브 프로그래밍
- 14장, 스프링 모범 사례
- 15장, 스프링에서 코틀린 개발

11

마이크로서비스 시작하기

지난 10년 동안 스프링 프레임워크는 자바 엔터프라이즈 애플리케이션을 개발하는 데 있어 가장 보편적인 프레임워크로 발전했다. 스프링 프레임워크는 느슨하게 결합되고 테스트할 수 있는 애플리케이션을 쉽게 개발할 수 있게 해주며 크로스 컷팅 문제의 구현을 단순화했다.

오늘날 세계는 10년 전과 매우 다르다. 시간이 지남에 따라 애플리케이션은 모놀리식으로 성장해 관리하기가 어려워졌다. 문제를 해결하기 위한 솔루션을 계속 찾고 있다. 최근 유행어는 '마이크로서비스'와 '클라우드 네이티브 애플리케이션'이다.

11장에서는 모놀리식 애플리케이션의 문제점을 살펴보고 '마이크로서비스라'는 더 작고 독립적으로 배포 가능한 구성요소를 소개한다. 세계가 마이크로서비스와 클라우드 네이티브 애플리케이션으로 이동하는 이유도 알아본다. 또한 중요한 스프링 프로젝트 중 하나인 스프링 클라우드와 마이크로서비스 문제의 솔루션도 살펴보자.

11장에서는 다음과 같은 주제를 다룬다.

- 애플리케이션의 개발 목표는 무엇일까?
- 모놀리식 애플리케이션의 문제점은 무엇일까?
- 마이크로서비스란 무엇일까?
- 마이크로서비스의 장점은 무엇일까?
- 마이크로서비스의 문제점은 무엇일까?
- 클라우드 네이티브 애플리케이션이란 무엇일까?
- 마이크로서비스 및 클라우드 네이티브 애플리케이션 개발에 도움이 되는 스프링 프로젝트는 무엇일까?
- 스프링 클라우드란 무엇일까?

▌ 애플리케이션 개발 목표

마이크로서비스와 클라우드 네이티브 애플리케이션의 개념으로 넘어가기 전에 애플리케이션을 개발할 때 필요한 공통 목표를 이해해야 한다. 목표를 이해하면 애플리케이션이 마이크로서비스 아키텍처로 이동하는 이유를 이해하는 데 도움이 된다.

 우선 소프트웨어 업계가 여전히 비교적 젊은 산업이라는 것을 기억해야 한다. 소프트웨어 개발, 디자인 및 설계에서 10년 반 동안의 경험에서 모든 것은 변한다는 사실을 알았다. 오늘의 요구사항은 내일의 요구사항이 아니고, 오늘의 기술은 내일 사용할 기술이 아니다. 미래에 어떤 일이 일어날지 예측할 수는 있지만 맞추긴 어렵다.

소프트웨어 개발 초기 수십 년 동안 미래를 위한 소프트웨어 시스템을 구축했고 디자인과 아키텍처는 미래 요구사항에 대비해 복잡하게 만들어졌다.

지난 10년 동안 애자일과 익스트림 프로그래밍을 통해 디자인의 기본 원칙을 고수하면서도 충분히 좋은 시스템을 구축하고 숙달되는 방향으로 전환됐다. 이제 디자인에 진화가 필요하다.

 시스템이 오늘날의 요구사항에 적합하게 설계되고 지속적으로 발전하고 테스트의 결과가 좋다면, 추후에 쉽게 리팩토링할 수 있다.

어디로 향하고 있는지 알 수는 없지만 대부분 애플리케이션 개발 목표는 변하지 않는다는 것은 알고 있다. 많은 애플리케이션에서 소프트웨어 개발의 핵심 목표는 속도와 안전 측면으로 설명된다. 다음 절에서 각 요소를 알아본다.

▌ 빠른 애플리케이션 구축 – 속도

새로운 요구사항과 혁신을 제공하는 속도는 점점 더 중요한 차별화 요소가 되고 있다. 빠르게 개발(코딩 및 테스트)하는 것만으로는 충분하지 않다. 신속한 배포도 중요하다. 현재 세계 최고의 소프트웨어 조직이 매일 여러 번 소프트웨어를 배포한다는 사실도 알고 있다. 기술과 비즈니스 환경은 끊임없이 변하고 있으며 계속해서 진화 중이다. 핵심 질문은 '애플리케이션이 이러한 변화에 얼마나 빨리 적응할 수 있는가?'다. 기술과 비즈니스 환경의 중요한 변화를 적어봤다.

- 새로운 프로그래밍 언어
    - 고Go
    - 스칼라Scala
    - 클로저Closure

- 새로운 프로그래밍 패러다임
  - 함수형 프로그래밍
  - 리액티브 프로그래밍
- 새로운 프레임워크
- 새로운 도구
  - 개발
  - 코드 품질
  - 자동화 테스트
  - 배포
  - 컨테이너화
- 새로운 프로세스 및 사례
  - 애자일 Agile
  - 테스트 중심 개발
  - 행동 중심 개발
  - 지속적인 통합
  - 지속적인 배포
  - 데브옵스 DevOps
- 새로운 장치 및 기회
  - 모바일
  - 클라우드

▌ 신뢰할 수 있는 애플리케이션 구축 – 안전

위험하게 속도를 내는 이유는 무엇일까? 시간당 480km로 달리는 차를 안전장치 없이 타려는 사람은 없다. 안전한 애플리케이션의 몇 가지 특성을 고려해보자.

신뢰성 – 애플리케이션이 예상대로 작동할까?

신뢰성은 시스템이 얼마나 정확하게 작동하는지를 나타내는 척도다. 핵심 질문은 다음과 같다.

- 시스템이 기능 요구사항을 충족하는가?
- 다양한 릴리스 단계에서 얼마나 많은 결함이 발생하는가?

가용성 – 애플리케이션을 항상 사용할 수 있을까?

대부분 외부 클라이언트 애플리케이션은 24시간 내내 사용할 수 있어야 한다. 가용성은 최종 사용자가 애플리케이션을 사용할 수 있는 시간 비율을 측정한 것이다.

안전성 – 애플리케이션은 안전한가?

애플리케이션과 데이터의 시큐리티는 조직의 성공에 매우 중요하다. 인증(당신이 주장하고 있는 그 사람일까?), 권한(사용자에게 어떤 액세스 권한이 있을까?)과 데이터 보호(수신 또는 전송된 데이터가 정확할까? 데이터가 안전하고, 의도하지 않은 사용자가 가로채지는 않을까?)에 관한 명확한 절차가 있어야 한다.

성능 – 애플리케이션이 충분히 빠른가?

웹 애플리케이션이 몇 초 안에 응답하지 않으면 애플리케이션 사용자가 실망할 가능성이 매우 높다. 성능은 일반적으로 일정 사용자에게 정해진 응답 시간을 보장하는 시스템 능력을 말한다.

높은 복원력 - 애플리케이션이 실패에 잘 반응할까?

애플리케이션이 분산되면 장애가 발생할 확률이 높아진다. 일부분이 고장나거나 중단되는 경우 애플리케이션은 어떻게 반응할까? 기본적으로 전혀 고장나지 않는 기능을 제공할 수 있을까?

예기치 않은 오류가 발생하면 최소한의 서비스 레벨을 제공하는 애플리케이션의 기능을 '복원력'이라고 한다. 점점 더 많은 애플리케이션이 클라우드로 이동함에 따라 애플리케이션의 복원력이 더욱 중요해지고 있다.

확장성 - 애플리케이션 로딩이 급격히 증가할 때 무엇을 지원해야 할까?

확장성은 리소스를 확장할 때 애플리케이션이 어떻게 반응하는지 측정하는 것을 말한다. 애플리케이션이 주어진 인프라스트럭처infrastructure로 10,000명의 사용자를 지원할 때 인프라스트럭처를 두 배로 늘리면 최소 20,000명의 사용자를 지원할 수 있을까?

웹 애플리케이션이 몇 초 안에 응답하지 않으면 애플리케이션 사용자가 실망하기 쉽다. 클라우드 세계에서는 애플리케이션의 확장성이 더욱 중요해지고 있다. 스타트업이 얼마나 성공할지 짐작하기는 어렵다. 트위터나 페이스북은 그들이 시작했을 때 성공을 기대하지 않았다. 스타트업의 성공 여부가 성능에 영향을 미치지 않으면서 어떻게 사용자 기반을 여러 배로 늘릴 수 있는지에 달려 있다.

▌모놀리식 애플리케이션 문제

지난 몇 년 동안 여러 작은 애플리케이션을 사용하는 것과 병행해 보험, 은행, 건강 관리 등 다양한 영역에서 네 가지 다른 모놀리식 애플리케이션을 개발할 수 있었다. 모든 애플리케이션에는 매우 비슷한 문제가 있다. 모놀리식의 특성과 그로 인한 문제점을 살펴본다.

모놀리식이란 무엇일까? 코드가 많은 애플리케이션? 10만 줄이 넘는 코드? 그렇다.

 TIP 모놀리식을 프로덕션으로 릴리스하는 것은 큰 도전이다.

모놀리식 범주에 속하는 애플리케이션은 필요한 많은 사용자 요구사항을 즉시 반영해야 하지만, 몇 달에 한 번 정도만 새로운 기능 릴리스를 수행할 수 있다. 분기마다 한 번이거나 1년에 두 번 미만의 기능 릴리스를 제공하는 애플리케이션도 있다.

모놀리식 애플리케이션에는 다음과 같은 특징이 있다.

- **큰 크기**: 대부분의 모놀리식 애플리케이션에는 코드 베이스가 많다.
- **대규모 팀**: 팀 규모는 20명에서 300명까지 다양하다.
- **같은 일을 하는 여러 가지 방법**: 팀 규모가 큰 탓에 의사소통에 차이가 있다. 그 결과 애플리케이션의 다른 부분에서 같은 문제의 솔루션이 여러 개 생성된다.
- **자동화 테스트 부족**: 대부분 애플리케이션에는 단위 테스트가 거의 없으며 통합 테스트가 완벽하지 않다. 애플리케이션은 수동 테스트에 크게 의존한다.

이러한 특성으로 인해 모놀리식 애플리케이션은 여러 가지 문제에 직면해 있다.

릴리스 업데이트의 문제 – 긴 릴리스 주기

모놀리식에서 한 부분의 코드를 변경하면 모놀리식의 다른 부분에 영향을 줄 수 있다. 대부분의 코드 변경에는 완전한 회귀주기가 필요한데 회귀주기로 인해 인해 릴리스 주기가 길어진다. 이런 애플리케이션은 자동화 테스트가 없기 때문에 수동 테스트를 통해 결함을 찾는다. 기능을 실행하는 것은 중요한 도전이다.

확장의 어려움

일반적으로 대부분 모놀리식 애플리케이션은 클라우드 네이티브가 아니므로 클라우드에 배포하기가 쉽지 않다. 수동 설치 및 수동 구성에 따라 다르다. 일반적으로 새 애플리케이션 인스턴스가 클러스터에 추가되기 전에 운영팀이 많은 작업을 수행하는데, 이렇게 하면 확장하거나 축소가 어려워진다. 다른 중요한 과제는 대형 데이터베이스다. 모놀리식 애플리케이션에는 테라 바이트^{TB}로 실행되는 데이터베이스가 있다. 데이터베이스를 확장할 때 병목 현상이 발생한다.

새로운 기술에 적응의 어려움

대부분의 모놀리식 애플리케이션은 오래된 기술을 사용한다. 모놀리식 기술에 새로운 기술을 추가하면 유지 관리가 더욱 복잡해진다. 아키텍트와 개발자는 새로운 기술을 도입하는 것을 꺼린다.

새로운 방법론 적용의 어려움

애자일과 같은 새로운 방법론에는 소규모(4~7명의 팀원)의 독립팀이 필요하다. 모놀리식의 큰 문제는 다음과 같다. 팀이 서로 충돌하지 않게 하려면 어떻게 해야할까? 팀이 독립적으로 일할 수 있는 방법은 무엇일까? 해결하기 어려운 과제다.

현대적인 개발 사례 적용의 어려움

TDD$^{Test-driven\ development}$과 BDD$^{behavior-driven\ development}$와 같은 최신 개발 방법에는 느슨하게 결합되고 테스트할 수 있는 아키텍처가 필요하다. 모놀리식 애플리케이션에 레이어와 프레임워크가 밀접하게 결합돼 있으면 단위 테스트와 현대적인 개발 사례를 적용하기 어렵다.

▌ 마이크로서비스 시작

조직에서는 모놀리식 애플리케이션의 문제점으로 인해 해법을 찾고 있다. 더 많은 기능을 더 자주 배포할 수 있는 방법은 무엇일까?

많은 조직에서 솔루션을 찾기 위해 다양한 아키텍처와 방법을 시도했다. 지난 몇 년 동안 이 작업을 성공적으로 수행한 모든 조직에서 공통적인 패턴이 나타났는데 그 결과 마이크로서비스 아키텍처로 알려진 아키텍처 스타일이 탄생했다.

> "많은 조직에서는 세밀한 마이크로서비스 아키텍처를 채택함으로써 소프트웨어를 좀더 빠르게 제공하고 새로운 기술을 도입할 수 있다는 것을 발견했다."
>
> —샘 뉴먼, '마이크로서비스 구축'

마이크로서비스란 무엇일까?

소프트웨어에서 좋아하는 원칙 중 하나는 소프트웨어를 작게 유지하는 것이다. 이 원칙은 변수의 범위나 메소드, 클래스, 패키지 또는 구성요소의 크기와 관계없이 적용할 수 있다. 모든 것을 가능한 한 작게 해야 한다.

마이크로서비스는 '소프트웨어로 작게 유지한다'는 원칙의 간단한 확장이다. 소규모의 기능 기반의 독립적으로 배포 가능한 서비스를 구축하는 데 중점을 둔 아키텍처 스타일이다. 마이크로서비스를 하나의 정의로는 설명할 수 없다. 몇 가지 유명한 정의를 살펴보자.

> "마이크로서비스는 함께 작동하는 소규모 자율 서비스다."
>
> —샘 뉴먼, 소트웍스

> "제한된 컨텍스트를 사용해 느슨하게 결합된 서비스 지향 아키텍처다."
>
> —아드리안 콕크로프트, 배터리 벤처

마이크로서비스에 관해 허용된 정의는 없지만 마이크로서비스의 모든 정의에 공통적으로 나타나는 몇 가지 특성이 있다. 마이크로서비스의 특성을 살펴보기 전에 모놀리식 아키텍처와 마이크로서비스 아키텍처를 비교해보자.

마이크로서비스 아키텍처의 큰 그림

대부분의 모놀리식 애플리케이션에는 단일 배포 유닛이 있다. 모놀리식 애플리케이션이 여러 구성요소가 포함된 모듈식 아키텍처를 사용해 구축되더라도 최종적으로는 전체적으로 배포된다.

다음 그림은 3개의 모듈이 있는 모놀리식 애플리케이션의 예를 보여준다. 이러한 모듈은 기술 모듈 또는 비즈니스 기능일 수 있다. 예를 들어 쇼핑 애플리케이션에서 이러한 모듈은 로그인, 검색 및 제품 추천 모듈일 수 있다.

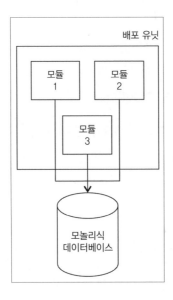

단일 배포 유닛을 사용하면 모듈 변경이 아주 적더라도 전체 모놀리식 애플리케이션을 배포해야 한다.

마이크로서비스 아키텍처의 큰 그림은 더 작고 독립적으로 배포 가능한 마이크로서비스를 구축하는 것이다. 애플리케이션을 단일 배포 유닛으로 구축하는 대신, 각 모듈을 독립적으로 배포 가능한 구성요소로 만든다. MODULE 2에 변경사항이 있으면 MODULE 2만 배포하면 된다.

다음 그림은 마이크로서비스 아키텍처를 사용해 개발할 때 이전의 모놀리식이 어떻게 보이는지 보여준다.

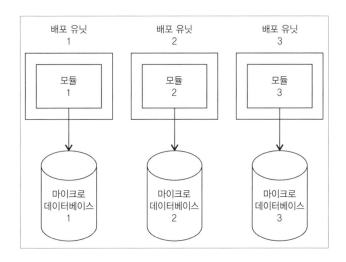

다음은 주목해야 할 중요 사항이다.

- 모듈은 비즈니스 기능을 기반으로 식별된다. 모듈이 제공하는 기능은 무엇일까?
- 각 모듈은 독립적으로 배포할 수 있다. 다음 예에서 모듈 1, 2, 3은 별도의 배포 가능한 유닛이다. MODULE 3의 비즈니스 기능이 변경되면 MODULE 3을 개별적으로 구축 및 배포할 수 있다.
- 각 마이크로서비스마다 자체 데이터 레파지토리가 있는 것이 좋다.

마이크로서비스 특성

앞절에서는 마이크로서비스 아키텍처의 예를 살펴봤다. 마이크로서비스 아키텍처 스타일을 성공적으로 적용한 조직의 경험을 평가한 결과 팀과 아키텍처가 공유하는 몇 가지 특성이 있었다. 특성을 살펴보자.

다음 절에서 그림에 관해 좀더 자세히 살펴본다.

작고 가벼운 마이크로서비스

훌륭한 마이크로서비스는 비즈니스 기능을 제공한다. 마이크로서비스는 단일 책임 원칙을 따르는 것이 이상적이어서 마이크로서비스는 보통 크기가 작다. 일반적으로 사용하는 규칙은 5분 안에 마이크로서비스를 구축하고 배포할 수 있어야 한다는 것이다. 구축 및 배포에 시간이 더 걸리면 권장보다 큰 마이크로서비스를 구축한 것일 수 있다.

작고 가벼운 마이크로서비스의 예는 다음과 같다.

- 제품 추천 서비스
- 이메일 알림 서비스
- 쇼핑 카트 서비스

메시지 기반 커뮤니케이션과의 상호 운용성

마이크로서비스의 핵심 초점은 다양한 기술을 사용하는 시스템 간의 통신인 상호 운용성이다. 상호 운용성을 달성하려면 메시지 기반 통신을 사용하는 방법이 가장 좋다.

용량 할당 마이크로서비스

마이크로서비스는 명확한 경계를 가져야 한다. 일반적으로 모든 마이크로서비스는 잘 식별되는 단일 식별 비즈니스 기능이 있다. 팀은 바운드 컨텍스트^{Bounded Context} 개념을 성공적으로 적용했다.

기본적으로 대규모 시스템에서 하나의 도메인 모델을 만들기는 매우 어렵다. 바운드 컨텍스트 개념은 시스템을 다른 바운드 컨텍스트로 분할하는 것을 설명한다. 올바른 바운드 컨텍스트를 식별해야 마이크로서비스 아키텍처를 성공적으로 구현할 수 있다.

독립적으로 배포 가능한 마이크로서비스

각 마이크로서비스는 개별적으로 구축 및 배포할 수 있다. 앞에서 설명한 예에서 모듈 1, 2, 3은 독립적으로 구축하고 배포할 수 있다.

무상태 마이크로서비스

이상적인 마이크로서비스는 상태가 없다. 요청 간에 정보를 저장하지 않는다. 응답을 작성하는 데 필요한 모든 정보가 요청에 들어 있다.

완전 자동화된 빌드 및 릴리스 프로세스

마이크로서비스에는 자동화된 빌드 및 릴리스 프로세스가 있다. 다음 그림은 마이크로서비스의 간단한 빌드와 릴리스 프로세스를 보여준다.

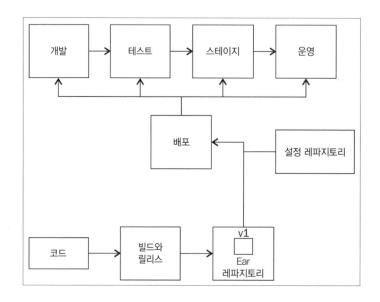

마이크로서비스가 빌드 및 릴리스되면 마이크로서비스 버전이 레파지토리에 저장된다. 배포 도구는 레파지토리에서 올바른 버전의 마이크로서비스를 선택해 특정 환경에 필요한 구성(구성 레파지토리에서)과 일치시키고 마이크로서비스를 특정 환경에 배포하는 기능이 있다. 일부 팀은 한 걸음 더 나가서 마이크로서비스 패키지를 마이크로서비스를 실행하는 데 필요한 기본 인프라와 결합한다. 배포 도구는 이미지를 복제해 환경별 구성과 일치시켜 환경을 만든다.

이벤트 주도 아키텍처 준수

마이크로서비스는 이벤트 주도 아키텍처로 구축된다. 간단한 예를 생각해보자. 신규 고객이 등록될 때마다 다음과 같은 세 가지 일을 수행해야 한다.

- 데이터베이스에 고객 정보 저장
- 환영 키트를 메일로 보내기
- 이메일 알림 보내기

이벤트 주도 아키텍처를 디자인하는 두 가지 다른 접근법을 살펴보자.

접근법 1 – 순차적 접근법

앞에서 나열한 기능을 제공할 수 있는 세 가지 서비스(CustomerInformationService, MailService, EmailService)를 고려해보자. 다음 단계를 사용해 NewCustomerService를 생성할 수 있다.

1. CustomerInformationService를 호출해 고객 정보를 데이터베이스에 저장한다.
2. 환영 키트를 우편으로 보내기 위해 MailService를 호출한다.
3. 이메일 알림을 보내기 위해 EmailService를 호출한다.

NewCustomerService는 모든 비즈니스 로직의 중심이 된다. 새로운 고객을 만들 때 더 많은 일을 해야 한다고 상상해보자. 모든 로직이 NewCustomerService에 집중돼 부하가 발생할 것이다.

접근법 2 – 이벤트 주도 접근법

메시지 브로커를 사용하는 방법이다. NewCustomerService는 새 이벤트를 만들고 메시지 브로커에 전달한다. 다음 그림은 이벤트 주도 접근법 개략적으로 보여준다.

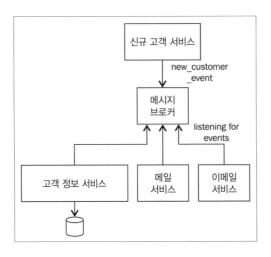

CustomerInformationService, MailService와 EmailService의 세 가지 서비스는 메시지 브로커에서 새 이벤트를 수신한다. 새로운 고객 이벤트를 보면 이벤트를 처리하고 해당 특정 서비스의 기능을 실행한다.

이벤트 주도 접근 방식의 주요 장점은 모든 비즈니스 로직에 중앙 집중식 접점이 없다는 것이다. 새로운 기능을 추가하는 것은 더 쉽다. 메시지 브로커에서 이벤트를 수신할 새 서비스를 만들 수 있다. 기존 서비스를 변경할 필요가 없다는 점도 주목할 만하다.

마이크로서비스 개발 및 지원을 위한 독립 팀 – 데브옵스

마이크로서비스를 개발하는 팀은 일반적으로 독립적이다. 여기에는 마이크로서비스를 개발, 테스트, 배포하는 데 필요한 모든 기술이 포함돼 있다. 또한 프로덕션에서 마이크로서비스를 지원할 책임이 있다.

마이크로서비스 아키텍처의 장점

마이크로서비스에는 몇 가지 장점이 있다. 기술을 유지하고 고객에게 더 빠른 솔루션을 제공하는 데 도움이 된다.

출시 시간 단축

출시 기간 단축은 조직의 성공을 결정하는 핵심 요소 중 하나다.

마이크로서비스 아키텍처에는 독립적으로 배포할 수 있는 작은 구성요소를 만드는 것이 포함된다. 각 마이크로서비스는 단일 비즈니스 기능에 중점을 두기 때문에 마이크로서비스 확장은 쉽고 좀더 안정적이다. 프로세스의 모든 단계(구축, 릴리스, 배포, 테스트, 구성 관리, 모니터링)가 자동화된다. 마이크로서비스의 책임은 제한적이므로 훌륭한 자동화 장치 및 통합 테스트를 작성할 수 있다. 이러한 요인으로 인해 애플리케이션은 고객 요구에 더 빠르게 대응할 수 있다.

기술 진화에 빠른 적응

매일 새로운 언어, 프레임워크, 실행 및 자동화 가능성이 등장하고 있다. 애플리케이션 아키텍처는 새로운 가능성에 적응할 수 있는 유연성을 확보해야 한다. 서로 다른 기술로 서로 다른 서비스를 개발하는 방법을 그림으로 나타냈다.

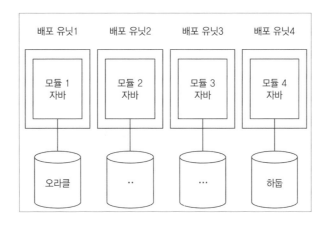

마이크로서비스 아키텍처는 소규모 서비스를 만드는 것을 포함한다. 조직 대부분은 일부 범위에서 개별팀에 결정을 내릴 수 있는 기술을 제공함으로써 팀은 새로운 기술을 실험하고 더 빠르게 혁신할 수 있으며, 애플리케이션의 기술 발전과 조화를 이루는 데 도움이 된다.

확장성

애플리케이션의 다른 부분의 로드는 일반적으로 매우 다르다. 예를 들어 항공편 예약 애플리케이션에서 고객은 일반적으로 항공편 예약 여부를 결정하기 전에 여러 번 검색한다. 검색 모듈의 로드는 일반적으로 예약 모듈의 로드보다 몇 배 더 많다. 마이크로 서비스 아키텍처는 몇 개의 예약 서비스 인스턴스로 검색 서비스의 여러 인스턴스를 유연하게 설정할 수 있다. 다음 그림은 로드를 기반으로 특정 마이크로서비스를 확장하는 방법을 보여준다.

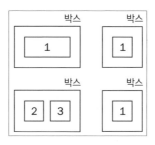

마이크로서비스 2와 3은 단일 박스(배포 환경)를 공유한다. 더 많은 로드가 있는 마이크로서비스1이 여러 박스에 배포된다.

스타트업 업체의 요구사항도 예로 들 수 있다. 스타트업이 운영을 시작하면 보통 어느 정도 성장할 수 있을지 스스로 알지 못한다. 애플리케이션의 수요가 매우 빠르게 증가하면 어떻게 해야 할까? 마이크로서비스 아키텍처를 채택하면 필요할 때 더 잘 확장할 수 있다.

현재 개발 방법론과의 호환성

애자일과 같은 개발 방법론은 소규모의 독립적인 팀을 지지한다. 마이크로서비스는 규모가 작기 때문에 주변에 작은 팀을 구성할 수 있다. 팀은 특정 마이크로서비스에 대한 엔드-투-엔드 소유권을 가진 기능을 수행한다.

마이크로서비스 아키텍처는 민첩하고 다른 최신 개발 방법론과 매우 잘 맞는다.

마이크로서비스 문제

마이크로서비스 아키텍처는 상당한 이점이 있지만 중요한 문제도 있다. 마이크로서비스의 범위를 결정하기는 어렵지만 매우 중요하다. 마이크로서비스는 규모가 작기 때문에 대기업의 수백 가지 마이크로서비스의 자동화와 가시성은 매우 중요하다.

자동화의 필요성 증가

마이크로서비스 아키텍처를 사용하면 대규모 애플리케이션을 여러 마이크로서비스로 분할할 수 있으므로 빌드, 릴리스와 배포 수가 몇 배로 늘어난다. 단계를 수동으로 수행하면 매우 비효율적이다.

시장 출시 시간을 단축하려면 테스트 자동화가 중요하다. 팀은 자동화 가능성을 파악하는 데 중점을 둬야 한다.

서브 시스템의 경계 정의

마이크로서비스는 지능적이어야 한다. 마이크로서비스는 약한 CRUD 서비스가 아니다. 시스템의 비즈니스 기능을 모델링해야 한다. 제한된 비즈니스 컨텍스트에서 모든 비즈니스 로직을 소유한다. 마이크로서비스는 크지 않아야 한다. 처음에는 마이크로서비스의 올바른 경계를 찾기가 어렵다. 팀이 비즈니스 컨텍스트에 더 많은 지식을 습득하면 지식이 아키텍처로 전달되고 새로운 경계를 결정할 수 있다. 일반적으로 마이크로서비스의 올바른 경계를 찾는 것은 진화 과정이다.

중요한 사항은 다음과 같다.

- 느슨한 결합 및 높은 응집력은 모든 프로그래밍 및 아키텍처를 결정할 때 기본이 된다. 시스템이 느슨하게 결합됐다면 한 부분의 변경은 다른 부분의 변경이 필요없다.

- 바운드 컨텍스트는 특정 비즈니스 기능을 나타내는 자율 비즈니스 모듈을 나타낸다.

"나머지 도메인에 어떤 기능을 제공하고 있을까?"라고 항상 생각해라.

가시성 및 모니터링 필요성 증가

마이크로서비스를 사용하면 하나의 애플리케이션이 여러 마이크로서비스로 분할된다. 여러 마이크로서비스 및 비동기 이벤트 기반 협업과 관련된 복잡성을 극복하려면 가시성을 높여야 한다. 높은 가시성을 보장하려면 각 마이크로서비스를 모니터링해야 한다. 마이크로서비스의 자동화된 상태 관리가 중요해진다. 문제를 디버깅하려면 여러 마이크로서비스에서 발생하는 상황에 관한 통찰력이 필요하다. 다른 마이크로서비스의 로그와 메트릭을 집계하는 중앙 집중식 로깅이 일반적으로 사용된다. 상관관계 ID와 같은 메커니즘을 사용해 문제를 격리하고 디버그해야 한다.

내결함성 증가

쇼핑 애플리케이션을 구축한다고 가정해보자. 권장 마이크로서비스가 다운되면 어떻게 될까? 애플리케이션은 어떻게 반응할까? 완전히 충돌할까? 아니면 고객이 쇼핑을 계속할 수 있게 할까? 마이크로서비스 아키텍처를 채택할 때 이러한 상황은 더 자주 발생한다.

서비스를 작게 만들면 서비스가 중단될 가능성이 높아진다. 따라서 애플리케이션이 다운되는 상황에 어떻게 반응하는지는 중요한 문제다. 이전 예에서 내결함성 애플리케이션은 고객이 쇼핑하는 동안 몇 가지 기본 권장 사항을 표시한다.

마이크로서비스 아키텍처로 전환함에 따라 애플리케이션은 내결함성이 있어야 한다. 서비스가 중단되면 애플리케이션에서 톤-다운 동작을 제공해야 한다.

마이크로서비스 간 일관성 유지

조직의 마이크로서비스 간에 일관성을 유지해야 한다. 마이크로서비스 간의 일관성은 조직 전체에서 유사한 개발, 테스트, 릴리스, 배포 및 운영 프로세스를 가능하게 한다. 서로 다른 개발자와 테스터가 여러 팀으로 이동할 때 생산성을 높일 수 있다. 너무 엄격하지 않고 한계 안에서 어느 정도의 유연성이 있어야 혁신에 도움이 된다.

표준화된 공유 기능 구축(엔터프라이즈 레벨)

엔터프라이즈 레벨에서 표준화해야 하는 몇 가지 기능을 살펴보자.

- **하드웨어**: 어떤 하드웨어를 사용하는가? 클라우드를 사용하는가?
- **코드 관리**: 어떤 버전 관리 시스템을 사용하는가? 분기 및 커밋 코드의 관행은 무엇인가?
- **구축 및 배포**: 어떻게 구축할까? 배포를 자동화하려면 어떤 도구를 사용하는가?
- **데이터 레파지토리**: 어떤 종류의 데이터 레파지토리를 사용하는가?
- **서비스 오케스트레이션**orchestration: 서비스를 어떻게 조율하는가? 어떤 종류의 메시지 브로커를 사용하는가?
- **시큐리티 및 ID**: 사용자 및 서비스를 인증하고 승인하는 방법은 무엇인가?
- **시스템 가시성 및 모니터링**: 서비스를 어떻게 모니터링하는가? 시스템 전체에서 결함 격리를 어떻게 제공하는가?

운영팀의 필요성 증가

마이크로서비스 세계로 이동함에 따라 운영팀의 책임에는 뚜렷한 변화가 있다. 릴리스 및 배포 실행과 같은 수동 작업에서 자동화를 확인하는 것으로 옮겨간다. 여러 마이크로서비스와 시스템의 여러 부분에서 통신이 증가함에 따라 운영팀이 중요해졌다. 운영팀을 좀더 쉽게 운영려면 솔루션을 식별할 수 있도록 초기 단계의 팀원을 운영에 포함시켜야 한다.

▌ 클라우드 네이티브 애플리케이션

클라우드로 세상이 혼란스럽다. 이전에는 불가능했던 많은 가능성들이 나타났다. 조직은 필요에 따라 컴퓨팅, 네트워크 및 스토리지 장치를 프로비저닝 할 수 있다. 여러 산업에서 비용을 절감할 수 있는 가능성이 높아졌다.

수요가 많은 소매업(블랙프라이데이, 연말연시 등)을 고려해보자. 필요할 때마다 프로비저닝할 수 있는 하드웨어 비용을 1년 내내 지불해야 하는 이유는 무엇일까?

클라우드의 가능성으로부터 이익을 얻고 싶지만 이러한 가능성은 아키텍처와 애플리케이션의 특성에 따라 제한된다.

클라우드에 쉽게 배포할 수 있는 애플리케이션을 어떻게 구축할까? 클라우드 네이티브 애플리케이션이 등장한 이유가 바로 이것이다.

클라우드 네이티브 애플리케이션은 클라우드에 쉽게 배포할 수 있는 애플리케이션이다. 애플리케이션에 몇 가지 공통된 특징이 있는데 먼저 클라우드 네이티브 애플리케이션 간의 일반적인 패턴이 결합된 12 팩터 앱을 살펴보자.

12 팩터 앱이란 무엇일까?

12 팩터Twelve-Factor앱은 헤로쿠Heroku의 엔지니어 경험에서 발전했다. 클라우드 네이티브 애플리케이션 아키텍처에서 사용되는 패턴 리스트다.

여기서 앱은 배포 가능한 단일 유닛을 나타낸다. 기본적으로 모든 마이크로서비스는 앱이다(각 마이크로서비스는 독립적으로 배포할 수 있기 때문이다). 12가지 요소를 하나씩 살펴보자.

하나의 코드 베이스 유지

각 앱은 버전 관리에 하나의 코드 베이스가 있다. 앱을 배포할 수 있는 여러 환경이 있지만 모든 환경은 단일 코드 베이스의 코드를 사용한다. 가령 안티 패턴antipattern은 멀티 코드 베이스에 단일 배포하고 빌드한다.

 안티 패턴은 디자인 패턴과 반대다. 안티 패턴은 나쁜 습관이므로 가능하면 피해야 한다.

명시적 의존 관계 선언

모든 의존 관계는 명시적으로 선언하고 분리돼야 한다. 의존 관계는 쉽게 구성하고 변경할 수 있다. 일반적인 자바 애플리케이션은 메이븐, 그래들과 같은 빌드 관리 도구를 사용해 의존 관계를 격리하고 추적한다.

메이븐으로 의존 관계를 관리하는 일반적인 자바 애플리케이션을 살펴보자.

자바 애플리케이션의 의존 관계가 관리되는 pom.xml을 보여주는 그림이다.

```xml
mastering-spring-chapter-3/pom.xml ⊠
42          </dependency>
43
44⊖         <dependency>
45              <groupId>org.springframework.security</groupId>
46              <artifactId>spring-security-web</artifactId>
47              <version>4.0.1.RELEASE</version>
48          </dependency>
49
50⊖         <dependency>
51              <groupId>org.springframework.security</groupId>
52              <artifactId>spring-security-config</artifactId>
53              <version>4.0.1.RELEASE</version>
54          </dependency>
55
56⊖         <dependency>
57              <groupId>org.hibernate</groupId>
58              <artifactId>hibernate-validator</artifactId>
59              <version>5.0.2.Final</version>
60          </dependency>
61
62⊖         <dependency>
63              <groupId>org.webjars</groupId>
64              <artifactId>bootstrap</artifactId>
65              <version>3.3.6</version>
66          </dependency>
67
68⊖         <dependency>
69              <groupId>org.webjars</groupId>
70              <artifactId>jquery</artifactId>
71              <version>1.9.1</version>
72          </dependency>
```

환경 설정

모든 애플리케이션은 환경마다 설정이 다르다. 설정은 여러 위치에서 확인할 수 있다. 예로는 애플리케이션 코드, 특성 파일, 데이터베이스, 환경 변수, JNDI와 시스템 변수를 들 수 있다.

12 팩터 앱은 환경 설정을 저장해야 한다. 12 팩터 앱에서 설정을 관리하기 위해 환경 변수를 권장하지만 더 복잡한 시스템에서는 애플리케이션 구성을 위한 중앙 집중식 레파지토리와 같은 다른 대안을 고려해야 한다.

사용된 메커니즘에 관계없이 다음 사항을 수행하는 것이 좋다.
- 애플리케이션 코드 외부에서 설정 관리(애플리케이션의 배포 유닛과 무관)
- 표준화된 설정 방식 사용

모든 의존 관계는 백엔드 서비스로 취급된다

백엔드 서비스는 애플리케이션이 네트워크를 통해 외부 애플리케이션, 외부 데이터베이스나 전자 메일 서버를 통해 액세스하는 모든 서비스를 말한다.

애플리케이션은 로컬 서비스와 백엔드 서비스를 구분해서는 안 된다.

애플리케이션은 느슨하게 연결돼 로컬 서비스에서 외부 서비스로 쉽게 전환할 수 있다.

빌드, 릴리스, 실행 단계를 명확하게 분리한다

빌드, 릴리스, 실행 단계는 다음과 같으며 세 단계를 명확하게 구분해야 한다.

- **빌드**: 코드에서 실행 가능한 번들(EAR, WAR, JAR)과 여러 환경에 배포할 수 있는 의존 관계를 만든다.
- **릴리스**: 실행 가능한 번들을 특정 환경 설정과 결합해 배포한다.

- **실행**: 특정 릴리스를 사용해 실행 환경에서 앱을 실행한다.

빌드와 릴리스 단계는 다음 그림에서 강조 표시된다.

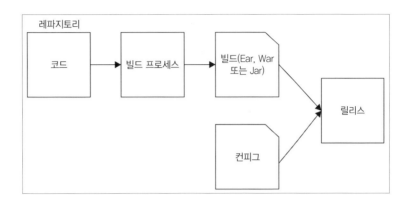

안티 패턴은 각 환경에 따라 별도의 실행 가능한 번들을 구축한다.

애플리케이션은 상태를 저장하지 않는다 – 무상태

12 팩터 앱에는 상태가 없다. 필요한 모든 데이터는 영구 레파지토리에 저장된다. 안티 패턴은 고정 세션이다.

모든 서비스는 포트 바인딩으로 노출된다

12 팩터 앱은 포트 바인딩을 사용해 모든 서비스를 제공한다. 서비스를 노출하는 다른 메커니즘을 가질 수 있지만 구현에 따라 메커니즘이 다르다. 포트 바인딩은 앱 배포 위치에 상관없이 메시지 수신과 처리를 완벽하게 제어한다.

수평 확장 가능성 – 동시성

12 팩터 앱은 수평 확장으로 더 많은 동시성을 달성할 수 있다. 수직 확장에는 한계가 있다. 수평 확장은 제한없이 확장할 수 있는 기회를 제공한다.

각 애플리케이션 인스턴스는 일회용이다

12 팩터 앱은 탄력적인 확장을 촉진해야 하므로 일회용이어야 한다. 필요할 때 시작하고 중지할 수 있어야 한다. 12 팩터 앱은 다음을 수행해야 한다.

- 최소 시작 시간이 있어야 한다. 시작 시간이 길다는 것은 애플리케이션이 요청을 처리하기 전 시간이 오래 걸린다는 의미다.
- 정상적으로 종료해야 한다.
- 하드웨어 오류를 정상적으로 처리해야 한다.

환경 평가 – 모든 환경이 같아야 한다

개발, 테스트, 스테이징, 프로덕션과 같은 모든 환경은 유사해야 한다. 같은 프로세스와 도구를 사용해야 한다. 지속적인 배포에서는 비슷한 코드를 자주 사용해야 한다. 이를 통해 문제를 쉽게 찾고 수정할 수 있다.

모든 로그를 이벤트 스트림으로 취급한다

가시성은 12 팩터 앱에 중요하다. 애플리케이션은 클라우드에 배포되고 자동으로 확장되므로 여러 애플리케이션 인스턴스에서 발생하는 상황을 중앙에서 볼 수 있어야 한다. 모든 로그를 스트림으로 처리하면서 보거나 보관하기 위해 로그 스트림을 다른 대상으로 라우팅할 수 있다. 스트림을 사용해 문제를 디버깅하고 분석을 수행하며 오류 패턴을 기반으로 경고 시스템을 만들 수 있다.

관리자 프로세스에 구별이 없다

12 팩터 앱은 일반적인 애플리케이션 프로세스와 유사한 방식으로 관리 작업(마이그레이션, 스크립트 등)을 처리한다.

클라우드 네이티브 애플리케이션 대표적인 사례(12 팩터 앱의 12가지 특성)를 살펴봤다. 다음은 클라우드 네이티브 애플리케이션을 구축하는 데 도움이 되는 스프링 프로젝트 중 일부를 알아본다.

마이크로서비스를 위한 스프링 프로젝트

세계가 클라우드 네이티브 애플리케이션 및 마이크로서비스로 옮겨가고 있기 때문에 스프링 프로젝트는 크게 뒤쳐지지 않았다. 최신 문제를 해결하는 여러 가지 새로운 스프링 프로젝트(스프링 부트 및 스프링 클라우드)가 있다.

스프링 부트

10장에서 스프링 부트를 광범위하게 살펴봤다. 여기서는 마이크로서비스 아키텍처에서 스프링 부트가 수행하는 주요 역할을 강조한다.

모놀리식 시대에는 애플리케이션을 위한 프레임워크를 설정하는 데 시간이 많이 걸렸다. 그러나 마이크로서비스 시대에는 개별 구성요소를 더 빨리 만들길 원한다. 스프링 부트 프로젝트는 이 문제를 해결하는 것이 목표다.

 공식 웹 사이트에서 볼 수 있듯이 스프링 부트를 사용하면 바로 실행할 수 있는 독립실행형 프로덕션 등급의 스프링 기반 애플리케이션을 쉽게 만들 수 있다. 최소한의 설정으로 스프링 플랫폼과 서드 파티(third-party) 라이브러리를 사용해 시작할 수 있다.

스프링 부트의 목표는 기본적으로 최소한의 설정으로 스프링 기반 프로젝트를 개발할 수 있게 하는 것이다.

스프링 클라우드 시작하기

스프링 클라우드는 시스템을 구축할 때 일반적으로 발생하는 몇 가지 패턴의 솔루션을 클라우드에서 제공하고자 한다.

- **구성 관리**: '12 팩터 앱이란 무엇일까' 에서 설명한 것처럼 구성 관리는 클라우드 애플리케이션 개발의 중요한 부분이다. 스프링 클라우드는 마이크로서비스를 위한 중앙 집중식 구성 관리 솔루션인 스프링 클라우드 컨피그를 제공한다.
- **서비스 디스커버리**: 서비스 디스커버리는 서비스 간 느슨한 연결을 촉진한다. 스프링 클라우드는 유레카, 주키퍼, 콘솔과 같이 인기있는 서비스 디스커버리 옵션과 통합된다.
- **서킷 브레이커**: 클라우드 네이티브 애플리케이션은 내결함성이 있어야 하고, 서비스를 정상적으로 지원하지 못하는 문제를 처리할 수 있어야 한다. 서킷 브레이커는 장애 발생 시 최소한의 기본 서비스를 제공하는 데 중요한 역할을 한다. 스프링 클라우드는 넷플릭스 히스트릭스 내결함성 라이브러리와의 통합을 제공한다.
- **API 게이트웨이**: API 게이트웨이는 중앙 집중식 집계, 라우팅, 캐싱 서비스를 제공한다. 스프링 클라우드는 API 게이트웨이 라이브러리인 넷플릭스 주울^{Zuul}과의 통합을 제공한다.

스프링 클라우드는 단일 프로젝트가 아니다. 클라우드에 배포된 애플리케이션과 관련된 문제를 해결하기 위한 하위 프로젝트 그룹이다.

중요한 스프링 클라우드 하위 프로젝트는 다음과 같다.

- **스프링 클라우드 넷플릭스**$^{Spring\ Cloud\ Netflix}$: 넷플릭스는 마이크로서비스 아키텍처의 초기 채택자 중 하나다. 많은 내부 넷플릭스 프로젝트가 스프링 클라우드 넷플릭스의 범위의 오픈소스로 제공됐다. 유레카, 히스트릭스^{Hystrix}와 주울을 예로 들 수 있다.

- **스프링 클라우드 컨피그**Spring Cloud Config: 다양한 환경의 여러 마이크로서비스에서 중앙 집중식 외부 구성이 가능하다.
- **스프링 클라우드 버스**Spring Cloud Bus: 간단한 메시지 브로커와 마이크로서비스 통합을 보다 쉽게 구축할 수 있다.
- **스프링 클라우드 슬러시**Spring Cloud Sleuth: 제프킨Zipkin과 함께 분산 추적 솔루션을 제공한다.
- **스프링 클라우드 데이터 플로우**Spring Cloud Data Flow: 마이크로서비스 애플리케이션을 중심으로 오케스트레이션을 구축하는 기능을 제공한다. DSL, GUI, REST API를 제공한다.
- **스프링 클라우드 스트림**Spring Cloud Stream: 스프링 기반(및 스프링 부트 기반) 애플리케이션을 아파치 카프카나 RabbitMQ와 같은 메시지 브로커와 통합하기 위해 간단한 선언적 프레임워크를 제공한다.

스프링 클라우드 범주의 모든 프로젝트에 공통적으로 적용되는 사항은 다음과 같다.

- 클라우드에서 애플리케이션을 개발할 때 발생하는 몇 가지 문제를 해결한다.
- 스프링 부트와의 훌륭한 통합을 제공한다.
- 일반적으로 간단한 어노테이션으로 구성된다.
- 자동 설정을 광범위하게 사용한다.

스프링 클라우드 프로젝트를 심층적으로 살펴보자.

스프링 클라우드 넷플릭스

넷플릭스는 모놀리식에서 마이크로서비스 아키텍처로 전환을 시작한 최초의 조직 중 하나다. 넷플릭스는 경험을 문서화하는 데 매우 개방적이어서 내부 넷플릭스 프레임워크 중 일부는 스프링 클라우드 넷플릭스 범주의 오픈소스로 제공한다. 스프링 클라우드 넷플릭스의 중요한 프로젝트 중 일부는 다음과 같다.

- **유레카**: 마이크로서비스를 위한 서비스 등록과 검색 기능을 제공한다.
- **히스트릭스**: 서킷 브레이커를 통해 내결함성 마이크로서비스를 구축하는 기능으로 대시 보드를 제공한다.
- **페인**^{Feign}: 선언적 REST 클라이언트를 사용하면 JAX-RS와 스프링 MVC로 생성된 서비스를 쉽게 호출할 수 있다.
- **리본**^{Ribbon}: 클라이언트 측 로드 밸런싱 기능을 제공한다.
- **주울**: 라우팅, 필터링, 인증, 시큐리티와 같은 일반적인 API 게이트웨이 기능을 제공한다. 사용자 지정 규칙과 필터를 사용해 확장할 수 있다.

▌ 요약

11장에서는 모놀리식 애플리케이션의 문제점과 아키텍처가 마이크로서비스로 진화하는 방식을 설명했다. 마이크로서비스 아키텍처를 채택한 조직은 마이크로서비스팀의 혁신 기능에 영향을 미치지 않으면서 마이크로서비스의 일관성에 어려운 결정을 내려야 한다. 애플리케이션이 작을수록 더 많은 빌드, 릴리스와 배포가 필요한데 보통 더 많은 자동화를 사용해 해결한다. 마이크로서비스 아키텍처는 다수의 더 작고 세분화된 서비스를 기반으로 구축돼 서비스의 구성 및 가용성 관리와 관련된 문제가 있다. 애플리케이션의 분산 특성으로 인해 디버깅 문제가 더욱 어려워진다.

마이크로서비스 아키텍처의 최대 이점을 활용하려면 마이크로서비스가 클라우드 기반이어야 하며 클라우드에 쉽게 배포할 수 있어야 한다. 일반적으로 클라우드 네이티브 애플리케이션에서 모범 사례로 간주되는 패턴인 12 팩터 앱의 특성을 알아봤다.

스프링 클라우드가 클라우드용 애플리케이션을 구축할 때 일반적으로 발생하는 패턴(구성, 서비스 등록, 서비스 검색, 로드 밸런싱, 내결함성, API 게이트웨이 및 마이크로서비스의 분산 추적 관리)에 제공하는 솔루션을 논의했다.

12장에서는 논의한 모든 문제에 관한 해결책을 구현해본다.

12

스프링 부트와 스프링 클라우드로 마이크로서비스 구축하기

11장에서는 마이크로서비스를 소개했다. 12장에서는 스프링 클라우드 산하 프로젝트를 사용해 마이크로서비스를 구현할 것이다. 먼저 구축할 마이크로서비스의 개요를 살펴보며 시작한다.

스프링 클라우드 컨피그로 마이크로서비스 구성을 관리하는 방법을 살펴본다. 스프링 클라우드 버스를 사용해 마이크로서비스를 RabbitMQ와 같은 경량 메시지 브로커와 연결하고, 모든 마이크로서비스에 자동으로 구성 변경사항을 전달하는 방법을 이해한다.

그런 다음 립본^{Ribbon}으로 마이크로서비스에 대한 클라이언트-사이드 로드 밸런싱을 구현하고, 네임 서버가 필요한지 살펴보고 유레카를 사용해 네임 서버를 구현한다. 이어 API 게이트웨이인 주울로 마이크로서비스의 가장 일반적인 기능 중 하나인 로깅을 구현한다.

마지막으로 스프링 클라우드 슬루스^{Sleuth}와 집킨^{Zipkin}을 사용해 분산 추적을 구현하는 방법과 히스트릭스를 사용해 마이크로서비스 내결함성을 만드는 방법을 알아본다.

마이크로서비스와 함께 흥미로운 여정을 시작해보자.

▌ 기술적 요구사항

12장의 요구사항은 다음과 같다.

- 선호하는 IDE, 이클립스
- 자바 8+
- 메이븐 3.x
- 인터넷 연결

12장의 깃허브 링크는 다음과 같다.

https://github.com/PacktPublishing/Mastering-Spring-5.1/tree/master/Chapter12

▌ 마이크로서비스

마이크로서비스 개념을 더 잘 이해하기 위해 예제 중심 접근 방식을 사용한다.

서로 대화하는 두 개의 마이크로서비스, 즉 마이크로서비스A와 서비스 소비자를 구축해보자. 마이크로서비스A는 서비스 소비자 마이크로서비스가 소비하는 난수 서비스를 노출한다.

마이크로서비스 각각의 세부사항은 다음과 같다.

- **마이크로서비스A**: 두 개의 서비스를 제공하는 간단한 마이크로서비스다. 하나는 구성 파일에서 메시지를 검색하고 다른 하나는 5개의 난수 리스트를 제공하는 임의의 랜덤 서비스다.
- **서비스 소비자 마이크로서비스**: 간단한 계산 서비스를 제공하는 단순한 마이크로서비스로 'add 서비스'라고 한다. add 서비스는 마이크로서비스A의 랜덤 서비스를 사용하고 숫자를 추가한다.

다음 그림은 마이크로서비스와 노출된 서비스 간의 관계를 보여준다.

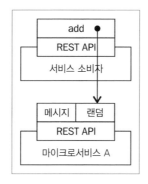

마이크로서비스 예제를 설정해 시작한다. 스프링 이니셜라이저를 사용해 신속하게 설정한다.

마이크로서비스A 설정

스프링 이니셜라이저(https://start.spring.io)를 사용해 마이크로서비스A를 시작해보자. 여기에는 다음 절에서 설명하는 두 단계가 포함된다.

1단계 - 스프링 이니셜라이저로 마이크로서비스A 초기화하기

다음 그림과 같이 그룹Id, 아티팩트Id, 프레임워크를 선택한다.

프로젝트를 메이븐 프로젝트로 IDE에 가져온 후 application.properties에서 애플리케이션의 이름을 설정한다.

```
spring.application.name=microservice-a
```

2단계 – 마이크로서비스A에서 랜덤 목록 서비스 만들기

5개의 난수를 반환하는 간단한 서비스를 만들려고 한다. 서비스의 응답 예는 다음과 같다.

```
[5,6,6,4,992]
```

5개의 난수 목록을 리턴하도록 RESTful 제어기를 쉽게 빌드할 수 있게 한다. 다음 코드는 구현 세부사항을 보여준다.

```
@RestController
public class RandomNumberController {

    private Log log =
```

```
        LogFactory.getLog(RandomNumberController.class);

    @RequestMapping("/random")
    public List<Integer> random() {

      List<Integer> numbers = new ArrayList< >();

      for (int i = 1; i <= 5; i++) {
        numbers.add(generateRandomNumber());
      }

      log.info("Returning " + numbers);

      return numbers;
    }

    private int generateRandomNumber() {
      return (int) (Math.random() * 1000);
    }
}
```

- @RequestMapping("/random") public List<Integer> random(): 난수 리스트를 반환하는 랜덤 서비스다.
- private int generateRandomNumber() {: 0에서 1000사이의 난수를 생성한다.

다음 코드는 http://localhost:8080/random에 있는 서비스의 샘플 응답을 보여준다.

```
[666,257,306,204,992]
```

서비스 소비자 마이크로서비스 구축하기

서비스 소비자 마이크로서비스 설정을 시작한다. 그림과 같이 스프링 이니셜라이저(https://start.spring.io)를 사용해 마이크로서비스를 초기화한다.

코드에 표시된 대로 application.properties를 구성한다.

```
spring.application.name=service-consumer
server.port=8100
```

포트 8100을 사용해 서비스 소비자 애플리케이션을 실행하고 애플리케이션의 이름을
설정한다.

마이크로서비스A에서 랜덤 목록 서비스를 소비하는 메소드 만들기

서비스 소비자 마이크로서비스가 랜덤 리스트 서비스인 마이크로서비스A에서 노출된
서비스를 호출하기를 원한다. 서비스 소비자에서 구현할 비즈니스 로직은 마이크로서
비스A에서 반환된 난수 목록을 가져 와서 합산하는 것이다.

RestTemplate을 사용한 간단한 구현은 다음과 같다.

```
@RestController
public class NumberAdderController {
    private Log log = LogFactory.getLog(NumberAdderController.class);
```

```
@Value("${number.service.url}")
private String numberServiceUrl;

@RequestMapping("/add")
public Long add() {
   long sum = 0;

   ResponseEntity<Integer[]> responseEntity
                   = new RestTemplate()
                           .getForEntity(numberServiceUrl, Integer[].class);

   Integer[] numbers = responseEntity.getBody();

   for (int number : numbers) {
      sum += number;
   }

   log.warn("Returning " + sum);

   return sum;
   }
}
```

- @Value("${number.service.url}") private String numberServiceUrl: 애플리케이션 속성에서 숫자 서비스 URL을 구성할 수 있게 한다.
- @RequestMapping("/add") public Long add(): URI에서 서비스, 즉 /add를 노출한다. add 메소드는 RestTemplate을 사용해 숫자 서비스를 호출하고 응답에 리턴되는 숫자를 합산하는 로직을 가진다.

다음 코드에 표시된 대로 application.properties를 구성한다.

```
spring.application.name=service-consumer
server.port=8100
number.service.url=http://localhost:8080/random
```

- spring.application.name=service-consumer: 스프링 부트 애플리케이션 서버의 이름을 설정한다.
- server.port=8100: 8100을 서비스 소비자 포트로 사용한다.
- service.url=http://localhost: 8080/random: add 서비스에 사용하기 위한 번호 서비스 URL을 설정한다.

서비스 소비자 마이크로서비스 테스트

http://localhost:8100/add URL에서 서비스가 호출되면 다음 응답이 리턴된다.

```
2890
```

다음은 마이크로서비스A 로그에서 추출한 것이다.

```
c.m.s.c.c.RandomNumberController : Returning [752, 119, 493, 871, 445]
```

로그는 마이크로서비스A의 랜덤 서비스가 5개의 숫자를 반환했음을 보여준다. 서비스 소비자의 add 서비스를 추가해 2,890의 결과를 리턴했다.

이제 마이크로서비스 예제가 준비됐다. 다음 단계에서는 이러한 마이크로서비스에 클라우드 네이티브 기능을 추가해보자.

다른 마이크로서비스에 사용되는 포트 표준화

12장에서는 6개의 서로 다른 마이크로서비스 애플리케이션과 구성요소를 만든다. 일을 단순하게 유지하기 위해 특정 애플리케이션에 특정 포트를 사용한다.

12장에서 만든 여러 애플리케이션에서 사용하기 위해 예약할 포트를 표로 정리했다.

마이크로서비스 구성요소	사용된 포트
마이크로서비스A	8080과 8081
서비스 소비자 마이크로서비스	8100
컨피그 서버(스프링 클라우드 컨피그)	8888
유레카 서버(네임 서버)	8761
주울 API 게이트웨이 서버	8765
집킨 분산 추적 서버	9411

두 개의 마이크로서비스가 준비됐다. 마이크로서비스를 클라우드로 활성화해보자.

▌ 스프링 부트와 스프링 클라우드 권장 버전 사용

마이크로서비스의 세계는 여전히 비교적 새롭고 지속적으로 발전하고 있다. 12장의 모든 예제는 다음 버전으로 테스트됐다. 문제가 있다면 다음 버전을 사용해보자.

- **스프링 부트**: 2.1.1. 릴리스
- **스프링 클라우드**: 그리니치 .RC2

다음 코드는 pom.xml에서 적용한 사례다.

```
<parent>
<groupId>org.springframework.boot</groupId>
  <artifactId>spring-boot-starter-parent</artifactId>
  <version>2.1.1.RELEASE</version>
  <relativePath/> <!-- lookup parent from repository -->
</parent>

<dependencyManagement>
<dependencies>
    <dependency>
      <groupId>org.springframework.cloud</groupId>
```

```
        <artifactId>spring-cloud-dependencies</artifactId>
        <version>Greenwich.RC2</version>
        <type>pom</type>
        <scope>import</scope>
    </dependency>
</dependencies>
</dependencyManagement>
```

▍중앙 집중식 마이크로서비스 구성

스프링 클라우드 컨피그는 마이크로서비스 구성을 외부화하기 위한 솔루션을 제공한다. 필요성을 이해해보자.

문제 기술

마이크로서비스 아키텍처에서 일반적으로 큰 모놀리식 애플리케이션 세트 대신 서로 상호 작용하는 작은 마이크로서비스를 많이 갖고 있다. 각 마이크로서비스는 개발, 테스팅, 로드 테스트, 스테이징, 프로덕션과 같은 여러 환경에 배포된다. 또한 서로 다른 환경에 여러 마이크로서비스 인스턴스가 있다.

예를 들어 특정 마이크로서비스가 과부하를 처리할 수 있다. 프로덕션에서 해당 마이크로서비스에 관한 여러 프로덕션 인스턴스가 있다.

애플리케이션을 구성할 때는 다음 항목들이 포함된다.

- **데이터베이스 구성**: 데이터베이스에 연결하는 데 필요한 세부 정보
- **메시지 브로커 구성**: AMQP나 유사한 리소스에 연결하는 데 필요한 구성
- **외부 서비스 구성**: 마이크로서비스에 필요한 기타 서비스
- **마이크로서비스 구성**: 마이크로서비스의 비즈니스 로직과 관련된 일반적인 구성

마이크로서비스의 인스턴스마다 서로 다른 데이터베이스와 다른 외부 서비스 등으로 자신만의 구성을 가질 수 있다. 예를 들어 마이크로서비스가 5개의 환경에 배포되고 각 환경에 4개의 인스턴스가 있는 경우 마이크로서비스는 총 20개의 서로 다른 구성을 가질 수 있다.

다음 그림은 마이크로서비스A에 필요한 일반적인 구성을 보여준다. 개발 중인 인스턴스 2개, QA의 인스턴스 3개, 스테이지 인스턴스 1개와 운영 인스턴스 4개를 살펴볼 수 있다.

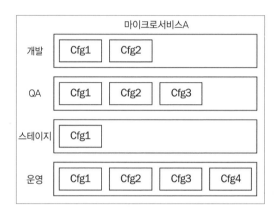

솔루션

다른 마이크로서비스에 관한 구성을 별도로 유지하면 운영팀이 어려워질 수 있다. 다음 그림에 표시된 대로 솔루션은 중앙 집중식 컨피그 서버를 만드는 것이다.

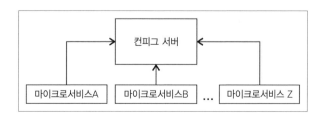

중앙 집중식 컨피그 서버는 서로 다른 모든 마이크로서비스에 속한 모든 구성을 보유한다. 이렇게 하면 배포 가능한 애플리케이션과는 별도로 구성을 유지할 수 있다.

서로 다른 환경에서 동일한 배포(EAR와 WAR)를 사용할 수 있으나 중앙 집중식 컨피그 서버에 모든 구성(환경에 따라 다름)이 저장된다.

중요한 점은 환경마다 다른 중앙 집중식 컨피그 서버 인스턴스가 있는지 여부를 결정하는 것이다. 일반적으로 프로덕션 구성에 관한 액세스가 다른 환경에 비해 더 제한적이길 원한다. 최소한 프로덕션에는 별도의 중앙 집중식 컨피그 서버를 사용해야 한다. 다른 환경은 하나의 컨피그 서버 인스턴스를 공유할 수 있다.

옵션

다음 그림은 클라우드 컨피그 서버용 SPRING INIITIALIZR에서 제공되는 옵션을 보여준다.

Cloud Config

☐ **Config Client**
spring-cloud-config Client

☐ **Config Server**
Central management for configuration via a git or svn backend

☐ **Zookeeper Configuration**
Configuration management with Zookeeper and spring-cloud-zookeeper-config

☐ **Consul Configuration**
Configuration management with Hashicorp Consul

12장에서는 스프링 클라우드 컨피그를 사용해 클라우드 컨피그 서버를 구성한다. 주키퍼와 콘솔이 좋은 대안이지만 가장 인기있는 옵션은 스프링 클라우드 컨피그다.

스프링 클라우드 컨피그

스프링 클라우드 컨피그는 중앙 집중식 마이크로서비스 구성을 지원한다. 두 가지 중요한 구성요소의 조합이다.

- **스프링 클라우드 컨피그 서버**: 버전 관리 레파지토리(GIT 또는 하위 버전)에 의해 백업 된 중앙 집중식 구성 노출을 지원한다.
- **스프링 클라우드 컨피그 클라이언트**: 애플리케이션이 스프링 클라우드 컨피그 서버에 연결하도록 지원한다.

다음 그림은 스프링 클라우드 컨피그를 사용하는 일반적인 마이크로서비스 아키텍처를 보여준다. 여러 마이크로서비스 구성은 단일 깃GIT 레파지토리에 저장된다.

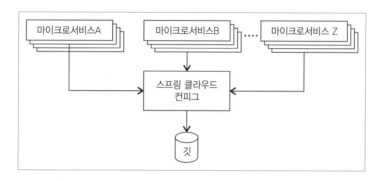

스프링 클라우드 컨피그 서버 구현

스프링 클라우드 컨피그를 통해 마이크로서비스A와 서비스 소비자의 업데이트된 구현을 그림으로 나타냈다. 그림에서는 로컬 깃 레파지토리에서 구성을 검색하기 위해 마이크로서비스A를 스프링 클라우드 컨피그와 통합한다.

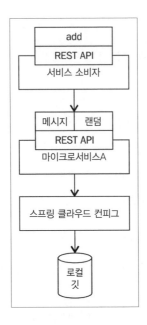

스프링 클라우드 컨피그를 구현하려면 다음 단계가 필요하다.

1. 클라우드 컨피그 서버를 설정한다.
2. 마이크로서비스A에 서비스를 새로 만들어 애플리케이션 구성의 일부 정보를 리턴한다. 서비스로 스프링 클라우드 컨피그 서버에서 구성을 선택할 수 있는 지 테스트한다.
3. 로컬 깃 레파지토리를 설정하고 스프링 클라우드 컨피그 서버에 연결한다.
4. 스프링 클라우드 컨피그 클라이언트를 사용해 클라우드 컨피그 서버의 구성을 사용하도록 마이크로서비스A를 업데이트한다.

스프링 클라우드 컨피그 서버 설정

스프링 이니셜라이저(http://start.spring.io)를 사용해 클라우드 컨피그 서버를 설정해보자. 다음 그림은 선택할 그룹Id와 아티펙트Id를 보여준다. 컨피그 서버를 의존 관계로 선택했는지 확인하자.

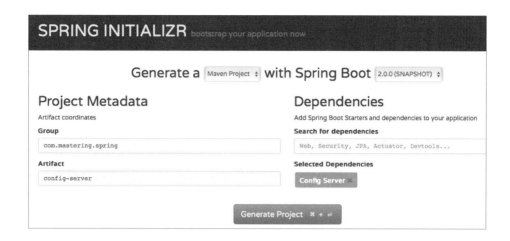

기존 애플리케이션에 컨피그 서버를 추가하려면 여기에 표시된 의존 관계를 사용한다.

```
<dependency>
    <groupId>org.springframework.cloud</groupId>
    <artifactId>spring-cloud-config-server</artifactId>
</dependency>
```

프로젝트가 생성되면 첫 번째 단계로 EnableConfigServer 어노테이션을 추가한다. 다음 코드는 ConfigServerApplication에 추가된 어노테이션을 보여준다.

```
@EnableConfigServer
@SpringBootApplication
public class ConfigServerApplication {
```

컨피그 서버를 시작하기 전에 마이크로서비스A에서 테스트 서비스를 만들어 애플리케이션 구성에서 메시지를 반환한다.

애플리케이션 구성에서 메시지를 반환하기 위해 마이크로서비스A에 서비스 생성하기

애플리케이션 구성, 즉 application.properties에서 간단한 메시지를 반환하는 서비스를 만들어보자.

4장, '스프링 부트 시작'에서 @ConfigurationProperties를 배웠다. message 하나의 속성으로 간단한 애플리케이션 구성을 만들어보자.

```java
@Component
@ConfigurationProperties("application")
public class ApplicationConfiguration {

    private String message;

    public String getMessage() {
      return message;
    }

    public void setMessage(String message) {
      this.message = message;
    }
}
```

주목해야 할 몇 가지 중요한 사항은 다음과 같다.

- @ConfigurationProperties("application"): application.properties를 정의하는 클래스를 정의한다.
- private String message: message 하나의 속성을 정의한다. application.message를 키로 사용해 application.properties의 값을 설정할 수 있다.

다음 코드에 표시된 대로 application.properties에서 이전 컴포넌트의 값을 설정할 수 있다.

```
application.message=Default Message
```

- spring.application.name=microservice-a: spring.application.name은 애플리케이션에 이름을 부여하는 데 사용된다.
- application.message=Default Message: application.message의 기본 메시지를 설정한다.

다음 코드에 표시된 대로 메시지를 읽고 리턴하는 컨트롤러를 만들어보자.

```java
@RestController
public class MessageController {

    @Autowired
    private ApplicationConfiguration configuration;

    @RequestMapping("/message")
    public Map<String, String> welcome() {

        Map<String, String> map = new HashMap<String, String>();
        map.put("message", configuration.getMessage());
        return map;
    }
}
```

- @Autowired private ApplicationConfiguration configuration: 구성된 메시지 값을 읽을 수 있도록 ApplicationConfiguration을 자동 연결한다.
- @RequestMapping("/message") public Map<String, String> welcome(): URI/message에 간단한 서비스를 제공한다.
- map.put("message", configuration.getMessage()): 서비스는 하나의 엔트리로 구성된 맵을 리턴한다. 키 메시지가 있으며 ApplicationConfiguration에서 값을 가져온다.

http://localhost:8080/message에서 서비스가 실행되면 다음과 같은 응답이 나타난다.

```
{"message":"Default Message"}
```

스프링 클라우드 컨피그 서버를 로컬 깃 레파지토리에 연결

앞에서 만든 스프링 클라우드 컨피그 서버로 돌아가보자.

클라우드 컨피그 서버가 깃 레파지토리에서 구성을 선택하기를 원한다. 시작하기 위해서는 깃 레파지토리를 설정해야 한다.

> 특정 운영체제용 깃은 https://gitscm.com에서 설치할 수 있다.

다음 명령은 간단한 로컬 깃 레파지토리를 설정하는 데 도움을 준다.

깃을 설치한 후 원하는 디렉토리로 전환하고 터미널이나 명령 프롬프트에서 다음 명령을 실행한다.

```
mkdir git-localconfig-repo
cd git-localconfig-repo
git init
```

깃 레파지토리가 준비됐으므로 깃 레파지토리에 마이크로서비스A의 구성을 추가한다.

다음에 표시된 내용으로 git-localconfig-repo 폴더에 microservice-a.properties라는 파일을 만든다.

```
management.security.enabled=false
application.message=Message From Default Local Git Repository
```

다음 명령을 실행해 microservice-a.properties를 로컬 깃 레파지토리에 추가하고 커밋한다.

```
git add -A
git commit -m "default microservice a properties"
```

로컬 깃 레파지토리가 준비됐으므로 컨피그 서버를 연결해야 한다.

다음과 같이 config-server에서 application.properties를 구성한다.

```
spring.application.name=config-server

server.port=8888

spring.cloud.config.server.git.uri=file:///in28Minutes/Books/MasteringSpring/git-
localconfig-repo

#spring.cloud.config.server.git.uri=file://C:/dev/workspaces/workspace_mastring_spring/
git-localconfig-repo
```

주의해야 할 중요한 사항은 다음과 같다.

- server.port=8888: 컨피그 서버의 포트를 구성한다. 8888은 일반적으로 컨피그 서버에 가장 일반적으로 사용되는 포트다.
- spring.cloud.config.server.git.uri=file:///in28Minutes/Books/MasteringSpring/git-localconfig-repo: 로컬 깃 레파지토리의 URI를 구성한다. 원격 깃 레파지토리에 연결하려면 여기에서 깃 레파지토리의 URI를 구성할 수 있다.
- spring.cloud.config.server.git.uri=file://C:/dev/workspaces/workspace_mastring_spring/git-localconfig-repo: 윈도우의 해당 구성을 보여준다.

서버를 시작하고, http://localhost:8888/microservicea/default URL을 누르면 다음
과 같은 응답이 표시된다.

```json
{
    "name":"microservice-a",
    "profiles":[
      "default"
    ],
    "label":null,
    "version":null,
    "state":null,
    "propertySources":[
      {
        "name":"file:///in28Minutes/Books/MasteringSpring
        /git-localconfig-repo/microservice-a.properties",
        "source":{
          "application.message":"Message From Default
          Local Git Repository"
        }
      }]
}
```

이해해야 할 중요한 사항은 다음과 같다.

- http://localhost:8888/microservice-a/default: URI 포맷은 /{application-name}/{profile}[/{label}]이다. 여기에서 application-name은 microservice-a 이고 프로파일은 default다.
- 기본 프로파일을 사용하고 있으므로 서비스는 microservice-a.properties에서 구성을 반환한다. propertySources>name 필드의 응답에서 볼 수 있다.
- "source":{"application.message":"Message From Default Local Git Repository"}: 응답 내용은 속성 파일의 내용이다.

마이크로서비스A용 개발 환경 특정 구성 생성

개발 환경을 위한 마이크로서비스A의 특정 구성을 만들어보자.

git-localconfig-repo에서 이름이 microservice-a-dev.properties인 새 파일을 여기에 표시된 콘텐츠로 생성한다.

```
application.message=Message From Dev Git Repository
```

다음 명령을 실행해 microservice-a-dev.properties를 로컬 깃 레파지토리에 추가하고 커밋한다.

```
git add -A
git commit -m "dev microservice a properties"
```

http://localhost:8888/microservice-a/dev URL을 누르면 다음과 같은 응답이 표시된다.

```
{
    "name":"microservice-a","profiles":["dev"],
    "label":null,"version":null,"state":null,
    "propertySources":[
    {
      "name":"file:///in28Minutes/Books/MasteringSpring
       /git-localconfig-repo/microservice-a-dev.properties",
      "source":{
"application.message":"Message From Dev Git Repository"
 }
    },
    {
    "name":"file:///in28Minutes/Books/MasteringSpring
      /git-localconfig-repo/microservice-a.properties",
    "source":{
      "application.message":"Message From Default
```

```
    Local Git Repository"
  }}]
}
```

응답에는 `microservice-a-dev.properties`의 개발 구성이 포함된다. 기본 속성 파일(`microservice-a.properties`)의 구성도 반환된다.

`microservice-a-dev.properties`에 구성된 속성(환경 특정 등록 정보)은 `microservice-a.properties`에 구성된 기본값보다 우선순위가 높다.

dev와 마찬가지로, 마이크로서비스A에 대한 별도의 구성을 다양한 환경에 맞게 만들 수 있다. 단일 환경에서 여러 인스턴스가 필요한 경우 태그를 사용해 구별할 수 있다. http://localhost:8888/microservice-a/dev/{tag} 포맷의 URL을 사용해 특정 태그를 기반으로 구성을 검색할 수 있다.

클라우드 컨피그 서버의 마이크로서비스A의 애플리케이션 구성이 준비됐다. 마이크로서비스A를 클라우드 컨피그 서버에 연결하자.

마이크로서비스A를 스프링 클라우드 컨피그 클라이언트로 만들기

마이크로서비스A는 애플리케이션 구성을 검색하기 위해 스프링 클라우드 컨피그 서버와 통신해야 한다. 이제 어떻게 하면 될까?

우선 마이크로서비스A용 스프링 클라우드 컨피그 클라이언트에 관한 의존 관계를 구성해보자. 의존 관계는 다음과 같이 표시된다. 마이크로서비스A의 pom.xml 파일에 다음 코드를 추가한다.

```
<dependency>
    <groupId>org.springframework.cloud</groupId>
    <artifactId>spring-cloud-starter-config</artifactId>
</dependency>
```

스프링 클라우드의 의존 관계는 스프링 부트와 다르게 관리된다. 의존 관계 관리를 사용해 의존 관계를 관리한다. 다음 코드는 모든 스프링 클라우드 의존 관계에 맞는 버전이 사용되도록 한다.

```xml
<dependencyManagement>
    <dependencies>
        <dependency>
            <groupId>org.springframework.cloud</groupId>
            <artifactId>spring-cloud-dependencies</artifactId>
            <version>Greenwich.RELEASE</version>
            <type>pom</type>
            <scope>import</scope>
        </dependency>
    </dependencies>
</dependencyManagement>
```

마이크로서비스A의 `application.properties` 이름을 `bootstrap.properties`로 변경한다.

다음과 같이 구성하자.

```
spring.application.name=microservice-a
spring.cloud.config.uri=http://localhost:8888
```

마이크로서비스A가 컨피그 서버에 연결되기를 원하므로 `spring.cloud.config.uri`를 사용해 컨피그 서버의 URI를 제공한다. 클라우드 컨피그 서버는 마이크로서비스A의 구성을 검색하는 데 사용된다. 따라서 구성은 `bootstrap.properties`에 제공된다.

> ℹ️ **스프링 클라우드 컨텍스트**: 스프링 클라우드는 클라우드에 배포된 스프링 애플리케이션의 몇 가지 중요한 개념을 소개한다. 부트 스트랩 애플리케이션 컨텍스트는 중요한 개념이다. 마이크로서비스 애플리케이션의 상위 컨텍스트다. 외부 구성(예: 스프링 클라우드 컨피그 서버)을 로드하고 구성 파일(외부 및 로컬)의 암호를 해독한다. 부트 스트랩 컨텍스트는 bootstrap.yml나 bootstrap.properties를 사용해 구성된다. 마이크로서비스A가 부트 스트랩에 컨피그 서버를 사용하기 원했기 때문에 마이크로서비스A에서 application.properties라는 이름을 bootstrap.properties로 변경해야 했다.

마이크로서비스A가 다시 시작될 때 로그에서 추출한 내용은 다음과 같다.

```
Fetching config from server at: http://localhost:8888
Located environment: name=microservice-a, profiles=[default],
label=null, version=null, state=null
Located property source: CompositePropertySource
[name='configService', propertySources=[MapPropertySource
[name='file:///in28Minutes/Books/MasteringSpring/git-localconfig
repo/microservice-a.properties']]]
```

마이크로서비스A 서비스는 http://localhost:8888의 스프링 컨피그 서버에서 구성을 사용하고 있다.

다음은 http://localhost:8080/message의 메시지 서비스가 호출될 때의 응답이다.

```
{"message":"Message From Default Local Git Repository"}
```

메시지는 localconfig-repo/microservice-a.properties 파일에서 선택된다.

dev 구성을 선택하기 위해 활성 프로파일을 dev로 설정할 수 있다.

```
spring.profiles.active=dev
```

서비스 소비자 마이크로서비스의 구성은 `localconfig-repo`에 저장하고 스프링 컨피그 서버를 사용해 공개할 수 있다.

이벤트 중심 접근법의 개요

11장, '마이크로서비스 시작'에서 마이크로서비스를 사용해 이벤트 중심 아키텍처로의 전환을 알아봤다. 일반적으로 비동기 통신 패턴은 동기 통신에 비해 확장성이 좋다.

비동기 통신에는 두 가지 접근 방식이 있다.

- JMS API를 사용하는 스프링 JMS
- AMQP(고급 메시지 큐 프로토콜)

JMS API를 이용한 스프링 JMS

자바 세계에서 비동기 통신에 가장 많이 사용되는 API 중 하나는 JMS^{Java Messaging Service}의 약자)다. JMS API는 메시지 브로커를 통해 메시지를 송수신함으로써 자바 애플리케이션이 느슨하게 결합된 비동기 방식으로 통신하도록 API를 정의한다. ActiveMQ는 가장 널리 사용되는 JMS 호환 메시지 브로커 중 하나다.

스프링 JMS는 스프링 애플리케이션에서 JMS 통신을 단순화한다.

다음 예제는 스프링 JMS를 사용해 JMS 메시지를 보내는 간단한 클래스를 보여준다.

```
public class SendJMSMessage {
    @Autowired
    private JmsTemplate jmsTemplate;

    @Autowired
    private Queue queue;
```

```
public void simpleSend() {
    this.jmsTemplate.send(queue, new MessageCreator() {
        public Message createMessage(Session session) throws JMSException {
            return session.createTextMessage("Send Message");
        }
    });
}
}
```

JmsTemplate은 메시지 브로커를 통해 메시지를 주고받을 수 있는 메소드를 제공하는 헬퍼 클래스다. Queue는 메시지 브로커를 나타낸다.

AMQP

AMQP^{Advanced Message Queuing Protocol}는 비동기 통신에 가장 많이 사용되는 프로토콜 중 하나다. RabbitMQ, OpenAMQ과 StormMQ는 널리 사용되는 구현 중 일부다.

AMQP는 신뢰할 수 있고 상호 운용 가능하다.

다음 절에서는 RabbitMQ를 메시지 브로커로 사용하고 AMQP 프로토콜을 사용해 애플리케이션에 구성 변경사항을 알리는 방법을 살펴본다.

▌ 스프링 클라우드 버스

스프링 클라우드 버스는 마이크로서비스를 카프카, RabbitMQ와 같은 가벼운 메시지 브로커에 원활하게 연결한다.

스프링 클라우드 버스의 필요성

마이크로서비스에서 구성을 변경하는 예를 생각해보자. 프로덕션 환경에서 5개의 마이크로서비스A 인스턴스가 실행 중이라고 가정하면 구성을 긴급하게 바꿔야 한다. 예를 들어 `localconfig-repo/microservice-a.properties`를 변경해보자.

```
application.message=Message From Default Local Git Repository Changed
```

마이크로서비스A가 구성 변경을 선택하려면 http://localhost:8080/actuator/refresh 에서 POST 요청을 호출해야 한다. POST 요청을 보내기 위해 명령 프롬프트에서 다음 명령을 실행할 수 있다.

```
curl -X POST http://localhost:8080/actuator/refresh
```

http://localhost:8080/message에 구성 변경사항이 반영된 것을 볼 수 있다. 다음은 서비스의 응답이다.

```
{"message":"Message From Default Local Git Repository Changed"}
```

마이크로서비스A의 인스턴스 5개가 실행 중이다. 구성 변경은 URL이 실행되는 마이크로서비스A 인스턴스에만 반영된다. 다른 4개의 인스턴스는 새로 고침 요청이 실행될 때까지 구성 변경사항을 받지 않는다. 마이크로서비스의 인스턴스가 여러 개이면, 모든 구성에 변경사항을 수행해야 하므로 각 인스턴스에 새로고침 URL을 실행하기가 번거로워진다.

스프링 클라우드 버스를 이용한 설정 변경 전파

해결책은 스프링 클라우드 버스를 사용해 RabbitMQ와 같은 메시지 브로커를 통해 구성 변경을 여러 인스턴스에 전파하는 것이다.

다음 그림은 스프링 클라우드 버스를 사용해 서로 다른 마이크로서비스 인스턴스(실제로 완전히 다른 마이크로서비스 일 수도 있음)가 메시지 브로커에 연결되는 방법을 보여준다.

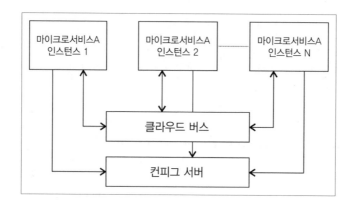

각 마이크로서비스 인스턴스는 애플리케이션이 시작할 때 스프링 클라우드 버스에 등록된다.

마이크로서비스 인스턴스 중 하나에서 새로고침이 호출되면 스프링 클라우드 버스는 모든 마이크로서비스 인스턴스에 변경 이벤트를 전파한다. 마이크로서비스 인스턴스가 변경 이벤트를 수신하면 컨피그 서버에 업데이트된 구성을 요청한다.

스프링 클라우드 버스 구현

메시지 브로커로 RabbitMQ를 사용한다. 계속 진행하기 전에 RabbitMQ를 설치하고 시작했는지 확인하자.

RabbitMQ의 설치 지침은 https://www.rabbitmq.com/download.html에 있다.

다음 단계로 마이크로서비스A용 스프링 클라우드 버스에 연결을 추가한다. 마이크로서비스A의 pom.xml 파일에 다음 의존 관계를 추가해보자.

```
<dependency>
<groupId>org.springframework.amqp</groupId>
<artifactId>spring-rabbit</artifactId>
</dependency>
```

시작^{startup} VM 인수 중 하나로 포트를 제공해 다른 포트에서 마이크로서비스A를 실행할 수 있다. 다음 그림은 이클립스에서 서버 포트를 VM 인수로 구성하는 방법을 보여준다. 구성되는 값은 -Dserver.port=8081이다.

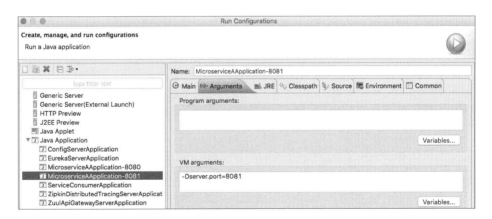

포트 8080(기본값) 및 **8081**에서 마이크로서비스A를 실행한다. 다음은 마이크로서비스A가 다시 시작될 때 로그에서 추출한 것이다.

```
o.s.integration.channel.DirectChannel : Channel 'microservicea.springCloudBusInput'
has 1 subscriber(s). Bean with name 'rabbitConnectionFactory' has been autodetected
for JMX exposure Bean with name 'refreshBusEndpoint' has been autodetected for
JMX exposure Created new connection: SimpleConnection@6d12ea7c [delegate=amqp://
guest@127.0.0.1:5672/, localPort= 61741] Channel 'microservice-a.springCloudBusOutput'
has 1 subscriber(s). declaring queue for inbound: springCloudBus.anonymous.
HKdFv8oRwGrhD4BvuhkFQ, bound to: springCloudBus Adding {message-handler:inbound.
springCloudBus.default} as a subscriber to the 'bridge.springCloudBus' channel
```

마이크로서비스A의 모든 인스턴스는 스프링 클라우드 버스에 등록돼 있으며 클라우드 버스에서 이벤트를 수신한다. RabbitMQ 커넥션의 기본 구성은 자동 설정이라는 마법의 결과다.

이제 microservice-a.properties를 새로운 메시지로 업데이트한다.

```
application.message=Message From Default Local Git Repository Changed Again
```

파일을 커밋하고 http://localhost:8080/actuator/bus-refresh URL을 사용해 인스턴스 중 하나에서 구성을 새로 고침하라는 요청을 시작한다(포트 8080이라고 하자).

```
curl -X POST http://localhost:8080/actuator/bus-refresh
```

다음은 포트 8081에서 실행 중인 마이크로서비스A의 두 번째 인스턴스 로그에서 추출한 것이다.

```
Refreshing
org.springframework.context.annotation.AnnotationConfigApplicationContext@5 10cb933:
startup date [Mon Mar 27 21:39:37 IST 2017]; root of context hierarchy
Fetching config from server at: http://localhost:8888
Started application in 1.333 seconds (JVM running for 762.806)
Received remote refresh request. Keys refreshed [application.message]
```

새로고침 URL이 포트 8081에서 호출되지 않더라도 업데이트된 메시지는 컨피그 서버에서 선택된다. 마이크로서비스A의 모든 인스턴스가 변경 이벤트를 스프링 클라우드 버스에서 수신 대기하기 때문이다. 새로고침 URL이 인스턴스 중 하나에서 호출되자마자 변경 이벤트가 트리거되고 다른 모든 인스턴스는 변경된 구성을 선택한다.

http://localhost:8080/message 및 http://localhost:8081/message에서 마이크로서비스A의 두 인스턴스 모두에 구성 변경이 반영됐음을 볼 수 있다. 다음은 서비스의 응답이다.

```
{"message":"Message From Default Local
Git Repository Changed Again"}
```

▌ 선언적 REST 클라이언트 – 페인

페인^{Feign}은 최소한의 구성 및 코드로 RESTful 서비스를 위한 REST 클라이언트를 생성할 수 있도록 도와준다. 간단한 인터페이스를 정의해야 하는데 적절한 어노테이션을 사용한다.

RestTemplate은 일반적으로 REST 서비스 호출을 수행하는 데 사용된다. 페인은 RestTemplate과 주변의 로직 없이도 REST 클라이언트를 작성할 수 있도록 도와준다.

페인은 립본(클라이언트-사이드 로드 밸런싱)과 유레카(네임 서버)와 잘 통합된다. 통합에 관해서는 12장의 뒷부분에서 살펴보자.

페인을 사용하려면 페인 스타터를 서비스 소비자 마이크로서비스의 pom.xml 파일에 추가해야 한다.

```
<dependency>
        <groupId>org.springframework.cloud</groupId>
        <artifactId>spring-cloud-starter-openfeign</artifactId>
</dependency>
```

스프링 클라우드의 dependencyManagement를 pom.xml 파일에 추가한다. 서비스 소비자 마이크로서비스가 사용할 첫 번째 클라우드 의존 관계다.

```
<dependencyManagement>
        <dependencies>
          <dependency>
            <groupId>org.springframework.cloud</groupId>
            <artifactId>spring-cloud-dependencies</artifactId>
            <version>Greenwich.RELEASE</version>
            <type>pom</type>
            <scope>import</scope>
          </dependency>
        </dependencies>
</dependencyManagement>
```

다음 단계는 페인 클라이언트를 ServiceConsumerApplication으로 스캔할 수 있도록 어노테이션을 추가한다.

@EnableFeignClients 어노테이션의 사용법을 코드로 보여준다.

```
@EnableFeignClients("com.mastering.spring.consumer")
public class ServiceConsumerApplication {
```

랜덤 서비스를 위한 페인 클라이언트를 생성하기 위해 간단한 인터페이스를 정의해야 한다. 다음 코드는 세부사항을 보여준다.

```
@FeignClient(name ="microservice-a", url="localhost:8080")
public interface RandomServiceProxy {
    @GetMapping(value = "/random")
    List<Integer> getRandomNumbers();
}
```

주의해야 할 중요한 사항은 다음과 같다.

- @FeignClient(name="microservice-a", url="localhost:8080"): FeignClient 어
  노테이션은 주어진 인터페이스를 가진 REST 클라이언트를 생성해야 한다고
  선언하는 데 사용된다. 여기서는 현재 마이크로서비스A의 URL을 하드 코딩하
  고 있다. 네임 서버에 연결해 하드 코딩이 필요 없는 방법은 나중에 살펴본다.
- @RequestMapping(value="/random", method=RequestMethod.GET): 특정 GET 서
  비스 메소드는 URI, 즉 /random에 노출된다.
- public List<Integer> getRandomNumbers(): 서비스 메소드의 인터페이스를 정
  의한다.

서비스를 호출하기 위해 RandomServiceProxy를 사용하도록 NumberAdderController를 업
데이트하자. 다음 코드는 중요한 세부사항을 보여준다.

```
@RestController
public class NumberAdderController {

    @Autowired
    private RandomServiceProxy randomServiceProxy;

    @RequestMapping("/add")
    public Long add() {

        long sum = 0;
        List<Integer> numbers = randomServiceProxy.getRandomNumbers();
```

```
        for (int number : numbers) {
            sum += number;
        }

        return sum;
    }
}
```

주목해야 할 몇 가지 중요한 사항이다.

- @Autowired private RandomServiceProxy randomServiceProxy: RandomService Proxy가 자동으로 연결된다.
- List<Integer> numbers = randomServiceProxy.getRandomNumbers(): 페인 클라이언트 사용이 얼마나 간단한지 살펴보자. 더 이상 RestTemplate을 사용할 필요가 없다.

http://localhost:8100/add의 서비스 소비자 마이크로서비스에서 add 서비스를 호출하면 다음과 같은 응답이 나타난다.

2103

다음 코드에 표시된 대로 페인 요청을 구성해 GZIP 압축을 사용할 수 있다.

```
feign.compression.request.enabled = true
feign.compression.response.enabled = true
```

▌ 마이크로서비스를 위한 로드 밸런싱 구현

마이크로서비스는 클라우드 네이티브 아키텍처의 가장 중요한 빌딩 블록이다. 마이크로서비스 인스턴스는 특정 마이크로서비스의 로드에 따라 확장 및 축소된다. 다른 마이크로서비스 인스턴스 간에 로드가 균등하게 분배되도록 하려면 어떻게 해야 할까? 바로 로드 밸런싱을 활용하면 된다. 로드 밸런싱은 로드가 서로 다른 마이크로서비스 인스턴스 간에 균등하게 분배되도록 한다.

클라이언트-사이드 로드 밸런싱을 위한 립본

다음 그림과 같이 스프링 클라우드 넷플릭스 립본은 마이크로서비스의 여러 인스턴스 간에 라운드-로빈round-robin 실행을 사용해 클라이언트-사이드 로드 밸런싱을 제공한다.

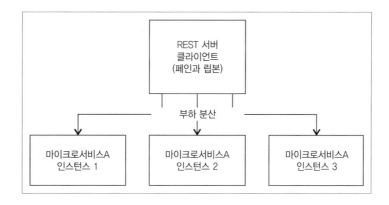

서비스 소비자 마이크로서비스에서 립본 구현

서비스 소비자 마이크로서비스에 립본을 추가한다. 마이크로서비스는 마이크로서비스 A의 두 인스턴스 간에 부하를 분산한다.

서비스 소비자 마이크로서비스의 pom.xml 파일에 립본 의존 관계를 추가해 시작해
보자.

```
<dependency>
    <groupId>org.springframework.cloud</groupId>
    <artifactId>spring-cloud-starter-netflix-ribbon</artifactId>
</dependency>
```

다음으로 마이크로서비스A의 다른 인스턴스의 URL을 구성할 수 있다. 서비스 소비자
마이크로서비스의 application.properties에 다음 구성을 추가한다.

```
microservice-a.ribbon.listOfServers=
http://localhost:8080,http://localhost:8081
```

그런 다음 서비스 프록시에 @RibbonClient 어노테이션을 지정한다(예에서는 microservice
-a). @RibbonClient 어노테이션은 립본 클라이언트의 선언적 구성을 지정하는 데 사용
된다.

```
@FeignClient(name ="microservice-a")
@RibbonClient(name="microservice-a")
public interface RandomServiceProxy {
```

서비스 소비자 마이크로서비스를 다시 시작하고 http://localhost:8100/add에서 add
서비스를 누르면 다음과 같은 응답이 나타난다.

```
2705
```

요청은 포트 8080에서 실행 중인 마이크로서비스A 인스턴스가 처리한다. 로그에서 추
출한 내용은 다음과 같다.

```
c.m.s.c.c.RandomNumberController : Returning [487, 441, 407, 563, 807]
```

같은 URL(http://localhost:8100/add)에서 add 서비스를 다시 누르면 다음과 같은 응답
이 나타난다.

```
3423
```

이번에는 포트 8081에서 실행 중인 마이크로서비스A 인스턴스에 의해 요청이 처리된
다. 로그에서 추출한 내용은 다음과 같다.

```
c.m.s.c.c.RandomNumberController : Returning [661, 520, 256, 988, 998]
```

마이크로서비스A의 여러 인스턴스에 로드를 성공적으로 분산시켰다. 좋은 시작이며
더 개선될 수 있다.

라운드 로빈은 립본에 사용되는 기본 알고리즘이지만 사용할 수 있는 다른 옵션은 다
음과 같다.

- AvailabilityFilteringRule: 작동이 끝난 동시 연결이 여러 개가 있는 서버를
  건너뛴다.
- WeightedResponseTimeRule: 응답 시간에 따라 서버를 선택한다. 서버가 응답하
  는 데 시간이 오래 걸리면 요청이 줄어든다.

사용되는 알고리즘은 애플리케이션 구성에서 지정할 수 있다.

```
microservice-a.ribbon.NFLoadBalancerRuleClassName =
com.netflix.loadbalancer.WeightedResponseTimeRule
```

microservice-a는 @RibbonClient(name="microservice-a") 어노테이션에서 지정한 서비스 이름이다.

다음 그림은 이미 설정한 구성요소의 아키텍처를 보여준다.

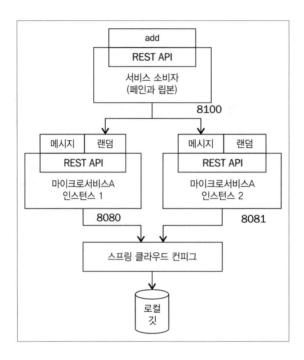

▌ 네임 서버의 필요성

마이크로서비스 아키텍처는 서로 상호 작용하는 여러 개의 작은 마이크로서비스가 필요하다. 이외에도 각 마이크로서비스의 인스턴스가 여러 개 있을 수 있다. 새로운 마이크로서비스 인스턴스가 동적으로 생성되고 파괴되면 외부 서비스 연결 및 구성을 수동으로 유지 관리하기가 어렵다. 네임 서버는 서비스 등록 및 서비스 검색 기능을 제공한다. 네임 서버를 통해 마이크로서비스는 자신을 등록하고 상호 작용하려는 다른 마이크로서비스의 URL을 발견할 수 있다.

마이크로서비스 URL 하드 코딩의 한계

이전 예에서 서비스 소비자 마이크로서비스의 application.properties에 다음 구성을 추가했다.

```
random-proxy.ribbon.listOfServers=http://localhost:8080,http://localhost:8081
```

구성은 마이크로서비스A의 모든 인스턴스를 나타낸다. 다음 상황을 보자.

- 마이크로서비스A의 새 인스턴스가 생성됐다.
- 마이크로서비스A의 기존 인스턴스는 더 이상 사용할 수 없다.
- 마이크로서비스A가 다른 서버로 이동됐다.

모든 인스턴스에서 변경사항을 적용하려면 구성을 업데이트하고 마이크로서비스를 새로 고쳐야 한다.

▌ 네임 서버 작동

네임 서버는 이전 상황에 이상적인 솔루션이다. 네임 서버의 작동 방식을 그림으로 표현했다.

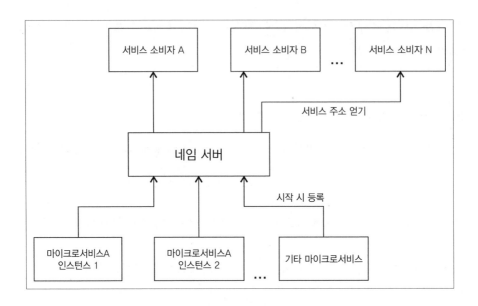

네임 서버와 상호 작용하는 데 중요한 두 단계가 있다.

1. **등록**: 모든 마이크로서비스(다른 마이크로서비스와 각 인스턴스)는 각 마이크로서비스가 시작될 때 네임 서버에 자신을 등록한다.

2. **다른 마이크로서비스의 위치 찾기**: 서비스 소비자가 특정 마이크로서비스의 위치를 얻으려고 할 때 네임 서버를 요청한다. 서비스 소비자는 마이크로서비스 ID로 네임 서버를 찾을 때마다 해당 마이크로서비스의 인스턴스 리스트를 가져온다.

> ⓘ 각 마이크로서비스마다 고유한 마이크로서비스 ID가 할당된다. ID는 등록 요청 및 조회 요청에서 키로 사용된다.

스프링 클라우드에서 지원하는 네임 서버 옵션

다음 그림은 스프링 이니셜라이저(http://start.spring.io)에서 서비스 검색에 사용할 수 있는 다양한 옵션을 보여준다.

Cloud Discovery

☐ **Eureka Discovery**
Service discovery using spring-cloud-netflix and Eureka

☐ **Eureka Server**
spring-cloud-netflix Eureka Server

☐ **Zookeeper Discovery**
Service discovery with Zookeeper and spring-cloud-zookeeper-discovery

☐ **Cloud Foundry Discovery**
Service discovery with Cloud Foundry

☐ **Consul Discovery**
Service discovery with Hashicorp Consul

예에서 서비스 검색을 위한 네임 서버로 유레카를 사용할 것이다. 주키퍼와 콘솔도 서비스 검색을 위한 인기있는 옵션이다.

유레카 명명 서비스 구현

유레카를 구현하는 과정은 다음과 같다.

1. 유레카 서버 설정
2. 유레카 서버에 등록할 마이크로서비스A 인스턴스 업데이트
3. 유레카 서버에 등록된 마이크로서비스A 인스턴스를 사용하도록 서비스 소비자 마이크로서비스 업데이트

유레카 서버 설정

스프링 이니셜라이저(http://start.spring.io)를 사용해 유레카 서버에 대한 새 프로젝트를 설정한다. 다음 그림은 선택할 그룹Id, 아티펙트Id와 의존 관계를 보여준다.

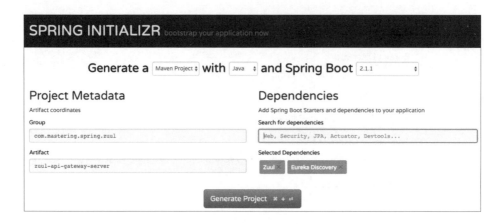

다음 단계는 EnableEurekaServer 어노테이션을 SpringBootApplication 클래스에 추가하는 것이다. 다음 코드는 세부사항을 보여준다.

```
@SpringBootApplication
@EnableEurekaServer
public class EurekaServerApplication {
```

다음 코드는 application.properties의 구성을 보여준다.

```
server.port = 8761
eureka.client.registerWithEureka=false
eureka.client.fetchRegistry=false
```

유레카 네임 서버에 포트 8761을 사용하고 있다. EurekaServerApplication을 시작한다. http://localhost:8761의 유레카 대시보드 그림은 다음과 같다.

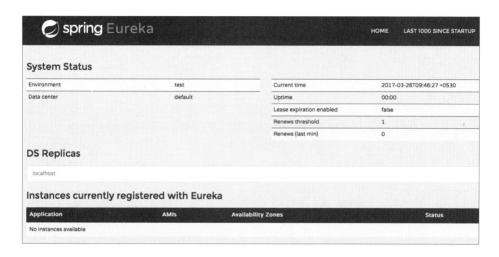

현재 유레카에 등록된 애플리케이션은 없다. 다음 단계에서는 마이크로서비스A와 기타 서비스를 유레카에 등록한다.

유레카에 마이크로서비스 등록

유레카 네임 서버에 마이크로서비스를 등록하려면 유레카 스타터 프로젝트에 관한 의존 관계를 추가해야 한다. 마이크로서비스A의 pom.xml 파일에 다음 의존 관계를 추가해야 한다.

```xml
<dependency>
    <groupId>org.springframework.cloud</groupId>
    <artifactId>spring-cloud-starter-netflix-eureka-client</artifactId>
</dependency>
```

다음 단계에서는 EnableDiscoveryClient를 SpringBootApplication 클래스에 추가한다. MicroserviceAApplication의 예는 다음과 같다.

```
@SpringBootApplication
@EnableDiscoveryClient
public class MicroserviceAApplication {
```

 스프링 클라우드 커먼즈는 다른 스프링 클라우드 구현에 사용되는 공통 클래스를 호스팅한다. @EnableDiscoveryClient 어노테이션이 좋은 예다. 스프링 클라우드 넷플릭스 유레카, 스프링 클라우드 콘솔 디스커버리와 스프링 클라우드 주키퍼 디스커버리는 다양한 구현을 제공한다.

애플리케이션 구성에서 네임 서버의 URL을 구성한다. 마이크로서비스A에서 애플리케이션 구성은 로컬 깃 레파지토리 파일인 git-localconfig-repo/microservice-a. properties에 있다.

```
eureka.client.serviceUrl.defaultZone=
    http://localhost:8761/eureka
```

마이크로서비스A의 두 인스턴스가 다시 시작되면 유레카 서버 로그에 다음 메시지가 표시된다.

```
Registered instance MICROSERVICE-A/192.168.1.5:microservice-a
    with status UP (replication=false)
Registered instance MICROSERVICE-A/192.168.1.5:microservice-a:
    8081 with status UP (replication=false)
```

http://localhost:8761의 유레카 대시 보드는 다음과 같다.

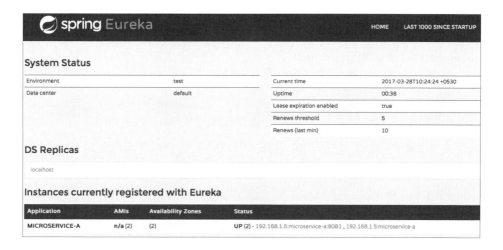

이제 마이크로서비스A의 두 인스턴스가 유레카 서버에 등록됐다. 컨피그 서버에서 유레카 서버에 연결하기 위해 유사한 업데이트를 수행할 수 있다.

다음 단계에서는 서비스 소비자 마이크로서비스를 연결해 유레카 서버에서 마이크로서비스A 인스턴스의 URL을 가져온다.

서비스 소비자 마이크로서비스와 유레카 연결

유레카 스타터 프로젝트는 서비스 소비자 마이크로서비스의 pom.xml 파일에 의존 관계로 추가돼야 한다.

```
<dependency>
    <groupId>org.springframework.cloud</groupId>
    <artifactId>spring-cloud-starter-netflix-eureka-client</artifactId>
</dependency>
```

현재, 다른 마이크로서비스A 인스턴스의 URL은 여기에 표시된 대로 application. properties에서 서비스 소비자 마이크로서비스에 하드 코딩된다.

```
microservice-a.ribbon.listOfServers=
    http://localhost:8080,http://localhost:8081
```

마이크로서비스A URL을 하드 코딩하고 싶지 않고, 서비스 소비자 마이크로서비스가 유레카 서버에서 URL을 가져오기를 원하는가? 그렇다면 서비스 소비자 마이크로서비스의 application.properties에서 유레카 서버의 URL을 구성해 수행하면 된다. 마이크로서비스A URL의 하드 코딩을 살펴보자.

```
#microservice-a.ribbon.listOfServers=
    http://localhost:8080,http://localhost:8081
eureka.client.serviceUrl.defaultZone=
    http://localhost:8761/eureka
```

이제 ServiceConsumerApplication 클래스에 EnableDiscoveryClient를 추가해보자.

```
@SpringBootApplication
@EnableFeignClients("com.mastering.spring.consumer")
@EnableDiscoveryClient
public class ServiceConsumerApplication {
```

서비스 소비자 마이크로서비스가 다시 시작되면 유레카 서버에 등록될 것이다. 다음은 유레카 서버 로그에서 발췌한 것이다.

```
Registered instance SERVICE-CONSUMER/192.168.1.5:
    service-consumer:8100 with status UP (replication=false)
```

여기서는 RandomServiceProxy의 페인 클라이언트에서 microservice-a의 이름을 이미 구성했다.

```
@FeignClient(name ="microservice-a")
@RibbonClient(name="microservice-a")
public interface RandomServiceProxy {
```

서비스 소비자 마이크로서비스는 ID(마이크로서비스A)를 사용해 인스턴스에 관해 유레카 서버를 쿼리한다. 유레카 서비스에서 URL을 가져오면 립본에서 선택한 서비스 인스턴스를 호출한다.

http://localhost:8100/add에서 add 서비스가 호출되면 적절한 응답이 반환된다.

다음과 관련된 단계들을 간단히 살펴보자.

1. 마이크로서비스A의 각 인스턴스가 시작되면 유레카 네임 서버에 등록된다.
2. 서비스 소비자 마이크로서비스는 마이크로서비스A 인스턴스에 대해 유레카 네임 서버를 요청한다.
3. 서비스 소비자 마이크로서비스는 립본 클라이언트-사이드 로드 밸런서를 사용해 호출할 마이크로서비스A의 특정 인스턴스를 결정한다.
4. 서비스 소비자 마이크로서비스는 마이크로서비스A의 특정 인스턴스를 호출한다.

유레카 서비스의 가장 큰 장점은 서비스 소비자 마이크로서비스가 마이크로서비스A와 분리된다는 것이다. 서비스 소비자 마이크로서비스는 마이크로서비스A의 새로운 인스턴스가 등장하거나 기존 인스턴스가 다운될 때마다 재구성할 필요가 없다.

▌ API 게이트웨이

마이크로서비스 아키텍처에는 많은 마이크로서비스가 구축된다. 각 마이크로서비스에는 구현해야 하는 공통 기능이 있다. 공통 기능을 크로스 컷팅 문제라고 한다.

중요한 크로스 컷팅 문제를 살펴보자.

- **인증, 권한 부여, 시큐리티**: 마이크로서비스 소비자가 자신이 주장하는 사람인지 어떻게 확인할까? 소비자가 마이크로서비스에 올바르게 액세스할 수 있도록 하려면 어떻게 해야 할까?
- **비율 제한**: 소비자를 위한 다양한 종류의 API 계획과 각 계획에 대한 다양한 제한(마이크로서비스 호출 수)이 있을 수 있다. 특정 소비자의 제한을 어떻게 적용할까?
- **동적 라우팅**: 특정 상황(예: 마이크로서비스가 다운된 경우)에는 동적 라우팅이 필요할 수 있다.
- **서비스 통합**: 모바일용 UI 요구사항은 데스크톱과 다르다. 일부 마이크로서비스 아키텍처에는 특정 장치에 맞는 서비스 집합이 있다.
- **내결함성**: 단일 마이크로서비스에서 장애가 발생해도 전체 시스템이 중단되지 않도록 하려면 어떻게 해야 할까?

마이크로서비스가 서로 직접 대화할 때는 개별 마이크로서비스를 통해 문제를 해결해야 한다. 아키텍처는 각 마이크로서비스가 이러한 문제를 다르게 처리할 수 있기 때문에 유지 관리가 어려울 수 있다.

가장 일반적인 솔루션 중 하나는 API 게이트웨이를 사용하는 것이다. 마이크로서비스를 오가는 모든 서비스 호출은 API 게이트웨이를 거쳐야 한다. API 게이트웨이는 일반적으로 다음과 같은 마이크로서비스 기능을 제공한다.

- 인증 및 시큐리티
- 속도 제한

- 통찰력 및 모니터링
- 동적 라우팅 및 정적 응답 처리
- 로드 차단
- 여러 서비스의 응답 집계

주울을 이용한 API 게이트웨이 구현

주울Zuul은 스프링 클라우드 넷플릭스 프로젝트의 일부로 동적 라우팅, 모니터링, 필터링, 시큐리티 등의 기능을 제공하는 API 게이트웨이 서비스다. 주울을 API 게이트웨이로 구현하려면 다음 단계를 거쳐야 한다.

1. 새로운 주울 API 게이트웨이 서버 설정
2. 주울 API 게이트웨이를 사용하도록 서비스 소비자 구성

새로운 주울 API 게이트웨이 서버 설정

스프링 이니셜라이저(http://start.spring.io)를 사용해 주울 API 게이트웨이에 관한 새 프로젝트를 설정한다. 다음 그림은 선택할 그룹Id, 아티펙트Id, 의존 관계를 보여준다.

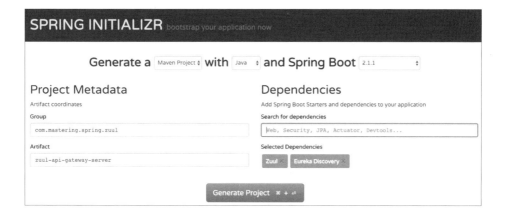

다음 단계에서는 스프링 부트 애플리케이션에서 주울 프록시를 활성화한다. ZuulApi
GatewayServerApplication 클래스에 @EnableZuulProxy 어노테이션을 추가하자. 다음 코
드는 세부사항을 보여준다.

```
@EnableZuulProxy
@EnableDiscoveryClient
@SpringBootApplication
public class ZuulApiGatewayServerApplication {
```

포트 8765에서 주울 프록시를 실행한다. application.properties에 필요한 구성을 보여
주는 코드다.

```
spring.application.name=zuul-api-gateway
server.port=8765
eureka.client.serviceUrl.defaultZone=http://localhost:8761/eureka
```

주울 프록시의 포트를 구성하고 유레카 네임 서버에도 연결한다.

모든 요청을 기록하기 위한 주울 커스텀 필터 구성

주울은 인증, 시큐리티 및 추적과 같은 일반적인 API 게이트웨이 기능을 구현할 수 있
도록 커스텀 필터를 만드는 옵션을 제공한다. 예에서는 모든 요청을 기록하는 간단한
로깅 필터를 만든다. 세부사항을 코드로 살펴본다.

```
@Component
    public class SimpleLoggingFilter extends ZuulFilter {

    @Override
    public String filterType() {
      return "pre";
    }
```

```
    @Override
    public int filterOrder() {
      return 1;
    }

    @Override
    public boolean shouldFilter() {
      return true;
    }      // 아래 메소드 실행
  }
```

주목해야 할 중요한 사항들이다.

- SimpleLoggingFilter extends ZuulFilter: ZuulFilter는 주울에 관한 필터를 생성하는 기본 추상 클래스다. 모든 필터는 여기에 나열된 네 가지 메소드를 구현해야 한다.
- public String filterType(): 가능한 반환 값은 사전 라우팅 필터링에서는 "pre", 원본으로 라우팅하는 경우 "route", 사후 라우팅 필터는 "post", 오류 처리에서는 "error"이다. 예에서는 요청이 실행되기 전에 필터링하기 원할 것이다. 여기서는 "pre"라는 값을 반환한다.
- public int filterOrder(): 필터의 우선순위를 정의한다.
- public boolean shouldFilter(): 특정 조건에서만 필터를 실행해야 하면 여기에서 로직을 구현할 수 있다. 필터를 항상 실행하려면 true를 반환해야 한다.

public Object run() 메소드에서 필터의 로직을 구현할 수 있다. 예에서는 요청 메소드와 요청의 URL을 로깅한다. 다음 코드는 구현을 보여준다.

```
@Override
public Object run() {
    RequestContext context = RequestContext.getCurrentContext();
    HttpServletRequest httpRequest = context.getRequest();
```

```
        log.info(String.format("Request Method : %s n URL: %s",
            httpRequest.getMethod(), httpRequest.getRequestURL().toString()));
        return null;
}
```

앞의 메소드에서는 중요한 요청 세부사항 중 일부를 로깅한다.

ZuulApiGatewayServerApplication을 자바 애플리케이션으로 실행해 주울 서버를 시작하면 유레카 네임 서버에 다음 로그가 표시된다.

```
Registered instance ZUUL-API-GATEWAY/192.168.1.5:zuul-api
    gateway:8765 with status UP (replication=false)
```

주울 API 게이트웨이가 시작돼 실행 중임을 나타낸다. 주울 API 게이트웨이도 유레카 서버에 등록돼 있어서 마이크로서비스 소비자는 네임 서버와 통신해 주울 API 게이트웨이의 세부사항을 얻을 수 있다.

다음 그림은 http://localhost:8761의 유레카 대시보드를 보여준다. 이제 마이크로서비스A의 인스턴스, 서비스 소비자, 주울 API 게이트웨이가 유레카 서버에 등록돼 있음을 확인할 수 있다.

Instances currently registered with Eureka

Application	AMIs	Availability Zones	Status
MICROSERVICE-A	n/a (1)	(1)	UP (1) - 192.168.1.5:microservice-a
SERVICE-CONSUMER	n/a (1)	(1)	UP (1) - 192.168.1.5:service-consumer:8100
ZUUL-API-GATEWAY	n/a (1)	(1)	UP (1) - 192.168.1.5:zuul-api-gateway:8765

다음은 주울 API 게이트웨이 로그에서 추출한 것이다.

```
Mapped URL path [/microservice-a/**] onto handler of type [
class org.springframework.cloud.netflix.zuul.web.ZuulController]
```

```
Mapped URL path [/service-consumer/**] onto handler of type [
class org.springframework.cloud.netflix.zuul.web.ZuulController]
```

기본적으로 마이크로서비스A와 서비스 소비자 마이크로서비스의 모든 서비스는 주울의 리버스 프록시에 사용된다.

주울을 통한 마이크로서비스 호출

서비스 프록시를 통해 랜덤 서비스를 호출해보자. 랜덤 마이크로서비스의 직접적인 URL은 http://localhost:8080/random이다. 애플리케이션 이름이 microservice-a인 마이크로서비스A에 의해 노출된다.

주울 API 게이트웨이를 통해 서비스를 호출하는 URL 구조는 http://localhost:{port}/{microservice-application-name}/{service-uri}이다. 따라서 랜덤 서비스의 주울 API 게이트웨이 URL은 http://localhost:8765/microservice-a/random이다. API 게이트웨이를 통해 랜덤 서비스를 호출하면 여기에 표시된 대로 응답이 표시된다. 응답은 랜덤 서비스를 직접 호출할 때 일반적으로 얻는 것과 유사하다.

```
[73,671,339,354,211]
```

다음은 주울 Api 게이트웨이 로그에서 추출한 것이다. 주울 API 게이트웨이에서 생성한 SimpleLoggingFilter가 요청을 실행한 것을 볼 수 있다.

```
c.m.s.z.filters.pre.SimpleLoggingFilter : Request Method : GET
URL: http://localhost:8765/microservice-a/random
```

add 서비스는 애플리케이션 이름이 service-consumer이고 서비스 URI가 /add인 서비스 소비자에 의해 노출된다. 따라서 API 게이트웨이를 통해 add 서비스를 실행하기 위한 URL은 http://localhost:8765/service-consumer/add이다. 서비스 응답이 여기에 표시된다. 응답은 add 서비스를 직접 호출할 때 일반적으로 얻는 것과 유사하다.

다음은 주울 API 게이트웨이 로그에서 추출한 것이다. 초기 add 서비스 호출이 API 게이트웨이를 통해 진행되고 있음을 알 수 있다.

```
2017-03-28 14:05:17.514 INFO 83147 --- [nio-8765-exec-1]
c.m.s.z.filters.pre.SimpleLoggingFilter : Request Method : GET
URL: http://localhost:8765/service-consumer/add
```

add 서비스는 마이크로서비스A에서 랜덤 서비스를 호출한다. add 서비스 초기 호출이 API 게이트웨이를 통과하는 동안 add 서비스(서비스 소비자 마이크로서비스)에서 랜덤 서비스(마이크로서비스A) 로의 호출은 API 게이트웨이를 통해 라우팅되지 않는다. 이상적인 세계에서는 모든 통신이 API 게이트웨이를 통해 이뤄지기를 원한다.

다음 단계에서는 서비스 소비자 마이크로서비스의 요청이 API 게이트웨이를 통과하도록 해보자.

주울 API 게이트웨이를 사용하도록 서비스 소비자 구성

다음 코드는 마이크로서비스A에서 랜덤 서비스를 호출하는 데 사용되는 RandomService Proxy의 기존 구성을 보여준다. @FeignClient 어노테이션의 name 속성은 마이크로서비스A의 애플리케이션 이름을 사용하도록 설정됐다. 요청 매핑은 /random URI를 사용한다.

```
@FeignClient(name ="microservice-a")
@RibbonClient(name="microservice-a")
public interface RandomServiceProxy {
@RequestMapping(value = "/random", method = RequestMethod.GET)
    public List<Integer> getRandomNumbers();
}
```

호출이 API 게이트웨이를 통과하기를 원한다면, 요청 매핑에 API 게이트웨이의 애플리케이션 이름과 새로운 랜덤 서비스 URI를 사용해야 한다. 업데이트된 RandomServiceProxy 클래스를 보여주는 코드다.

```
@FeignClient(name="zuul-api-gateway")
//@FeignClient(name ="microservice-a")
@RibbonClient(name="microservice-a")
public interface RandomServiceProxy {
    @GetMapping(value = "/microservice-a/random")
    //@RequestMapping(value = "/random", method = RequestMethod.GET)
    public List<Integer> getRandomNumbers();
}
```

http://localhost:8765/service-consumer/add에서 add 서비스를 호출하면 일반적인 응답이 표시된다.

2254

그러나 주울 API 게이트웨이에서 더 많은 일이 발생한다. 다음은 주울 API 게이트웨이 로그에서 추출한 결과다. 서비스 소비자의 초기 add 서비스 호출과 마이크로서비스 A의 랜덤 서비스 호출이 이제 API 게이트웨이를 통해 라우팅되고 있음을 알 수 있다.

```
2017-03-28 14:10:16.093 INFO 83147 --- [nio-8765-exec-4] c.m.s.z.filters.pre.
SimpleLoggingFilter : Request Method : GET URL: http://localhost:8765/service-consumer/
add
2017-03-28 14:10:16.685 INFO 83147 --- [nio-8765-exec-5] c.m.s.z.filters.pre.
SimpleLoggingFilter : Request Method : GET URL: http://192.168.1.5:8765/microservice-a/
random
```

주울 API 게이트웨이에서 간단한 로깅 필터의 기본 구현을 살펴봤다. 다른 크로스 컷팅 문제에 필터를 구현하는 데 유사한 방법을 사용할 수 있다.

▮ 분산 추적

일반적인 마이크로서비스 아키텍처에는 구성요소가 여러 가지다. 일반적인 호출에는 4-5개 이상의 구성요소가 포함될 수 있다. 다음 질문을 생각해보자.

- 문제를 어떻게 디버깅할 수 있을까?
- 특정 문제의 근본 원인을 어떻게 알 수 있을까?

일반적인 솔루션은 대시 보드를 사용한 중앙 집중식 로깅이다.

모든 마이크로서비스 로그를 한 곳에서 통합하고 그 위에 대시 보드를 제공한다.

스프링 클라우드 슬루스와 집킨 구현

스프링 클라우드 슬루스^{Sleuth}는 서로 다른 마이크로서비스 구성요소 간의 서비스 호출을 고유하게 추적하는 기능을 제공한다. 집킨^{Zipkin}은 마이크로서비스의 지연 시간 문제를 해결하기 위해 필요한 데이터를 수집하는 데 사용되는 분산 추적 시스템이다. 여기서는 분산 추적을 구현하기 위해 다음 단계를 거쳐 스프링 클라우드 슬루스와 집킨의 조합을 구현해본다.

1. 마이크로서비스A, API 게이트웨이와 서비스 소비자를 스프링 클라우드 슬루스와 통합한다.
2. 집킨 분산 추적 서버를 설정한다.
3. 마이크로서비스A, API 게이트웨이와 서비스 소비자를 집킨과 통합한다.

마이크로서비스 컴포넌트를 스프링 클라우드 슬루스와 통합

서비스 소비자에서 add 서비스를 호출하면 API 게이트웨이를 통해 마이크로서비스A를 호출한다. 서로 다른 구성요소 간에 서비스 호출을 추적하려면 구성요소 사이의 요청 흐름에 고유한 항목을 할당해야 한다.

스프링 클라우드 슬루스는 span이라는 개념을 사용해 여러 구성요소에서 서비스 호출을 추적하는 옵션을 제공한다. 각 span에는 고유한 64비트 ID가 있다. 고유한 ID를 사용해 구성요소 사이의 호출을 추적할 수 있다.

다음 코드는 spring-cloud-starter-sleuth의 의존 관계를 보여준다.

```
<dependency>
    <groupId>org.springframework.cloud</groupId>
    <artifactId>spring-cloud-starter-sleuth</artifactId>
</dependency>
```

스프링 클라우드 슬루스의 이전 의존 관계를 다음 세 가지 프로젝트에 추가해야 한다.

- 마이크로서비스A
- 서비스 소비자
- 주울 API 게이트웨이 서버

마이크로서비스 전반에 걸쳐 모든 서비스 요청을 추적하는 것으로 시작한다. 모든 요청을 추적하려면 다음 코드에 표시된 대로 Sampler 빈을 구성해야 한다.

```
@Bean
public Sampler defaultSampler() {
    return Sampler.ALWAYS_SAMPLE;
}
```

Sampler 빈은 다음 마이크로서비스 애플리케이션 클래스에서 구성해야 한다.

- MicroserviceAApplication
- ServiceConsumerApplication
- ZuulApiGatewayServerApplication

http://localhost:8765/service—consumer/add에서 add 서비스를 호출하면 일반적인 응답이 표시된다.

로그 항목에는 몇 가지 추가 정보가 표시되기 시작한다. 서비스 소비자 마이크로서비스 로그의 간단한 항목은 다음과 같다.

```
2017-03-28 20:53:45.582 INFO [service-consumer,d8866b38c3a4d69c,d8866b38c3a4d69c,true]
89416 --- [1-api-gateway-5] c.netflix.loadbalancer.BaseLoadBalancer : Client:zuul-api-
gateway instantiated a LoadBalancer:DynamicServerListLoadBalancer:{NFLoadBalancer:name
=zuul-api-gateway,current list of Servers=[],Load balancer stats=Zone stats: {},Server
stats: []}ServerList:null
```

[service-consumer, d8866b38c3a4d69c, d8866b38c3a4d69c, true]에서 첫 번째 값인 service-consumer는 애플리케이션 이름이다. 핵심 부분은 두 번째 값인 d8866b38c3a4d69c 이다. 다른 마이크로서비스 구성요소에서 요청을 추적하는 데 사용할 수 있는 값이다.

다음은 서비스 소비자 로그의 다른 항목이다.

```
2017-03-28 20:53:45.593 INFO [service-consumer,d8866b38c3a4d69c,d8866b38c3a4d69
c,true] 89416 --- [1-api-gateway-5] c.n.l.DynamicServerListLoadBalancer : Using
serverListUpdater PollingServerListUpdater
2017-03-28 20:53:45.597 INFO [service-consumer,d8866b38c3a4d69c,d8866b38c3a4d69c,tr
ue] 89416 --- [1-api-gateway-5] c.netflix.config.ChainedDynamicProperty : Flipping
property: zuul-api-gateway.ribbon.ActiveConnectionsLimit to use NEXT property: niws.
loadbalancer.availabilityFilteringRule.activeConnectionsLimit = 2147483647
2017-03-28 20:53:45.599 INFO [service-consumer,d8866b38c3a4d69c,d8866b38c3
a4d69c,true] 89416 --- [1-api-gateway-5] c.n.l.DynamicServerListLoadBalanc
er : DynamicServerListLoadBalancer for client zuul-api-gateway initialized: Dy
namicServerListLoadBalancer:{NFLoadBalancer:name=zuul-api-gateway,current
list of Servers=[192.168.1.5:8765],Load balancer stats=Zone stats:
{defaultzone=[Zone:defaultzone; Instance count:1; Active connections count: 0; Circuit
```

```
breaker tripped count: 0; Active connections per server: 0.0;] [service-consumer,d
8866b38c3a4d69c,d8866b38c3a4d69c,true] 89416 --[nio-8100-exec-1] c.m.s.c.service.
NumberAdderController : Returning 1748
```

다음은 마이크로서비스A 로그에서 추출한 것이다.

```
[microservice-a,d8866b38c3a4d69c,89d03889ebb02bee,true] 89404 ---[nio-8080-exec-8] c.m.
s.c.c.RandomNumberController : Returning [425, 55, 51, 751, 466]
```

다음은 주울 API 게이트웨이 로그에서 추출한 내용이다.

```
[zuul-api-gateway,d8866b38c3a4d69c,89d03889ebb02bee,true] 89397 ---[nio-8765-
exec-8] c.m.s.z.filters.pre.SimpleLoggingFilter : Request Method : GET URL:
http://192.168.1.5:8765/microservice-a/random
```

앞의 로그 추출에서 볼 수 있듯이 로그에서 두 번째 값[span ID]을 사용해 마이크로서비스 구성요소에서 서비스 호출을 추적할 수 있다. 예에서 span ID는 d8866b38c3a4d69c이다.

그러나 이를 위해서는 모든 마이크로서비스 구성요소의 로그를 검색해야 한다. 한 가지 옵션은 ELK(엘라스틱서치, 로그스태시와 키바나의 약자) 스택과 같은 것을 사용해 중앙 집중식 로그를 구현하는 것이다. 다음 단계에서 집킨 분산 추적 서비스를 만드는 더 간단한 옵션을 사용해본다.

집킨 분산 추적 서버 설정

집킨 서버 JAR의 최신 버전은 https://search.maven.org/remote_content?g=io.zipkin.javaamp;a=zipkin-serveramp;v=LATESTamp;c= exec에서 다운로드할 수 있다.

맥 터미널에서 집킨 서버를 JAR로 시작하는 모습을 보여주는 그림이다.

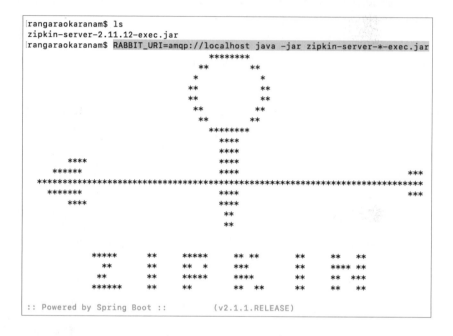

맥 명령은 다음과 같다.

```
RABBIT_URI=amqp://localhost java -jar  zipkin-server-*-exec.jar
```

윈도우에서는 두 가지 명령이 필요하다.

```
SET RABBIT_URI=amqp://localhost
java -jar  zipkin-server-*-exec.jar
```

 지금까지 스프링 이니셜라이저를 사용해 프로젝트를 세팅했다. 스프링 부트 2.0.0. RELEASE의 스프링 이니셜라이저에서 집킨 서버를 사용할 수 없으므로 다른 방법을 사용해 집킨 서버를 설정한다.

http://localhost:9411/에서 집킨 UI 대시보드를 시작할 수 있는데 그림으로 확인하자. 집킨에 연결된 마이크로서비스가 아직 없으므로 데이터가 표시되지 않는다.

집킨과 마이크로서비스 구성요소 통합

집킨 서버로 추적하려는 모든 마이크로서비스 구성요소를 연결해야 한다. 다음은 시작할 구성요소 리스트다.

- 마이크로서비스A
- 서비스 소비자
- 주울 API 게이트웨이 서버

Rabbit MQ와 집킨에 연결하려면 pom.xml 파일에 다음 의존 관계를 추가하면 된다.

```
<dependency>
    <groupId>org.springframework.cloud</groupId>
    <artifactId>spring-cloud-starter-zipkin</artifactId>
</dependency>

<dependency>
    <groupId>org.springframework.amqp</groupId>
    <artifactId>spring-rabbit</artifactId>
</dependency>
```

http://localhost:8100/add에서 **add** 서비스를 실행한다. 이제 집킨 대시보드에서 세부
사항을 볼 수 있다. 세부사항 중 일부를 보여주는 그림이다.

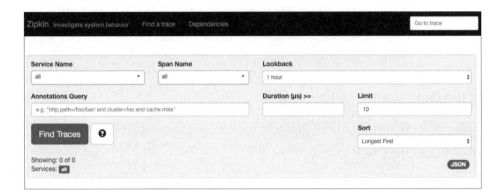

처음 두 행은 실패한 요청을, 세 번째 행은 성공적인 요청의 세부사항을 보여준다. 성
공적인 행을 클릭하면 더 자세히 알아볼 수 있다. 다음 그림은 표시되는 세부사항을 보
여준다.

서비스 표시줄을 클릭하면 더 자세히 알아볼 수 있다. 표시되는 세부사항을 보여주는 그림이다.

microservice-a.http:/microservice-a/random: 16.000ms
AKA: zuul-api-gateway,microservice-a

Date Time	Relative Time	Annotation	Address
3/28/2017, 10:08:08 PM	11.000ms	Client Send	192.168.1.5:8765 (zuul-api-gateway)
3/28/2017, 10:08:08 PM	14.000ms	Client Send	192.168.1.5:8765 (zuul-api-gateway)
3/28/2017, 10:08:08 PM	16.000ms	Server Receive	192.168.1.5:8080 (microservice-a)
3/28/2017, 10:08:08 PM	23.000ms	Server Send	192.168.1.5:8080 (microservice-a)
3/28/2017, 10:08:08 PM	27.000ms	Client Receive	192.168.1.5:8765 (zuul-api-gateway)

Key	Value
http.method	GET
http.path	/random
http.status_code	200
http.url	/random
Local Component	zuul
mvc.controller.class	RandomNumberController
mvc.controller.method	random
spring.instance_id	192.168.1.5:zuul-api-gateway:8765
spring.instance_id	192.168.1.5:microservice-a
Local Address	192.168.1.5:8765 (zuul-api-gateway)

마이크로서비스에 대한 분산 추적을 추가했다. 이제 마이크로서비스에서 발생하는 모든 것을 시각적으로 추적할 수 있다. 이제 문제를 쉽게 추적하고 디버그할 수 있다.

히스트릭스로 내결함성 구현

마이크로서비스 아키텍처는 많은 마이크로서비스 구성요소로 구축된다. 하나의 마이크로서비스가 중단되면 어떻게 될까? 모든 의존 마이크로서비스가 실패하고 전체 시스템이 붕괴될까? 아니면 오류가 정상적으로 처리되고 성능이 저하된 최소 기능이 사용자에게 제공될까? 마이크로서비스 아키텍처의 성공 여부를 결정하는 요소들이다.

마이크로서비스 아키텍처는 복원력이 뛰어나야 하고 서비스 오류를 정상적으로 처리할 수 있어야 한다. 히스트릭스는 마이크로서비스에 내결함성 기능을 제공한다.

서비스 소비자 마이크로서비스에 히스트릭스 통합

서비스 소비자 마이크로서비스에 히스트릭스를 추가하고 마이크로서비스A가 다운될 때도 기본적인 응답을 반환하기 위해 add 서비스를 향상시킬 것이다.

먼저 히스트릭스 스타터를 서비스 소비자 마이크로서비스의 pom.xml 파일에 추가한다. 다음 코드는 의존 관계 세부사항을 보여준다.

```
<dependency>
      <groupId>org.springframework.cloud</groupId>
      <artifactId>spring-cloud-starter-netflix-hystrix</artifactId>
</dependency>
```

@EnableHystrix 어노테이션을 ServiceConsumerApplication 클래스에 추가해 히스트릭스 자동 구성을 활성화한다. 다음 코드는 세부사항을 보여준다.

```
@SpringBootApplication
@EnableFeignClients("com.mastering.spring.consumer")
@EnableHystrix
@EnableDiscoveryClient
public class ServiceConsumerApplication {
```

NumberAdderController는 /add 요청 매핑으로 서비스를 노출한다. 난수를 가져 오기 위해 RandomServiceProxy를 사용한다. 서비스가 실패하면 어떻게 될까? 히스트릭스는 폴백fallback을 제공한다. 다음 코드는 요청 매핑에 폴백 메소드를 추가하는 방법을 보여준다. @HystrixCommand 어노테이션을 fallbackMethod 속성에 추가해 폴백 메소드의 이름(예에서는 getDefaultResponse)을 정의하면 된다.

```
@HystrixCommand(fallbackMethod = "getDefaultResponse")
@RequestMapping("/add")
public Long add() {
    // add() 메소드의 로직
}
```

다음으로 add() 메소드와 같은 리턴 유형으로 getDefaultResponse() 메소드를 정의한다. 하드 코딩된 값을 반환한다.

```
public Long getDefaultResponse() {
    return 10000L;
}
```

마이크로서비스A를 중단하고 http://localhost:8100/add를 호출한다. 다음과 같은 응답을 받는다.

```
10000
```

마이크로서비스A가 실패하면 서비스 소비자 마이크로서비스가 이를 정상적으로 처리하고 기능을 축소한다.

▋ 요약

스프링 클라우드를 사용하면 클라우드 네이티브 기능을 마이크로서비스에 쉽게 추가할 수 있다. 12장에서는 클라우드 네이티브 애플리케이션을 개발할 때 중요한 몇 가지 패턴을 살펴보고 다양한 스프링 클라우드 프로젝트를 사용해 구현했다.

스프링 클라우드 컨피그로 마이크로서비스 구성을 관리하고, 스프링 클라우드 버스를 사용해 마이크로서비스에 연결하고 구성 변경사항을 모든 마이크로서비스에 전파하는 방법을 학습했다. 립본으로 클라이언트-사이드 로드 밸런싱을 구현하는 방법도 알아봤다. 그런 다음 주울을 사용하는 API 게이트웨이인 유레카로 위치 투명성을 구현하고, 스프링 클라우드 슬루스 및 집킨을 사용해 분산 추적을 구현했다. 마지막으로 히스트릭스를 사용해 내결함성을 구현했다.

클라우드 네이티브 애플리케이션 개발 분야는 처음 몇 년 동안 여전히 시작 단계에 있음을 기억해야 한다. 안정화되려면 더 많은 시간이 필요하다. 향후 몇 년 동안 패턴과 프레임워크에서 일부 진화가 이뤄질 것으로 기대한다.

13장에서는 진화하는 프로그래밍 기술 중 하나인 리액티브 프로그래밍을 살펴볼 것이다.

## 13

리액티브 프로그래밍

함수형 프로그래밍은 전통적인 명령보다 선언적 프로그래밍 스타일로 전환한다. 리액티브 프로그래밍은 함수형 프로그래밍을 기반으로 대체 스타일을 제공한다.

13장에서는 리액티브 프로그래밍의 기본사항을 설명한다.

마이크로서비스 아키텍처는 메시지 기반 통신을 선호한다. 리액티브 프로그래밍의 중요한 특징은 이벤트(또는 메시지)를 중심으로 애플리케이션을 구축하는 것이다. 13장에서 살펴볼 중요한 질문들은 다음과 같다.

- 리액티브 프로그래밍이란 무엇일까?
- 일반적인 유스케이스는 무엇인가?
- 자바는 어떤 종류의 지원을 제공하는가?

- 스프링은 리액티브 프로그래밍을 어떻게 지원할까?
- 스프링 웹 플럭스의 리액티브 기능은 무엇일까?

▎ 기술적 요구사항

13장의 요구사항은 다음과 같다.

- 가장 좋아하는 IDE, 이클립스
- 자바 8+
- 메이븐 3.x
- 인터넷 연결

깃허브 링크는 https://github.com/PacktPublishing/Mastering-Spring-5.1/tree/master/Chapter13에 있다.

▎ 리액티브 선언

몇 년 전부터 대부분의 애플리케이션에는 다음과 같은 특징이 있다.

- 수 초 단위의 응답 시간
- 여러 시간의 오프라인 유지 관리
- 소량의 데이터

시대가 바뀌면서 새로운 장치(모바일, 태블릿 등)와 새로운 접근 방식(클라우드 기반)이 등장했다. 오늘날에는 다음과 같은 특징이 있다.

- 밀리초 단위의 응답 시간
- 100 % 가용성
- 데이터 볼륨이 기하 급수적으로 증가

지난 몇 년 동안 이러한 새로운 도전 과제를 해결하기 위해 다양한 접근 방식이 등장했다. 리액티브 프로그래밍은 실제로 새로운 현상은 아니지만 문제를 성공적으로 해결한 접근법 중 하나다.

리액티브 선언reactive manifesto(http://www.reactivemanifesto.org)은 공통 주제를 포착하는 것을 목표로 한다.

> "우리는 시스템 아키텍처에 일관된 접근 방식이 필요하고 필수적인 측면이 이미 개별적으로 인식돼 있다고 생각한다. 반응성, 회복력, 탄력성, 메시지 기반 시스템을 원하며, 이러한 시스템을 리액티브 시스템이라고 한다. 리액티브 방식으로 구축된 시스템은 보다 유연하고 느슨하게 연결되며 확장 가능하므로 개발하거나 변경이 쉽다. 이들은 장애에 훨씬 더 관대해 장애가 발생하면 큰 장애를 일으키지 않고 간결하게 대처한다. 리액티브 시스템은 반응이 뛰어나 사용자에게 효과적인 대화식 피드백을 제공한다."

리액티브 선언은 리액티브 시스템의 특성을 명확하게 나타내지만 리액티브 시스템의 구축 방법은 명확하지 않다.

리액티브 시스템의 특성

다음 그림은 리액티브 시스템의 중요한 특성을 보여주는 그림이다.

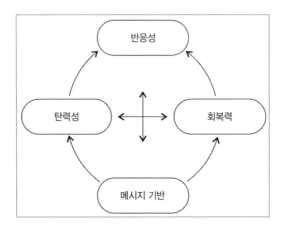

중요한 특성은 다음과 같다.

- **반응성**Responsive : 시스템은 사용자에게 적시에 응답한다. 명확한 응답 시간 요구 사항이 설정되고 시스템은 모든 상황에서 이를 충족시킨다.
- **회복력**Resilient : 분산 시스템은 여러 구성요소를 사용해 구축된다. 이러한 구성요소 중 하나에서 오류가 발생할 수 있다. 리액티브 시스템은 지역화된 공간(예: 각 구성요소)에서 오류가 발생하도록 설계해야 한다. 이렇게 하면 로컬 장애가 발생해도 전체 시스템이 다운되는 것을 방지할 수 있다.
- **탄력성**Elastic : 리액티브 시스템은 다양한 부하에서 반응성을 유지한다. 과부하가 걸리면 로드가 다운될 때 시스템을 릴리스하는 동안 리소스를 추가할 수 있다. 탄력성은 범용 하드웨어와 소프트웨어를 사용해 달성된다.
- **메시지 주도**Message driven : 리액티브 시스템은 메시지(또는 이벤트)에 의해 구동된다. 이렇게 하면 구성요소들 사이의 낮은 결합이 보장돼 시스템의 다른 여러 구성요소를 독립적으로 확장할 수 있다. 비차단 통신을 사용하면 스레드가 더 짧은 시간 동안 활성화된다.

리액티브 시스템은 다양한 종류의 상황에 반응한다. 예는 다음과 같다.

- **이벤트에 반응**React to events : 리액티브 시스템은 메시지 전달을 기반으로 구축돼 이벤트에 빠르게 반응한다.
- **로드에 반응**React to load : 리액티브 시스템은 다양한 로드에서 반응성을 유지한다. 로드가 많을수록 더 많은 리소스를 사용하고 로드가 낮을 때는 해제한다.
- **장애 대응**React to failures : 리액티브 시스템은 장애를 정상적으로 처리할 수 있다. 리액티브 시스템의 구성요소는 장애를 지역화하기 위해 만들어졌다. 외부 구성은 구성요소의 가용성을 모니터링하고 필요할 때 구성요소를 복제할 수 있는 기능을 제공한다.
- **사용자에게 반응**React to users : 리액티브 시스템은 사용자에게 반응한다. 소비자가 특정 이벤트에 가입하지 않았다면 추가 처리를 수행하는 데 시간을 낭비하지 않는다.

▌ 리액티브 유스케이스 – 주가 페이지

리액티브 선언은 리액티브 시스템의 특성을 이해할 때는 좋지만 리액티브 시스템의 구축 방법을 이해하는 데는 도움이 되지 않아서 간단한 유스케이스를 작성하는 기존 접근 방식을 고려해보고, 리액티브 접근 방식과 비교해야 한다.

구축하려는 유스케이스는 특정 주식의 가격을 표시하는 주가 페이지다. 페이지가 열려 있는 한, 페이지의 최신 주가를 업데이트하려고 한다.

전통적인 접근 방식

전통적인 접근 방식은 조사(poll)해서 주가가 변경됐는지 여부를 확인한다. 다음 시퀀스 그림은 이러한 유스케이스를 구축하는 전통적인 접근 방식을 보여준다.

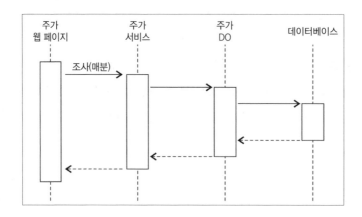

페이지가 렌더링되면 일정한 간격으로 최신 가격을 확인하기 위해 AJAX 요청을 주가 서비스에 보낸다. 웹 페이지에 주가 변동 정보가 없으므로 주가가 변경됐는지 여부에 관계없이 이러한 호출을 수행해야 한다.

리액티브 접근 방식

리액티브 접근 방식은 발생하는 이벤트에 반응할 수 있도록 관련된 여러 구성요소를 연결하는 것을 포함한다.

주가 웹 페이지가 로드되면 웹 페이지는 주가 서비스의 이벤트를 등록한다. 주가 변동 이벤트가 발생하면 이벤트가 트리거돼 최신 주가는 웹 페이지에서 업데이트된다. 순서도는 주가 페이지를 구축하는 리액티브 접근 방식을 그림으로 나타냈다.

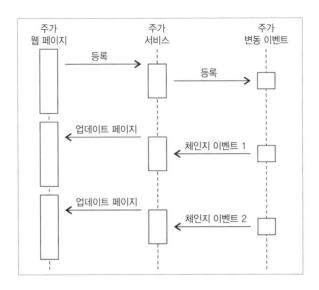

리액티브 방식은 일반적으로 세 단계로 이뤄진다.

1. 이벤트 구독
2. 이벤트 발생
3. 가입 취소

주가 웹 페이지가 처음 로드되면 주가 변동 이벤트를 구독한다. 구독 방법은 리액티브 프레임워크나 사용하는 메시지 브로커(있는 경우)에 따라 다르다.

특정 주식에 주가 변동 이벤트가 발생하면 이벤트의 모든 구독자에 대해 새 이벤트가 트리거된다. 청취자는 웹 페이지가 최신 주가로 업데이트되도록 한다.

웹 페이지가 닫히거나 새로 고쳐지면 구독자가 가입 취소 요청을 보낸다.

변경 이벤트는 더 이상 구독자에게 전송되지 않는다.

전통적인 접근 방식과 리액티브 방식의 비교

전통적인 접근 방식은 매우 간단하다. 리액티브 접근 방식은 리액티브 구독 및 이벤트 체인을 구현해야 한다. 이벤트 체인에 메시지 브로커가 관련돼 있으면 훨씬 더 복잡해진다.

전통적인 접근 방식에서는 변경사항을 조사한다. 즉 주가 변동 여부에 관계없이 전체 시퀀스가 매분(또는 지정된 간격)마다 트리거된다. 리액티브 방식에서는 일단 이벤트에 등록하면 주가가 변경될 때만 시퀀스가 트리거된다.

전통적인 방식의 스레드 수명은 더 길며 스레드가 사용하는 모든 리소스는 더 오랜 기간 동안 잠겨 있다. 동시에 여러 요청을 처리하는 서버의 큰 그림을 고려하면 스레드와 해당 리소스의 경합은 더 많을 것이다. 리액티브 방식에서는 스레드가 짧은 시간 동안 작동하므로 리소스 경합이 줄어든다.

전통적인 방식의 확장에는 데이터베이스를 확장하고 더 많은 웹 서버를 만드는 방식이 포함된다. 스레드 수명이 짧기 때문에 동일한 인프라에서 리액티브 방식으로 더 많은 사용자를 처리할 수 있다. 리액티브 방식에는 전통적인 방식의 모든 확장 옵션이 있지만, 더 많은 분산 옵션을 제공한다. 예를 들어 다음 그림에 표시된 것처럼 주가 변동 이벤트의 트리거는 메시지 브로커를 통해 애플리케이션에 전달될 수 있다.

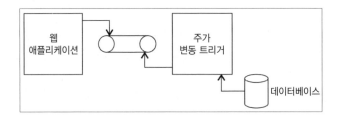

즉 웹 애플리케이션과 주가 변동 트리거 애플리케이션을 서로 독립적으로 확장할 수 있어서 필요할 때 빠르게 확장할 수 있는 더 많은 옵션을 제공한다.

자바에서 리액티브 프로그래밍 구현

자바 8에는 리액티브 프로그래밍에 대한 기본 지원 기능이 없다. 많은 프레임워크가 리액티브 기능을 제공한다. 다음 절에서는 리액티브 스트림reactive Streams, 리액터Reactor, **스프링 웹 플럭스 프레임워크**Spring WebFlux frameworks를 사용해 리액티브 프로그래밍을 구현한다.

리액티브 스트림

> "리액티브 스트림은 넌블로킹 백 프레셔로 비동기 스트림 처리를 위한 표준을 제공하기 위한 주도적 방법이다. 여기에는 네트워크 프로토콜뿐 아니라 런타임 환경(JVM 및 자바스크립트)을 위한 노력이 포함된다."
>
> −https://www.reactive−streams.org/

주목해야 할 몇 가지 중요한 사항은 다음과 같다.

- 리액티브 스트림은 리액티브 프로그래밍을 가능하게 하는 최소한의 인터페이스, 메소드 및 프로토콜 세트를 정의하는 것을 목표로 한다.
- 리액티브 스트림은 자바(JVM 기반) 및 자바스크립트 언어로 구현된 언어 중립적 접근 방식을 목표로 한다.
- 다중 전송 스트림(TCP, UDP, HTTP 및 WebSocket)이 지원된다.

리액티브 스트림에 대한 메이븐 의존 관계를 pom.xml에 추가해보자.

```
<dependency>
    <groupId>org.reactivestreams</groupId>
    <artifactId>reactive-streams</artifactId>
    <version>1.0.0</version>
</dependency>
```

```
<dependency>
        <groupId>org.reactivestreams</groupId>
        <artifactId>reactive-streams-tck</artifactId>
        <version>1.0.0</version>
        <scope>test</scope>
</dependency>
```

reactive-streams에 정의된 몇 가지 중요한 인터페이스는 다음과 같다.

```
public interface Subscriber<T> {
        public void onSubscribe(Subscription s);
        public void onNext(T t);
        public void onError(Throwable t);
        public void onComplete();
}

public interface Publisher<T> {
        public void subscribe(Subscriber<? super T> s);
}

public interface Subscription {
        public void request(long n);
        public void cancel();
}
```

- Interface Publisher: Publisher 구독자로부터 받은 요청에 응답으로 요소 스트림을 제공한다. 게시자는 모든 구독자에게 서비스를 제공할 수 있다. 구독자 수는 시간에 따라 다를 수 있다.

- Interface Subscriber: Subscriber 레지스터는 이벤트 스트림을 수신하며 구독은 2단계 프로세스다. 첫 번째 단계는 Publisher.subscribe(Subscriber)를 호출하고, 두 번째 단계는 Subscription.request(long)을 호출한다. 단계가 완료되면 구독자는 onNext(T t) 메소드를 사용해 알림 처리를 시작할 수 있다. onComplete() 메소드는 알림의 끝을 알린다. Subscriber 인스턴스가 더 많은 것

을 처리할 수 있을 때마다 Subscription.request(long)을 통해 수요를 알릴 수 있다.

- Interface Subscription: Subscription은 한 Subscriber와 Publisher 사이의 링크를 나타낸다. 구독자는 request(long n)를 사용해 더 많은 데이터를 요청할 수 있다. cancel() 메소드를 사용해 알림 구독을 취소할 수 있다.

리액터 프레임워크

리액터는 스프링 피보탈 팀의 리액티브 프레임워크로 리액티브 스트림 위에 구축된다. 13장의 뒷부분에서 설명하겠지만, 스프링 프레임워크 5.0은 리액터 프레임워크를 사용해 리액티브 웹 기능을 활성화한다.

리액터의 의존 관계는 다음과 같다.

```
<dependency>
    <groupId>io.projectreactor</groupId>
    <artifactId>reactor-core</artifactId>
    <version>3.0.6.RELEASE</version>
</dependency>

<dependency>
    <groupId>io.projectreactor.addons</groupId>
    <artifactId>reactor-test</artifactId>
    <version>3.0.6.RELEASE</version>
</dependency>
```

리액터는 리액티브 스트림에서 도입한 구독자(Subscriber), 소비자(Consumer), 구독(Subscriptions) 용어 위에 몇 가지 중요한 사항을 추가한다.

- **플럭스**: 플럭스는 0에서 n개의 요소를 방출하는 리액티브 스트림을 나타낸다.

- **모노**^{Mono}: 모노는 요소가 없거나 하나의 요소를 방출하는 리액티브 스트림을 나타낸다.

다음 예제에서는 특정 간격으로 요소를 방출하도록 미리 구성된 스텁 모노와 플럭스 오브젝트를 생성한다. 이벤트를 확인하고 이에 대응하기 위해 소비자(또는 관찰자)를 만들어본다.

모노를 사용해 하나의 요소 방출

모노 만들기는 매우 간단하다. 다음 모노는 5초 후 하나의 요소를 방출한다.

```
Mono<String> stubMonoWithADelay = Mono.just("Ranga") .delayElement(Duration.
ofSeconds(5));
```

모노의 이벤트를 수신하고 콘솔에 기록하려고 한다. 여기에 지정된 문법을 사용하면 이벤트를 수신하고 기록이 가능하다.

```
stubMonoWithADelay.subscribe(System.out::println);
```

그러나 다음 코드와 같이 Test 어노테이션에서 앞의 두 명령문을 사용해 프로그램을 실행하면 콘솔에 아무것도 출력되지 않는다.

```
@Test
public void monoExample() throws InterruptedException {

    Mono<String> stubMonoWithADelay = Mono.just("Ranga")
.delayElement(Duration.ofSeconds(5));

    stubMonoWithADelay.subscribe(System.out::println);
}
```

5초 후에 모노가 요소를 방출하기 전에 테스트 실행이 종료되므로 콘솔에 아무것도 출력되지 않는다. 이를 방지하기 위해 Thread.sleep을 사용해 Test 실행을 지연시키자.

```java
@Test
public void monoExample() throws InterruptedException {

    Mono<String> stubMonoWithADelay = Mono.just("Ranga")
.delayElement(Duration.ofSeconds(5));

    stubMonoWithADelay.subscribe(System.out::println);

    Thread.sleep(10000);
  }
```

stubMonoWithADelay.subscribe(System.out::println)을 사용해 구독자를 만들 때 자바 8에 도입된 함수형 프로그래밍 기능을 사용한다. System.out::println은 메소드 정의다. 메소드 정의를 매개변수로 메소드에 전달한다.

Consumer라는 특정 함수형 인터페이스로 인해 가능하다. 함수형 인터페이스는 하나의 메소드만 가진 인터페이스다. Consumer 함수형 인터페이스는 단일 입력 인수를 허용하고 결과를 반환하지 않는 연산을 정의하는 데 사용된다. Consumer 인터페이스의 개요는 다음 코드에 나와 있다.

```java
@FunctionalInterface
public interface Consumer<T> {

    void accept(T t);
  }
```

람다식을 사용하는 대신 Consumer를 명시적으로 정의할 수 있다. 다음 코드는 중요한 세부사항을 보여준다.

```
class SystemOutConsumer implements Consumer<String> {

    @Override
    public void accept(String t) {
        System.out.println("Received " + t + " at " + new Date());
    }
}

    @Test
    public void monoExample() throws InterruptedException {

    Mono<String> stubMonoWithADelay =  Mono.just("Ranga")
.delayElement(Duration.ofSeconds(5));

    stubMonoWithADelay.subscribe(new SystemOutConsumer());

    Thread.sleep(10000);
    }
```

중요한 사항은 다음과 같다.

- class SystemOutConsumer implements Consumer<String>: Consumer 함수형 인터 페이스를 구현하는 SystemOutConsumer 클래스를 생성한다. 입력 유형은 String 이다.
- public void accept(String t): 문자열의 내용을 콘솔에 출력하는 accept 메 소드를 정의한다.
- stubMonoWithADelay.subscribe(new SystemOutConsumer()): 이벤트를 구독하기 위해 SystemOutConsumer의 인스턴스를 생성한다.

다음 그림처럼 출력된다.

```
Markers  Properties  Servers  Data Source Explorer  Snippets  Console ⨯  Progress  JUnit
<terminated> SpringReactiveTest.monoExample [JUnit] /Library/Java/JavaVirtualMachines/jdk1.8.0_31.jdk/Contents/Home/bin
19:30:17.803 [main] DEBUG reactor.util.Loggers$LoggerFactory - Using Slf4j logging framework
Received Ranga at Thu Apr 27 19:30:22 IST 2017
```

모노나 플럭스의 이벤트를 수신하는 구독자를 여러 명 보유할 수 있다. 다음 코드는 추가 구독자를 만드는 방법을 보여준다.

```
class WelcomeConsumer implements Consumer<String> {

    @Override
    public void accept(String t) {
      System.out.println("Welcome " + t);
    }
  }

    @Test
    public void monoExample() throws InterruptedException {

    Mono<String> stubMonoWithADelay = Mono.just("Ranga")
.delayElement(Duration.ofSeconds(5));

    stubMonoWithADelay.subscribe(new SystemOutConsumer());

    stubMonoWithADelay.subscribe(new WelcomeConsumer());

    Thread.sleep(10000);
  }
```

- class WelcomeConsumer implements Consumer<String>: 다른 Consumer 클래스인 WelcomeConsumer를 생성한다.
- stubMonoWithADelay.subscribe(new WelcomeConsumer()): WelcomeConsumer의 인스턴스를 Mono의 이벤트 구독자로 추가한다.

출력은 다음 그림처럼 표시된다.

```
19:29:36.538 [main] DEBUG reactor.util.Loggers$LoggerFactory - Using Slf4j logging framework
Welcome Ranga
Received Ranga at Thu Apr 27 19:29:41 IST 2017
```

플럭스를 사용해 여러 요소 방출

플럭스는 0에서 n개의 요소를 방출하는 리액티브 스트림을 나타낸다. 다음 코드는 간단한 Flux 예제를 보여준다.

```java
@Test
public void simpleFluxStream() {
    Flux<String> stubFluxStream = Flux.just("Jane", "Joe");
    stubFluxStream.subscribe(new SystemOutConsumer());
}
```

주의해야 할 사항이다.

- Flux<String> stubFluxStream = Flux.just("Jane", "Joe"): Flux.just 메소드를 사용해 Flux를 생성한다. 하드 코딩된 요소로 간단한 스트림을 만들 수 있다.
- stubFluxStream.subscribe(new SystemOutConsumer()): Flux에 구독자로 SystemOutConsumer 인스턴스를 등록한다.

출력은 다음 그림과 같이 표시된다.

```
<terminated> SpringReactiveTest.simpleFluxStream [JUnit] /Library/Java/JavaVirtualMachines/jdk1.8.0_31.jdk/Contents/
19:19:47.896 [main] DEBUG reactor.util.Loggers$LoggerFactory - Using Slf4j logging framework
Received Jane at Thu Apr 27 19:19:47 IST 2017
Received Joe at Thu Apr 27 19:19:47 IST 2017
```

다음 코드는 두 명의 구독자가 있는 Flux의 더 복잡한 예를 보여준다.

```java
private static List<String> streamOfNames =
Arrays.asList("Ranga", "Adam", "Joe", "Doe", "Jane");
@Test
public void fluxStreamWithDelay() throws InterruptedException {
    Flux<String> stubFluxWithNames =
    Flux.fromIterable(streamOfNames)
    .delayElements(Duration.ofMillis(1000));
    stubFluxWithNames.subscribe(new SystemOutConsumer());
```

```
stubFluxWithNames.subscribe(new WelcomeConsumer());
Thread.sleep(10000);
}
```

- Flux.fromIterable(streamOfNames) .delayElements(Duration.ofMilli s (1000)): 지정된 문자열 리스트에서 Flux를 생성한다. 요소는 지정된 1,000밀리초로 지연 방출된다.

- stubFluxWithNames.subscribe(new SystemOutConsumer()) 및 stubFluxWithNames. subscribe(new WelcomeConsumer()): Flux에 두 명의 구독자를 등록한다.

- Thread.sleep(10000): 첫 번째 Mono 예제와 마찬가지로 sleep을 적용해 플럭스의 모든 요소가 방출될 때까지 프로그램을 대기시킨다.

출력하면 그림과 같이 표시된다.

```
<terminated> SpringReactiveTest.fromAList [JUnit] /Library/Java/JavaVirtualMachines/jdk1.8.0_31.jdk/Contents/Home/bin/
19:32:49.795 [main] DEBUG reactor.util.Loggers$LoggerFactory - Using Slf4j logging framework
Welcome Ranga
Received Ranga at Thu Apr 27 19:32:50 IST 2017
Welcome Adam
Received Adam at Thu Apr 27 19:32:51 IST 2017
Welcome Joe
Received Joe at Thu Apr 27 19:32:52 IST 2017
Welcome Doe
Received Doe at Thu Apr 27 19:32:53 IST 2017
Welcome Jane
Received Jane at Thu Apr 27 19:32:54 IST 2017
```

지금까지 Flux(여러 요소가 있는 스트림)를 사용하는 방법을 살펴봤다.

스프링 웹 리액티브로 리액티브 웹 애플리케이션 생성하기

스프링 웹 리액티브는 스프링 프레임워크5에서 가장 중요한 새로운 기능 중 하나로 웹 애플리케이션의 리액티브 기능을 제공한다.

스프링 웹 리액티브는 스프링 MVC와 동일한 기본 프로그래밍 모델을 기반으로 한다. 다음 표는 두 프레임워크를 간략하게 비교한 것이다.

매개변수	스프링 MVC	스프링 웹 리액티브
사용방법	전통적인 웹 애플리케이션	리액티브 웹 애플리케이션
프로그래밍 모델	@RequestMapping을 사용한 @Controller	스프링 MVC와 동일
기본 API	서블릿 API	리액티브 HTTP
구동 환경	서블릿 컨테이너	서블릿 컨테이너(3.1 미만), 네티와 언더토우

다음 단계에서는 스프링 웹 리액티브의 간단한 유스케이스를 구현한다.

구현 과정에서의 중요한 단계를 정리했다.

- 스프링 이니셜라이저를 사용해 프로젝트 생성하기
- 이벤트 스트림을 반환하는 리액티브 컨트롤러 생성하기(Flux)
- HTML 뷰 만들기

스프링 이니셜라이저를 이용한 프로젝트 생성

스프링 이니셜라이저(http://start.spring.io/)를 사용해 새 프로젝트를 만들어보자. 다음 그림으로 세부 정보를 확인하자.

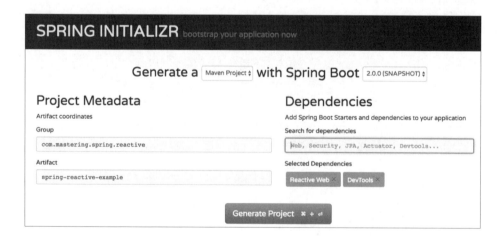

중요한 사항은 다음과 같다.

- **그룹**^{Group}: com.mastering.spring.reactive
- **아티팩트**^{Artifact}: spring-reactive-example
- **의존 관계**^{Dependencies}: ReactiveWeb(리액티브 웹 애플리케이션을 구축하기 위해)과 DevTools(애플리케이션 코드 변경 시 자동 리로드용)

Generate를 클릭하고 프로젝트를 메이븐 프로젝트로 IDE에 가져온다.

pom.xml 파일의 중요한 의존 관계는 다음과 같다.

```xml
<dependency>
      <groupId>org.springframework.boot</groupId>
      <artifactId>spring-boot-starter</artifactId>
</dependency>

<dependency>
      <groupId>org.springframework.boot</groupId>
      <artifactId>spring-boot-devtools</artifactId>
</dependency>

<dependency>
      <groupId>org.springframework.boot</groupId>
      <artifactId>spring-boot-starter-webflux</artifactId>
</dependency>

<dependency>
      <groupId>org.springframework.boot</groupId>
      <artifactId>spring-boot-starter-test</artifactId>
      <scope>test</scope>
</dependency>
```

spring-boot-starter-webflux 의존 관계는 스프링 웹 리액티브의 가장 중요한 의존 관계다. springboot-starter-webflux에 정의된 의존 관계를 보여주는 다음 코드를 살펴보자.

```xml
<dependency>
  <groupId>org.springframework.boot</groupId>
  <artifactId>spring-boot-starter</artifactId>
</dependency>

<dependency>
  <groupId>org.springframework.boot</groupId>
  <artifactId>spring-boot-starter-reactor-netty</artifactId>
</dependency>

<dependency>
  <groupId>com.fasterxml.jackson.core</groupId>
  <artifactId>jackson-databind</artifactId>
</dependency>

<dependency>
  <groupId>org.hibernate</groupId>
  <artifactId>hibernate-validator</artifactId>
</dependency>

<dependency>
  <groupId>org.springframework</groupId>
  <artifactId>spring-web</artifactId>
</dependency>

<dependency>
  <groupId>org.springframework</groupId>
  <artifactId>spring-webflux</artifactId>
</dependency>
```

스프링 리액티브의 중요한 구성요소인 spring-webflux, spring-web, spring-boot-starter-reactor-netty를 보여주고 있다. 네티는 기본 임베디드 리액티브 서버다.

리액티브 컨트롤러 생성하기 – StockPriceEventController

스프링 리액티브 컨트롤러는 스프링 MVC 컨트롤러 생성과 매우 비슷한 방법으로 생성할 수 있다. 기본 구조(@RestController와 다른 @RequestMapping 어노테이션)는 같다. 다음 코드는 StockPriceEventController라는 간단한 리액티브 컨트롤러를 보여준다.

```java
@RestController
public class StockPriceEventController {

    @GetMapping("/stocks/price/{stockCode}")
    Flux < String > retrieveStockPriceHardcoded
                            (@PathVariable("stockCode") String stockCode) {
        return Flux.interval(Duration.ofSeconds(5))
                .map(l -> getCurrentDate() + " : "
                        + getRandomNumber(100, 125))
                .log();
    }

    private String getCurrentDate() {
        return (new Date()).toString();
    }

    private int getRandomNumber(int min, int max) {
        return ThreadLocalRandom.current().nextInt(min, max + 1);
    }
}
```

중요한 사항은 다음과 같다.

- @RestController and @GetMapping("/stocks/price/{stockCode}"): 기본 구조는 스프링 MVC와 같다. 지정된 URI의 매핑을 만든다.

- Flux<String> retrieveStockPriceHardcoded(@PathVariable("stockCode") String stockCode): 플럭스는 0에서 n개의 요소로 구성된 스트림을 나타낸다. 리턴 타입 Flux<String>은 메소드가 현재 주가를 나타내는 값 스트림을 반환한다는 것을 나타낸다.

- `Flux.interval().map(l -> getCurrentDate() + " : " + getRandomNumber(100, 125))`: 난수 스트림을 반환하는 하드 코딩된 플럭스를 생성한다.
- `Duration.ofSeconds(5)`: 5초마다 스트림 요소가 반환된다.
- `Flux.<< **** >>.log()`: 플럭스에서 `log()` 메소드를 호출하면 모든 리액티브 스트림 신호를 관찰하고 로거를 사용해 추적할 수 있다.
- `private String getCurrentDate()`: 현재 시간을 문자열로 반환한다.
- `private int getRandomNumber(int min, int max)`: min과 max 사이의 난수를 반환한다.

HTML 뷰 생성 – stock-price.html

이전 단계인 '리액티브 컨트롤러 생성하기(StockPriceEventController)'에서는 플럭스 스트림을 "/stocks/price/{stockCode}" URL에 매핑했다. 이제는 화면에 현재 주가를 표시하는 뷰를 작성한다.

스트림에서 검색을 시작하는 버튼으로 간단한 정적 HTML 페이지(resources/static/stock-price.html)를 만들어보자. 다음 코드는 HTML을 보여준다.

```
<p>
  <button id="subscribe-button">Get Latest IBM Price</button>
  <ul id="display"></ul>
</p>
```

스트림에 등록하고 특정 div에 새 요소를 추가하는 자바스크립트 메소드를 만들어보자. 다음 코드는 자바스크립트 메소드를 보여준다.

```
function registerEventSourceAndAddResponseTo(uri, elementId) {
  var stringEvents = document.getElementById(elementId);
  var stringEventSource = new EventSource(uri);
  stringEventSource.onmessage = function(e) {
```

```
    var newElement = document.createElement("li");
    newElement.innerHTML = e.data;
    stringEvents.appendChild(newElement);
  }
}
```

EventSource 인터페이스는 서버가 보낸 이벤트를 수신하는 데 사용된다. HTTP를 통해 서버에 연결하고 이벤트를 텍스트/이벤트—스트림 형식으로 수신한다. 요소를 받으면 onmessage 메소드가 호출된다. close 메소드가 호출될 때까지 연결은 열린 상태로 유지된다.

최신 IBM 가격 버튼에 onclick 이벤트를 등록하는 다음 코드를 살펴보자.

```
addEvent("click", document.getElementById('subscribe-button'),
function() {
        registerEventSourceAndAddResponseTo("/stocks/price/IBM",
        "display");
      }
);
function addEvent(evnt, elem, func) {
  if (typeof(EventSource) !== "undefined") {
    elem.addEventListener(evnt,func,false);
  }
  else { // 할 일이 많지 않다
    elem[evnt] = func;
  }
}
```

SpringReactiveExampleApplication 실행

SpringReactiveExampleApplication 애플리케이션 클래스를 자바 애플리케이션으로 시작하자. 시작 로그에 표시되는 마지막 메시지 중 하나는 Netty started on port(s): 8080 이다. 네티는 스프링 리액티브의 기본 임베디드 서버다.

localhost:8080/stock-price.html URL을 탐색할 때의 브라우저를 보여주는 그림이다.

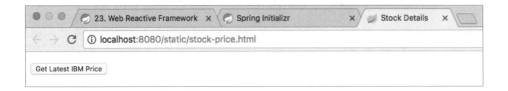

최신 IBM 가격 가져오기 버튼을 클릭하면 EventSource가 시작돼 "/stocks/price/IBM"의
이벤트를 등록한다. 요소가 수신되자마자 화면에 표시된다.

아래는 몇 가지 이벤트가 수신된 후의 화면을 보여주는데 5초마다 이벤트가 수신되는
것을 볼 수 있다.

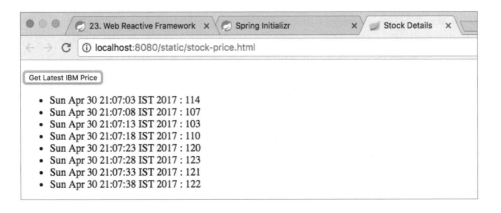

브라우저 창을 닫은 후 로그에서 추출한 내용이다.

```
[ctor-http-nio-2] reactor.Flux.OnAssembly.1        : | onSubscribe([Fuseable] FluxOnAssembly.OnAssemblySubscriber)
[ctor-http-nio-2] reactor.Flux.OnAssembly.1        : | request(1)
[      parallel-1] reactor.Flux.OnAssembly.1        : | onNext(Sun Apr 30 21:07:03 IST 2017 : 114)
[ctor-http-nio-2] reactor.Flux.OnAssembly.1        : | request(31)
[      parallel-1] reactor.Flux.OnAssembly.1        : | onNext(Sun Apr 30 21:07:08 IST 2017 : 107)
[      parallel-1] reactor.Flux.OnAssembly.1        : | onNext(Sun Apr 30 21:07:13 IST 2017 : 103)
[      parallel-1] reactor.Flux.OnAssembly.1        : | onNext(Sun Apr 30 21:07:18 IST 2017 : 110)
[      parallel-1] reactor.Flux.OnAssembly.1        : | onNext(Sun Apr 30 21:07:23 IST 2017 : 120)
[      parallel-1] reactor.Flux.OnAssembly.1        : | onNext(Sun Apr 30 21:07:28 IST 2017 : 123)
[      parallel-1] reactor.Flux.OnAssembly.1        : | onNext(Sun Apr 30 21:07:33 IST 2017 : 121)
[      parallel-1] reactor.Flux.OnAssembly.1        : | onNext(Sun Apr 30 21:07:38 IST 2017 : 122)
[      parallel-1] reactor.Flux.OnAssembly.1        : | onNext(Sun Apr 30 21:07:43 IST 2017 : 119)
[      parallel-1] reactor.Flux.OnAssembly.1        : | onNext(Sun Apr 30 21:07:48 IST 2017 : 100)
[      parallel-1] reactor.Flux.OnAssembly.1        : | onNext(Sun Apr 30 21:07:53 IST 2017 : 109)
[      parallel-1] reactor.Flux.OnAssembly.1        : | onNext(Sun Apr 30 21:07:58 IST 2017 : 123)
[      parallel-1] reactor.Flux.OnAssembly.1        : | onNext(Sun Apr 30 21:08:03 IST 2017 : 123)
[      parallel-1] reactor.Flux.OnAssembly.1        : | onNext(Sun Apr 30 21:08:08 IST 2017 : 124)
[      parallel-1] reactor.Flux.OnAssembly.1        : | onNext(Sun Apr 30 21:08:13 IST 2017 : 120)
[      parallel-1] reactor.Flux.OnAssembly.1        : | onNext(Sun Apr 30 21:08:18 IST 2017 : 108)
[      parallel-1] reactor.Flux.OnAssembly.1        : | onNext(Sun Apr 30 21:08:23 IST 2017 : 107)
[      parallel-1] reactor.Flux.OnAssembly.1        : | onNext(Sun Apr 30 21:08:28 IST 2017 : 122)
[      parallel-1] reactor.Flux.OnAssembly.1        : | onNext(Sun Apr 30 21:08:33 IST 2017 : 104)
[      parallel-1] reactor.Flux.OnAssembly.1        : | onNext(Sun Apr 30 21:08:38 IST 2017 : 118)
[      parallel-1] reactor.Flux.OnAssembly.1        : | onNext(Sun Apr 30 21:08:43 IST 2017 : 102)
[      parallel-1] reactor.Flux.OnAssembly.1        : | onNext(Sun Apr 30 21:08:48 IST 2017 : 102)
[      parallel-1] reactor.Flux.OnAssembly.1        : | onNext(Sun Apr 30 21:08:53 IST 2017 : 103)
[      parallel-1] reactor.Flux.OnAssembly.1        : | onNext(Sun Apr 30 21:08:58 IST 2017 : 117)
[      parallel-1] reactor.Flux.OnAssembly.1        : | request(24)
[      parallel-1] reactor.Flux.OnAssembly.1        : | onNext(Sun Apr 30 21:09:03 IST 2017 : 104)
[ctor-http-nio-2] reactor.Flux.OnAssembly.1        : | cancel()
```

onNext 메소드 호출 시퀀스를 볼 수 있는데 호출은 요소가 사용할 수 있게 되는 즉시 트리거된다. 브라우저 창이 닫히면 cancel() 메소드가 호출돼 스트림이 종료된다.

예제에서는 EventSource를 사용해 이벤트 스트림에 등록하는 웹 페이지와 플럭스로 이벤트 스트림을 반환하는 컨트롤러를 만들었다. 다음 예제에서는 이벤트 스트림의 도달 범위를 데이터베이스로 확장하는 방법을 살펴보자.

리액티브 데이터베이스와 통합

모든 정상적인 데이터베이스 연산은 블로킹된다. 즉 스레드는 데이터베이스에서 응답을 받을 때까지 대기한다.

리액티브 프로그래밍의 이점을 충분히 활용하려면 앤드-투-앤드 통신이 리액티브해야 한다. 즉 이벤트 스트림을 기반으로 해야 한다.

ReactiveMongo는 리액티브하고 블로킹 연산을 피하도록 디자인됐다. select, update, delete를 포함한 모든 연산은 즉시 반환된다. 이벤트 스트림을 사용해 데이터를 데이터베이스 안팎으로 스트리밍할 수 있다.

여기서는 스프링 부트 리액티브 MongoDB 스타터를 사용해 ReactiveMongo에 연결하는 간단한 예제를 만들어본다. 다음 단계가 포함된다.

1. 스프링 부트 리액티브 몽고 DB 스타터 통합하기
2. Stock 도큐먼트에 대한 모델 오브젝트 생성하기
3. reactCrudRepository 생성하기
4. 명령줄 러너를 사용해 주식 데이터 초기화하기
5. REST 컨트롤러에서 리액티브 메소드 생성하기
6. 이벤트 스트림을 구독하기 위해 뷰 업데이트하기

스프링 부트 리액티브 MongoDB 스타터 통합

ReactiveMongo 데이터베이스에 연결하기 위해 스프링 부트는 스타터 프로젝트인 스프링 부트 리액티브 MongoDB 스타터를 제공한다. 다음을 pom.xml 파일에 추가하자.

```
<dependency>
    <groupId>org.springframework.boot</groupId>
    <artifactId>spring-boot-starter-data-mongodb
      reactive</artifactId>
</dependency>
```

spring-boot-starter-data-mongodb-reactive 스타터는 spring-data-mongodb, mongodb-driver-async와 mongodb-driver-reactivestreams 의존 관계를 제공한다. 다음 코드는 spring-boot-starter-data-mongodb-reactive 스타터의 중요한 의존 관계를 보여준다.

```xml
<dependency>
  <groupId>org.springframework.data</groupId>
  <artifactId>spring-data-mongodb</artifactId>
  <exclusions>
   <exclusion>
     <groupId>org.mongodb</groupId>
     <artifactId>mongo-java-driver</artifactId>
   </exclusion>
   <exclusion>
     <groupId>org.slf4j</groupId>
     <artifactId>jcl-over-slf4j</artifactId>
   </exclusion>
  </exclusions>
</dependency>

<dependency>
 <groupId>org.mongodb</groupId>
 <artifactId>mongodb-driver</artifactId>
</dependency>
<dependency>
 <groupId>org.mongodb</groupId>
 <artifactId>mongodb-driver-async</artifactId>
</dependency>

<dependency>
 <groupId>org.mongodb</groupId>
 <artifactId>mongodb-driver-reactivestreams</artifactId>
</dependency>

<dependency>
 <groupId>io.projectreactor</groupId>
 <artifactId>reactor-core</artifactId>
</dependency>
```

EnableReactiveMongoRepositories 어노테이션은 ReactiveMongo 기능을 활성화한다. 다음 코드는 SpringReactiveExampleApplication 클래스에 추가되는 것을 보여준다.

```
@SpringBootApplication
@EnableReactiveMongoRepositories
public class SpringReactiveExampleApplication {
```

모델 오브젝트 생성 – stock 도큐먼트

다음 코드와 같이 Stock 도큐먼트 클래스를 만든다. code, name, description의 세 가지
멤버 변수가 포함된다.

```
@Document
public class Stock {
    private String code;
    private String name;
    private String description;
        //Getters, Setters 그리고 생성자
}
```

ReactiveCrudRepository 생성

전통적인 스프링 데이터 레파지토리는 블로킹된다. 스프링 데이터는 리액티브 데이터베
이스와 상호 작용을 하기 위한 새로운 레파지토리를 도입했다. ReactiveCrudRepository
인터페이스에 선언된 중요한 메소드 중 일부를 코드로 살펴보자.

```
@NoRepositoryBean
public interface ReactiveCrudRepository<T, ID extends Serializable>
extends Repository<T, ID> {
    <S extends T> Mono<S> save(S entity);
    Mono<T> findById(ID id);
    Mono<T> findById(Mono<ID> id);
    Mono<Boolean> existsById(ID id);
    Flux<T> findAll();
    Mono<Long> count();
```

```
    Mono<Void> deleteById(ID id);
    Mono<Void> deleteAll();
}
```

이전 인터페이스의 모든 메소드는 넌블로킹이다. 이벤트가 트리거될 때 요소를 검색하는 데 사용할 수 있는 Mono나 Flux를 리턴한다.

Stock 도큐먼트 오브젝트의 레파지토리를 만들어보자. 다음 코드는 StockMongoReactiveCrudRepository의 정의를 보여준다. 관리되고 있는 Stock 도큐먼트와 String 타입의 키를 가진 ReactiveCrudRepository를 상속한다.

```
public interface StockMongoReactiveCrudRepository
extends ReactiveCrudRepository<Stock, String> {
}
```

CommandLineRunner를 사용해 주식 데이터 초기화

CommandLineRunner를 사용해 ReactiveMongo에 일부 데이터를 삽입해보자. 다음 코드는 SpringReactiveExampleApplication에 추가된 세부 정보를 보여준다.

```
@Bean
CommandLineRunner initData(
StockMongoReactiveCrudRepository mongoRepository) {
  return (p) -> {
  mongoRepository.deleteAll().block();
  mongoRepository.save(
  new Stock("IBM", "IBM Corporation", "Desc")).block();
  mongoRepository.save(
  new Stock("GGL", "Google", "Desc")).block();
  mongoRepository.save(
  new Stock("MST", "Microsoft", "Desc")).block();
  };
}
```

mongoRepository.save() 메소드는 Stock 도큐먼트를 ReactiveMongo에 저장하는 데 사용된다. block() 메소드는 다음 명령문이 실행되기 전에 save 연산이 완료되도록 한다.

REST 컨트롤러에서 리액티브 메소드 생성

StockMongoReactiveCrudRepository를 사용해 세부 정보를 검색하는 컨트롤러 메소드를 추가할 수 있다.

```
@RestController
public class StockPriceEventController {
  private final StockMongoReactiveCrudRepository repository;
  public StockPriceEventController(
  StockMongoReactiveCrudRepository repository) {
    this.repository = repository;
  }

@GetMapping("/stocks")
Flux<Stock> list() {
  return this.repository.findAll().log();
}

@GetMapping("/stocks/{code}")
Mono<Stock> findById(@PathVariable("code") String code) {
  return this.repository.findById(code).log();
}
}
```

- private final StockMongoReactiveCrudRepository repository: StockMongoReactiveCrudRepository는 생성자 주입을 사용해 주입된다.
- @GetMapping("/stocks") Flux<Stock> list(): 주식 리스트를 검색하기 위해 GET 메소드를 노출한다. 주식의 스트림을 나타내는 플럭스를 반환한다.

- @GetMapping("/stocks/{code}") Mono<Stock> findById(@PathVariable("code") String code): findById는 0 또는 1개의 주식 요소를 반환한다는 것을 나타내는 Mono를 반환한다.

이벤트 스트림을 구독하기 위해 뷰 업데이트

모든 주식을 나열하고 특정 주식의 세부 정보를 표시하는 이벤트를 트리거하기 위해 새 버튼으로 뷰를 업데이트하려고 한다. 다음 코드는 resources\static\stock-price.html 에 추가될 코드를 보여준다.

```
<button id="list-stocks-button">List All Stocks</button>
<button id="ibm-stock-details-button">Show IBM Details</button>
```

다음 코드는 새 버튼에서 클릭 이벤트를 활성화하고 해당 이벤트와의 연결을 트리거 한다.

```
<script type="application/javascript">
addEvent("click",
document.getElementById('list-stocks-button'),
function() {
  registerEventSourceAndAddResponseTo("/stocks","display");
 }
);
addEvent("click",
document.getElementById('ibm-stock-details-button'),
function() {
  registerEventSourceAndAddResponseTo("/stocks/IBM","display");
}
);
</script>
```

SpringReactiveExampleApplication 실행

먼저 컴퓨터에 MongoDB를 설치하고 시작해야 한다.

 MongoDB 설치 및 시작은 MongoDB 웹 사이트(https://docs.mongodb.com/manual/installation/)에서 찾을 수 있다.

SpringReactiveExampleApplication 클래스를 시작하자. http://localhost:8080/stock-price.html에서 페이지를 로드하는 화면이다.

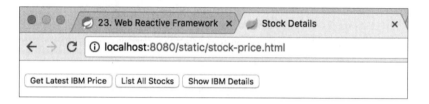

주식 목록을 클릭했을 때의 화면을 보여주는 그림이다.

IBM 세부사항 표시 버튼을 클릭했을 때의 화면이다.

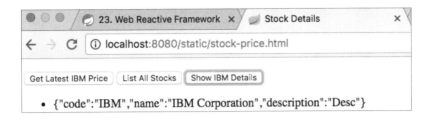

MongoDB에 관한 리액티브 솔루션을 신속하게 구현했다. ReactiveMongo를 리액티브로 디자인하고 블로킹 연산을 피하는 것을 확인했다.

▎ 요약

13장에서는 리액티브 프로그래밍의 세계를 빠르게 들여다봤다. 또한 자바 리액티브 세계의 중요한 프레임워크인 리액티브 스트림, 리액터와 스프링 웹 플럭스도 살펴봤다. 이벤트 스트림을 사용해 간단한 웹 페이지를 구현했다.

리액티브 프로그래밍은 묘책이 아니다. 모든 유스케이스에 올바른 방법이 아닐 수도 있지만 평가는 할 수 있다. 언어, 프레임워크 지원과 리액티브 프로그래밍의 사용은 진화의 초기 단계에 있다.

14장에서는 스프링 프레임워크로 애플리케이션을 개발할 때의 모범 사례를 알아본다.

14

스프링 모범 사례

13장에서 스프링 MVC, 스프링 부트, 스프링 클라우드, 스프링 클라우드 데이터 플로우와 스프링 리액티브와 같은 여러 스프링 프로젝트를 논의했다. 엔터프라이즈 애플리케이션 개발의 문제는 올바른 프레임워크를 선택하는 것으로 끝나지 않으며 프레임워크를 적절히 사용해야만 한다.

14장에서는 스프링 프레임워크를 이용한 엔터프라이즈 애플리케이션 개발의 모범 사례를 논의할 것이다. 다음과 관련된 모범 사례를 이야기한다.

- 엔터프라이즈 애플리케이션의 구조
- 스프링 구성
- 의존 관계 버전 관리
- 예외 처리
- 단위 테스트
- 통합 테스트
- 세션 관리
- 캐싱
- 로깅

▌ 메이븐 표준 디렉토리 레이아웃

메이븐은 모든 프로젝트에 대한 표준 디렉토리 레이아웃을 정의한다. 모든 프로젝트가 이 레이아웃을 채택하면 개발자는 프로젝트를 쉽게 전환할 수 있다.

 스프링 이니셜라이저를 사용해 프로젝트를 만든 후에는 모든 메이븐 규칙을 따를 수 있다.

웹 프로젝트의 디렉토리 레이아웃 예를 보여주는 그림이다.

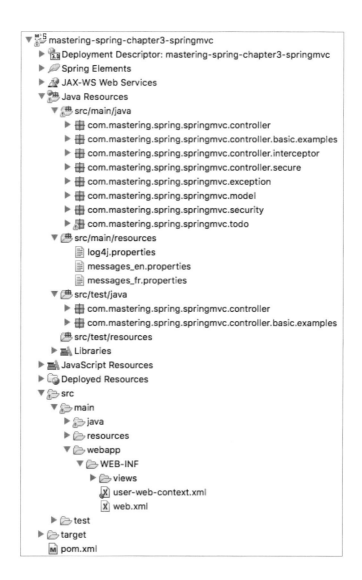

다음은 몇 가지 중요한 표준 디렉토리를 나타낸다.

- src/main/java: 모든 애플리케이션 관련 소스코드
- src/main/resources: 모든 애플리케이션 관련 리소스 스프링 컨텍스트 파일, 등록 정보 파일, 로깅 구성 등

- src/main/webapp: 웹 애플리케이션과 관련된 모든 리소스, 뷰 파일(JSP, 뷰 템플릿, 정적 콘텐츠 등)
- src/test/java: 모든 단위 테스트 코드
- src/test/resources: 단위 테스트와 관련된 모든 리소스

▌ 레이어 아키텍처를 사용한 애플리케이션 구축

핵심 설계 목표 중 하나는 SoC^{separation of concerns}다. 애플리케이션이나 마이크로서비스의 크기와 관계없이 레이어 아키텍처를 만드는 것이 좋다.

레이어 아키텍처는 레이어마다 한 가지 주요 사항이 있으며 이를 잘 구현해야 한다. 애플리케이션을 레이어화하면 단위 테스트가 단순해진다. 레이어의 코드마다 다음 레이어를 모킹해 단위 테스트를 완벽하게 수행할 수 있다. 다음 그림은 일반적인 마이크로서비스/웹 애플리케이션의 중요한 일부 레이어를 보여준다.

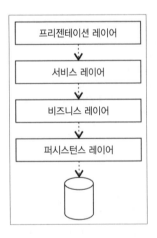

그림에 표시된 레이어는 다음과 같다.

- **프리젠테이션 레이어**: 마이크로서비스에서 프리젠테이션 레이어는 REST 컨트롤러가 있는 위치다. 일반적인 웹 애플리케이션에서 프리젠테이션 레이어에는 뷰 관련 콘텐츠(JSP, 템플릿 및 정적 콘텐츠)가 포함된다. 프리젠테이션 레이어는 서비스 레이어와 통신한다.
- **서비스 레이어**: 비즈니스 레이어의 껍데기 역할을 한다. 모바일, 웹 및 태블릿과 같은 다양한 뷰에는 다른 종류의 데이터가 필요할 수 있다. 서비스 레이어는 요구사항을 이해하고 프리젠테이션 레이어를 기반으로 올바른 데이터를 제공한다.
- **비즈니스 레이어**: 모든 비즈니스 로직이 있는 곳이다. 또 다른 모범 사례는 대부분의 비즈니스 로직을 도메인 모델에 적용하는 것이다. 비즈니스 레이어는 데이터 레이어와 통신해 데이터를 가져오고 그 위에 비즈니스 로직을 추가한다.
- **퍼시스턴스 레이어**: 데이터를 검색해 데이터베이스에 저장한다. 퍼시스턴스 레이어는 일반적으로 JPA 매핑 또는 JDBC 코드를 포함한다.

▌ 다른 레이어를 위한 별도의 컨텍스트 파일이 있다

레이어마다 다른 스프링 컨텍스트를 사용하는 것이 좋다. 각 레이어의 문제를 분리하는데 도움이 되며 특정 레이어의 코드를 단위 테스트할 때도 도움이 된다.

애플리케이션 context.xml은 모든 레이어에서 컨텍스트를 가져오는 데 사용할 수 있다. 애플리케이션이 실행될 때 로드되는 컨텍스트일 수 있다. 가능한 스프링 컨텍스트 이름 중 일부는 다음과 같다.

- application-context.xml
- presentation-context.xml
- services-context.xml

- business-context.xml

- persistence-context.xml

XML 구성에서 자바 구성으로 넘어갈 때 다음과 같이 구성 클래스를 레이어별로 분리해 대체할 수 있다.

- PresentationConfig.java

- ServicesConfig.java

- BusinessConfig

- PersistenceConfig

▌ 중요한 레이어의 API와 impl 분리

느슨하게 연결된 애플리케이션 레이어를 보장하는 또 다른 모범 사례는 각 레이어에 별도의 API 및 구현 모듈을 갖는 것이다. 이를 통해 두 레이어를 명확하게 분리할 수 있다. 레이어의 구현은 그 위에 있는 레이어에 영향을 주지 않고 변경될 수 있다.

두 개의 하위 모듈(api 및 impl)이 있는 데이터 레이어를 보여주는 그림이다.

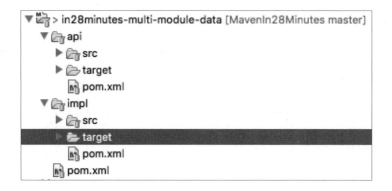

데이터 pom.xml은 다음 두 하위 모듈을 정의한다.

```xml
<modules>
    <module>api</module>
    <module>impl</module>
</modules>
```

API 모듈은 데이터 레이어가 제공하는 인터페이스를 정의하는 데 사용되고, impl 모듈은 구현을 생성하는 데 사용된다.

비즈니스 레이어는 데이터 레이어의 API를 사용해 구축해야 한다. 비즈니스 레이어는 데이터 레이어의 구현(impl 모듈)에 의존하면 안 된다.

다음 코드는 비즈니스 레이어의 pom.xml 파일에서 추출한 내용을 보여준다.

```xml
<dependency>
    <groupId>com.in28minutes.example.layering</groupId>
    <artifactId>data-api</artifactId>
</dependency>

<dependency>
    <groupId>com.in28minutes.example.layering</groupId>
    <artifactId>data-impl</artifactId>
    <scope>runtime</scope>
</dependency>
```

data-api 의존 관계는 기본 스코프 컴파일이지만 data-impl 의존 관계는 런타임 스코프를 가진다. 이렇게 하면 비즈니스 레이어를 컴파일하는 동안 data-impl 모듈을 사용할 수 없게 된다.

분리된 상태에서 api와 impl은 모든 레이어에 구현할 수 있는데 최소한 비즈니스 레이어에는 사용해야 한다.

예외 처리 모범 사례

다음을 보장하려면 예외 처리가 우수해야 한다.

- 사용자는 도움이나 지원을 받기 위해 연락할 사람을 알고 있다.
- 개발자/지원 팀에 문제를 해결하기 위한 정보가 있다.

자바 세계에는 두 가지 타입의 예외가 있다.

- **체크된 예외**: 서비스 메소드가 체크된 예외를 발생시키면 모든 소비자 메소드가 예외를 처리하거나 예외를 발생시켜야 한다.
- **언체크된 예외**: 소비자 메소드는 서비스 메소드에 의해 발생한 예외를 처리하거나 발생시킬 필요가 없다.

RuntimeException과 모든 서브 클래스는 언체크된 예외이며 다른 모든 예외는 체크된 예외다.

체크된 예외는 코드를 읽기 어렵게 만들 수 있다. 다음 예제를 살펴보자.

```
PreparedStatement st = null;
try {
    st = conn.prepareStatement(INSERT_TODO_QUERY);
    st.setString(1, bean.getDescription());
    st.setBoolean(2, bean.isDone());
    st.execute();
    } catch (SQLException e) {
      logger.error("Failed : " + INSERT_TODO_QUERY, e);
      } finally {
        if (st != null) {
          try {
            st.close();
            } catch (SQLException e) {
            // 무시-할 일 없음..
            }
```

```
        }
    }
```

PreparedStatement 클래스의 execute 메소드 선언은 다음과 같다.

```
boolean execute() throws SQLException
```

SQLException은 체크된 예외다. 따라서 execute() 메소드를 호출하는 메소드는 예외를 처리하거나 예외를 발생시켜야 한다. 앞의 예제에서는 try-catch 블록을 사용해 예외를 처리한다.

예외 처리에 대한 스프링의 접근 방식

스프링은 예외 처리에 다른 접근법을 취한다. 예외 대부분은 언체크돼 있어 다음 예제와 같이 코드가 단순해진다.

```
jdbcTemplate.update(INSERT_TODO_QUERY,
bean.getDescription(),bean.isDone());
```

JDBCTemplate의 update 메소드는 예외 발생을 선언하지 않는다.

권장 접근법

스프링 프레임워크에서 사용하는 것과 매우 유사한 접근 방식을 권장한다. 메소드에서 어떤 예외를 발생시킬지 결정할 때 항상 메소드의 소비자를 생각해보자.

메소드의 소비자는 예외에 무얼 할 수 있을까?

이전 예에서 쿼리 실행이 실패하면 consumer 메소드는 사용자에게 에러 페이지를 표시하는 것 외에는 아무것도 수행할 수 없다. 이런 종류의 시나리오에서는 일을 복잡하게 만들지 말고 소비자가 예외를 처리하도록 해야 한다.

애플리케이션에서 다음과 같은 예외 처리 방법을 권장한다.

- 소비자를 생각해보자. 메소드 소비자가 예외에 대해 유용한 작업을 수행할 수 없는 경우(로깅 또는 에러 페이지 표시 제외) 예외 발생 처리를 하지 않는다(언체크된 예외).
- 최상위 레이어(일반적으로 프레젠테이션 레이어)에서는 에러 페이지를 표시하거나 소비자에게 에러 응답을 보내려면 모든 예외 처리를 잡아야 한다.

▌ 스프링 구성 간결하게 유지

어노테이션 이전의 스프링 문제 중 하나는 애플리케이션 컨텍스트 XML 파일의 크기였다. 애플리케이션 컨텍스트 XML 파일은 수백 줄(때로는 수천 줄)까지 실행됐다. 그러나 어노테이션을 사용하면서 긴 애플리케이션 컨텍스트 XML 파일이 더 이상 필요하지 않게 됐다.

빈을 수동으로 XML 파일에 연결하는 대신, 컴포넌트 스캔을 사용해 빈을 찾고 오토와이어링하는 것이 좋다. 애플리케이션 컨텍스트 XML 파일은 간결하게 유지해야 한다. 프레임워크 관련 구성이 필요할 때마다 자바 @Configuration을 사용하는 것이 좋다.

▎ ComponentScan에서 basePackageClasses 속성 사용

컴포넌트 스캔을 사용할 때 basePackageClasses 속성을 사용하는 것이 좋다. 다음 예제 코드를 살펴보자.

```
@ComponentScan(basePackageClasses = ApplicationController.class)
public class SomeApplication {
```

basePackageClasses 속성은 basePackages()의 type—safe 대안이며 어노테이션이 달린 컴포넌트를 스캔할 패키지를 지정하는 데 사용할 수 있다. 지정된 각 클래스의 패키지가 스캔된다.

이렇게 하면 패키지 이름이 바뀌거나 이동한 경우에도 컴포넌트 스캔이 예상대로 작동한다.

▎ 스키마 참조에서 버전 번호를 사용하지 않는다

스프링은 의존 관계에서 올바른 버전의 스키마를 인식할 수 있다. 따라서 더 이상 스키마 참조에 버전 번호를 사용할 필요가 없다. 다음 클래스 코드는 예를 보여준다.

```
<?xml version="1.0" encoding="UTF-8"?>
<beans xmlns="http://www.springframework.org/schema/beans"
  xmlns:xsi="http://www.w3.org/2001/XMLSchema-instance"
  xmlns:context="http://www.springframework.org/schema/context"
  xsi:schemaLocation="http://www.springframework.org/schema/beans"
http://www.springframework.org/schema/beans/spring-beans.xsd
  http://www.springframework.org/schema/context/
  http://www.springframework.org/schema/context/spring-
  context.xsd">
  <!-- Other bean definitions-->
</beans>
```

앞의 코드는 스프링 버전을 지정하지 않는다. 일반적인 코드라서 스프링 버전을 업그레이드 할 때도 변경할 필요가 없다.

▌ 필수 의존 관계에 생성자 주입 선호

2장, '의존 관계 주입 및 단위 테스트하기'에서 스프링과 함께 사용되는 다른 종류의 의존 관계 주입 옵션을 살펴봤다. 일반적으로 빈에는 두 가지 종류의 의존 관계가 있다.

- **필수 의존 관계**: 빈에 사용하려는 의존 관계다. 의존 관계를 사용할 수 없을 때는 컨텍스트 로드되지 않는 편이 좋다.
- **선택적 의존 관계**: 이들은 선택적 의존 관계로 항상 이용할 수 있지는 않다. 컨텍스트를 사용할 수 없는 경우에도 컨텍스트를 로드하는 것이 좋다.

setter 주입 대신 생성자 주입을 사용해 필수 의존 관계를 연결하는 것이 좋다. 필수 의존 관계가 누락되면 컨텍스트가 로드되지 않도록 한다. 다음 코드는 예를 보여준다.

```
public class SomeClass {
  private MandatoryDependency mandatoryDependency
  private OptionalDependency optionalDependency;
  public SomeClass(MandatoryDependency mandatoryDependency) {
    this.mandatoryDependency = mandatoryDependency;
  }
  public void setOptionalDependency(
  OptionalDependency optionalDependency) {
    this.optionalDependency = optionalDependency;
  }    //모든 다른 로직
}
```

▌ 스프링 프로젝트의 의존 관계 버전 관리

프로젝트는 의존 관계라고도 하는 다른 프레임워크에 의존한다. 사용되는 프레임워크 의존 관계 버전을 관리하는 것은 중요하다. 스프링 부트를 사용할 때 의존 관계 버전을 관리하는 가장 간단한 옵션은 spring-boot-starter-parent를 부모 POM으로 사용하는 것이다. 다음은 이 책의 모든 프로젝트 예제에서 사용된 옵션이다.

```
<parent>
  <groupId>org.springframework.boot</groupId>
  <artifactId>spring-boot-starter-parent</artifactId>
  <version>${spring-boot.version}</version>
  <relativePath /> <!-- lookup parent from repository -->
</parent>
```

200개가 넘는 의존 관계의 버전은 spring-boot-starter-parent에서 관리한다. 스프링 부트가 릴리스되기 전에는 의존 관계 버전이 모두 잘 작동되는 것을 보장한다. 관리되는 의존 관계 버전 중 코드 일부를 살펴보자.

```
<activemq.version>5.14.3</activemq.version>
<ehcache.version>2.10.3</ehcache.version>
<elasticsearch.version>2.4.4</elasticsearch.version>
<h2.version>1.4.193</h2.version>
<jackson.version>2.8.7</jackson.version>
<jersey.version>2.25.1</jersey.version>
<junit.version>4.12</junit.version>
<mockito.version>1.10.19</mockito.version>
<mongodb.version>3.4.2</mongodb.version>
<mysql.version>5.1.41</mysql.version>
<reactor.version>2.0.8.RELEASE</reactor.version>
<reactor-spring.version>2.0.7.RELEASE</reactor-spring.version>
<selenium.version>2.53.1</selenium.version>
<spring.version>4.3.7.RELEASE</spring.version>
<spring-amqp.version>1.7.1.RELEASE</spring-amqp.version>
<spring-cloud-connectors.version>1.2.3.RELEASE</spring-cloudconnectors.version>
```

```
<spring-batch.version>3.0.7.RELEASE</spring-batch.version>
<spring-hateoas.version>0.23.0.RELEASE</spring-hateoas.version>
<spring-kafka.version>1.1.3.RELEASE</spring-kafka.version>
<spring-restdocs.version>1.1.2.RELEASE</spring-restdocs.version>
<spring-security.version>4.2.2.RELEASE</spring-security.version>
<thymeleaf.version>2.1.5.RELEASE</thymeleaf.version>
```

프로젝트 POM 파일에서 관리되는 의존 관계 버전을 재정의하지 않는 것이 좋다. 스프링 부트 버전을 업그레이드할 때 모든 의존 관계에 최신 버전이 업그레이드된다.

때로는 커스텀 회사 POM을 부모 POM으로 사용해야 한다. 시나리오에서 의존 관계 버전을 관리하는 방법을 보여주는 코드다.

```
<dependencyManagement>
    <dependencies>
      <dependency>
        <groupId>org.springframework.boot</groupId>
        <artifactId>spring-boot-dependencies</artifactId>
        <version>${spring-boot.version}</version>
        <type>pom</type>
        <scope>import</scope>
      </dependency>
    </dependencies>
</dependencyManagement>
```

스프링 부트를 사용하지 않는다면 다음 예제와 같이 스프링 BOM을 사용해 모든 기본 스프링 의존 관계를 관리할 수 있다.

```
<dependencyManagement>
  <dependencies>
    <dependency>
      <groupId>org.springframework</groupId>
      <artifactId>spring-framework-bom</artifactId>
      <version>${org.springframework-version}</version>
```

```
        <type>pom</type>
        <scope>import</scope>
      </dependency>
    </dependencies>
  </dependencyManagement>
```

요약하면 프로젝트에서 사용되는 스프링 프레임워크 버전을 관리하기 위해 스프링 부트 스타터 부모나 스프링 BOM을 사용하는 것이 좋다.

▌ 단위 테스트 모범 사례

단위 테스트의 기본 목표는 결함을 찾는 것이지만, 레이어마다 단위 테스트를 작성하는 방법은 다르다. 여러 레이어의 단위 테스트 예제와 모범 사례를 간략하게 살펴보자.

비즈니스 레이어에 테스트 작성

비즈니스 레이어의 테스트를 작성할 때 단위 테스트에서 스프링 프레임워크를 사용하지 않는 것이 좋다. 테스트가 프레임워크에 독립적이며 더 빠르게 실행되기 때문이다. 다음 코드는 스프링 프레임워크를 사용하지 않고 작성된 단위 테스트의 예다.

```
@RunWith(MockitoJUnitRunner.class)
public class BusinessServiceMockitoTest {

  private static final User DUMMY_USER = new User("dummy");

  @Mock
  private DataService dataService;

  @InjectMocks
  private BusinessService service = new BusinessServiceImpl();
```

```
    @Test
    public void testCalculateSum() {

BDDMockito.given(dataService.retrieveData(Matchers.any(User.class)))
               .willReturn(Arrays.asList(new Data(10), new Data(15), new Data(25)));
    long sum = service.calculateSum(DUMMY_USER);

    assertEquals(10 + 15 + 25, sum);

    }
}
```

스프링 프레임워크는 실행 중인 애플리케이션의 의존 관계를 연결하는 데 사용된다. 그러나 단위 테스트에서 @InjectMocks 모키토 어노테이션을 @Mock와 함께 사용하는 방식이 가장 좋다.

웹 레이어에 테스트 작성

웹 레이어의 단위 테스트에는 컨트롤러 테스트(REST 등)가 포함되므로 다음을 권장한다.

- 스프링 MVC에 구축된 웹 레이어에 Mock MVC 사용하기
- Jersey 테스트 프레임워크는 Jersey 및 JAX-RS를 사용해 구축된 REST 서비스에 적합하다.

Mock MVC 프레임워크를 설정하는 간단한 예제는 다음과 같다.

```
    @RunWith(SpringRunner.class)
    @WebMvcTest(TodoController.class)
    public class TodoControllerTest {

    @Autowired
    private MockMvc mvc;
```

```
    @MockBean
    private TodoService service;
    // 테스트
}
```

@WebMvcTest를 사용하면 오토와이어 MockMvc를 사용하고 웹 요청을 실행할 수 있다.
@WebMVCTest의 가장 큰 특징은 컨트롤러 구성요소만 인스턴스화한다는 것이다. 다른 모든 스프링 구성요소는 모킹될 것으로 예상되며 @MockBean을 사용해 자동 연결될 수 있다.

데이터 레이어에 테스트 작성

스프링 부트는 데이터 레이어 단위 테스트를 위한 간단한 어노테이션 @DataJpaTest를 제공한다. 예시는 다음과 같다.

```
@DataJpaTest
@RunWith(SpringRunner.class)
public class UserRepositoryTest {

  @Autowired
  UserRepository userRepository;

  @Autowired
  TestEntityManager entityManager;
 // Test 메소드
}
```

@DataJpaTest는 테스트용으로 특별히 설계된 표준 JPA entityManager에 대안을 제공하는 TestEntityManager 빈을 삽입할 수 있다.

@DataJpaTest 외부에서 TestEntityManager를 사용할 때 @AutoConfigureTestEntityManager 어노테이션을 사용할 수도 있다.

데이터 JPA 테스트는 기본적으로 임베디드 데이터베이스에 관해 실행된다. 데이터베이스에 영향을 주지 않고 원하는 만큼 여러 번 테스트할 수 있다.

다른 애플리케이션 개발 모범 사례

코드를 개발하려면 TDD(테스트 중심 개발) 방식을 따르는 것이 좋다. 코드 앞에 테스트를 작성하면 코드 단위의 복잡성과 의존 관계를 명확하게 이해할 수 있다. 경험상 더 나은 디자인과 더 나은 코드로 이어진다.

 최고의 프로젝트는 단위 테스트가 소스코드보다 중요하다는 점을 인식하는 것이다. 애플리케이션은 진화한다. 몇 년 전의 아키텍처는 오늘날까지 유산으로 남아 있다. 훌륭한 단위 테스트를 통해 프로젝트를 지속적으로 리팩토링하고 개선할 수 있다.

단위 테스트의 지침은 다음과 같다.

- 단위 테스트는 읽을 수 있어야 한다. 다른 개발자는 15초 이내에 테스트를 이해할 수 있어야 한다. 코드를 문서화하는 테스트를 목표로 하자.
- 단위 테스트는 프로덕션 코드에 결함이 있는 경우에만 실패해야 한다. 간단해 보이지만 단위 테스트가 외부 데이터를 사용하면 외부 데이터가 변경될 때 실패할 수 있다. 그러면 일정 기간 동안 개발자는 단위 테스트에 신뢰를 잃을 수 있다.
- 단위 테스트는 빠르게 실행돼야 한다. 느린 테스트는 자주 실행되지 않으므로 단위 테스트와 관련된 모든 이점이 사라진다.
- 단위 테스트는 **지속적인 통합**Continuous Integration의 일부로 실행해야 한다. 버전 관리에 커밋이 발생하자마자 빌드(단위 테스트 포함)가 실행되고 실패하면 개발자에게 알려야 한다.

▌통합 테스트 모범 사례

단위 테스트는 특정 레이어를 테스트하지만 통합 테스트는 여러 레이어의 코드를 테스트하는 데 사용된다. 테스트를 반복적으로 유지하려면 통합 테스트에 실제 데이터베이스 대신 임베디드 데이터베이스를 사용하는 것이 좋다. 임베디드 데이터베이스를 사용해 통합 테스트를 수행할 때는 별도의 프로파일을 만들기를 권한다. 그렇게 하면 테스트를 실행할 자체 데이터베이스를 보유할 수 있다. 간단한 예를 살펴보자.

다음은 application.properties 파일의 예다.

```
app.profiles.active: production
```

application-production.properties 파일의 예다.

```
app.jpa.database: MYSQL
app.datasource.url: <<VALUE>>
app.datasource.username: <<VALUE>>
app.datasource.password: <<VALUE>>
```

application-integration-test.properties 파일의 예다.

```
app.jpa.database: H2
app.datasource.url=jdbc:h2:mem:mydb
app.datasource.username=sa
app.datasource.pool-size=30
```

아래 코드와 같이 테스트 범위에 H2 드라이버 의존 관계를 포함시켜야 한다.

```
<dependency>
  <groupId>mysql</groupId>
  <artifactId>mysql-connector-java</artifactId>
```

```
    <scope>runtime</scope>
  </dependency>

  <dependency>
    <groupId>com.h2database</groupId>
    <artifactId>h2</artifactId>
    <scope>test</scope>
  </dependency>
```

@ActiveProfiles("integration-test")를 사용한 예제 통합 테스트는 다음과 같다. 통합 테스트는 임베디드 데이터베이스를 사용해 실행된다.

```
@ActiveProfiles("integration-test")
@RunWith(SpringRunner.class)
@SpringBootTest(classes = Application.class,
                webEnvironment = SpringBootTest.WebEnvironment.RANDOM_PORT)
public class TodoControllerIT {

  @LocalServerPort
  private int port;

  private TestRestTemplate template = new TestRestTemplate();

  //Tests
}
```

통합 테스트는 작동 중인 소프트웨어를 지속적으로 제공하는 데 중요하다. 스프링 부트 가 제공하는 기능으로 통합 테스트를 쉽게 구현할 수 있다.

스프링 부트를 사용한 단위 및 통합 테스트 구현에 관한 자세한 내용은 7장, '스프링 부 트를 이용한 REST API 단위 테스트'를 참조하자.

스프링 세션을 이용한 세션 관리

세션 상태 관리는 웹 애플리케이션을 배포하고 확장할 때 중요한 과제다. HTTP는 무상태 프로토콜이다. 웹 애플리케이션과의 사용자 상호 작용 상태는 일반적으로 HttpSession에서 관리된다.

 모든 REST API를 무상태로 만드는 것이 좋다.

세션에 가능한 적은 데이터를 보유해야 한다. 세션에서 필요하지 않은 데이터를 식별하고 제거하는 데 집중하자.

그림과 같이 세 개의 인스턴스가 있는 분산 애플리케이션을 생각해보자. 각 인스턴스에는 자체 로컬 세션 복사본이 있다.

사용자가 현재 앱 인스턴스 1에서 서비스를 받고 있다고 가정해보자. 앱 인스턴스 1이 중단되고 로드 밸런서가 사용자를 앱 인스턴스 2로 보낸다고 상상하자. 앱 인스턴스 2는 앱 인스턴스 1에서 사용 가능한 세션 상태를 모른다. 따라서 사용자는 로그인하고 다시 시작해야 하는데 이는 좋은 사용자 경험이 아니다.

스프링 세션은 세션 레파지토리를 외부화하는 기능을 제공한다. 스프링 세션은 로컬 HttpSession을 사용하는 대신 그림과 같이 세션 상태를 다른 데이터 레파지토리에 저장하는 대안을 제공한다.

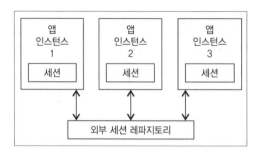

스프링 세션은 명확한 SoC를 제공한다. 애플리케이션 코드는 사용 중인 세션 데이터 레파지토리와 상관없이 똑같이 유지된다. 구성을 통해 세션 데이터 레파지토리 간에 전환할 수 있다.

레디스로 스프링 세션 구현

예시에서는 레디스 세션 레파지토리를 사용하기 위해 스프링 세션을 연결한다. 세션에 데이터를 저장하는 코드는 똑같이 유지되지만 데이터는 HTTP 세션 대신 레디스Redis에 저장된다.

 레디스는 인메모리 데이터 레파지토리다. 일반적으로 캐싱을 위한 빠른 데이터베이스나 메시지 브로커와 같은 많은 유스케이스가 있다.

세 가지 간단한 단계가 있다.

1. 스프링 세션에 의존 관계를 추가한다.
2. HttpSession을 스프링 세션으로 바꾸도록 필터를 구성한다.
3. AbstractHttpSessionApplicationInitializer를 상속해 톰캣에 필터링을 활성화한다.

스프링 세션에 의존 관계 추가

레디스 레파지토리에 연결하는 스프링 세션에 필요한 의존 관계는 spring-session-data-redis와 lettuce-core다. 예제는 다음과 같다.

```
<dependency>
  <groupId>org.springframework.session</groupId>
  <artifactId>spring-session-data-redis</artifactId>
  <type>pom</type>
</dependency>

<dependency>
  <groupId>io.lettuce</groupId>
  <artifactId>lettuce-core</artifactId>
</dependency>
```

HttpSession을 스프링 세션으로 대체하기 위한 필터 구성

HTTPSession을 스프링 세션(레디스 데이터 레파지토리)의 세션 구현으로 대체하는 서블릿 필터를 생성하는 구성을 나타냈다.

```
@EnableRedisHttpSession
public class ApplicationConfiguration {

    @Bean
    public LettuceConnectionFactory connectionFactory() {
      return new LettuceConnectionFactory();
    }
}
```

AbstractHttpSessionApplicationInitializer를 상속해 톰캣 필터링 사용

이전 단계에서는 서블릿 컨테이너(톰캣)에 대한 모든 요청에 서블릿 필터를 사용하도록 설정해야 한다. 다음은 관련된 코드를 보여준다.

```
public class Initializer extends AbstractHttpSessionApplicationInitializer {

    public Initializer() {
      super(ApplicationConfiguration.class);
    }
}
```

필요한 모든 구성이 들어있다. 스프링 세션의 가장 큰 장점은 HTTPSession과 대화할 때 애플리케이션 코드가 변경되지 않는다는 것이다! HttpSession 인터페이스를 계속 사용할 수 있지만, 백그라운드에서 스프링 세션은 세션 데이터가 외부 데이터 레파지토리(예에서는 레디스)에 저장되도록 한다.

```
req.getSession().setAttribute(name, value);
```

스프링 세션은 외부 세션 레파지토리에 연결하기 위한 간단한 옵션을 제공한다. 외부 세션 레파지토리에서 세션을 백업하면 애플리케이션 인스턴스 중 하나가 중단된 경우에도 사용자가 실패할 수 있다.

▌ 캐싱 모범 사례

캐싱은 고성능 애플리케이션을 구축할 때 필수적이다. 외부 서비스나 데이터베이스에 항상 충돌하지는 않는다. 자주 변경되지 않는 데이터는 캐시될 수 있다.

스프링은 캐시를 연결하고 사용하는 투명한 메커니즘을 제공한다. 다음 단계는 애플리케이션에서 캐시를 활성화하는 것과 관련이 있다.

1. spring-boot-starter-cache 의존 관계를 추가한다.
2. 캐싱 어노테이션을 추가한다.

두 단계를 자세히 알아보자.

spring-boot-starter-cache 의존 관계 추가

spring-boot-starter-cache 의존 관계를 보여주는 코드다. 캐시를 구성하는 데 필요한 모든 의존 관계 및 자동 설정을 가져온다.

```
<dependency>
      <groupId>org.springframework.boot</groupId>
      <artifactId>spring-boot-starter-cache</artifactId>
</dependency>
```

캐싱 어노테이션 추가

캐싱 어노테이션을 추가해 캐시에서 항목을 추가하거나 제거해야 하는 시기를 나타내는 단계다. 예제를 보여주는 코드다.

```
@Component
public class ExampleRepository implements Repository {
      @Override
      @Cacheable("something-cache-key")
      public Something getSomething(String id) {
          // 기타 코드
      }
}
```

지원되는 일부 어노테이션은 다음과 같다.

- Cacheable: 메소드 호출 결과를 캐시하는 데 사용된다. 기본 구현은 메소드에 전달된 매개변수를 기반으로 키를 구성한다. 값이 캐시에서 발견되면 메소드가 호출되지 않는다.
- CachePut: @Cacheable과 유사하다. 메소드가 항상 호출되고 결과가 캐시에 저장된다는 점에서 차이가 있다.
- CacheEvict: 캐시에서 특정 요소에 관한 제거를 트리거한다. 일반적으로 요소가 삭제되거나 업데이트될 때 수행된다.

스프링 캐싱에서 알아야 할 중요한 사항은 다음과 같다.

- 사용되는 기본 캐시는 ConcurrentHashMap이다.
- 스프링 캐싱 추상화는 JSR-107을 준수한다.
- 자동 설정할 수 있는 다른 캐시에는 Ehcache, 레디스와 헤이즐캐스트Hazelcast가 있다.

스프링 부트 캐시 스타터를 사용하면 간단하고 사용하기 쉬운 어노테이션으로 캐싱을 애플리케이션에 쉽게 통합할 수 있다.

▌ 로깅 모범 사례

스프링 및 스프링 부트는 커먼 로깅commons-logging API에 의존한다. 다른 로깅 프레임워크에는 의존하지 않는다. 스프링 부트는 특정 로깅 프레임워크의 구성을 단순화하기 위한 스타터를 제공한다.

로그백 프레임워크 사용

스타터 spring-boot-starter-logging은 로그백^{Logback} 프레임워크를 사용하는 데 필요한 모든 것이다. 의존 관계는 spring-boot-starter-web을 포함한 대부분 스타터에 포함된 기본 로깅이다. 의존 관계는 아래와 같이 표시된다.

```xml
<dependency>
    <groupId>org.springframework.boot</groupId>
    <artifactId>spring-boot-starter-logging</artifactId>
</dependency>
```

spring-boot-starter-logging에 포함된 로그백 및 관련 의존 관계를 보여준다.

```xml
<dependency>
  <groupId>ch.qos.logback</groupId>
  <artifactId>logback-classic</artifactId>
</dependency>

<dependency>
  <groupId>org.slf4j</groupId>
  <artifactId>jcl-over-slf4j</artifactId>
</dependency>

<dependency>
  <groupId>org.slf4j</groupId>
  <artifactId>jul-to-slf4j</artifactId>
</dependency>

<dependency>
  <groupId>org.slf4j</groupId>
  <artifactId>log4j-over-slf4j</artifactId>
</dependency>
```

log4j2

log4j2를 사용하려면 spring-boot-starter-log4j2를 사용해야 한다. spring-boot-starter
-web과 같은 스타터를 사용하면 spring-boot-starter-logging에서 의존 관계를 제외해
야 한다. 세부사항을 보여주는 코드다.

```
<dependency>
  <groupId>org.springframework.boot</groupId>
  <artifactId>spring-boot-starter</artifactId>
  <exclusions>
    <exclusion>
      <groupId>org.springframework.boot</groupId>
      <artifactId>spring-boot-starter-logging</artifactId>
    </exclusion>
   </exclusions>
</dependency>

<dependency>
  <groupId>org.springframework.boot</groupId>
  <artifactId>spring-boot-starter-log4j2</artifactId>
</dependency>
```

spring-boot-starterlog4j2 스타터에서 사용되는 의존 관계를 보여주는 코드다.

```
<dependency>
<groupId>org.apache.logging.log4j</groupId>
<artifactId>log4j-slf4j-impl</artifactId>
</dependency>

<dependency>
  <groupId>org.apache.logging.log4j</groupId>
  <artifactId>log4j-api</artifactId>
</dependency>

<dependency>
```

```
    <groupId>org.apache.logging.log4j</groupId>
    <artifactId>log4j-core</artifactId>
</dependency>

<dependency>
    <groupId>org.slf4j</groupId>
    <artifactId>jul-to-slf4j</artifactId>
</dependency>
```

프레임워크 독립 구성 제공

사용된 logging 프레임워크에 관계없이 스프링 부트는 애플리케이션 속성에서 기본 구성 옵션을 허용한다. 몇 가지 예를 소개한다.

```
logging.level.org.springframework.web=DEBUG
logging.level.org.hibernate=ERROR
logging.file=<<PATH_TO_LOG_FILE>>
```

마이크로서비스 시대에는 logging에 사용하는 프레임워크와 관계없이 파일 대신 콘솔에 로그를 찍고 중앙 집중식 로깅 레파지토리 도구로 모든 마이크로서비스 인스턴스에서 로그를 캡처한다.

기본적으로 스프링 및 스프링 부트는 커먼 로깅 API를 사용한다. 스프링 부트 스타터를 사용해 특정 로깅 프레임워크 구성을 단순화한다.

▌ 요약

14장에서는 스프링 기반 애플리케이션 개발의 모범 사례를 살펴봤다. 레이어링, 메이븐 표준 디렉토리 레이아웃 준수, API와 구현 모듈 사용과 같은 프로젝트 구성에 관한 모범 사례를 다뤘다. 또한 스프링 구성을 최소로 유지하는 방법도 논의했다. 로깅, 캐싱, 세션 관리 및 예외 처리와 관련된 모범 사례도 살펴봤다. 모든 것을 이해해두면 스프링 프로젝트에 가장 적합한 구현을 제공할 때 도움이 된다.

15장에서는 코틀린이라는 새로운 언어를 배우고 코틀린으로 스프링 프로젝트를 구현하는 기본사항을 알아본다.

15

스프링에서 코틀린 개발하기

코틀린은 정적인 형식의 JVM 언어로 표현력이 뛰어나고 간결하며 읽기 쉬운 코드를 지원한다. 코틀린은 IntelliJ IDE의 팀인 젯브레인이 만들었다. 몇 년 동안 코틀린은 스팀steam을 채택했으며 이제는 안드로이드 애플리케이션 개발에 선호하는 언어가 됐다.

코틀린은 구문이 간결해 웹 애플리케이션을 보다 쉽게 개발할 수 있다. 이런 가능성을 보고 스프링 프레임워크는 버전 5.0부터 코틀린을 지원했다.

15장에서는 코틀린의 중요한 기능을 일부 살펴보고 코틀린과 스프링 부트로 기본 REST 서비스를 작성해본다.

15장에서 다룰 내용은 다음과 같다.

- 코틀린이란?
- 코틀린은 자바와 어떻게 비교될까?
- 이클립스에서 코틀린 프로젝트를 만드는 방법은 무엇일까?
- 코틀린으로 스프링 부트 프로젝트를 만드는 방법은 무엇인가?
- 코틀린을 사용해 간단한 스프링 부트 REST 서비스를 구현하고 단위 테스트하는 방법은 무엇인가?

▌ 기술적 요구사항

15장의 기술적 요구사항은 다음과 같다.

- 선호하는 IDE, 이클립스
- 코틀린 1.3+
- 자바 8+
- 메이븐 3.x
- 인터넷 연결

깃허브 링크는 https://github.com/PacktPublishing/Mastering−Spring−5.1/tree/master/Chapter15에 있다.

▌ 코틀린

코틀린은 JVM, 안드로이드와 자바스크립트 플랫폼에서 실행되는 애플리케이션을 빌드하는 데 사용할 수 있는 정적인 형식의 오픈소스 언어다. 코틀린은 젯브레인에서 아파치 2.0 라이선스로 개발됐으며 소스코드는 깃허브(https://github.com/jetbrains/kotlin)에서 확인할 수 있다.

코틀린의 수석 언어 디자이너 안드레이 브레슬라이브^{Andrey Breslav}의 인용문은 다음과 같다. 코틀린의 사고 과정을 이해하는 데 도움이 된다.

> 프로젝트 코틀린의 주요 목적은 개발자가 안전하고 간결하며 유연하게 100% 자바와 호환되는 유용한 도구로 사용할 수 있는 범용 언어를 만드는 것이다.
>
> −안드레이 브레슬라이브

> 코틀린은 매우 강력한 객체 지향 언어로 자바보다 '더 나은 언어'로 설계됐지만, 자바 코드와 완벽하게 호환되므로 자바에서 코틀린으로 점진적으로 마이그레이션할 수 있다.
>
> −안드레이 브레슬라이브

코틀린은 안드로이드에서 지원되는 공식 언어 중 하나다. 코틀린의 공식 안드로이드 개발자 페이지(https://developer.android.com/kotlin/index.html)는 코틀린이 개발자들에게 빠르게 인기를 얻는 중요한 이유를 강조한다.

> 코틀린은 표현력 있고 간결하며 확장 가능하고 강력하며 쉽게 읽고 쓸 수 있다. *null* 가능성과 불변성 측면에서 훌륭한 안전 기능이 있으며, 안드로이드 앱을 기본적으로 건강하고 효율적으로 만들기 위한 노력과 일치한다. 무엇보다도 기존 안드로이드 언어 및 런타임과 호환된다.

코틀린의 중요한 사항을 적어봤다.

- 자바와의 호환성이 완벽하다. 코틀린에서 자바 코드를 호출할 수 있으며 그 반대도 마찬가지로 가능하다.
- 간결하고 읽기 쉬운 언어다. 코틀린 FAQ(http://kotlinlang.org/docs/reference/faq.html)는 코드 라인 수가 40% 감소한 것으로 추정한다.
- 함수형 프로그래밍 및 객체 지향 프로그래밍을 모두 지원한다.
- IntelliJ IDEA, 안드로이드 스튜디오, 이클립스 및 넷빈즈NetBeans는 코틀린을 지원하는 IDE다. 자바 지원만큼 좋지는 않지만 지속적으로 개선되고 있다.
- 그래들, 메이븐, 앤트Ant와 같은 모든 주요 빌드 도구는 코틀린 프로젝트 빌드를 지원한다.

▐ 코틀린 대 자바

자바가 인기를 얻는 중요한 요인 중 하나는 JVM을 포함한 자바 플랫폼이다. 자바 플랫폼은 자바 언어에 관한 시큐리티, 이식성을 제공한다. 자바 플랫폼의 장점을 활용하기 위해 지난 몇 년 동안 여러 언어가 등장했다. 바이트 코드로 컴파일돼 JVM에서 실행될 수 있으며, 이러한 언어에는 다음과 같은 프레임워크가 포함된다.

- 클로저Clojure
- 그루비Groovy
- 스칼라Scala
- JRuby
- 자이썬Jython

코틀린은 자바 언어의 중요한 문제 중 일부를 해결하고 간결한 대안을 제시하고자 한다. 자바 언어와의 중요한 차이점 중 일부를 소개한다.

변수 생성 및 타입 유추

코틀린은 변수에 할당된 값에서 변수 타입을 유추한다. 예제를 보면 intVariable에는 Int 타입이 할당됨을 알 수 있다.

```
// 타입 추론
var intVariable = 10
```

코틀린은 타입세이프(타입의 비명시적 변환 불가)이므로 다음 코드의 어노테이션을 제거하면 컴파일 오류가 발생한다.

```
//intVariable = "String"
//어노테이션을 제거하면-> Type mismatch:
//추론된 타입은 String이지만 Int가 요구됨
```

변수의 불변성

일반적으로 다른 모든 프로그래밍 언어와 마찬가지로 변수 값을 변경할 수 있다. 예제로 살펴보자.

```
var variable = 5
variable = 6 // 값을 바꿀 수 있다
```

var 대신 val을 사용해 변수를 정의하면 변수를 변경할 수 없다. 변수 값은 바꿀 수 없다. 자바의 final 변수와 유사한 점인데 코드를 살펴보자.

```
val immutable = 6
//immutable = 7 //Val은 재할당할 수 없다
```

타입 시스템

코틀린에서는 모든 것이 하나의 오브젝트며 초기 변수가 없다. 다음은 중요한 숫자 타입들이다.

- Double: 64비트
- Float: 32비트
- Long: 64비트
- Int: 32비트
- Short: 16비트
- Byte: 8비트

자바와 달리 코틀린은 문자를 숫자 타입으로 취급하지 않는다. 문자에 숫자 작업을 수행하면 컴파일 오류가 발생한다. 코드를 살펴보자.

```
var char = 'c'

//연산자 '==' 는 'Char'와 'Int'에는 적용할 수 없다
//if(char==1) print (char);
```

null 세이프

자바 프로그래머는 java.lang.NullPointerException에 매우 익숙하다. null을 참조하는 object 변수에서 수행되는 모든 작업은 NullPointerException을 발생시킨다.

코틀린의 타입 시스템은 NullPointerException 제거를 목표로 한다. 일반 변수는 null을 보유할 수 없다. 어노테이션 처리되지 않으면 다음 코드는 컴파일되지 않는다.

```
var string: String = "abc"
//string = null //Compilation Error
```

변수에 null을 저장할 수 있으려면 특수 선언을 사용해야 한다. 즉 타입 뒤에 ?가 온다. String? 오브젝트를 살펴보자.

```
var nullableString: String? = "abc"
nullableString = null
```

변수가 nullable로 선언되면 safe(?) 또는 null이 아닌 asserted(!!.) 호출만 허용된다. 직접 참조는 다음과 같이 컴파일 오류를 발생시킨다.

```
// 컴파일 오류
//print(nullableString.length)

if (nullableString != null) {
 print(nullableString.length)
}

print(nullableString?.length)
```

자바와 코틀린에서 변수(타입과 null 세이프) 간의 중요한 차이점을 살펴봤다. 이제 메소드를 살펴보자.

코틀린의 함수 정의

코틀린에서는 fun 키워드를 사용해 함수를 선언한다. 예제를 보자.

```
fun helloBasic(name: String): String {
return "Hello, $name!"
}
```

함수의 인수는 함수 이름 뒤의 괄호 안에 지정된다. name은 String 타입의 인수다. 함수 반환 타입은 인수 뒤에 지정된다. 함수의 반환 타입은 String이다.

helloBasic 함수의 호출을 예시로 살펴보자.

```
println(helloBasic("foo")) // => Hello, foo!
```

코틀린은 이름을 추가할 수도 있는데 예를 살펴보자.

```
println(helloBasic(name = "bar"))
```

함수 인수는 기본 인수 값을 선택적으로 가질 수 있다.

```
fun helloWithDefaultValue(name: String = "World"): String {
 return "Hello, $name!"
}
```

다음 코드 행은 매개변수를 지정하지 않고 helloWithDefaultValue 함수를 호출하는 것을 보여준다. name 인수의 기본값은 다음과 같이 사용된다.

```
println(helloWithDefaultValue()) //Hello, World
```

함수에 표현식이 하나만 있으면 함수를 한 줄에 정의할 수 있다. helloWithOneExpression 함수는 helloWithDefaultValue 함수의 단순화된 버전이다. 반환 타입은 다음 값에서 유추된다.

```
fun helloWithOneExpression(name: String = "world") = "Hello, $name!"
```

void를 리턴하고 표현식이 하나만 있는 함수도 한 줄에 정의할 수 있다. 예제로 확인하자.

```kotlin
fun printHello(name: String = "world") = println("Hello, $name!")
```

배열

배열은 코틀린에서 Array 클래스로 표시된다. Array 클래스의 일부 중요한 속성 및 메소드를 보여주는 코드다.

```kotlin
class Array<T> private constructor() {
 val size: Int
 operator fun get(index: Int): T
 operator fun set(index: Int, value: T): Unit
 operator fun iterator(): Iterator<T>
 // ...
}
```

intArrayOf 함수를 사용해 배열을 만들 수 있다.

```kotlin
val intArray = intArrayOf (1, 2, 10)
```

다음 코드는 배열에서 수행할 수 있는 중요한 연산 작업 중 일부를 보여준다.

```kotlin
println(intArray[0])//1
println(intArray.get(0))//1

println(intArray.all { it > 5 }) //false
println(intArray.any { it > 5 }) //true

println(intArray.asList())//[1, 2, 10]
```

```
println(intArray.max())//10
println(intArray.min())//1
```

코틀린 컬렉션

코틀린에는 컬렉션을 초기화하는 간단한 함수가 있다. 다음은 리스트를 초기화하는 예시 코드다.

```
val countries = listOf("India", "China", "USA")
```

다음 코드는 리스트에서 수행할 수 있는 중요한 연산 작업 중 일부를 보여준다.

```
println(countries.size)//3
println(countries.first())//India
println(countries.last())//USA
println(countries[2])//USA
```

listOf로 생성된 리스트는 코틀린에서 변경할 수 없다. 리스트의 내용을 변경하려면 mutableListOf 함수를 사용해야 한다.

```
//countries.add("China ") // 허용되지 않는다
val mutableContries = mutableListOf("India", "China", "USA")

mutableContries.add("China")
```

mapOf 함수는 다음 코드에 표시된 대로 맵을 초기화하는 데 사용된다.

```
val characterOccurances = mapOf("a" to 1, "h" to 1, "p" to 2, "y" to 1)//happy
println(characterOccurances)//{a=1, h=1, p=2, y=1}
```

특정 키에 대한 값 검색을 보여주는 행이다.

```
println(characterOccurances["p"])//2
```

맵은 루프에서 키 값 구성요소로 분해될 수 있다. 다음 코드는 세부 정보를 보여준다.

```
for ((key, value) in characterOccurances) {
  println("$key -> $value")
}
```

언체크된 예외 처리

자바에서 체크된 예외는 처리하거나 다시 발생시켜야 하는데 불필요한 코드가 많이 생긴다. 다음 예제는 try catch 블록이 new FileReader("pathToFile")에 의해 발생된 체크된 예외를 처리하는 방법을 보여준다(FileNotFoundException 및 reader.read( )를 발생시키고 IOException을 발생시킨다).

```
public void openSomeFileInJava(){
    try {
        FileReader reader = new FileReader("pathToFile");
        int i=0;
        while(i != -1){
          i = reader.read();
          //Do something with what was read
        }
     reader.close();
    } catch (FileNotFoundException e) {
        // 예외 처리 코드
      } catch (IOException e) {
      // 예외 처리 코드
    }
}
```

코틀린은 체크된 예외 처리가 없다. 예외를 처리할지 여부는 클라이언트 코드에 달려 있다. 예외 처리는 클라이언트에 강요되지 않는다.

빈에 데이터 클래스 사용하기

일반적으로 데이터를 저장하기 위한 많은 빈 클래스를 생성한다. 코틀린은 data 클래스의 개념을 소개한다. 다음 코드 블록은 데이터 클래스의 선언을 보여준다.

```
data class Address(val line1: String,
                   val line2: String,
                   val zipCode: Int,
                   val state: String,
                   val country: String)
```

코틀린은 기본 생성자인 equals(), hashcode(), 기타 data 클래스를 위한 몇 가지 유틸리티 메소드를 제공한다. 생성자를 사용해 객체를 생성하는 방법을 보여주는 코드다.

```
val myAddress = Address("234, Some Apartments",
                        "River Valley Street", 54123, "NJ", "USA")
```

코틀린은 toString 오브젝트도 제공한다.

```
println(myAddress)

//Address(line1=234, Some Apartments, line2=River Valley
//Street, zipCode=54123, state=NJ, country=USA)
```

copy 함수로 기존 data 클래스 오브젝트의 복사(복제)를 만들 수 있다. 다음 코드는 세부 사항을 보여준다.

```
val myFriendsAddress = myAddress.copy(line1 = "245, Some Apartments")

println(myFriendsAddress)

//Address(line1=245, Some Apartments, line2=River Valley
//Street, zipCode=54123, state=NJ, country=USA)
```

data 클래스의 객체는 쉽게 소멸될 수 있다. 세부사항을 코드로 보자. println은 문자열 템플릿을 사용해 값을 출력한다.

```
val (line1, line2, zipCode, state, country) = myAddress;
println("$line1 $line2 $zipCode $state $country");

//234, Some Apartments River Valley Street 54123 NJ USA
```

지금까지 자바와 코틀린의 중요한 차이점을 살펴봤다. 기본 개념이 비슷해 자바 개발자는 코틀린을 빠르게 익힐 수 있다.

▍ 이클립스에서 코틀린 프로젝트 만들기

이클립스에서 코틀린을 사용하기 전에 코틀린 플러그인을 이클립스에 설치해야 한다.

코틀린 플러그인

코틀린 플러그인은 https://marketplace.eclipse.org/content/kotlin-plugin-eclipse 에서 설치할 수 있다.

1. 그림과 같이 Install 버튼을 누른다.

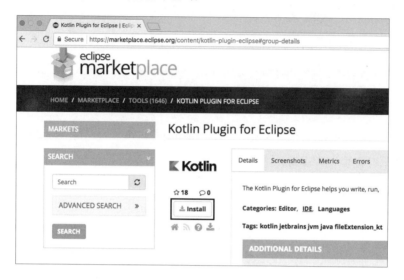

2. Kotlin Plugin for Eclipse 0.8.2를 선택하고 Confirm 버튼을 누른다.

다음 단계에서 기본값을 수락해 플러그인을 설치한다. 설치하는 데 시간이 조금 걸린다. 플러그인 설치가 완료되면 이클립스를 다시 시작하자.

코틀린 프로젝트 생성

코틀린 애플리케이션 개발을 시작하기 위해 새로운 코틀린 프로젝트를 만들어보자.

1. 이클립스 메뉴에서 File ➤ New ➤ Project...를 클릭한다.

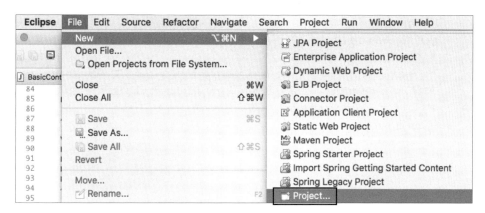

2. 목록 '**코틀린 프로젝트**(Kotlin Project)'를 선택하고 NEXT 버튼을 누른다.

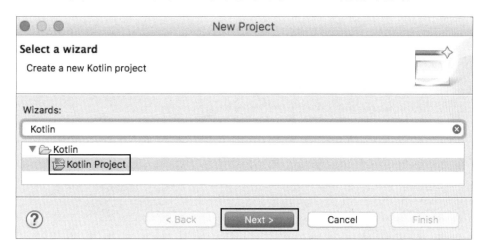

3. 프로젝트 이름으로 Kotlin-Hello-World를 제공하고 모든 기본값을 승인한 후 Finish를 누른다. 이클립스는 새로운 코틀린 프로젝트를 생성한다.

4. 전형적인 코틀린 프로젝트의 구조다. Kotlin Runtime Library 및 JRE System Library는 모두 프로젝트에서 사용 가능하다.

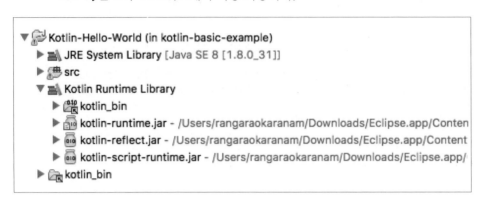

코틀린 클래스 만들기

새로운 코틀린 클래스를 생성하려면 다음 단계를 수행하자.

1. 그림과 같이 폴더에서 마우스 오른쪽 버튼을 눌러 New > Other를 선택한다.

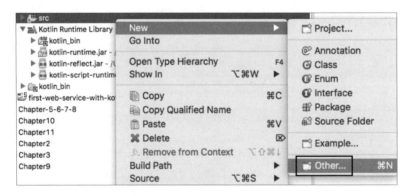

2. 코틀린 클래스를 선택하고 NEXT 버튼을 누른다.

3. 새로운 코틀린 클래스에 이름(HelloWorld)과 패키지(com.mastering.spring.kotlin. first)를 입력한 후 Finish 버튼을 누른다.

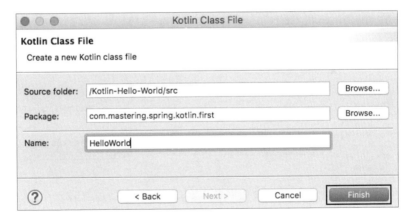

4. 다음 코드와 같이 main 함수를 만든다.

```
fun main(args: Array<String>) {
    println("Hello, world!")
}
```

다음 절에서 프로그램의 실행 결과를 살펴보자.

코틀린 클래스 실행

코틀린 클래스를 실행하려면 HelloWorld.kt 파일에서 마우스 오른쪽 버튼을 눌러 나오는 메뉴에서 Run As ➤ 1 Kotlin Application을 선택한다.

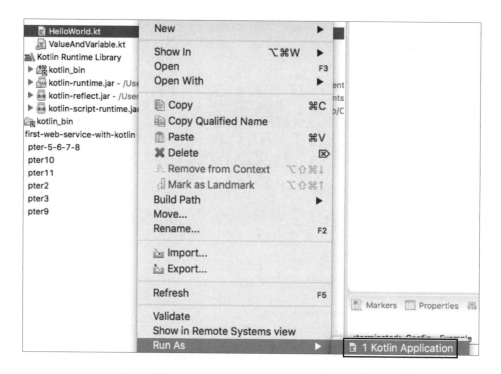

Hello, World는 다음과 같이 콘솔에 출력된다

이클립스에서 코틀린 프로젝트를 신속하게 생성하고 간단한 코틀린 애플리케이션을 실행했다. 다음 절에서는 코틀린을 사용해 스프링 부트 프로젝트를 만들어본다.

▌ 코틀린을 사용해 스프링 부트 프로젝트 생성

스프링 이니셜라이저(http://start.spring.io)를 사용해 코틀린 프로젝트를 초기화한다. 다음 그림은 선택할 수 있는 그룹과 아티팩트 ID를 보여준다.

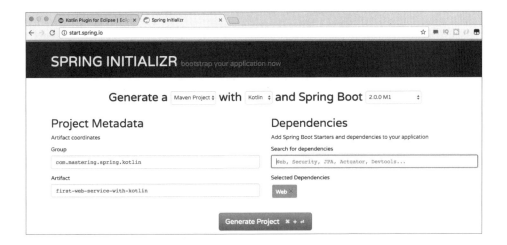

다음은 몇 가지 중요한 사항이다.

- 웹을 의존 관계로 선택하자.
- 언어로 코틀린을 선택하자(스크린 샷 상단의 두 번째 드롭 다운 옵션).
- 프로젝트 생성을 클릭하고 다운로드한 프로젝트를 메이븐 프로젝트로 이클립스에 가져 온다.

생성된 프로젝트의 구조는 그림과 같다.

주의해야 할 중요한 사항이다.

- src/main/kotlin: 모든 코틀린 소스코드가 있는 폴더다. 자바 프로젝트의 src/main/java와 유사하다.
- src/test/kotlin: 모든 코틀린 테스트 코드가 있는 폴더다. 자바 프로젝트의 src/test/java와 유사하다.
- 리소스 폴더는 일반적인 자바 프로젝트와 같다(src/main/resources 및 src/test/resources).
- JRE 시스템 라이브러리 대신 코틀린 런타임 라이브러리가 실행 환경으로 사용된다.

pom.xml에 의존 관계 및 플러그인 추가

자바 스프링 부트 프로젝트의 일반적인 의존 관계 외에도 pom.xml에는 두 가지 추가 의존 관계가 있다.

```
<dependency>
    <groupId>org.jetbrains.kotlin</groupId>
    <artifactId>kotlin-stdlib-jre8</artifactId>
    <version>${kotlin.version}</version>
</dependency>

<dependency>
    <groupId>org.jetbrains.kotlin</groupId>
    <artifactId>kotlin-reflect</artifactId>
    <version>${kotlin.version}</version>
</dependency>
```

두 가지 중요한 사항이다.

- `kotlin-stdlib-jre8`: 자바 8에 추가된 새로운 JDK API를 지원하는 표준 라이브러리
- `kotlin-reflect`: 자바 플랫폼에서 리플렉션 기능을 사용하기 위한 런타임 구성요소

spring-boot-maven-plugin 외에도 kotlin-maven-plugin이 pom.xml의 플러그인으로 추가됐다. kotlin-maven-plugin은 코틀린 소스코드와 모듈을 컴파일한다. 플러그인은 컴파일 및 테스트–컴파일 단계에서 사용되도록 구성된다. 다음 코드는 세부사항을 보여준다.

```
<plugin>
    <artifactId>kotlin-maven-plugin</artifactId>
    <groupId>org.jetbrains.kotlin</groupId>
```

```xml
      <version>${kotlin.version}</version>
      <configuration>
        <compilerPlugins>
          <plugin>spring</plugin>
        </compilerPlugins>
        <jvmTarget>1.8</jvmTarget>
      </configuration>
      <executions>
      <execution>
        <id>compile</id>
        <phase>compile</phase>
        <goals>
          <goal>compile</goal>
        </goals>
      </execution>
      <execution>
        <id>test-compile</id>
        <phase>test-compile</phase>
        <goals>
          <goal>test-compile</goal>
        </goals>
       </execution>
      </executions>
      <dependencies>
        <dependency>
          <groupId>org.jetbrains.kotlin</groupId>
          <artifactId>kotlin-maven-allopen</artifactId>
          <version>${kotlin.version}</version>
        </dependency>
      </dependencies>
    </plugin>
```

스프링 부트 애플리케이션 클래스

생성된 SpringBootApplication 클래스인 FirstWebServiceWithKotlinApplication을 보여
준다. 스프링 부트가 클래스를 오버라이드할 수 있도록 클래스를 오픈한다.

```
@SpringBootApplication
open class FirstWebServiceWithKotlinApplication fun main(args: Array<String>) {
    SpringApplication.run(
        FirstWebServiceWithKotlinApplication::class.java,
      *args)
}
```

유의해야 할 사항이다.

- 패키지, 임포트, 어노테이션은 자바 클래스와 같다.
- 자바에서 main 함수의 선언은 public static void main(String[] args)이다. 앞의 예에서는 코틀린 함수 구문을 사용하고 있다. 코틀린에는 정적 메소드가 없다. 클래스 외부에서 선언된 함수는 클래스 참조 없이 호출될 수 있다.
- 자바에서 SpringApplication의 실행은 SpringApplication.run(FirstWebService WithKotlinApplication.clas s, args)을 사용해 수행된다. 최신 버전의 스프링 부트에서는 runApplication<FirstWebServiceWithKotlinApplication>(* args)으로 수행할 수도 있다.
- ::는 코틀린 클래스 런타임 참조를 얻는 데 사용된다. 따라서 FirstWebService WithKotlinApplication::class는 코틀린 클래스에 대한 런타임 참조를 제공한다. 자바 클래스 참조를 얻으려면 참조에 .java 속성을 사용해야 한다. 코틀린에서 구문은 FirstWebServiceWithKotlinApplication::class.java다.
- 코틀린에서는 *를 스프레드 연산자라고 한다. 변수 인수를 허용하는 함수에 배열을 전달할 때 사용된다. 따라서 *args를 사용해 배열을 run 메소드에 전달한다.

FirstWebServiceWithKotlinApplication을 코틀린 애플리케이션으로 실행해 애플리케이션을 시작할 수 있다.

스프링 부트 애플리케이션 테스트 클래스

애플리케이션 실행에 이어 단위 테스트로 넘어가보자.

다음 코드는 생성된 SpringBootApplicationTest 클래스인 FirstWebServiceWithKotlinApplicationTests를 보여준다.

```
@RunWith(SpringRunner::class)
@SpringBootTest
class FirstWebServiceWithKotlinApplicationTests {
    @Test
    fun contextLoads() {
    }
}
```

유의해야 할 세 가지 사항이다.

- 패키지, 임포트 및 어노테이션은 자바 클래스와 같다.
- ::는 코틀린 클래스 런타임 참조를 얻는 데 사용된다. 자바의 @RunWith(SpringRunner.class)와 비교해 코틀린 코드는 @RunWith(SpringRunner :: class)를 사용한다.
- 테스트 클래스 선언은 코틀린 함수 구문을 사용한다.

▌ 코틀린을 이용한 REST 서비스 구현

하드 코딩된 문자열을 반환하는 서비스를 만들어보자. 그런 다음 적절한 JSON 응답을 반환하는 예제와 path 파라미터를 전달하는 예제를 살펴본다.

문자열을 반환하는 간단한 메소드

welcome 메시지를 리턴하는 간단한 REST 서비스를 생성해보자.

```kotlin
@RestController
class BasicController {
  @GetMapping("/welcome")
  fun welcome() = "Hello World"
}
```

비교 가능한 자바 메소드는 다음과 같다. 코틀린에 fun welcome() = "Hello World"를 사용해 한 줄로 함수를 정의하는 방법에서 가장 큰 차이가 있다.

```java
@GetMapping("/welcome")
public String welcome() {
    return "Hello World";
}
```

FirstWebServiceWithKotlinApplication.kt를 코틀린 애플리케이션으로 실행하면 임베디드 톰캣 컨테이너가 시작된다. 다음 그림과 같이 브라우저에서 URL(http://localhost: 8080/welcome)을 시작할 수 있다.

단위 테스트 작성

이전 컨트롤러 메소드를 테스트하기 위한 단위 테스트를 빠르게 작성해보자.

```
@RunWith(SpringRunner::class)
@WebMvcTest(BasicController::class)
class BasicControllerTest {

  @Autowired
  lateinit var mvc: MockMvc;

  @Test
  fun `GET welcome returns "Hello World"`() {
    mvc.perform(
        MockMvcRequestBuilders.get("/welcome").accept(
        MediaType.APPLICATION_JSON))
        .andExpect(status().isOk())
        .andExpect(content().string(equalTo("Hello World")));
  }
}
```

앞의 단위 테스트에서는 BasicController를 사용해 모크 MVC 인스턴스를 시작한다. 몇 가지 주의해야 할 사항이다.

- @RunWith(SpringRunner.class)과 @WebMvcTest(BasicController::class) 어노테이션: 클래스 참조를 제외하면 자바와 비슷하다.

- @Autowired lateinit var mvc: MockMvc: 요청에 사용할 수 있는 MockMvc 빈을 오토와이어한다. null이 아닌 것으로 선언된 속성은 생성자에서 초기화해야 한다. 의존 관계 주입을 통해 오토와이어링된 속성은 변수 선언에 lateinit를 추가해 null 검사를 피할 수 있다.

- fun `GET welcome returns "Hello World"`(): 코틀린의 고유한 기능이다. 테스트 메소드에 이름을 부여하는 대신 테스트에 대한 설명을 제공한다. 테스트 메소드가 다른 메소드에서 호출되지 않는 것이 이상적이다.

- mvc.perform(MockMvcRequestBuilders.get("/welcome").accept(MediaType. APPLICATION_JSON)): 자바 코드와 유사한 Accept 헤더 값 application/json으로 /welcome 요청을 수행한다.

- andExpect(status().isOk()): 응답 상태가 200(성공)임을 예상한다.

- andExpect(content().string(equalTo("Hello World"))): 응답 내용이 "Hello World"와 같을 것으로 예상한다.

통합 테스트 작성

통합 테스트를 수행할 때 구성된 모든 컨트롤러 및 빈을 사용해 임베디드 서버를 시작하려고 한다. 다음 코드 블록은 간단한 통합 테스트를 생성하는 방법을 보여준다.

```kotlin
@RunWith(SpringRunner::class)
@SpringBootTest(webEnvironment = SpringBootTest.WebEnvironment.RANDOM_PORT)

class BasicControllerIT {
  @Autowired
  lateinit var restTemplate: TestRestTemplate

  @Test
  fun `GET welcome returns "Hello World"`() {
    // When
    val body = restTemplate.getForObject("/welcome",
    String::class.java)
    // Then
    assertThat(body).isEqualTo("Hello World")
  }
}
```

주목해야 할 중요한 사항들이다.

- @RunWith(SpringRunner::class), @SpringBootTest(webEnvironment = SpringBoot
  Test.WebEnvironment.RANDOM_PORT): SpringBootTest는 스프링 TestContext 위에
  추가 기능을 제공한다. 완전히 실행되는 컨테이너와 TestRestTemplate의 포트
  구성을 지원한다(요청을 실행하기 위해). 클래스 참조를 제외하면 자바 코드와 비
  슷하다.
- @Autowired lateinit var restTemplate: TestRestTemplate: TestRestTemplate은
  일반적으로 통합 테스트에 사용된다. RestTemplate 위에 추가 기능을 제공하는
  데 테스트 컨텍스트의 통합에 특히 유용하다. 응답 위치를 확인하기 위해 리다
  이렉션을 따르지 않는다. lateinit를 사용하면 자동 연결된 변수에 대한 null
  검사를 피할 수 있다.

객체를 반환하는 간단한 REST 메소드

다음 코드와 같이 message라는 멤버 필드와 인수가 하나인 생성자를 가진 간단한
WelcomeBean POJO(Plain Old Java Object의 약자)를 생성한다.

```
data class WelcomeBean(val message: String = "")
```

해당 자바 클래스는 다음과 같다.

```
public class WelcomeBean {

  private String message;

  public WelcomeBean(String message) {
    super();
    this.message = message;
```

```
  }

  public String getMessage() {
    return message;
  }
}
```

코틀린은 생성자와 기타 유틸리티 메소드를 data 클래스에 자동으로 추가한다.

이전 메소드에서는 문자열을 반환했다. 적절한 JSON 응답을 반환하는 메소드를 만들어본다. 다음 메소드를 살펴보자.

```
@GetMapping("/welcome-with-object")
fun welcomeWithObject() = WelcomeBean("Hello World")
```

메소드는 "Hello World"메시지로 초기화된 간단한 WelcomeBean을 리턴한다.

요청 실행

테스트 요청을 보내고 얻는 응답으로는 다음과 같은 내용이 출력된다.

http://localhost:8080/welcome-with-object URL의 응답은 다음과 같다.

```
{ "message": "Hello World"}
```

단위 테스트 작성

JSON 응답의 단위 테스트 검사를 빠르게 작성한 다음 BasicControllerTest에 테스트를 추가한다.

```
@Test
fun `GET welcome-with-object returns "Hello World"`() {
  mvc.perform(MockMvcRequestBuilders.get("/welcome-with-object")
.accept(MediaType.APPLICATION_JSON))
      .andExpect(status().isOk())
      .andExpect(content().string(containsString("Hello World")));
}
```

콘텐츠에 "Hello World" 서브스트링이 포함돼 있는지 여부를 확인하기 위해 contains String을 사용한다는 점을 제외하고는 이전 단위 테스트와 매우 유사한 테스트다.

통합 테스트 작성

통합 테스트를 작성하고 BasicControllerIT에 메소드를 추가하자. 추가할 내용은 다음과 같다.

```
@Test
fun `GET welcome-with-object returns "Hello World"`() {

  // When
  val body = restTemplate.getForObject("/welcome-with-object",
  WelcomeBean::class.java)

  // Then
  assertThat(body.message, containsString("Hello World"));
}
```

메소드는 assertThat 메소드에서 서브스트링을 어설트한다는 점을 제외하면 이전 통합 테스트와 비슷하다.

path 변수를 가진 GET 메소드

path 변수를 살펴보자. path 변수는 컨트롤러 메소드에서 URI의 값을 변수에 바인딩하는 데 사용된다. 예에서는 이름으로 welcome 메시지를 커스텀할 수 있도록 name을 매개변수화하려고한다.

```kotlin
@GetMapping("/welcome-with-parameter/name/{name}")
fun welcomeWithParameter(@PathVariable name: String) =
                                    WelcomeBean("Hello World, $name")
```

유의해야 할 사항이다.

- @GetMapping("/welcome-with-parameter/name/{name}"): {name}은 값이 변수임을 나타낸다. URI에 여러 개의 변수 템플릿이 있을 수 있다.
- welcomeWithParameter(@PathVariable String name): @PathVariable은 URI의 변수 값이 변수 이름에 바인딩되도록 한다.
- fun welcomeWithParameter(@PathVariable name: String) = WelcomeBean("Hello World, $name"): 코틀린 단일 표현식 함수 선언을 사용해 작성된 WelcomeBean을 직접 리턴한다. "Hello World, $ name"은 코틀린 문자열 템플릿을 사용한다. $name은 path 변수 이름의 값으로 대체된다.

요청 실행

테스트 요청을 보내고 어떤 응답을 받는지 살펴보면 다음 그림과 같다.

http://localhost:8080/welcome-with-parameter/name/Buddy URL의 응답은 다음과 같다.

```
{"message":"Hello World, Buddy!"}
```

예상한 대로 URI의 이름은 응답에서 메시지를 형성하는 데 사용된다.

단위 테스트 작성

앞의 메소드의 단위 테스트를 빠르게 작성해보자. URI의 일부로 name을 전달하고 응답에 name이 포함돼 있는지 확인하려고 한다. 코드로 확인해본다.

```
    @Test
    fun `GET welcome-with-parameter returns "Hello World, Buddy"`() {
        mvc.perform(MockMvcRequestBuilders.get("/welcome-with-parameter/name/Buddy")
.accept(MediaType.APPLICATION_JSON))
            .andExpect(status().isOk())
            .andExpect(content().string(containsString("Hello World, Buddy")));
    }
```

주목해야 할 사항이다.

- `MockMvcRequestBuilders.get("/welcome-withparameter/name/Buddy")`: URI의 변수 템플릿과 일치한다. name을 전달할 것이다.
- `.andExpect(content().string(containsString("Hello World, Buddy")))`: 응답에 name이 있는 메시지가 포함될 것으로 예상된다.

통합 테스트 작성

앞의 메소드의 통합 테스트는 매우 간단하다. 다음 test 메소드를 살펴보자.

```kotlin
@Test
fun `GET welcome-with-parameter returns "Hello World"`() {

    // When
    val body = restTemplate.getForObject("/welcome-withparameter/name/Buddy",
                                         WelcomeBean::class.java)

    // Then
    assertThat(body.message, containsString("Hello World, Buddy"));
}
```

중요한 사항은 다음과 같다.

- restTemplate.getForObject("/welcome-with-parameter/name/Buddy", WelcomeBean ::class.java): 이것은 URI의 변수 템플릿과 일치한다. name으로 Buddy를 전달한다.

- assertThat(response.getBody(), containsString("Hello World, Buddy")): 응답에 name이 있는 메시지가 포함될 것으로 예상한다.

스프링 부트로 간단한 REST 서비스를 만드는 기본사항을 살펴봤다. 또한 우수한 단위 테스트와 통합 테스트를 확인했다.

▌ 요약

코틀린은 간결하고 읽기 쉬운 코드를 작성할 수 있게끔 한다. 스프링 부트가 익숙해지면 애플리케이션을 보다 쉽고 빠르게 개발할 수 있다.

15장에서는 코틀린을 이해하고 자바와 비교하는 방법을 알아봤다. 스프링 부트와 코틀린을 사용해 몇 가지 간단한 REST 서비스를 구축했다. 코틀린으로 서비스와 단위 테스트를 간결하게 코딩하는 예를 알아봤다.

코틀린은 지난 몇 년 동안 큰 발전을 이뤘다. 안드로이드에 공식적인 지원 언어가 된 것은 커다란 첫 걸음이었다. 스프링 프레임워크 5.0에서 코틀린의 지원은 금상첨화다. 코틀린의 미래는 자바 개발 커뮤니티가 얼마나 더 확장되는지에 달려 있다. 코틀린은 앞으로 중요한 도구가 될 가능성이 있다.

찾아보기

스프링 5 마스터 2/e

스프링 부트, 스프링 클라우드, 마이크로서비스, 리액티브, 코틀린까지

발 행 | 2020년 9월 16일

옮긴이 | 송 주 경
지은이 | 랑가 라오 카라남

펴낸이 | 권 성 준
편집장 | 황 영 주
편 집 | 김 진 아
　　　　임 지 원
디자인 | 윤 서 빈

에이콘출판주식회사
서울특별시 양천구 국회대로 287 (목동)
전화 02-2653-7600, 팩스 02-2653-0433
www.acornpub.co.kr / editor@acornpub.co.kr

한국어판 © 에이콘출판주식회사, 2020, Printed in Korea.
ISBN 979-11-6175-440-6
http://www.acornpub.co.kr/book/mastering-spring5-2e

이 도서의 국립중앙도서관 출판시도서목록(CIP)은 서지정보유통지원시스템 홈페이지(http://seoji.nl.go.kr)와
국가자료공동목록시스템(http://www.nl.go.kr/kolisnet)에서 이용하실 수 있습니다.(CIP제어번호: CIP2020038243)

책값은 뒤표지에 있습니다.